B. Wedmann • C. Meyerhof • A. Lehnert

High-Level Management-Assistenz

Persönlichkeit - Fachkompetenz - Professionalität

Ihr Schlüssel zum Erfolg

Die Formulierungsbeispiele in diesem Buch wurden mit Sorgfalt nach bestem Wissen und zeitgemäßem Korrespondenzstil erstellt; es handelt sich jedoch lediglich um Arbeitshilfen und Anregungen zur Gestaltung und Lösung typischer Fälle.

Die Eigenverantwortung für die Formulierung von Verträgen, Verfügungen und Schriftsätzen trägt der Benutzer. Autor und Verlag übernehmen keinerlei Haftung für die Richtigkeit und Vollständigkeit der im Buch enthaltenen Ausführungen und Formulierungen.

Alle Rechte, insbesondere das Recht der Vervielfältigung und Verbreitung sowie der Übersetzung, sind vorbehalten. Kein Teil des Werkes darf in irgendeiner Form (durch Fotokopie, Datenübertragung oder ein anderes Verfahren) ohne schriftliche Genehmigung aller Autoren reproduziert oder unter Verwendung elektronsicher Systeme gespeichert, verarbeitet, vervielfältigt oder verbreitet werden. Dies gilt auch für kleinste Teile.

High-Level Management-Assistenz
Persönlichkeit- Fachkompetenz - Professionalität
erschienen 10-2020, 1. Auflage, Romeon Verlag, 41564 Kaarst
Alle Rechte vorbehalten
Text: Bärbel Wedmann, Christoph Meyerhof, Alexander Lehnert
Layout: Alexander Lehnert
Umschlag: Alexander Lehnert
Druck: Romeon Verlag
ISBN: 978-3-96229-197-6
€ 29,90

Inhaltsverzeichnis

In wirtschaftlichen Zusammenhängen denken 7

High-Level Management-Assistenz 9

Management-Assistenz – Die (Re-)Evolution 11

Persönliche und soziale Kompetenz 29

Psychologische und soziologische Kompetenz 69

Fachliche Kompetenzen 137

Mündliche Kommunikation 137

Präsentations- und Kommunikationstechniken 163

Schriftliche Kommunikation 195

BWL 253

Marketing 265

Investition und Finanzierung 281

Führung und Organisation 291

Personalmanagement 333

Arbeitsrecht 401

Steuerrecht 455

Zertifikat QUMAWED ® 475

Literaturhinweise: 476

Index 481

In wirtschaftlichen Zusammenhängen denken

Diese Erkenntnis ist zwar nicht neu, aber in einem globalen Wettbewerbsumfeld, getrieben von laufenden kommunikations-technischen Neuerungen, nicht nur Managern, Controllern und Vertriebsbeauftragten vorbehalten, sondern inzwischen essenziell für den Wirkungsgrad von Management-Assistenten.

Deren Kompetenz und Effizienz entscheiden heute wesentlich mit, wenn es um den persönlichen Erfolg eines hochrangigen Managers eines Unternehmens geht.

Effizienz beginnt mit der anspruchsvollen Funktion, ankommende Informationen und Aufgabenstellungen gezielt zu selektieren im Hinblick auf das wirtschaftliche und unternehmenspolitische Ziel der Firma und des Vorgesetzten.

Sie setzt sich fort mit der Entwicklung eines angemessenen Gefühls für Abwägung und Priorisierung von Anfragen diverser Kunden und Geschäftspartner unter Marketing- und Controllinggesichtspunkten.

Und nicht zuletzt ist es eine der vornehmsten Aufgaben, das Gesicht des Vorgesetzten nach innen und außen zu profilieren und mit zu vertreten. Dazu gehört eine hohe Sozialkompetenz bei der Annahme von Telefonaten sowie der Beantwortung von E-Mails und Korrespondenz unter wesentlicher Berücksichtigung der Unternehmensphilosophie und ihres Wertegerüsts. Denn an kaum einer anderen Stelle im Unternehmen wird so über seinen glaubwürdigen Auftritt und damit die Voraussetzung für erfolgreiches Marketing entschieden wie im Büro des Unternehmenslenkers.

All diese anspruchsvollen Erfolgsfaktoren behandelt Frau Wedmann-Tosuner auf vorbildliche und differenzierte Weise und ermöglicht damit den Management-Assistenten ihre Arbeit in den Dienst des ganzheitlichen Denkens zu stellen. Daneben zeigt sie auf, wie man die entsprechenden Fähigkeiten optimal akquirieren und einsetzen kann. Mithin gelingt es ihr, damit wirtschaftliches Denken auf einer Ebene zu vermitteln, die entscheidenden Einfluss auf die Wirksamkeit der Managementebenen eines Unternehmens hat.

Abschließend ist es der Autorin ein berechtigtes Anliegen, dezidiert darauf hinzuweisen, dass eine enge Verfolgung der sich rasant verändernden kommunikationstechnischen Mittel conditio sine qua non ist, um wettbewerbsfähig zu bleiben. Dazu stellt sie klar, dass ohne kontinuierliche persönliche und wissensmäßige Weiterentwicklung die Grundlage für künftigen Erfolg fehlt.

Mit diesem Werk hat Frau Wedmann-Tosuner eine dringend notwendige Grundlage für diese Art der Persönlichkeitsentwicklung von Management-Assistenten geschaffen, die idealerweise durch persönliches Training und Kommunikationsschulung unterstützt werden sollte.

Peter Gatti
Ehemaliger persönlich haftender Gesellschafter
Hauck & Aufhäuser Privatbankiers
Frankfurt

High-Level Management-Assistenz

Das Profil „High-Level Management-Assistenz", so wie hier wissenschaftlich beschrieben, ist eine professionelle Darstellung der heutigen Anforderungen im Qualitätsmanagement an das Berufsbild mit dem Wissen um Grundlagen der Betriebswirtschaft, Marketing, Personalmanagement, Arbeitsrecht, schriftlicher und mündlicher Kommunikation, Präsentation und Psychologie.

Dieses Handbuch ist ein Leitfaden für alle Mitarbeiter/innen der Führungsspitze. Für die heutige Chefgeneration ein absolutes „Muss".

Denn Qualifizierungen wie diese, mit Unterstützung der Vorgesetzen, sind motivierend und erfolgversprechend für die Umsetzung nach dem Motto: Mit Qualität in die Offensive!

Bärbel Wedmann und FIM-Team
Fachinstitut für Management (FIM)
Münster

Management-Assistenz – Die (Re-)Evolution

Die Assistenz im 21. Jahrhundert 12

Was zeichnet die Management-Assistenz aus? 12

Effiziente Management-Assistenz 14

Die fünf wichtigsten Kompetenzen 16

Funktionsbezeichnungen im Unternehmensalltag 18

Arbeits- und Persönlichkeitsprofil 19

Was ist Qualitätsmanagement? 22

Qualität durch Corporate Identity 25

Die Assistenz im 21. Jahrhundert

Die neuen, auf Ganzheitlichkeit, Projektorientierung und Kooperation gerichteten Unternehmensphilosophien sind aus dem Zwang heraus geboren worden, Wettbewerbsvorteile zu gewinnen, die Wettbewerbsfähigkeit zu sichern und Produktivitätsverluste einzuholen.

Umfassende Qualifikationen und Kompetenzen

Bedingt durch die Veränderung der Anforderungsprofile in der modernen Arbeitswelt müssen heute neue Berufsbilder geschaffen werden. Der rasch voranschreitende Strukturwandel im Dienstleistungssektor erfordert von Mitarbeitern in den Chefetagen ein neues und angepasstes Qualifikationsprofil. Die reinen Organisationsaufgaben der klassischen Sekretärin sind nicht mehr ausreichend. Vielmehr ist es unabdingbar, dass sich die Mitarbeiter im 21. Jahrhundert mit ökonomischen, soziologischen, personalpolitischen und arbeitsrechtlichen Zusammenhängen auseinandersetzen.

Ziel ist es, in diesem Berufsfeld Fachkräfte auszubilden, die ihren Chefs und den Führungskräften des mittleren und gehobenen Managements eine hilfreiche und in betriebs- und führungspolitischen Zusammenhängen denkende Assistenz sein können.

Was zeichnet die Management-Assistenz aus?

Selbständigkeit und Verantwortung

In der Zukunft brauchen wir flexible, vorausschauende und verantwortungsvolle Mitarbeiter, die nicht nur fachliche, berufsspezifische Kompetenzen haben, sondern auch notwendige persönliche Qualitäten wie Selbständigkeit, Teamfähigkeit, Überzeugungs- und Kommunikationsfähigkeit besitzen. Neue Technologien und schlankere Organisationsformen verdrängen zunehmend die traditionellen Sekretariatsarbeiten und stellen an Mitarbeiter im Office Management neue Herausforderungen. Gefragt ist die qualifizierte Assistenz, die personenbezogenen inhaltlichen Support leistet, also Sachbearbeitungs-, Planungs- und Assistenzaufgaben in enger Kooperation mit dem Auftraggeber erledigt. Hierbei kommt ein hoher Anteil an Eigenverantwortung und Selbständigkeit bei der Bearbeitung der Aufgaben zum Tragen.

Vielschichtige Aufgaben, aktive Rollen

Assistenzaufgaben beinhalten zum Beispiel die Entlastung des Chefs und die selbständige Übernahme erkennbarer Arbeitsmodule, das Erarbeiten von Problemlösungsvorschlägen oder die Vorbereitung von Reden. Die qualifizierte Assistenz übernimmt eine eher aktive Rolle bei der Inangriffnahme von Aufgaben und erfordert nicht nur fachliche Kompetenz im Bereich Sekretariatswissen und Office Management, sondern immer mehr auch Fachkenntnisse im jeweiligen Einsatzgebiet.

Schlüsselqualifikationen

Nur ausreichendes Fachwissen befähigt zur qualitativen Sachbearbeitung. So sind betriebs- und volkswirtschaftliche sowie rechtskundliche Grundlagen genauso unentbehrliche Voraus-setzungen wie Grundkenntnisse in der Personalführung und Kommunikation. Schlüsselqualifikationen stellen ebenso Grundlagen- und Anwendungskenntnisse neuer Informations- und Kommunikationstechnologien dar, Stichwort Internet, wie auch die Möglichkeit, Präsentationen innerhalb von Projektarbeiten durchzuführen.

Wichtig: Unentbehrlich sind insbesondere die Kenntnisse mindestens einer Fremdsprache und letztendlich immer wieder geforderte persönliche Kompetenz, die wiederum Aufgeschlossenheit, Sozialkompetenz, Teamfähigkeit und Eigeninitiative verlangt.

Der Tagesablauf wird nicht vorgegeben, sondern entsprechend den Anforderungen selbständig gestaltet. Die Verantwortung für delegierte Managementprobleme wird übernommen (Problempatenschaft) und ihre Lösung eigenverantwortlich und durch Eigeninitiative herbeigeführt.

Wichtig: Die passive, nur auf Anweisungen reagierende Grundhaltung „operativer Ausführungshilfen" muss zu Gunsten einer Entscheidungshilfe mit Beratungskompetenz aufgegeben werden.

Effiziente Management-Assistenz

Zeiteinsparung durch effektive Unterstützung

Dem Entscheidungsträger ist hierbei generell so viel Zeit wie möglich einzusparen ohne Qualitätsverlust seiner Arbeitsergebnisse und Entscheidungen. Das umfasst eigenverantwortliche Wahrnehmung von Teilaufgaben des Managements, die vom Chef nicht oder nicht immer in der erforderlichen Weise erfüllt werden können. Gefordert wird die qualitative, zielorientierte Wahrnehmung von Planungsaufgaben. Erfolgreiches Management zeichnet sich vor allem dadurch aus, dass neben der Abwicklung des Tagesgeschäfts auch stets kurz-, mittel- und langfristige Perspektiven und Entwicklungen bedacht werden. Deshalb gilt es innerhalb der qualitativen Management-Assistenz Planungen zu initiieren, gegebenenfalls methodische (nicht inhaltliche) Planungsunterstützung zu geben sowie Planungsrealisierungen wirksam zu kontrollieren und dem Chef entsprechend zu berichten.

Erleichtern der Organisationsverantwortung

Untrennbar mit den Managementaufgaben ist die Informationssteuerung verbunden, damit die Delegation von Aufgaben und Verantwortung sowie ein zeitgemäßes Informationsmanagement als Ganzes möglich werden. Insbesondere die Organisations-verantwortung ist Sache des Managements. Hier kann die Management-Assistenz sehr hilfreich wirken und dem Chef die Organisationsverantwortung erleichtern, indem Organisations-probleme bewusst aufgenommen und verarbeitet sowie gegebenenfalls in Eigenverantwortung gelöst oder aber in Form von Vorschlägen dem Chef zur Entscheidung vorgelegt werden.

Probleme lösen, Konflikte vermeiden

Durch Sozialkompetenz und Kommunikationsfähigkeit (auch impliziert durch die Beherrschung der Neuen Medien) wird die Management-Assistenz zum „Konflikt-Vermeider", Konsensfinder und zur Kommunikationszentrale für Chef und Mitarbeiter.

Entscheidungen vorbereiten

Mit der Intensivierung der Arbeitsteilung handelt die Management-Assistenz als Berater und Entscheidungs-Vorbereiter. Entscheidungen zu treffen und diese zu verantworten stellt ein wesentliches Kernelement des Managements dar.

Achtung: Vollendete Management-Assistenz besteht in diesem Zusammenhang darin, Prozesse der Entscheidungsvorbereitung methodisch bei Mitarbeitern und unterstellten Führungskräften zu fördern und dadurch effektive Managemententlastung sowie höhere Qualität und Schnelligkeit von Entscheidungen zu erreichen.

Wahrnehmen einer Kontrollfunktion

Auch die Wahrnehmung delegierter Kontrollaufgaben stellt einen wichtigen Bereich der Management-Assistenz dar: Umfasst sind praxisgerechte Lösungen der Kontrollaufgaben und deren Überwachung. Auch positive Entwicklungen wie die Einführung und Verfolgung des Prinzips der weitgehenden Selbstkontrolle können und müssen von der Management-Assistenz initiiert und konsequent unterstützt werden. Die Management-Assistenz muss also auch eine Art Kontrollfunktion ausüben.

Informationsmanagement und Berichtswesen

Darüber hinaus ist auch die grundlegende und methodische Unterstützung und Durchführung des Informationsmanagements durch die Gestaltung des Berichtswesens notwendig, um einerseits Managementanforderungen zu erfüllen, andererseits aber in diesem Zusammenhang Informationen, deren Aufnahme oder Verarbeitung beim Management wertvolle Zeit in Anspruch nehmen würde, aufzuarbeiten.

Wichtig: Um effektive, zielorientierte und qualifizierte Management-Assistenz zu gewährleisten, müssen jedoch die notwendige Fachkompetenz gefördert und ausgebaut sowie für persönliche Qualifikationen die nötigen Grundlagen geschaffen werden.

Die fünf wichtigsten Kompetenzen

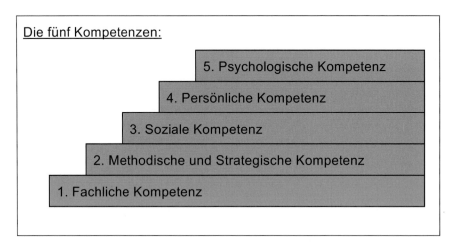

1. **Fachliche Kompetenz**
   - Sekretariatswissen in Abhängigkeit von der jeweiligen Branche (Office Management)
   - Sprachkenntnisse
   - Rechtskenntnisse
   - Betriebswirtschaftliches Wissen
   - Daten- und Textverarbeitung
   - Informationstechnologien

2. **Methodische und Strategische Kompetenz**
   - Arbeitstechniken
   - Zeitmanagement
   - Methoden des Denkens (z. B. Mind Mapping)
   - Planungsmethoden, Controlling
   - Management-Strategien
   - Entscheidungsstrategien
   - Umgang mit Informationen
   - Vernetztes Denken (global)
   - Umgang mit anderen Kulturen
   - Ablauforganisation

3. Soziale Kompetenz
- Beziehungsfähigkeit, Kommunikationsfähigkeit
- Gesprächs- und Dialogfähigkeit
- Aktives Zuhören
- Integrationsvermögen
- Kompromissbereitschaft
- Toleranz, Offenheit, Verständnis
- Vertrauen
- Konfliktfähigkeit, Kooperationsbereitschaft

4. Persönliche Kompetenz
- Selbstbewusstsein
- Eigenverantwortung
- Intuition
- Kreativität, Gestaltungswille
- Offenheit
- Selbstkontrolle
- Vorurteilslosigkeit
- Biographie-Bewusstsein
- Identitäts-Bewusstsein

5. Psychologische Kompetenz
- Fähigkeit zu psychologischem Denken
- Selbstwahrnehmung, Selbstreflexion
- Emotionale Differenzierung
- Angstregulierung
- Fremdwahrnehmung, Kontaktkompetenz
- Erlebnis-, Wahrnehmungs- und Erkenntnisfähigkeit
- Frustrationstoleranz
- Fähigkeit zur Selbsterfahrung
- Selbstregulation

Funktionsbezeichnungen im Unternehmensalltag

Die Bezeichnungen für die Funktion, die Sie innehaben, sind vielfältig. So vielfältig wie die Tätigkeiten, die immer wieder neu an Sie herangetragen werden:

Hier die vielfältigsten Funktionsbezeichnungen:	
Qualifizierte Sekretärin	Qualifizierte Sekretärin
Abteilungssekretärin	Abteilungssekretärin
Chefsekretärin	Chefsekretärin
Geschäftsleitungssekretärin	Geschäftsleitungssekretärin
Direktionssekretärin	Direktionssekretärin

Aber: Vollendete personenorientierte Management-Assistenz wird geleistet, wenn bei allen Gelegenheiten, Anlässen und Zeitpunkten das Ziel verfolgt und im Sinne höchster Qualität erfüllt wird, den Vorgesetzten in jedem Einzelfall arbeits- und entscheidungsfähig zu machen, also in seinem Sinne sachgerecht, vollständig, hochwertig und entscheidungsreif vorzuarbeiten.

Diese Zusammenarbeit bringt für alle Parteien – die Management-Assistenz, den Vorgesetzten und das Unternehmen – Nutzen und Erfolg. Die wirtschaftliche Entwicklung Deutschlands und seiner internationalen Partner wird in Zukunft immer höhere Anforderungen an das Management stellen.

Als Management-Assistenz sind Sie ein elementarer Begleiter auf dem Weg zum Erfolg. Sie sind Teil des Teams. Sie sind die entscheidende Stütze im Team. Füllen Sie Ihre Position mit Selbstsicherheit und Selbstverständnis aus. Sie sollten Ihre Chance nutzen durch die Qualifizierung Ihrer Fachkompetenz. Die Voraussetzung für diesen Zertifikats-Lehrgang ist das Wissen um das gesamte Office/Sekretariat.

Arbeits- und Persönlichkeitsprofil

Dieses Kapitel verschafft Ihnen einen Überblick über die wichtigsten Kompetenzen und damit den beruflichen Weg zur Management- Assistenz. Dabei wurden sowohl die persönlichen als auch die fachlichen Qualifikationen einbezogen.

Die Kompetenzen:

Fachliche Kompetenz:

- Beherrschung aller Sekretariatsaufgaben
- Genaue Kenntnis der Aufgaben und Verantwortung des Vorgesetzten
- Genaue Kenntnisse über das Unternehmen
- Betriebswirtschaftliches Wissen
- Unternehmensspezifisches Fachwissen, z. B. über Messen
- Organisationsfähigkeit
- Verhandlungsgeschick
- Grundkenntnisse der Psychologie und Führung
- Fremdsprachen

Persönliche Kompetenz:

- Selbständigkeit
- Initiative
- Kreativität
- Aufgeschlossenheit
- Belastbarkeit
- Loyalität
- Teamorientiertes Denken
- Kommunikationsfähigkeit
- Gute Umgangsformen und ein passendes Erscheinungsbild

Die Aufgabe und Stellenbeschreibung

Art und Umfang der Aufgaben, die die Assistenz übernehmen kann, hängt in hohem Maße von der Position des Vorgesetzten ab, von seinem Fachgebiet und seiner grundsätzlichen Bereitschaft zur Delegation. Dieser Katalog von Aufgaben ist stark verallgemeinert, er bildet die Stichworte ab, die sich in einer Stellenbeschreibung wiederfinden können:

- Beratung des Vorgesetzten
- Erstellung und Auswertung von Protokollen
- Selbständiges Korrespondieren
- Entwerfen von Reden und Referaten
- Entscheidungsvorbereitung
- Informationsmanagement
- Projektmitarbeit oder -leitung
- Bereichsbezogenes Controlling
- Mitarbeit im Qualitätsmanagement
- Verhandlungen
- Öffentlichkeitsarbeit
- Vorbereitung von Mitarbeitergesprächen
- Betreuung von Auszubildenden

Der Weg

Wie und zu welchem Zeitpunkt ein Mitarbeiter zur Management-Assistenz avanciert, hängt von mehreren Faktoren ab:

- von der eigenen Leistungs- und Lernbereitschaft
- von den individuellen Fähigkeiten und Eigenschaften
- von der Persönlichkeit und Aufgabe des Vorgesetzten
- von seiner Bereitschaft, den Mitarbeiter zu fördern
- von der Dauer der Zusammenarbeit

Der Maßstab

Die Management-Assistenz handelt eigenverantwortlich in ihrem Delegationsbereich und wird deshalb verstärkt an ihrem persönlichen Verhalten und Vorgehen gemessen:

- Führungskompetenz
- Entscheidungsfreude
- Durchsetzungsvermögen
- Sachlichkeit
- Glaubwürdigkeit
- Einfühlungsvermögen
- Überzeugungskraft

Das Bild

Die Management-Assistenz wird ihre Position mit Selbstsicherheit und Selbstverständnis ausfüllen. Sie sollten darauf bestehen, dass die neue Funktion vertraglich abgesichert und nach innen wie außen kommuniziert wird durch:

- den Anstellungsvertrag als Management-Assistenz
- Stellenbeschreibung
- die Bekanntmachung im Unternehmen
- Aufnahme der Stelle in das Organigramm
- angemessenes Gehalt
- Firmenvisitenkarten
- eventuelle Zeichnungsvollmachten

Was ist Qualitätsmanagement?

Grundlage für wirtschaftlichen Erfolg

Die Ausrichtung der Geschäftsvorgänge auf den Kunden ist eine wesentliche Voraussetzung, damit Unternehmen langfristig erfolgreich am nationalen und internationalen Markt bestehen können. Diesen Prozess unterstützt das Qualitätsmanagement. Durch die konsequente Nutzung und Weiterentwicklung von Qualitätsmanagement-Systemen werden Schwachstellen im Unternehmen identifiziert und deren Beseitigung angestrebt. Mit einer zielgerichteten Ausrichtung im Qualitätsmanagement wird die Motivation jedes einzelnen Mitarbeiters verbessert und dessen fachliche Qualifikation im Unternehmen ausgebaut. Die konsequente Einhaltung von angestrebten Zielvorgaben durch das Unternehmen in einem so ausgebauten Qualitätsmanagement-System fördert und schafft die Grundlagen für einen wettbewerbsorientierten, umsatzstarken Erfolg am nationalen und internationalen Markt.

Qualitätsmanagement und Kundenorientierung

Stetig haben sich die vormals „Qualitätssicherungsnormen" zu Qualitätsmanagementnormen (QM) umgewandelt, die zu dem heutigen ausgeprägten Qualitätsverständnis geführt haben. Qualitätsmanagement meint immer die Ausrichtung auf Kundenanforderungen und eine fortlaufende Anpassung an geänderte Märkte, so dass das Ziel ein einheitliches Qualitätsmanagement ist.

Wichtig: Qualitätsmanagement und Kundenorientierung sind eng miteinander verwoben und müssen im Bewusstsein erfolgsorientierter Unternehmen und insbesondere in den Köpfen der Mitarbeiter verwurzelt sein.

Der Weg zum Total Quality Management

Mit dem Total Quality Management (TQM) liegt ein System vor, das den umfassenden Charakter eines effektiven Qualitätsmanagements in der Praxis zeigt. Das TQM beinhaltet nicht nur Produktqualität, sondern bezieht sich auf jede Tätigkeit der Mitarbeiter eines Unternehmens. Dies wiederum gewährt eine positive Gestaltung des Führungsverhaltens und eine Steigerung des Mitarbeiterpotenzials.

Es beinhaltet die Fähigkeit, ein Beanstandungsmanagement zu implementieren, um Kundenwünsche positiv umzusetzen und zukunftsorientiert zu einem erfolgreichen Umsatz zu führen.

Achtung: Das Ziel ist es, das Bewusstsein für Servicequalität sowohl unternehmensintern als auch kundenorientiert zu fördern.

Zehn Qualitätsstufen für den Kunden

Hierbei sind im Unternehmen die Elemente des Total Quality Managements in zehn für die Kunden wahrnehmbare Qualitätsstufen umzusetzen. Die für das jeweilige Unternehmen unabdingbaren Qualitätsanforderungen werden vom Kunden definiert und bilden somit die Ziele und Maßstäbe für die unternehmerische Qualitätsentwicklung. Grundstufe bilden die Produktqualität, die Funktionsfähigkeit sowie die Umweltverträglichkeit. Darauf aufbauend müssen ebenso Design- und Anmutungsqualität sowie Dokumentations- und Betriebsanleitungsqualität ausgebaut werden. Service und Kundenbetreuung bilden ebenso wie die Kommunikationsfähigkeit einen hohen, zu erfüllenden Qualitätsstandard. Der Planungs- und Controllingbereich sowie die innerbetriebliche Organisation sind unabdingbar, um auf den Stufen der angestrebten Unternehmensqualität voranzukommen.

Insbesondere in den innerbetrieblichen Prozessen, der Operation und Koordination derselben als Schnittstellen im Unternehmen ist eine Umsetzung hoher Qualitätsnormen existenziell. Schließlich trägt auch die effektive Personalführung, die vor allem auch die Qualitätsverantwortung und -fähigkeit der Mitarbeiter fördert zum Gesamtbild bei.

Achtung: Eine entsprechende, all dies umfassende Unternehmensführung kann durch die Umsetzung des TQM eine kundenorientierte und damit erfolgsorientiere Qualität im Unternehmen erreichen.

Praxis-Tipp:

Einer der Grundsätze des TQM (Total Quality Management) ist: „Do it right the first time!" Dieser Grundsatz gilt für jeden Bereich des Arbeitens. Er spielt auch eine entscheidende Rolle bei den Themen Lean Management und Lean Production.

Qualität durch Corporate Identity

Der Weg zum Qualitätsunternehmen wird geebnet durch Corporate Identity als einheitliches Selbstverständnis eines Unternehmens nach innen und außen.

Firmenbezogene Voraussetzungen

Hierfür ist es erforderlich, dass die effektive Personalführung eine bereichsübergreifende Zusammenarbeit anstrebt. Diese soll zielgerichtet und leistungsbewusst erfolgen, wobei kein Eigeninteresse, sondern immer das Gruppenergebnis bei Projektarbeit im Vordergrund steht. Erforderlich hierzu sind Loyalität, schneller, sachlicher und vor allem unverfälschter Informationsaustausch, der auch Querinformationen ohne Einschalten des Vorgesetzten zulässt. Ebenso wichtig sind qualitative Delegationsfähigkeiten des Vorgesetzten sowie konkrete, ziel- und ergebnisorientierte Kontrolle von Arbeitsabläufen und Verhaltensweisen. Die Beurteilung anhand differenzierter Kriterien und Zielvereinbarungen ist als effektives Mittel einzusetzen, um zu einer gerechten Entgeltfindung zu kommen.

Mitarbeiterpflichten

Gefordert ist ein von Motivation und Informations- wie auch Erfahrungsaustausch geprägtes vorurteilsfreies internes Verhalten der Mitarbeiter. Unabdingbar und erfolgsorientiert ist das externe Verhalten der Mitarbeiter, welches perfekte Umgangsformen mit Geschäftspartnern unter Berücksichtigung der Kundentypologie ebenso beinhaltet wie das Abschirmen der Führungskräfte durch Takt und Fingerspitzengefühl. Als nicht zu unterschätzendes Element der Unternehmensidentität ist die externe Korrespondenz einzustufen, für deren Umsetzung jeder Mitarbeiter die Verantwortung trägt.

Führungspflichten

Unternehmensziele gilt es durch generelle Aufgeschlossenheit der Führungskräfte für Neuerungen und Weiterentwicklungen zu fördern und durch das Bewusstsein sich ändernder Bedürfnisse und der Erwartungen der internen und externen Ansprechpartner zu prägen.

Wichtig: Allein durch motivierte und die Unternehmensprozesse im Blick haltende Mitarbeiter kann die Qualität des Unternehmens im Bereich Personalentwicklung und Kundenorientierung umgesetzt und gehalten werden.

Corporate Identity für Qualität

Zusammenfassend wird Corporate Identity als entscheidender Begleiter auf dem Weg zum Qualitätsunternehmen geprägt durch:

- Zielgerichtete, leistungs- und teamorientierte Zusammenarbeit
- Loyalität unter allen Bereichen und Personen des Unternehmens
- Sachlichen, offenen und zügigen Informationsaustausch
- Zielkontrolle durch Steuerung und stetige Optimierung von Abläufen und Verhaltensweisen
- Gerechte Beurteilungssysteme und Zielvereinbarungen
- Faire Entgeltfindung
- Vorurteilsfreies, zielorientiertes und konstruktives Verhalten im internen Umgang
- Sorgfältiges, korrektes und kundenorientiertes Verhalten im externen Umgang
- Korrekte Unternehmenssprache als wichtiges Element der Unternehmensidentität
- Zielförderung durch Flexibilität und zukunftsorientiertes Denken und Handeln

Qualitätsmanagement in der Assistenz

Neben hochwertigen, fehlerfreien Produkten und Dienstleistungen spielen die Qualität des Umgangs untereinander und damit auch die Qualität der zwischenmenschlichen Beziehungen eine immer stärkere Rolle.

Der Mensch und insbesondere der Kunde stehen immer mehr im Mittel- punkt des Betriebsgeschehens. Als Kunde wird nicht nur der externe Gesprächspartner gesehen, sondern auch Vorgesetzte, Mitarbeiter und Sekretärinnen zählen dazu.

Wie das Management sollte die Assistenz über fundierte Kenntnisse im Quality Management verfügen. Sie sollte genauso wie das Management von notwendigen Veränderungen überzeugt sein, damit sie diese an andere Abteilungen weitergeben kann.

> **Praxis-Tipp:**
>
> Total Quality Management stellt höchste Anforderungen an die Leistung jedes Einzelnen. Bei diesen Aufgaben können Sie als kommunikationsfähige Assistenz wesentliche Unterstützung leisten und als Multiplikator wirken. Außerdem ist es auch Ihre Aufgabe, das Umdenken im Unter- nehmen in Gang zu setzen.

Persönliche und soziale Kompetenz

Kennen Sie Ihren Vorgesetzten – kennen Sie sich? 30

Vorgesetztenbeurteilung 34

Selbstmanagement und Schlüsselqualifikation 36

Corporate Culture 39

Sprachkenntnisse 45

Wirtschaftssprache Englisch 50

English on the telephone 55

Kennen Sie Ihren Vorgesetzten – kennen Sie sich?

Die tägliche intensive Zusammenarbeit zwischen Management-Assistenz und Vorgesetztem gestaltet sich einfacher und intensiver, zielgerichteter und erfolgreicher, wenn die Management-Assistenz ihre Teampartner wirklich kennt. Kennen bedeutet hier das bewusste Einplanen von Stärken und Schwächen, verschiedenen persönlichen Faktoren und Arbeits- oder Denkweisen. Gleiches gilt für sie selbst: Je eher die Assistenz in der Lage ist, ihre persönlichen Charakteristika zu steuern oder zu nutzen, umso eher wird es ihr gelingen, die Zusammenarbeit zu optimieren.

Wie denkt Ihr Chef?

Der nachfolgende Fragenkatalog unterstützt Sie dabei, zusätzlich zur genauen Kenntnis der Aufgaben und Verantwortungsbereiche Ihres Chefs Kenntnis zu gewinnen über die Persönlichkeit des Menschen, dem Sie kompetent und erfolgreich assistieren:

- Was sind die wichtigsten Ziele Ihres Vorgesetzten?
- Wie unterstützen Sie ihn dabei, diese zu verwirklichen?
- Wofür wird er belohnt?
- Was für ein Mensch ist sein Chef wiederum?
- Neigt er dazu, alles offen auszusprechen oder eher dazu, Informationen zu verschweigen?
- Welchem Druck ist er ausgesetzt?
- Wer sind seine Verbündeten?
- Wer sind seine Gegner?
- Was mögen Sie am meisten an seiner Person?
- Was mögen Sie am wenigsten an ihm?
- Wie könnte er Sie dabei unterstützen, mehr zu leisten?
- Wie könnte er Ihre Arbeit befriedigender gestalten?
- Gibt er Verantwortung lieber ab, oder muss er überall mitmischen?
- Verkehrt er über Angelegenheiten schriftlich oder zieht er das Gespräch vor?

Persönliche und soziale Kompetenz

- Fühlt er sich nur in Konflikten wohl oder hat er einen kooperativen Führungsstil? Zu welcher Tageszeit ist er in Bestform?
- Was beherrscht er am besten?
- Was bedarf bei seiner Arbeit am ehesten der Verbesserung?
- Welche Tätigkeiten mag er überhaupt nicht?
- Wie gut kann er mit Stress umgehen?
- Erledigt er Arbeiten immer der Reihe nach oder packt er mal hier oder mal dort an?
- Leistet er mehr bei der Arbeit am übergeordneten Zusammenhang oder bei der Detailarbeit?
- Wie alt ist er?
- Welchen Bildungshintergrund hat er? Was sind seine Berufserfahrungen?
- Wie sieht sein Familienleben aus?
- Hat er außerhalb der Arbeit irgendwelche Probleme, die Ihnen bekannt sind?
- Welche Hobbys hat er?
- Ist er eher vertrauensvoll oder eher misstrauisch?
- In welcher Umgebung ist er aufgewachsen?
- Hat er irgendwelche Marotten oder Eigenarten?

Praxis-Tipp:

Wahrscheinlich werden Sie nicht alle Fragen beantworten können. Sie sollten dann nicht zu neugierig sein. Wichtig ist es, sich ein Bild machen zu können aus Ihrem Erfahrungsschatz der Zusammenarbeit. Gleichzeitig schaffen Sie sich ein Bewusstsein für Ihr zukünftiges Miteinander.

Wie denken Sie selbst?

- Was erwarten Sie von Ihrer Arbeit?
- Was sind Ihre wichtigsten Ziele?
- Wie unterstützt Ihr Chef Sie dabei, diese zu verwirklichen?
- Welchem Druck durch Termine und Konflikte sind Sie ausgesetzt?
- Welche Arbeiten beherrschen Sie am besten?
- Wo sind Ihre Leistungen am schwächsten?
- Welche Arbeiten mögen Sie am meisten?
- Neigen Sie dazu, über Ihre Anliegen zu sprechen oder eher dazu, Informationen für sich zu behalten?
- Welche Arbeiten mögen Sie am wenigsten?
- Sind Sie vormittags oder nachmittags am leistungsfähigsten?
- Fühlen Sie sich in Konflikten und Auseinandersetzungen wohl oder scheuen Sie davor zurück?
- Verkehren Sie über Angelegenheiten schriftlich oder ziehen Sie das Gespräch vor?
- Welche Unterschiede zu Ihrem Chef gibt es hinsichtlich des Alters, der Berufsbildung und der Berufserfahrung?
- Wie unterscheiden sich Ihre Kindheit und Ihr familiärer Hintergrund von dem Ihres Chefs?
- Arbeiten Sie gerne jeweils nur an einem Projekt oder lieber an mehreren gleichzeitig?
- Leisten Sie mehr an der Arbeit im übergeordneten Zusammenhang oder bei der Detailarbeit?
- Wie unterscheidet sich Ihr Freizeitleben von dem Ihres Chefs?
- Arbeiten Sie gerne unter strenger Aufsicht oder lieber unter eigener Verantwortung?
- Sind Sie ein „Schnellstarter" oder brauchen Sie jemanden, der Sie in Schwung bringt?
- Brauchen Sie häufiges Feedback oder reichen regelmäßige Besprechungen aus?

- Haben Sie irgendwelche Marotten und Eigenarten, die andere vielleicht nur schwer verstehen können?
- Welche Arbeiten schieben Sie gerne auf?

Ihr Chef und Sie selbst

Wenn Sie die obigen Fragen beantwortet haben, gehen Sie sie nochmals durch und schreiben ausschließlich die Antworten zu diesen Fragen auf:

- Welches sind die drei größten Stärken Ihres Chefs?
- Welches sind seine drei größten Schwachpunkte?
- Welches sind Ihre drei größten Stärken?
- Welches sind Ihre drei größten Schwachpunkte?
- Bei welchen Angelegenheiten arbeiten Sie am besten mit Ihrem Chef zusammen?
- Wo haben Sie die größten Konflikte mit Ihrem Chef, wo stimmen Sie am wenigsten mit Ihm überein?
- Was halten Sie für den größten Schwachpunkt in der Beziehung zu Ihrem Chef?

Vorgesetztenbeurteilung

Beurteilung für:_____   Bereich/Abt.:_____

Meine direkte Führungskraft ...

Mitarbeiterförderung	<< < + - > >>
... bietet ihren Mitarbeitern Gelegenheit, ihre Fähigkeiten und Erfahrungen zu erweitern.	(1) (2) (3) (4) (5) (6)
... bietet ihren Mitarbeitern Gestaltungsfreiheiten innerhalb ihres Arbeitsgebietes.	(1) (2) (3) (4) (5) (6)
... kümmert sich nachhaltig um die Verbesserung der Fach-, Methoden- und Sozialkompetenz ihrer Mitarbeiter.	(1) (2) (3) (4) (5) (6)
... spricht mit ihren Mitarbeitern über ihre Schwächen in einer Weise, die hilfreich ist und die von ihnen akzeptiert wird.	(1) (2) (3) (4) (5) (6)

Verhalten unter Stress	<< < + - > >>
... behält auch in Krisensituationen einen kühlen Kopf.	(1) (2) (3) (4) (5) (6)
... stellt sich in Konfliktsituationen vor ihre Mitarbeiter.	(1) (2) (3) (4) (5) (6)
... kann in persönlich streitigen und emotional aufgeheizten Situationen den Streit wieder auf eine sachliche Ebene zurückführen.	(1) (2) (3) (4) (5) (6)
... kann auch in kritischen Situationen sachlich und überlegt Entscheidungen treffen, und übernimmt für diese die Verantwortung.	(1) (2) (3) (4) (5) (6)

Fairness	<< < + - > >>
... überfordert ihre Mitarbeiter weder quantitativ noch qualitativ; stellt ihre Mitarbeiter nicht vor unlösbare Aufgaben.	(1) (2) (3) (4) (5) (6)
... äußert Kritik sachlich und konstruktiv und direkt gegenüber den betroffenen Mitarbeitern.	(1) (2) (3) (4) (5) (6)
... schätzt ihre Mitarbeiter aufgrund von Fakten ein und behandelt ihre Mitarbeiter gleich und bevorzugt niemanden aufgrund persönlicher Sympathie.	(1) (2) (3) (4) (5) (6)
... kann selber mit der Kritik ihrer Mitarbeiter umgehen und diese konstruktiv umsetzen.	(1) (2) (3) (4) (5) (6)

Persönliche und soziale Kompetenz

Fachkompetenz	<< < + - > >>
... besitzt in ihrem Aufgabenbereich fachliche Kompetenz.	(1) (2) (3) (4) (5) (6)
... kann die Arbeitsergebnisse ihrer Mitarbeiter fachlich richtig bewerten.	(1) (2) (3) (4) (5) (6)
... kann ihren Bereich auf sich veränderte Rahmenbedingungen ausrichten.	(1) (2) (3) (4) (5) (6)
... kann das vorhandene Expertenwissen ihrer Mitarbeiter einschätzen und fachlich einordnen	(1) (2) (3) (4) (5) (6)

Organisatorisches Verhalten	<< < + - > >>
... setzt sich und ihren Mitarbeitern realistische Leistungsvorgaben, trifft Zielvereinbarungen und überprüft jeweils die Zielerreichung.	(1) (2) (3) (4) (5) (6)
... strukturiert den Verantwortungsbereich effizient.	(1) (2) (3) (4) (5) (6)
... hat Termine, Aufgabenbearbeitung und Prioritäten im Griff.	(1) (2) (3) (4) (5) (6)

Erläuterungen:

(1)	= sehr gut	keinerlei Verbesserungsbedarf
(2)	= in jeder Hinsicht gut	kaum Verbesserungsbedarf
(3)	= in Ordnung	wenig Verbesserungsbedarf
(4)	= im Wesentlichen in Ordnung	Verbesserungspotential vorhanden
(5)	= im Wesentlichen nicht in Ordnung	deutliches Verbesserungspotential
(6)	= nicht in Ordnung	erhebliche Verbesserungsnotwendigkeiten

Selbstmanagement und Schlüsselqualifikation

Die Management-Assistenz der Zukunft unterscheidet sich in einem wesentlichen Punkt von der qualifizierten Sekretärin oder Office-Managerin: Sie bringt einen gewissen Führungsanspruch in ihre Tätigkeit ein. Über ihre vorbereitende und assistierende Funktion hinaus ist sie die Schnittstelle zwischen Vorgesetzten und Mitarbeitern, sie delegiert. Kompetentes Assistieren heißt damit auch kompetentes Delegieren. Sie hat eigene Aufgabenbereiche und Tätigkeitsfelder, die oft ein Weitergeben und Überwachen von Aufgaben beinhalten. Sie ist Schnittpunkt und stellt gleichzeitig eine eigene Achse dar.

Wichtig: Dies bedeutet auch, dass sie im Umgang mit anderen Menschen Sicherheit zeigen muss, denn ohne diese Souveränität wird sie diese aktive Rolle nicht dauerhaft und vor allem nicht erfolgreich übernehmen können.

Die wesentlichen Schlüsselqualifikationen sind:

- Die Bereitschaft, eine erhöhte Sensibilität nach außen und nach innen zu zeigen
- Die Bereitschaft, wirklich zuzuhören
- Die Bereitschaft – im Rahmen der gegebenen Vertraulichkeit – zum offenen Umgang mit Informationen, ohne Machtüberlegung vorzuschalten
- Die Bereitschaft, Erfolg zu teilen
- Die Bereitschaft zum Kompromiss

Gerade Frauen mit Führungsanspruch tun sich hier oft schwer. Die Zauberworte heißen „souveränes Auftreten" und „Sicherheit". Sicheres Auftreten signalisiert Sachkompetenz und Kompetenz im Umgang mit anderen Menschen.

Ein Bewusstsein der eigenen Kompetenz entwickeln

Nichts verleiht so viel Sicherheit wie fachliche und sachliche Kompetenz. Es ist daher unerlässlich, dass die Management-Assistenz ein Bewusstsein für ihre Kompetenz entwickelt und weiß, dass sie sich auf dieses Fachwissen verlassen kann. In einer Besprechung, ob mit dem Vorgesetzten oder in größerem Rahmen, wird man besonders auf ihr Fachwissen achten. Allein dies ist Grund genug, sich stets gut vorzubereiten und nichts dem Zufall zu überlassen. Unsicherheit entsteht erst dann, wenn das Gefühl, einer fachlichen Frage nicht gewachsen zu sein, stärker wird. Jeder andere Ratschlag ist nutzlos, wenn inhaltliche Schwächen sichtbar werden.

Das richtige Auftreten

Selbstmanagement geht über das Fachwissen und den dadurch gebotenen Einsatz hinaus. Eine wesentliche Rolle für sicheres Auftreten spielt das eigene Erscheinungsbild.

Den Stellenwert, den gute, nein, exzellente Manieren für sicheres Auftreten haben, kann man nicht hoch genug einschätzen. Es lohnt sich, im geschäftlichen Umgang stets und zu jedem „ausnehmend" höflich zu sein. Dies wird Ihnen – zu Recht – als persönliche Souveränität angerechnet.

Ein positives Erscheinungsbild

Wie entsteht ein positives äußeres Erscheinungsbild? Hier gilt ganz besonders, dass das Ganze stets mehr darstellt als die Summe aller Teile. Kern dieses Mosaiks sind die oben erwähnten ausgezeichneten Manieren. Die weiteren Teile – und dies kann nur ein niemals vollständiger Leitfaden sein – sind:

Korrekte und angemessene Kleidung:
  Wir alle kennen das Gefühl, wenn uns ganz plötzlich bewusst wird, dass wir völlig falsch angezogen sind. Es gehört eine Menge Selbstbewusstsein dazu, sich darüber hinwegzusetzen. Im privaten Rahmen gelingt uns das vielleicht, im geschäftlichen Umfeld ist es geradezu unmöglich. Korrekte Kleidung sagt durchaus „Ja" zu Mode und Attraktivität, sie ist aber niemals zu weiblich oder zu modisch oder grell. Sie ist dem Anlass und der Tageszeit angepasst und verrät den persönlichen Stil des Trägers. Der Ordnung halber soll an dieser Stelle auch durchaus erwähnt werden, dass korrekte Kleidung sauber, gepflegt und „in Ordnung" ist;

Gepflegte Erscheinung: von Frisur, Haut und Händen;

Korrekte Körperhaltung:
In allen offiziellen Kommunikationszusammenhängen spielt die korrekte Haltung eine große Rolle. Es ist unabdingbar, die Körperhaltung jederzeit souverän im Griff zu haben. Dies kann man üben: Wenn ein Auftritt bevorsteht, der die Management-Assistenz sachbedingt noch mehr in den Mittelpunkt des Interesses stellt, als es der Alltag erfordert, kann sie dies im privaten Rahmen vor dem Spiegel üben. Wie wirke ich? Wie sehe ich aus? Sie kann so an sich arbeiten, ihre Haltung verbessern und sich für den Moment, „in dem es darauf ankommt", sicher fühlen;

Körpersprache:
Oftmals widersprechen die unbewussten Signale, die jeder aussendet, dem bewusst Gesagten. Souveräne Teilnehmer eines Gesprächs oder einer Sitzung achten daher bewusst auf die Haltung ihrer Hände, ihres Kopfes und ihrer Beine. Kenntnis von Körpersignalen kann auch von der Management-Assistenz zu ihrem Vorteil genutzt werden; als Beispiel mag der zur Seite geneigte Kopf einer interessiert zuhörenden Frau dienen;

Kompetente Stimmlage:
Auch die Lage der Stimme kann beeinflusst und geübt werden. Eine feste, etwas tiefere Stimme signalisiert Durchsetzungs-vermögen und Kompetenz. Besonders für Frauen mit leiser, sehr hoher Stimme stellt dies eine große Aufgabe dar: Sie sollten besonders in Extremsituationen wie Ärger, Aufregung oder Hektik darauf achten, nicht schrill zu wirken. Oft hilft schon tiefes Durchatmen und Aufstehen, da die Stimme im Stehen ein anderes Volumen hat als im Sitzen.

Praxis-Tipp:

In unserer zivilisierten Gesellschaftsordnung sollten Menschen mit verantwortlicher Position einen bewussten Umgang pflegen.

Die Wörter „bitte, danke und Entschuldigung" sind Grundpfeiler des täglichen Miteinanders im Unternehmen. Darum sollten Führungskräfte und deren Assistenz diese persönliche Souveränität, die sie auszeichnet, nie verlieren.

Persönliche und soziale Kompetenz

Corporate Culture

Persönliche Kultur als Zeichen der Firmenkultur – wer sich erfolgreich als Management-Assistenz behaupten möchte, muss die Regeln des gesellschaftlichen Umgangs beherrschen. Dies gilt in Zeiten des internationalen Kommunikationsmanagements mehr denn je. Es gilt für das Miteinander im Laufe eines Tages ebenso wie für die Art, wie fachliche Angelegenheiten, ob in Meetings oder im persönlichen bzw. telefonischen Gespräch, kommuniziert werden. Das Verb „kommunizieren" kommt aus dem Lateinischen und wird in seiner Grundbedeutung „miteinander in Verbindung stehen" verstanden und angewandt.

Steuerung der Kommunikation

Die Management-Assistenz kann durchaus beeinflussen, wir ihr Vorgesetzter oder sie selbst Anweisungen und Informationen kommuniziert.

Anweisungen sollten stets:

- durchführbar sein - so sind sie glaubwürdig
- verständlich sein - so werden Konflikte vermieden
- kontrollierbar und messbar sein - so entsteht Raum für Motivation und Lob
- begründet sein - so kann der Empfänger „mitdenken"
- höflich formuliert sein - so fühlt sich der Empfänger respektiert und gewürdigt.

Gespräche im kleinen und großen Rahmen, im persönlichen Kontakt und am Telefon sollten jederzeit im Rahmen folgender Zielsetzungen gesteuert werden, um

- eine positive Gesamtatmosphäre herzustellen
- eine gleiche Gesprächsebene herzustellen (im persönlichen Gespräch auch räumlich)
- deutliches Interesse am Gegenüber zu zeigen
- sich dem Gegenüber zuzuwenden (im persönlichen Gespräch durch die Körperhaltung)

- Gesprächspartner stets mit Namen anzusprechen
- zuhören zu können und ausreden lassen
- sich bei Unterbrechungen zu entschuldigen.

Reibungsverluste sind vermeidbar. Bei aufgetretenen Fehlern oder Konflikten sollte grundsätzlich mit dem Betroffenen selbst zuerst gesprochen werden und erst dann, wenn erforderlich, mit Dritten. Bei persönlichen Zwistigkeiten ist es unabdingbar, stets beide Seiten anzuhören.

Praxis-Tipp:

Beachten Sie gesellschaftliche Regeln auch im schriftlichen oder formellen Umgang mit anderen Menschen. Ob es sich um Einladungen, Zu- und Absagen, Veranstaltungen, Tischordnungen handelt oder ob Sie aus den verschiedensten Anlässen (Geburt, Todesfall etc.) formelle Schreiben versenden – es gibt auch hier eine umfassende Etikette, deren Einhaltung Sie auszeichnet.

Wie die Management-Assistenz zum internationalen Erfolg beitragen kann

Natürlich gibt es eine Vielzahl von Kontakten und Gelegenheiten, sein Wissen über landesspezifische Gegebenheiten und Etikette anzuwenden. Ob es sich um den Bereich eines Exportmanagers handelt, ob es sich um „alltägliche" Kontakte mit Partnern aus dem In- und Ausland handelt oder ob die Management-Assistenz in ihrem Tagesgeschäft mit internationalen Besuchern zusammentrifft – sie kann ihren Vorgesetzten konkret stützen und unterstützen. Mit ihrer positiven Grundhaltung versteht sie es, sich auf ihren Vorgesetzten und die jeweiligen Notwendigkeiten einzustellen. Sie liefert die notwendigen Details für Auslandsreisen oder den Empfang ausländischer Besucher, kennt die jeweiligen landesspezifischen Erfordernisse und wendet sie an.

Spiegel und Botschafterin des Unternehmens

Die Management-Assistenz ist Spiegel und Botschafterin ihres Unternehmens und ihres Vorgesetzten. Die erforderlichen Kompetenzen sind zukunftsweisend: Weltweit besteht ein internationales und schnelllebiges Wirtschaftsgefüge, das allen Beteiligten Höchstleistungen abverlangt. Die deutsche Wirtschaft entwickelt sich nicht mehr als geschlossenes Innenkonstrukt, sondern lebt vom internationalen Kontakt. Die Ausweitung des europäischen Marktes und der Kampf um internationale Märkte und Handelsplätze bringen Verbindungen in die ganze Welt mit sich. Ein sicherer Umgang mit internationalen, weltweit ansässigen Partnern ist notwendig. So wird das Aufgabenfeld der Management-Assistenz des neuen Jahrtausends nicht nur im Innenbereich komplexer und anspruchsvoller, auch im Außenverhältnis muss sie die erforderlichen Kompetenzen und Eigenschaften mitbringen, um langfristig erfolgreich zu sein. Kompetenz heißt hier höchste Qualifikation im kommunikativen, sozialen und persönlichen Bereich.

Unverzichtbare Kernkompetenzen

Als Kernkompetenz kann die Sensibilität angesehen werden. Die Management-Assistenz weiß, wann Zurückhaltung angebracht ist und in welcher Situation Risikobereitschaft erforderlich und erfolgreich sein wird. Mit und für ihren Vorgesetzten gelingt es ihr, äußerst flexibel und dem konkreten Anlass entsprechend auf die Bedürfnisse des anderen und die Besonderheiten seines Landes einzugehen.

Die wichtigsten Wegbereiter und (eisernen) Grundsätze sind hier:

- Freundlichkeit und Höflichkeit:
  Höflichkeit ist nicht abhängig von landesspezifischen Gegebenheiten, sie wird zu jedem Zeitpunkt und überall auf der Welt geschätzt.

- Zurückhaltung:
  Zurückhaltung ist Merkmal des Souveränen, der seine Interessen nicht plump in den Ring wirft, sondern mit Fingerspitzengefühl auf Gesprächssituationen eingeht.

- Taktgefühl und aufmerksames Beobachten der Umwelt:
  Sie bringen feinfühlige Verhaltensweisen mit sich.

- Interesse an der Sprache des Gegenübers:
  Dieses zeigt Höflichkeit und Achtung. Diese Wertschätzung wird der Gesprächspartner bereits dann empfinden, wenn er mit einigen erlernten Worten seiner Landessprache angesprochen wird.

- Hilfsbereitschaft:
  Hilfsbereitschaft ist willkommen und kann unerwartete positive Konsequenzen mit sich bringen. Ein aktives und konkretes Angebot von Unterstützung vermittelt dem Gegenüber Interesse an seiner Person, Sprache und seinem Land.

- Souveränes und kompetentes, vorbereitetes Auftreten:
  Vorbereitung gibt Sicherheit, Mut und Selbstbewusstsein.

- **Geduld und Zuhören:**
  Dies ist die Höflichkeit, seinem Gesprächspartner aktiv zuzuhören, geduldig und aufrichtig interessiert nachzufragen und mit sprachlichen und mimischen Zeichen zu signalisieren, dass man sich auf ihn konzentriert und einstellt.

- <u>Respekt vor eigenen und fremden Nationalgefühlen:</u>
  Vor einer Auslandsreise oder einem bevorstehenden Besuch eines ausländischen Gastes sollte man ausführliche Informationen zu den Gepflogenheiten, den Verhaltensnormen und den Besonderheiten des Landes einholen. Ein taktvoller Umgang mit dem Nationalgefühl anderer Menschen ist unverzichtbar. Dem muss durch besonders korrektes und aufmerksames Auftreten hier wie da in besonderem Maße Rechnung getragen werden.

Im konkreten Bereich der Management-Assistenz sind diese Grundsätze das Entrée zum Unternehmen. Sie sollte sich der Bedeutung ihres persönlichen Auftretens und ihres Erscheinungsbildes im Umgang mit allen – und ganz besonders mit ausländischen – Gesprächspartnern und Gästen bewusst sein. Sie hat die Chance, durch ihr Verhalten ein Miteinander auf internationaler Ebene zu gestalten und zu prägen.

> **Praxis-Tipp:**
>
> Diese eisernen Grundsätze werden u. a. die Management-Assistenz auf dem Weg nach oben unterstützen.
>
> Wichtig dabei ist „Ja" zu sich selbst zu sagen und damit die Angst vor Unbekanntem auszuschließen.

Wenn ein bestimmter Gast erwartet oder eine Geschäftsreise in das Ausland vorbereitet wird, kann die Management-Assistenz sich im Vorfeld einen Überblick über die jeweiligen landesspezifischen Regeln verschaffen. Hierzu kann sie protokollarische Ratgeber konsultieren, in denen sie für jedes Land über die Besonderheiten und Verhaltensweisen einen Überblick findet:

- Wie begrüßt man sich, wie verabschiedet man sich?
- Wie spricht man sein Gegenüber angemessen an?
- Welches sind wichtige Statussymbole und gesellschaftliche Notwendigkeiten?
- Welches ist die Amtssprache, welche Sprachen gibt es noch?
- Wie sind die Arbeitszeiten, was sind angemessene Zeiten für Gesprächstermine oder Geschäftsessen?
- Welche Feiertage gilt es zu beachten?
- Wie ist die Einstellung zur Pünktlichkeit?
- Wer stellt die Führungsschicht? Welche gesellschaftlichen und politischen Besonderheiten gibt es? Wie ist die Stellung der Frau im Beruf?
- Wie werden Verhandlungen und Vorgespräche gestaltet? Wie ist die Atmosphäre und die Entscheidungsbefugnis der Gesprächspartner?
- Welche Tischmanieren gelten? Entsprechen sie dem internationalen Standard? Gibt es Besonderheiten in der Sitzordnung?
- Welche Gesprächsthemen sind erlaubt, gewünscht oder unerwünscht? Was ist verboten oder gar tabu?
- Welchen Stellenwert haben Präsente? Werden Gastgeschenke erwartet? Welchen Stellenwert haben diese für die weitere Geschäftsbeziehung?
- Welche Kleidung ist angemessen für welchen Anlass?

Sprachkenntnisse

*Wer auf andere Leute wirken will,
der muss erst einmal in ihrer Sprache mit ihnen reden.*

Kurt Tucholsky

„Verfügen Sie über fundierte Sprachkenntnisse?" Diese Frage wird der Management-Assistenz im Rahmen eines Vorstellungsgesprächs heute nicht mehr gestellt oder nur kurz angerissen, denn: Sprachliche Kompetenz gehört zum Handwerkszeug einer Management-Assistenz wie der Farbtopf zum Maler.

Was Sprachkenntnis bedeutet

Doch was bedeutet der Begriff Sprachkenntnis im Berufsbild der Management-Assistenz?

Die beiden wesentlichen Betrachtungsansätze für das Gebilde „Sprache" sind:

- der formale Ansatz
- der funktionale Ansatz.

<u>Die Form der Sprache</u>

Eine formale Betrachtung des Begriffs Sprache basiert auf einer Beschreibung der Form. In sprachwissenschaftlichen Teildisziplinen wird die Herkunft der Sprache dargestellt, es werden die einzelsprachlichen Ausprägungen aus diachroner – also sprachgeschichtlicher – und synchroner also vergleichend auf eine bestimmte Zeitperiode bezogener – Sicht beschrieben. Parallel betrachtet der Linguist die Formen, Satzzusammenhänge und inhaltlichen Varianten eines Wortes in einer bestimmten Zeit. Hier findet er Unterschiede hinsichtlich des soziologischen oder kulturellen Hintergrunds, stellt Fragen nach Fachsprachen, Dialekten oder individuellen Formen, nach Bildungsniveau, Sprach- und Sprechanlass und so genannten Sprachregistern.

Die Funktion der Sprache

Neben der Frage nach der Form steht die Frage nach der Funktion der Sprache. Diese ist vielschichtig, greift in sämtliche Bereiche des Lebens ein und kann nur annähernd erklärt werden.

Fragen Sie Menschen in Ihrem persönlichen und beruflichen Umfeld nach der Funktion der Sprache, so kann man die Ergebnisse dieser Umfrage mit einfachen Worten zusammenfassen: Sprache ist das Ausdrucksmittel einer menschlichen Gemeinschaft; Sprache dient der Kommunikation und Verständigung.

Die Sprachwissenschaft kennt zahlreiche Modelle, mit denen die Funktion von Sprache oder sprachlichen Zeichen erklärt wird. Nach R. Jakobson kann Sprache mit sechs Faktoren funktional dargelegt werden.

- Die auf den Sender bezogene (Ausdrucks-) Funktion, auch expressive oder emotive Funktion genannt. Der Sender möchte seine eigene Einstellung zu einem Gegenstand oder Thema ausdrücken, mit Ironie oder Interjektionen zum Ausdruck von Ärger oder Freude.

- Die auf den Empfänger gerichtete appellative Funktion: Mit besonderen sprachlichen Mitteln wird mit den unterschiedlichsten Zielsetzungen versucht, den Empfänger von etwas zu überzeugen. Ein Beispiel hierfür sind Werbung und Propaganda, aber auch Befehle und ihre spezifische Befehlsform (Imperativ).

- Die auf den Gegenstand bezogene Darstellungsfunktion, auch kommunikative oder referentielle Funktion genannt, stellt Gegenstände und Sachverhalte mit einem bestimmten, an diesem Gegenstand orientierten Vokabular (Lexik) dar.

- Die auf das Kontaktmedium bezogene phatische Funktion. Sie ist die atmosphärische Funktion, ihr Zweck ist es, durch verschiedene sprachliche und lautliche Mittel seinem Zuhörer zu signalisieren, dass man interessiert ist, dass man zuhört oder dass man

- „noch da ist". Dies geschieht vielleicht mit einem Räuspern; besondere Bedeutung haben hier auch nichtsprachliche Mittel wie Gestik, Mimik und Körperhaltung.

- Im Alltag wie auch in schriftlichen Textformen und in der Dichtung findet sich die ästhetische Funktion. Sie stellt das „Wie" dar und bestimmt die Wahl der Wörter. Als Beispiel dienen Rhythmus und Reim.

- Zuletzt – und sehr wichtig – die auf den Code, die Äußerung selbst gerichtete metasprachliche Funktion, die sich grammatischer oder sprachwissenschaftlicher Begriffe zur Beschreibung von Sprache bedient. Sie findet sich sehr häufig im Alltag wieder und prägt so manche Kommunikation entscheidend: „This was no criticism, but a statement!"

Eine wichtige Hilfe der täglichen Kommunikation

Mit diesem theoretischen Hintergrund kann die Sprachwissenschaft der Management-Assistenz eine entscheidende Hilfe in der täglichen mündlichen und schriftlichen Kommunikation an die Hand geben. Im beruflichen Umfeld Chefetage und Management genügt es nicht, Inhalte weiterzugeben, ohne sich dabei über den konkreten Kontext, den Empfänger des Inhaltes und auch sich selbst als Sender im Klaren zu sein. Professionalität kann nur dort entstehen, wo grundlegende Kenntnisse vorhanden sind und sich entwickeln. Der Maler wird nie Fresken schaffen können, wenn er sich nicht erinnert, wie Gerüste aufgestellt, Farben gemischt und Eimer befestigt werden.

Sprache als Informationsträger

In jedem einzelnen Kontakt mit anderen Menschen wird Sprache gebraucht, d. h. benötigt und angewendet. Im Management ist der kompetente Einsatz sprachlicher Mittel ein wichtiger Faktor der Kommunikation, Steuerung und Filterung von Informationen. Die Vielzahl von Kontakten der Management-Assistenz unterscheidet sich vordergründig nicht von denen der klassischen Sekretärin:

- Mündlicher Kontakt mit dem Vorgesetzten
- Schriftlicher Kontakt mit dem Vorgesetzten (Gesprächsnotizen, Informationen)
- Mündlicher und schriftlicher Kontakt mit Kollegen
- Eingehende Telefonate von Geschäftspartnern, Kunden etc.
- Ausgehende Telefonate
- Telefonate mit fremdsprachlichen und manchmal schwierigen Gesprächspartnern. Hier wird die Bedeutung der Pragmatik (Abhängigkeit der Sprache von Faktoren wie Sender, Empfänger, Situation, Medium, Intention etc.) deutlich.
- Korrespondenz aller Art
- Texte aller Art, auch Präsentationen, Pressetexte, Fachtexte.

Der Unterschied liegt in der Art und Weise, wie die professionelle Management-Assistenz ihr Handwerkszeug einsetzt. Sie hat andere Aufgaben und muss sich diesen in anderer Weise stellen. Korrespondenz wird selbständig erstellt und unterschriftsreif vorgelegt, Informationen werden gefiltert und prägnant präsentiert, Anfragen werden souverän und kompetent beantwortet oder delegiert. Telefonate werden beantwortet und nicht nur entgegengenommen, Besucher werden entsprechend der Landesetikette gebeten, begrüßt und bewirtet.

Sprache ist also kein theoretisches Konstrukt, sondern ein zentraler Faktor im Leben des einzelnen Menschen und seinem Zusammenleben mit anderen. Sprache kann gezielt eingesetzt werden, um konstruktiv, für beide Seiten zielführend und in auf den Gesprächspartner zugeschnittener Weise angenehm zu kommunizieren.

Sprache als Ausdruck von Höflichkeit

Mit jemandem in seiner Sprache zu reden bedeutet, sich auf die Gegebenheiten seines Gesprächspartners einzustellen. Dies gilt für mündliche wie auch schriftliche Kontakte, für direkte persönliche Gespräche wie auch für Telefonate.

Fundierte Sprachkenntnisse sind – wie eingangs erwähnt – neben fachlicher Kompetenz ein wesentlicher Faktor in der Bewertung der Kompetenz einer Management-Assistenz. Kenntnis der Sprache heißt Beherrschung der eigenen Sprache und ihres angemessenen Einsatzes. Kenntnis der Sprache heißt aber auch die Anwendung anderer Sprachen und das Einfühlungsvermögen in andere Sprachkontexte. Sprache ist somit auch ein wichtiger Teil von Höflichkeit.

Wirtschaftssprache Englisch

Die Wirtschaft wird zunehmend internationaler, somit auch die geschäftlichen Kontakte, mit denen die professionelle Management-Assistenz in ihrem täglichen Umfeld arbeitet. Die englische Sprache hat sich zu einem übergeordneten Medium entwickelt, mit dem Wirtschaft und Politik heute weltweit kommunizieren. Sie ist kein künstliches Gebilde, sondern ein Sprachsystem, das lebt und sich laufend entwickelt.

Wichtig: Es gehört also zum Anforderungsprofil einer Assistentin oder Assistenten, sich mit dieser Sprache weiterzuentwickeln und nicht auf Grundkenntnisse aus schulischen Tagen zu bauen, mit denen der Businessalltag längst nicht mehr bewältigt werden kann. Grammatische Grundkenntnisse und ein fundierter Grundwortschatz sind Voraussetzungen, um

- sich einen spezifischen fachlichen Wortschatz aneignen zu können
- stilistische Feinheiten und Nuancen zu erlernen
- Wendungen für Höflichkeit, Sachlichkeit und Deutlichkeit verwenden zu können
- landesspezifische Besonderheiten zu verstehen

Es ist Basisrüstzeug,

- einem ausländischen Anrufer höflich in englischer Sprache Auskunft geben zu können
- zu wissen, mit welchen Worten ein ausländischer Besucher korrekt begrüßt wird
- ein allgemein verständliches Schreiben in englischer Sprache zu formulieren
- die Kenntnis und das damit verbundene Selbstbewusstsein zu besitzen, an jedem Ort der Welt eine telefonische Anfrage auf Englisch zu starten
- englischsprachige Literatur sichten zu können

Persönliche und soziale Kompetenz

Vorgesetzte erwarten den sicheren Umgang mit der Muttersprache und – als Minimum – mit einer Fremdsprache, je nach Branche und Art der internationalen Gästeverbindungen. Sie können dann davon ausgehen, dass die Assistenz sich binnen kurzer Zeit in die unternehmensspezifischen fachlichen Begrifflichkeiten einarbeiten wird.

Selbsteinstufungstest Englisch

1. Is that parcel for me?

    No, but _____ two letters for you.
    - a) there are
    - b) there is
    - c) they are

2. Is the post office near here?

    Well, it's only ten minutes ____ car
    - a) with the
    - b) on
    - c) by

3. Where _____ shoes?
    - a) you can buy
    - b) can you buy
    - c) can you buying

4. Can you give me _____ magazines from the shelf over there, please?
    - a) these
    - b) that
    - c) those

5. Have you got a pen, please?
    - a) Here, please
    - b) Here you are
    - c) Yes you have

6. Hello, can I speak to Mr. David Mills, please? _____
    - a) Hello here is David Mills
    - b) Hello, this is David Mills
    - c) Hello, here I am

7. Have you got _____ money to buy all those things, Fred?
   a) a lot
   b) how many
   c) enough

8. When must you _____ in the morning, Susan?
   a) get up
   b) get on
   c) stand up

9. When _____ home in the evening?
   a) usually comes Marc
   b) does Marc usually come
   c) does usually Marc come

10. She _____ to England every year.
    a) go
    b) is going
    c) goes
    d) does go

11. I like _____ my holidays at home.
    a) doing
    b) staying
    c) spending
    d) making

12. I _____ him yesterday
    a) saw not
    b) didn't saw
    c) didn't see

13. He just stood there an watched her _____ the car.
    a) to try and start
    b) to try starting
    c) trying starting
    d) trying to start

14. Who was the first person _____ across the Atlantic?
   a) flying
   b) to be flying
   c) to fly
   d) what flew

15. Excuse me _____ it, Anthony, but you still owe me $ 30.
   a) to mention
   b) mentioning
   c) that I mention

16. You can't live in this lonely place without a Telephone what _____ if you were ill?
   a) are you doing
   b) were you doing
   c) will you do
   d) would you do

17. Reading Comprehension

John works in an office. He is thirty-five, and he hopes to be the sales manager soon. So he always takes work home at the weekend. He often gets home late, and he is usually very tired then and doesn't play with his children. His daughter Jane is not very happy. She is only five, and she cannot understand why her father is at the office more often than he is at home. Her mother doesn't know how to answer Jane's questions about her father. After all, she agrees with John that his career is very important.

17.1. John is a sales manager
   ☐ right
   ☐ wrong

17.2. When John comes home in the evening he is too tired to play with Jane
   ☐ right
   ☐ wrong

17.3. Jane can't understand why her father is so often at home
   ☐ right
   ☐ wrong

17.4. John's wife doesn't know where John is in the evening ☐ right ☐ wrong
17.5. John's wife thinks that his job is important ☐ right ☐ wrong

Lösungen:

1. a)	6. b)	11. c)	16. d)	17.5. right
2. c)	7. c)	12. c)	17.1. wrong	
3. b)	8. a)	13. d)	17.2. right	
4. c)	9. b)	14. c)	17.3. wrong	
5. b)	10. c)	15. b)	17.4. wrong	

English on the telephone

„Guten Tag, Firma Herrlich & Co. Sie sprechen mit Frau Groß."

„Good morning. This is John Beam of Brown & Sons in London speaking. I´d like to talk to Mr. Wunderlich. Is he in?"

„Yes, äh - but, äh - Herr Wunderlich kann nicht, äh - cannot, because, äh - er ist ... in a meeting." (Puuhh!)

Ist Ihnen so etwas auch schon passiert? Nein??? Dann überschlagen Sie dieses Kapitel bitte. Entweder ruft bei Ihnen niemals ein Englisch sprechender Mensch an - oder Sie beherrschen die Fremdsprache ausreichend gut genug, um diesen „englischen Überraschungsangriff" mehr oder weniger souverän zu meistern.

Gehören Sie aber zu der Gruppe Personen, die in solch einer Situation feuchte Hände und einen roten Kopf bekommen (glücklicherweise ist das Bildtelefon noch nicht Standard), ins Schwitzen geraten oder gar zu stottern beginnen - dann kann ich Ihnen in diesem Kapitel sicherlich eine Reihe nützlicher Tipps verraten, wie Sie ein englisches Telefonat sicher meistern.

Lassen wir den netten Herrn aus unserem Einleitungsgespräch doch noch einmal in Ihrer Firma anrufen:

Einleitungssatz	„Good morning. This is John Beam of Brown & Sons in London **speaking**. Can I speak **to** Mr. Wunderlich, please?/ I would like to speak to Mr. Wunderlich. (nie: I will!!) *Guten Morgen. Hier spricht John Beam von Brown & Sons in London. Kann ich bitte Herrn Wunderlich sprechen?*

Gewöhnen Sie sich diesen Ausdruck „speaking" an - er bedeutet so viel wie - „hier spricht" bzw. „am Apparat". Melden Sie sich - wie es Engländer und Amerikaner stets tun - mit Vor- und Nachnamen, also z. B. „Hello, this is Angelika Kossin speaking". Das ist im englischen Sprachraum so üblich - und höflich!

Herr Wunderlich ist in seinem Büro. Sie verbinden Herrn Beam höflich weiter.	„**Yes, you can. Please hold the line. I will connect you.**" *Ja, können Sie. Bitte bleiben Sie in der Leitung - ich verbinde Sie.* „**Yes, certainly. Mr. Beam. I´ll put you through to Mr. Wunderlich.**" *Ja, gewiss Herr Beam. Ich stelle Sie zu Herrn Wunderlich durch.* „**Yes, hang on for a moment, please, I´ll put you through.**" *Ja, bitte bleiben Sie einen Moment dran. Ich stelle Sie durch.* „**Yes, he is in. I´ll put you through.**" *Ja, er ist da. Ich stelle Sie durch.* „**Of course, please hold the line. I´ll put you through.**" *Natürlich. Bitte bleiben Sie in der Leitung. Ich stelle Sie durch.*

Persönliche und soziale Kompetenz

Herr Wunderlich ist im Urlaub/ auf Geschäftsreise/ krank/ zurzeit außer Haus/ etc.	I´m sorry, Sir, it´s not possible to put you through, because Mr. Wunderlich is on holiday/ on a business trip/ ill/ out of the office. He will be back on ... (date)/ at ... (time). *Ich bedauere, ich kann Sie nicht durchstellen, weil Herr Wunderlich im Urlaub ist / sich auf einer Geschäftsreise befindet / krank ist / nicht im Hause ist. Er wird am ... (Datum) / um ... (Uhrzeit) zurück sein.*
Welche Vorschläge können Sie jetzt anbieten?	
1. Nachricht hinterlassen	**Do you want to leave a message for him/ Can I take a message for him?** *Möchten Sie für ihn eine Nachricht hinterlassen / Kann ich eine Nachricht für ihn entgegennehmen?*
2. Den Anrufer um einen neuen Anruf bitten	**Could you please call again on / at ...?** *Können Sie ihn bitte am .../ um ... erneut anrufen?*
3. Dem Anrufer Ihren Rückruf anbieten	**If you leave your name and your phone number, we will give you a phone call on ...** *Wenn Sie Ihren Namen und Ihre Telefonnummer hinterlassen, werden wir Sie am ... anrufen.*
4. Fragen, ob in der Angelegenheit eine andere Person behilflich sein kann	**Can anybody else help you in this matter/ be of assistance in this matter?** *Kann Ihnen jemand anderer in dieser Angelegenheit weiterhelfen/ in dieser Angelegenheit behilflich sein?*

5. Herr Wunderlich arbeitet nicht (mehr) in ihrer Firma	**I am sorry, but there is no Mr. Wunderlich working here/ but Mr. Wunderlich is no longer working here.** *Es tut mir leid, aber ein Herr Wunderlich arbeitet hier nicht/ aber Herr Wunderlich arbeitet nicht mehr hier.*
6. Der Anrufer hat schlicht die falsche Nummer gewählt	**I am afraid, you have got the wrong phone number, Sir.** *Ich fürchte, Sie haben die falsche Telefonnummer gewählt.*

Natürlich gibt es noch eine Reihe weiterer Möglichkeiten. Wir können und möchten Ihnen hier keine alles umfassende Sammlung anhand geben, sondern Sie nur ein wenig sicherer im Umgang mit englischsprachigen Anrufern werden lassen, denn so - oder ganz ähnlich - wird ein englischsprachiges Telefonat in 90 % der Fälle beginnen. Und keine Angst, wenn Sie etwas auf Anhieb nicht verstehen. Fragen sind erlaubt - oftmals erwünscht, denn Sie bringen das Gespräch erst richtig in Gang.

Sie haben den Anrufer nicht verstanden, weil er zu leise gesprochen hat/ weil er zu schnell gesprochen hat.	**Sorry, could you speak a little bit louder, please/ could you speak more slowly, please?** *Verzeihung, können Sie bitte ein wenig lauter sprechen / Können Sie bitte langsamer sprechen?*
Sie können den Anrufer nicht oder nur sehr schlecht verstehen, weil die Leitung schlecht oder gestört ist.	**Sorry, I´m afraid we have got a very bad line / there is a lot of noise on the line. Could you repeat, please?** *Verzeihung, ich fürchte, wir haben eine sehr schlechte Leitung erwischt / da sind sehr viele Geräusche in der Leitung. Können Sie bitte wiederholen?*

Persönliche und soziale Kompetenz

Sie haben wiederum eine schlechte Leitung erwischt. Diesmal schlagen Sie dem Anrufer Ihren Rückruf vor.	**Sorry, we have got such a bad line. I can hardly understand you. May I suggest you leave your name and your telephone number so that I can call you later to get a better line?** *Verzeihung, wir haben eine sehr schlechte Leitung. Ich kann Sie kaum verstehen. Ich schlage vor, Sie hinterlassen Ihren Namen und Ihre Rufnummer, so dass ich Sie später zurückrufen kann, um eine (hoffentlich) bessere Leitung zu erhalten.*
... oder Sie bitten den Anrufer um erneuten Anruf.	**Could you please call back in 5 minutes/ Could you try again in a few minutes, please (to get a better line)?** *Können Sie bitte in 5 Minuten erneut anrufen / Können Sie es in ein paar Minuten noch einmal versuchen (... um eine bessere Leitung zu bekommen)?*
Der Apparat von Herrn Wunderlich ist besetzt - Sie können nicht durchstellen.	**Sorry, the line is engaged / the line is busy/ he is on the phone. Do you want to hold the line/ Do you want to call back later/ Do you want to leave a message?** *Tut mir leid, die Leitung ist besetzt/ es wird gesprochen. Möchten Sie in der Leitung bleiben/ Möchten Sie später noch einmal anrufen/ Möchten Sie eine Nachricht hinterlassen?*
Sie versuchen weiterhin, zu Herrn Wunderlich zu verbinden - das sollten Sie dem Anrufer auch ab und an sagen.	**I am still trying to put you through/ to connect you. Do you want to hold on?** *Ich versuche immer noch, Sie durchzustellen / Sie zu verbinden. Möchten Sie (noch länger) warten?*

Eine ganz andere Person oder Abteilung ist zuständig. Sie nennen die Durchwahl.	**Sorry, the person responsible is not Mr. Wunderlich, but .../** **Sorry, but our purchasing department is in charge of this matter (is dealing with this matter). His/her/the extension number is ...** *Ich bedauere, aber die verantwortliche Person ist nicht Herr Wunderlich, sondern .../* *Tut mir leid, aber unsere Einkaufsabteilung ist in dieser Angelegenheit zuständig (beschäftigt sich mit dieser Sache). Dessen/deren/die Durchwahl ist ...*
Manchmal beschert Ihnen das Pech auch eine „Über-Kreuz-Verbindung"...	**I´m afraid we´ve got interference on the line. Would you please try again? /** **I will try again in a few minutes if you leave your name and phone number ...** *Ich fürchte, wir haben eine „Über-Kreuz-Verbindung". Würden Sie es bitte noch einmal versuchen? /* *Ich werde es in ein paar Minuten noch einmal versuchen, wenn Sie Namen und Telefonnummer hinterlassen.*
Sie sind nicht ganz sicher, dass Sie alles richtig verstanden haben und wiederholen dem Anrufer Ihre Notizen.	**May I repeat/ May I read it back to you (to be on the safe side)?** *Darf ich wiederholen/ Darf ich es Ihnen noch einmal vorlesen (um sicher zu sein)?*
Sie haben z. B. den Namen des Anrufers nicht verstanden und bitten ihn, seinen Namen zu buchstabieren.	**Sorry, I didn´t get your name/** **I´m not sure if I have gotten your name right. Could you please spell it for me?** *Tut mir leid, ich habe Ihren Namen nicht verstanden/* *Ich bin nicht sicher, ob ich Ihren Namen richtig verstanden habe. Können Sie ihn mir bitte buchstabieren?*

Persönliche und soziale Kompetenz

Apropos „Buchstabieren": eine gute Management-Assistentin zeichnet sich dadurch aus, dass sie das deutsche Buchstabieralphabet aus dem „Effeff" beherrscht. Ebenso halten wir es für überflüssig, Ihnen etwas über die Wirkung Ihrer Stimme (Modulation, Lautstärke, Akzentuation „Lächeln mit der Stimme" etc.) oder über den Aufbau einer vollständigen Telefonnotiz zu erzählen. Das alles haben Sie bereits gelernt und praktizieren es tagtäglich an Ihrem Arbeitsplatz.

Kleine Ergänzung: Hat die Management-Assistentin häufig mit englischsprachigen Anrufern zu tun, so sollte es für sie genauso selbstverständlich sein, das englische bzw. das internationale Buchstabieralphabet zu beherrschen - bedenken Sie, dass Sie - letztendlich zu Ihrer eigenen Sicherheit - auf diese Weise Missverständnisse bei der Verständigung vermeiden können.

Unten auf dieser Seite finden Sie beide Buchstabieralphabete in Tabellenform. Sie können diese Seite kopieren und unter ihr Telefon oder unter Ihre Schreibtischunterlage legen. So haben Sie das Alphabet immer sichtbar bzw. griffbereit und können bei jedem Telefonat „üben" ... die Sicherheit kommt mit der Zeit von ganz alleine.

British Telephone Alphabet		International	
A - Andrew	**N** - Nelly	**A** - Amsterdam	**N** - New York
B - Benjamin	**O** - Oliver	**B** - Baltimore	**O** - Oslo
C - Charlie	**P** - Peter	**C** - Casablanca	**P** - Paris
D - David	**Q** - Queenie	**D** - Denmark	**Q** - Quebec
E - Edward	**R** - Robert	**E** - Edison	**R** - Roma
F - Frederick	**S** - Sugar	**F** - Florida	**S** - Santiago
G - George	**T** - Tommy	**G** - Gallipoli	**T** - Tripoli
H - Harry	**U** - Uncle	**H** - Havana	**U** - Upsala
I - Isaac	**V** - Victor	**I** - Italy	**V** - Valencia
J - Jack	**W** - William	**J** - Jerusalem	**W** - Washington
K - King	**X** - X-mas	**K** - Kilogram	**X** - Xantippe
L - Lucy	**Y** - Yellow	**L** - Liverpool	**Y** - Yokohama
M - Mary	**Z** - Zebra	**M** - Madagaskar	**Z** - Zurich

Schauen wir uns noch ein paar Besonderheiten an. Wie werden bei einem englischsprachigen Telefonat beispielsweise Telefonnummern, Flugnummern, Artikelnummern, Bestellnummern usw. durchgegeben?
<u>Richtig:</u> Sie nennen jede Zahl einzeln.
<u>Ausnahme:</u> bei zwei gleichen Zahlen oder Buchstaben dürfen Sie auch „double" sagen.
<u>Ausnahme:</u> die Zahl „0" wird meist einzeln genannt!!!
Null heißt „o" oder „zero" oder „nought", wobei „o" am häufigsten verwendet wird.

Ein Beispiel:

Die Telefonnummer lautet 0044/81 - 7 28 41 76	Sie sagen: „o - o - four - four - eight - one - seven - two - eight - four - one - seven - six" <u>oder</u> „zero - zero - double four - eight - one - seven - two - eight - four - one - seven - six"
00 44	Ist die Landesvorwahl (dialing code) von Deutschland nach Großbritannien
81	Ist die Ortsvorwahl (= local code) für London und zwar für die Außenbezirke
71	Ist die Ortsvorwahl (= local code) für London und zwar für die Innenbezirke
7 28 41 76	Ist die Rufnummer (= telephone number) der Firma oder der Person, mit der Sie telefonieren möchten.

Persönliche und soziale Kompetenz

Die Zentrale erreichen Sie - wie in Deutschland auch - meist unter der Stammnummer und der letzten Ziffer „0", also z. B.

| 55 71 - 0 | This is the switchboard / the operator's number. |

Hat jemand eine Durchwahl, so heißt es:

| 55 71 - 11 | The **extension number** is eleven. |

So, damit wären wir mitten im Zahlendschungel. Ebenfalls sehr wichtig ist es, Datum und Uhrzeit korrekt angeben und - vice versa - natürlich auch richtig verstehen zu können, um Missverständnisse zu vermeiden.

Sie werden vorwiegend drei Schreibweisen für das Datum sehen:

Entweder:	28 October, 1992
Oder:	28th October 1992 (ohne Komma!)
Oder:	October 28th, 1992
Gelesen werden beide:	The twenty eight of October ninety two oder für die Jahreszahl nineteen hundred and ninety two.
<u>Achtung bei:</u> 1, 2, 3, 20, 21, 22, 23, 30, 31:	The first of/ the second of/ the third of/ the twentieth of/ the twenty-first of/ the twenty-second of/ the twenty-third of/ the thirtieth/ the thirty-first of

Vorsicht ist auch bei den Uhrzeiten geboten:

Sicher haben Sie hinter englischen Uhrzeiten schon einmal die Bezeichnung „a. m." oder „p. m." gelesen.

Diese Abkürzungen bedeuten:
- „ante meridiem" = von 12:00 Uhr nachts bis 12:00 Uhr mittags
- „post meridiem" = von 12:00 Uhr mittags bis 12:00 Uhr nachts.

Während die Uhrzeit in der deutschen Sprache als „halb + die nächste volle Stunde" angegeben wird, also z. B. „halb acht", benutzt die englische Sprache „half past + die vorangegangene volle Stunde", also in diesem Fall „half past seven". Als Eselsbrücke hilft: eine halbe Stunde vor acht Uhr = eine halbe Stunde nach sieben Uhr.

Faustregel: die 1. bis 30. Minute bezieht man mit PAST auf die vorangegangene volle Stunde, die 31. bis 59. Minute mit TO auf die folgende volle Stunde. Und noch etwas: Das Wort „minutes" kann wegbleiben, wenn es sich um mehr als 4 Minuten handelt (bei 1, 2, und 3 Minuten muss es stehen!)

Sie haben stets mehrere Möglichkeiten, die Uhrzeit auszudrücken. Auch im Deutschen können Sie sagen: „es ist vierzehn Uhr" oder „es ist zwei Uhr nachmittags". Ebenso im Englischen: „it is fourteen hundred hours" (vorwiegend benutzt man diese Zeitangabe im Flugverkehr) oder „it is 2 o´clock" oder „it is 2 p.m.".

14:02	It is fourteen o two.	It is two **minutes** past two.
14:05	It is fourteen five	It is five (minutes) past two.
14:10	It is fourteen ten.	It is ten (minutes) past two.
14:15	It is fourteen fifteen.	It is fifteen (minutes) past two. = It is a quarter past two.
14:20	It is fourteen twenty.	It is twenty (minutes) **past** two.

Persönliche und soziale Kompetenz

14:30	It is fourteen thirty.	It is thirty minutes past two. = It is half past two.
14:40	It is fourteen forty.	It is twenty (minutes) **to three**.
14:45	It is fourteen forty-five.	It is fifteen (minutes) to three. = It is a quarter to three.
14:50	It is fourteen fifty.	It is ten (minutes) to three.
15:00	It is fifteen hundred hours.	It is **three o'clock** = It is 3 **p. m.**

Apropos, wann melden Sie sich mit „good morning", wann mit „good evening"?

Bis 12:00 Uhr	Good morning oder Hello, this is ...
12:00 Uhr bis ca. 17:00 Uhr	Good afternoon
Ab 17:00 Uhr	Good evening

Hinweis: Ein Pendant zu unserem Guten Tag gibt es nicht!

Kehren wir doch noch einmal zu unserem netten Anrufer, Mr. Beam, zurück. Nach den ersten Sätzen, die Sie mit ihm gewechselt haben - wobei Sie sich die passenden Aussagen und Fragen aus unseren Vorschlägen ausgewählt haben - wird das Gespräch konkreter. Angenommen, Herr Wunderlich ist auf Geschäftsreise. Daraufhin möchte Herr Beam einen Termin mit Ihnen vereinbaren und bittet Sie, Herrn Wunderlich entsprechend zu informieren.

Wir konstruieren ein solches Gespräch als Beispiel - Sie werden sehen, wie viel Sie bis jetzt schon in diesem Kapitel über „Telefonieren auf Englisch" gelernt haben.

Guten Tag, Firma Herrlich & Co. Sie sprechen mit Frau Groß.	Good Morning, this is John Beam of Brown & Sons in London speaking. I would like to talk to Mr. Wunderlich. Is he in?
Good morning Mr. Beam. I am sorry, but Mr. Wunderlich is not in.	Oh, I see. Well, when will he be back?
He is on a business trip and will only be back to the office next Tuesday, October 28th.	All right. Listen, I will be visiting some of our German customers next week and I would like to set up an appointment/ to arrange a meeting) with Mr. Wunderlich. I´d like to discuss with him our new marketing strategy and our further cooperation.
Sorry Sir, wouldn´t it be better to discuss this matter with our Sales Manager, Mr. Engelhart?	Mr. ...., sorry, could you please repeat his name?
Yes, certainly. Mr. Engelhart, I will spell it for you: E - N - G - E - L - H - A - R - T.	Well, I don´t think so, because I always meet Mr. Wunderlich in this matter. I think it´s much better to set up an appointment with him.

Persönliche und soziale Kompetenz

Yes, I see. Of course, just hold on for a moment. I will have a look on Mr. Wunderlichs's agenda for next week. Would next Thursday, October 30th, be convenient for you (suit you, be all right for you)?	Yes, fine. Let's say at 9 o'clock in the morning, first thing in the morning?
No, I'm sorry Mr. Beam, 9 o'clock is impossible. Mr. Wunderlich already has a meeting with the whole export department at nine thirty. I suggest (May I suggest) a meeting at 11 o'clock?	Eleven? Yes, perfect. I am free all morning, there fore I can be at Mr. Wunderlich's disposal whenever he wants.
Fine, Mr. Beam. Mr. Wunderlich phones (me) every afternoon. I will inform him about your phone call and the meeting. Provided that Mr. Wunderlich agrees I will confirm the meeting to you by fax latest tomorrow morning. Is that all right with you, Mr. Beam?	Splendid. That's very kind of you. I'll give you my fax number: it's London, 5 39 24 87.
May I read it back to you: London 5 - 3 - 9 - 2 - 4 - 8 - 7	Yes, that's correct.
Fine, thank you. Is there anything else I can do for you, Mr. Beam?	No, thank you very much for your assistance. I'm looking forward to meet you next week.
So do I, Mr. Beam.	Oh yes, just one last question: What is your name, please?

My name is Angelika Kossin. I am Mr. Wunderlichs´s assistant.	Could you please spell your name for me?
Yes, certainly: it´s K - O - S - S - I - N.	Fine, Mrs. Kossin. Thank you very much for your assistance. Bye-bye, see you next week.
Thank you for calling, Mr. Beam. See you next week, bye-bye.	

Alles verstanden? War es schwer? Wir finden, wenn Sie alles in diesem Kapitel gut verstanden haben, so dürfte auch dieses Gespräch keine allzu großen Verständnisprobleme bereiten, oder?

Nachwort:

Wir haben lange überlegt, wie wir dieses Kapitel aufbauen, wie tief wir in die Details gehen, wie breit wir den Wortschatz wählen. Um es kurz zu machen: Wir haben es kurz gemacht!

Aus zwei Gründen. Zum einen sind wir der Meinung, dieser kurze, aber trotzdem gründliche Einstieg in die englischsprachigen Telefonate soll Ihnen Lust auf mehr machen - und Sie nicht gleich von vornherein abschrecken.

Zum anderen hat jede Position, die Sie ausüben, unterschiedlich intensive Anforderungen an Ihre englischen Telefonkenntnisse. Was wir damit sagen möchten? Ganz einfach: einigen von Ihnen wird diese Abhandlung reichen. Weil Sie mehr an Ihrem Arbeitsplatz nicht benötigen. Dann ist dieses Kapitel ein nützliches Nachschlagewerk und eine Arbeitshilfe. Die anderen werden sagen, Sie seien jetzt erst recht neugierig geworden und möchten noch viel mehr über englische Telefonsprache und -gewohnheiten erfahren. In diesem Fall gibt es reichlich Fachliteratur, die Sie in jeder gut sortierten Buchhandlung und in den Fremdsprachenabteilungen der Verlage erhalten. Und natürlich werden zu diesem Themenkomplex auch viele gute Seminare angeboten, die Interessentinnen und Interessenten mit der Materie vertraut machen.

Psychologische und soziologische Kompetenz

Allgemeine und Angewandte Psychologie 70

Persönlichkeitspsychologie 80

Humanistische Psychologie 82

Arbeits-, Betriebs- und Organisationspsychologie
(ABO-Psychologie) 86

Sich und andere verstehen 87

Das Unternehmen als soziales System 96

Kritik und Feedback 104

Förderung der Arbeitsmotivation – konstruktiv starten 107

Stress und Belastung am Arbeitsplatz 110

Mobbing – Stressor und Kostenfaktor 117

Das Burn-out-Syndrom 122

Emotionale Intelligenz 126

Die Herzberg-Theorie 131

Assessment Center (AC) 134

Allgemeine und Angewandte Psychologie

Psychologie

Gesundheitsberichterstattung des Bundes

Psychologie ist die im 16. Jahrhundert erstmals von P. Melanchthon so genannte, doch schon eine von Platon und Aristoteles entwickelte Lehre von den Teilen (Schichten), Funktionen und Vermögen der **Seele (Psyche)**.

Die Psychologie als selbständige **Wissenschaft** hat ihre Wurzeln im **Empirismus** (Assoziationspsychologie, Sensualismus) und in der Aufklärung (Vermögenspsychologie bei C. Wolff u. a.), auch in der „Erfahrungsseelenkunde" S. Maimons und K. P. Moritz.

Nach der Kritik der Seelensubstanz durch I. Kant sowie der Seelenvermögen durch J. F. Herbart und seine Anhänger (**mathematische Psychologie**, z. B. Moritz Drobisch) trat der Gedanke einer „**Psychologie ohne Seele**" immer mehr hervor (F. A. Lange, W. Wundt).

H. Rohrachers allgemein gehaltene Definition: „**Psychologie ist die Wissenschaft, welche die bewussten Vorgänge und Zustände sowie deren Ursachen und Wirkungen untersucht**", deutet die Schwierigkeit an, alle psychischen Probleme mit einem Begriff zu erfassen. Hinzu kommt, dass zwei grundsätzlich unterschiedliche Aspekte möglich und berechtigt sind: Der naturwissenschaftliche, der nach der Kausalerklärung, und der geisteswissenschaftliche, der nach der Sinnerklärung fragt. Von den beiden Zugängen zum Seelischen, nämlich dem Selbstbewusstsein (introspektive Psychologie oder Bewusstseinspsychologie) und der Beobachtung des menschlichen Verhaltens (Verhaltenspsychologie, Behaviorismus, Ausdrucks-psychologie), hat der eine seine Grenze am Unbewussten, während der zweite über den Kreis des Psychischen hinaus zur Anthropologie, Soziologie u. a. führt.

Empirische Wissenschaft des Erlebens & Verhaltens

- naturwissenschaftlich → methodisch
- beschreibend → hier und jetzt
- prognostisch → wie wird es sein
- Körper → Hardware, Biologie, Physiologie
- Erlebenswelt → Software, Wahrnehmung/ Kognition

Gegenstand und Ziele der Psychologie

Gegenstand der wissenschaftlichen Psychologie: **Erleben** und **Verhalten** des Menschen

Ziele: Beschreibung, Erklärung und **Vorhersage** des Erlebens und Verhaltens. Diese Ziele werden im Rahmen der **Grundlagenforschung** und der **angewandten Forschung** verwirklicht.

Alltags-Psychologie versus (natur)wissenschaftliche Psychologie

Wir selbst versuchen tagtäglich unser Verhalten und das unserer Mitmenschen in seinem Zustandekommen zu erklären.

Naive Verhaltenserklärungen, naive Theorien
= nicht wissenschaftlich fundierte, subjektive Verhaltensbeobachtung

Häufig Fehlschlüsse!
z. B. fundamentale Attributionsfehler (= z. B. Zuschreibung von Persönlichkeitseigenschaften, Einstellungen und Meinungen; Effekte äußerer Faktoren zu unterschätzen.)

Die **wissenschaftliche Psychologie** nähert sich der Verhaltensbeschreibung und Prognose mit wissenschaftlichen Methoden (experimentell, Beobachtung, Statistik).

Die **Alltagspsychologie** ist ein System kulturell tradierter

Überzeugungen über menschliches Erleben und Verhalten und dessen Ursachen
→ Sie erleichtern das Leben ungemein!?

Vier Aufgaben der Psychologie
nach Schneewind (1977)

1. Beschreiben
   - möglichst umfassende und unvoreingenommene Beschreibung menschlicher Verhaltens- und Erlebensweisen
   - Beschreibung von Zuständen, Veränderungen, Normen

2. Erklären
   - welche Bedingungen werden für bestimmte Verhaltensweisen oder Verhaltensänderungen verantwortlich gemacht?

3. Vorhersagen
   - Kenntnis von Verhaltensbedingungen erlaubt Verhaltensprognosen

4. Verändern
   - psychologische Problemlösungsversuche; verhaltensändernde Wirkung von Wissenschaft

Kriterien einer wissenschaftlichen Theorie

Explizitheit: (explizit = ausdrücklich)	Die Begriffe und Aussagen der Theorie sollen explizit dargelegt sein
Empirische Verankerung:	Die Begriffe der Theorie sollen sich direkt oder indirekt auf Beobachtungsdaten beziehen
Widerspruchsfreiheit:	Die aus der Theorie ableitbaren Aussagen sollen sich nicht widersprechen
Prüfbarkeit:	Die Aussagen der Theorie sollen sich empirisch überprüfen lassen
Vollständigkeit:	Die Aussagen der Theorie sollen alle bekannten Phänomene des Gegenstandsbereichs der Theorie erklären
Sparsamkeit:	Die Theorie soll mit möglichst wenigen Grundbegriffen auskommen
Produktivität:	Die Theorie soll neue Fragestellungen erzeugen und dadurch die Forschung voranbringen
Anwendbarkeit:	Die Theorie soll sich praktisch anwenden lassen

Psychologie ist empirisch
- Psychologie ist eine **Erfahrungswissenschaft** bzw. empirische Wissenschaft.
- Psychologische Konzepte sind **quantifizierbar**, d. h. sie lassen sich messen.
- Psychologische Theorien sind so zu formulieren, dass sie **empirisch überprüfbar** sind und ggf. gefälscht werden können.

Psychologie ist methodisch
- Beobachtung (Selbst- vs. Fremd-Beobachtung)
- Feldstudie
- Feldexperiment
- Laborexperiment
- Experimental- und Kontrollgruppe
- Versuchsperson, Stichprobe, Population

Konzepte der Psychologie

Theorie:
Annahme darüber, wovon es abhängt, dass sich ein **Individuum** in einer **Situation** so und nicht anders verhält.

Experiment:
Methode zur empirischen Prüfung von Theorien. Erfahrungsgestützte Bestätigung oder Zurückweisung angenommener Zustände.

Methoden der Psychologie

Allgemein: Jede wissenschaftliche Erkenntnis ist nur so gut wie ihre Methode!

Zu den Methoden der Psychologie gehört die Feldforschung d. h. Beobachtung von Ereignissen in der natürlichen Umwelt, Experimente, Tests, Befragungen sowie bildgebenden Verfahren (z. B. Kernspin-Tomographie). Da aber nicht alles beobachtbar, zählbar und messbar (naturwissenschaftliche Methoden) ist, braucht die Psychologie auch geisteswissenschaftliche Methoden (Phänomenologie, Hermeneutik, Logik, Dialektik etc.). Im Bereich der naturwissenschaftlichen Methoden ist die Statistik von besonderer Bedeutung!

Unter **Statistik** wird in der Psychologie die wissenschaftliche Verarbeitung und Analyse von empirisch gewonnenen Daten mit mathematischen Modellen verstanden. Die Daten werden durch Messinstrumente (Tests - z. B. Intelligenztest), die auf der Grundlage einer entsprechenden Theorie erstellt wurden, erhoben. Das so konstruierte Messinstrument wird unter verschiedenen Versuchsbedingungen eingesetzt und anschließend werden Korrelationskoeffizienten für die Objektivität, Reliabilität und Validität berechnet.

Forschungsmethoden der Psychologie

Kriterien:

- Objektivität
- Reliabilität (Zuverlässigkeit)
- Validität

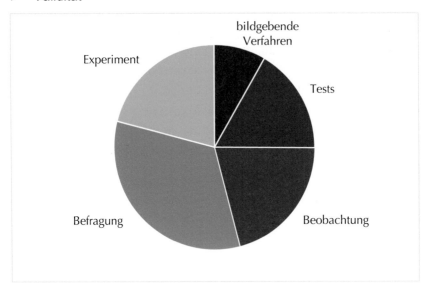

Fachgebiete der Psychologie

- Allgemeine Psychologie
- Entwicklungspsychologie
- Sozialpsychologie
- Persönlichkeits- und Differentielle Psychologie
- Physiologische Psychologie bzw. Neuropsychologie
- Pädagogische Psychologie
- Klinische Psychologie
- Arbeits- und Organisationspsychologie
- Psychologische Diagnostik, Intervention, Evaluation (= Bewertung)

Disziplinen der Psychologie

Angewandte Disziplinen | Grundlagen-Disziplinen

* z. B. Assessment Center

Aufgaben einiger Fächer der Psychologie (exemplarisch)

Differentielle Psychologie und Persönlichkeitspsychologie:

Konzentration auf die Unterschiede zwischen Menschen → differentiell versus allgemein gültig

Entwicklungspsychologie:

Konzentration auf die Ausbildung und Veränderung der allgemein psychischen Funktionen während des Lebens

Sozialpsychologie:

Konzentration auf die Einflüsse der sozialen Umgebung auf das Erleben und Verhalten

Allgemeine Psychologie: eine idealtypische Trennung

- Wahrnehmung, Lernen, Gedächtnis
- Denken und Problemlösen, Sprache
- Motivation, Emotion
- „Stimulierende Kräfte"
- Kognitionen lat. Cognoscere: Erkenntnis, Erkennen, Bewusstsein = alle geistigen Tätigkeiten

Theorie der Bedürfnishierarchie nach Maslow als Motivationstheorie

Maslows Bedürfnishierarchie (1970): Er stellte die Theorie auf, dass sich die grundlegenden Motive menschlichen Handelns in einer Bedürfnishierarchie anordnen lassen. Sie ist eine besondere optimistische Sichtweise menschlicher Motivation, Macht, Dominanz und Aggression.

Psychologische und soziologische Kompetenz

Die weiterentwickelte Motivationstheorie nach Maslow seit 1970 bis heute

Transzendenz
Spirituelle Bedürfnisse, sich mit dem Kosmos in Einklang zu fühlen

Selbstverwirklichung
Bedürfnis, das eigene Potential auszuschöpfen, bedeutende Ziele zu haben

Ästhetische Bedürfnisse
Bedürfnis nach Ordnung, Schönheit

Kognitive Bedürfnisse
Bedürfnisse nach Wissen, Verstehen, nach Neuem

Selbstwert
Bedürfnisse nach Vertrauen und dem Gefühl, etwas wert zu sein und kompetent zu sein; Selbstwertgefühl und Anerkennung von anderen

Bindung
Bedürfnisse nach Zugehörigkeit, Verbindung zu anderen, zu lieben und geliebt zu werden

Sicherheit
Bedürfnisse nach Zugehörigkeit, Behaglichkeit, Ruhe; Freiheit von Angst

Biologische Bedürfnisse
Bedürfnisse nach Nahrung, Wasser, Sauerstoff, Ruhe, Sexualität, Entspannung

Persönlichkeitspsychologie

Wie entsteht Identität? – Nach Erikson <u>und nur</u> nach Erikson
= Theoretisches Konstrukt = nicht Abbildung der Realität

- Das Erringen von Identität beruht auf der Bewältigung von Anforderungen, die aus der Einbettung des Individuums in die Sozialordnung resultieren.
- Der Prozess der Persönlichkeitsentwicklung erstreckt sich über die gesamte Lebensspanne und wird bei Erikson in acht aufeinander folgende Stadien unterteilt.
- Hauptphase der Identitätsentwicklung ist die Jugendzeit.

Stadien der psychosozialen Entwicklung nach Erik Erikson

Stadium	Alter	Konflikt	Themen
I	0 – 1 J.	Urvertrauen vs. Misstrauen	Mutter-Kind-Bindung
II	1 – 3 J.	Autonomie vs. Scham und Zweifel	Sauberkeitserziehung
III	3 – 6 J.	Initiative vs. Schuld	Identifikation, Gewissen
IV	6 – 12 J.	Fleiß vs. Minderwertigkeit	Leistung, Schule
V	12 – 18 J.	Identität vs. Rollendiffusion	Identitätsfindung, Adoleszenzkrise
VI	18 – 30 J.	Intimität vs. Isolation	Sexuelle Partnerschaft, Solidarität
VII	30 – 65 J.	Generativität vs. Stagnation	Berufliches, soziales Engagement
VIII	ab 65 J.	Ich-Integrität vs. Verzweiflung	Weisheit, Rückschau

Erik Homburger Erikson

Erikson gilt als **Neo-Freudianer**, er war deutsch-amerikanischer Psychoanalytiker, Vertreter der psychoanalytischen **Ich-Psychologie**. Bekannt wurde er insbesondere durch das von ihm entwickelte **Stufenmodell der Psychosozialen Entwicklung**. Seine Theorie ist eine Modifikation und Erweiterung der Freud'schen Theorie.

- Der psychodynamische Ansatz bleibt erhalten, unbewusste Prozesse treten jedoch in ihrer Bedeutung zurück.
- Universalistische Phasen (siehe Freud) werden mit sozialen und kulturellen Einflüssen verbunden.
- Zeitliches Erweitern von Freuds Theorie auf die **gesamte Lebensspanne**.
- Stärkere Gewichtung der Identitätsfindung.

Phasenlehre von Erikson

- 8 psychosoziale Stadien (siehe vorherige Übersicht)
- Universalistische Phasen (siehe Freud) werden mit sozialen und kulturellen Einflüssen verbunden
- Zeitliches Erweitern von Freuds Theorie auf die gesamte Lebensspanne
- Stärkere Gewichtung der Identitätsfindung
- Quelle: Eigene klinische Beobachtung und **anthropologische Studien** (Eigen- und Fremdbeobachtung)

Humanistische Psychologie

Rogers humanistische Theorie zur klientenzentrierten Gesprächsführung

Mensch ist:
- Mensch soll als Ganzes gesehen werden
- Gut, aktiv, vital, interessiert ... das Ganze muss nur geweckt und unterstützt werden.

Das Ziel der psychologischen Wissenschaft:
- Das „Sinnvolle" zu erforschen und nicht das „Objektivierbare"
- Ziel: „gut mit sich und der Welt zurechtzukommen" (Zimbardo) und nicht „Erkenntnis"

Forschungsgebiete:
- Verantwortlichkeit, Lebensziele, Kreativität, Spontaneität, Wertevermittlung etc.

Klientenzentrierte Therapie:
- Basiskriterien: Wertschätzung, Wärme, Echtheit

Personenzentrierte Theorie nach Rogers

Rogers Überzeugung
- Tendenz zur Selbstaktualisierung steuert unser Handeln
  → On becoming a person...

Rogers Menschenbild – Ziel
- Mensch ist im Kern positiv und strebt nach Selbstaktualisierung
- Entwicklung als zunehmende Öffnung und Entfaltung
- Immanente Motivation (Selbstaktualisierung, Wertschätzung)

Wissenschaftsauffassung

Erklären und Verstehen = Wissenschaft
- Klinisches Material als Quelle
- Zusammenwirken von Phänomenologie & Forschung
- Kontrolle und Vorhersage = Selbststeuerung des Ichs

Ziel:
- Phänomen der subjektiven Erfahrung verstehen

→ Rogers sagte: „Es gibt keine allgemeine Methodologie der Psychologie."

Persönlichkeitstheorie

Inkongruenz (Nichtübereinstimmung) von Verhalten und Selbstkonzept

Bewusste Inkongruenz
Dissonanzminderung
- Verhaltensänderung
- Änderung des Selbstkonzeptes

Unbewusste Inkongruenz
Abwehr und Angst
- Verleugnung der Erfahrung
- Verzerrung der Bedeutung

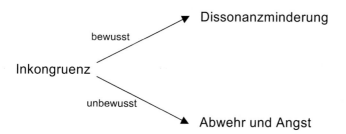

⇨ **Konsistenzstreben ist ein starker Antrieb**

Notwendigkeit unbedingter Wertschätzung

   Unbedingte positive Wertschätzung kompensiert Inkongruenz (Nichtübereinstimmung):
- Einleitung der Aktualisierung des Selbstkonzeptes durch Inkonsistenz

Bedingte positive Wertschätzung kompensiert nicht die Inkongruenz:
- Abwehr und Vermeidung der Aktualisierung des Selbstkonzeptes durch Inkonsistenz

→ **Bedingung der Selbstaktualisierung ist die unbedingte Wertschätzung**

Motivatoren nach Rogers
- Selbstaktualisierung, Selbstverwirklichung
- Kongruenz (Übereinstimmung) von Selbst und Erfahrung
- Unbedingte positive Wertschätzung

Therapeutenvariablen nach Rogers
- Unbedingte Wertschätzung
- Einfühlsames Verstehen (Empathie)
- Echtheit und Selbstkongruenz

Psychologische und soziologische Kompetenz

Empirie

Positive Wertschätzung

Eltern mit Kongruenz und Selbstakzeptanz akzeptieren auch eher ihre Kinder etc.

Faktoren für Selbstachtung

Reflektierte Wertschätzung etc.

Selbstachtung Fragebeispiel:

„Kinder sollen Ihre Eltern nicht mit unwichtigen Problemen verärgern."

Selbstachtung der Mutter

Antwort	niedrig	mittel	hoch
Nein	26,5 %	68,7 %	54,8 %
Ja	73,5 %	31,3 %	45,2 %

Konsequenz und Zielverwirklichung von Durchsetzung

Selbstachtung der Mutter

Stil	niedrig	mittel	hoch
beständig	60,0 %	58,8 %	87,0 %
sporadisch	40,0 %	41,2 %	12,1 %

Arbeits-, Betriebs- und Organisationspsychologie (ABO-Psychologie)

Die ABO-Psychologie gehört zu den Angewandten Disziplinen.

Psychologie als Erklärungsmodell

Psychologie als Seelen- und Menschenkunde bietet Erklärungsmodelle für das innerseelische Geschehen im Einzelnen und in Bezug auf das Verhalten seinen Mitmenschen gegenüber. Sie vermittelt Einsichten in intrapsychische Abläufe, die als Hilfen dienen können für den Umgang mit der eigenen Persönlichkeit und den Kontakt mit anderen. Wissenschaftliche Erkenntnisse und praktische Erfahrungen des Alltagslebens ergänzen sich in diesem Prozess.

Betriebspsychologie untersucht betriebliche Strukturen

Die Betriebspsychologie als Teilgebiet der Psychologie hat die Aufgabe, die zu einer Betriebsgemeinschaft gehörenden Personen bezüglich ihrer seelischen Vorgänge und Beziehungen im Rahmen von betrieblichen Strukturen zu untersuchen.
Gegenstände der Betrachtungen sind:

- Mensch und Arbeit
- Kommunikation
- Interpersonale Beziehungen
- Gesetzmäßigkeiten in Gruppen

Psychologische Grundsätze dienen als Leitlinien zum Verständnis menschlicher Konflikte im Berufsleben. Sie vermitteln Anregungen zu deren Bewältigung auf der Basis gegenseitiger Achtung und Wertschätzung mit dem Ziel, ein gutes Betriebsklima zu schaffen. Das Betriebsklima als Gesamtheit aller Gefühls- und Beziehungsvorgänge ist ein atmosphärisches Spiegelbild emotionaler Vorgänge und lässt Rückschlüsse zu über den zwischenmenschlichen Umgang, die Menschenführung und das Handhaben von Konflikten und Spannungen in einem Betrieb.

Sich und andere verstehen

Im Laufe unseres Lebens entstehen in uns Vorstellungen, wie wir uns selbst, die anderen und unsere Umwelt betrachten.

Die Transaktionsanalyse

Um Missverständnisse und Schwierigkeiten im alltäglichen Miteinander wirksam angehen zu können, ist es wichtig, jene Prozesse zu durchschauen, die unser Verhalten beeinflussen.

Wann immer verschiedene Menschen zusammenkommen, lässt sich beobachten, dass sie sich unterschiedlich verhalten, wobei sogar ein und derselbe Mensch während einer Besprechung oder einer Unterhaltung seinen Verhaltensstil ändern kann:

Einmal gibt er sich wie ein Kind, befangen oder unbefangen, dann wieder wie ein Vater kritisierend, herablassend, jovial oder wohlwollend, aber auch sachlich und rational.

Die Transaktionsanalyse (T. A.) geht davon aus, dass jeder sich immer in einem bestimmten Augenblick entweder in einem Kindheits-Ich-Zustand, in einem Erwachsenen-Ich-Zustand oder aber in einem Eltern-Ich-Zustand befindet. Mit diesen drei Zuständen erklärt das T. A. – Modell unsere Persönlichkeitsstruktur.

Die Transaktionsanalyse bietet praktische Verständnishilfen für den Umgang mit sich selbst und für die zwischenmenschliche Kommunikation. Als Transaktion werden die Grundinhalte der Kommunikation zwischen zwei Personen bezeichnet.

Sie bestehen aus einem Transaktionsreiz und einer Transaktionsantwort, die sowohl eine Reaktion auf Gesagtes beinhaltet als auch das, was ein Gesprächspartner vom anderen denkt.

Das Verhalten der Menschen im Umgang miteinander ist von Transaktionen bestimmt. Jeder Reiz stimuliert eine Reaktion. Diese bewirkt wiederum eine Reaktion. Diese Reaktionen sind bestimmt durch den jeweiligen Ich-Zustand der Beteiligten.

Das Modell der Transaktionsanalyse (T. A.)

- sorgt für ein besseres Verständnis der eigenen und fremden Reaktionen
- hilft kritische Situationen besser zu bewältigen
- führt zu konkreten Gesprächsergebnissen

Konzept

Ab 1950 entwickelte Eric Berne (1910 – 1970) in den USA ein Modell, das die menschliche Persönlichkeit und das Miteinander (Kommunikation) in verständlicher Weise aus dem Hintergrund der Psychoanalyse erklärt:

„Die Transaktionsanalyse ist eine Theorie der menschlichen Persönlichkeit und zugleich eine Richtung der Psychotherapie, die darauf abzielt sowohl die Entwicklung wie auch Veränderungen der Persönlichkeit zu fördern."

Psychologische und soziologische Kompetenz

Transaktionsanalyse (nach Eric Berne)

Transaktion: Jeder Austausch, jede Kommunikation zwischen Menschen

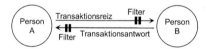

Verschiedene Menschen verhalten sich unterschiedlich. Selbst ein und derselbe Mensch kann seinen Verhaltensstil ändern.

Die Transaktionsanalyse bietet praktische Verständnishilfen für den Umgang mit sich selbst und für die zwischenmenschliche Kommunikation, für das Verstehen der Verhaltensweisen. Sie erklärt unsere Persönlichkeit mit drei verschiedenen Ich-Zuständen:

Kind-Ich	Erwachsenen-Ich	Eltern-Ich
K	ERW	EL
• Geprägt durch Erfahrungen in der Kindheit • Gehorsam/ Freiheit Autonomie • Angepasstes oder freies Kind-Ich • Gefühltes Lebenskonzept	• Geprägt von Selbstkritik und Verantwortung • Reife Persönlichkeit • Vernunftorientiertes Lebenskonzept • Objektivität/ W-Fragen	• Entstanden aus Normen und Vorstellungen der Eltern • Lässt den Menschen reagieren, wie er es von den Eltern übernommen hat • Kritisches oder fürsorgliches Eltern-Ich

Ziel der Transaktionsanalyse:
- diese Muster aus der Kindheit aufzudecken
- komplementäre, gelungene Kommunikation vermitteln

Die Menschen handeln nach bestimmten Mustern, immer aus den gleichen Ich-Zuständen heraus.

Gelungene Transaktion: Kommunikation auf einer Ebene, Komplementäre Transaktion

Misslungene Transaktion: Kommunikation auf verschiedenen Ebenen, gekreuzte Transaktion (=crossover)

Das Eltern-Ich

Das Eltern-Ich entsteht als Gerüst bereits in früher Kindheit durch Erkennen der Verhaltensmuster der Bezugspersonen.

Es ist bestimmt durch Normen und Wertvorstellungen, Urteile und Vorurteile, Ge- und Verbote, Regeln, Kritik, Aufmunterung, Trost, Hilfe und Mitfühlen.

Typische Redewendungen: „So nicht!", „Das muss so gemacht werden!", „Entweder so oder so!", „Das kann nicht sein!", „Machen Sie sich keine Sorgen", „Kommen Sie, ich helfe Ihnen".

Non-verbale Signale: Auf den Tisch klopfen, ausgestreckter Zeigefinger, Stirnrunzeln, verschränkte Arme, Trost-Signale (in den Arm nehmen, mit schräger Kopfhaltung lächeln).

Das Erwachsenen-Ich

Das Erwachsenen-Ich entsteht in der Kindheit durch die Erfahrung, Dinge selbstständig erledigen zu können.

Es ist bestimmt durch Realitätssinn in der Be- und Verarbeitung von Tatsachen. Vor- und Nachteile werden abgewogen. Problemlösung wird genutzt. Man ist guten Argumenten gegenüber aufgeschlossen und kooperativ.

Typische Redewendungen: „Ich denke...", alle W-Fragen, „Ich bin der Ansicht...".

Non-verbale Signale: Direkter Blickkontakt, offene Hände, Kopfnicken.

Das Kind-Ich

Das Kind-Ich entsteht wahrscheinlich bereits vor der Geburt und speichert bis zur Pubertät/ dem Jugendalter die gesamten Gefühlserlebnisse.

Es ist bestimmt durch Spontaneität und emotionales Verhalten – positiv wie negativ.

Typische Redewendungen: „Dafür kann ich nichts!", „Ich will!", „Geil, toll, klasse", „Ist mir (doch) egal!".

Non-verbale Signale: Offenes, lautes Lachen; unruhiges Spielen mit den Fingern; Faust.

Psychologische und soziologische Kompetenz

Erkennen der Ich-Zustände

Eltern-Ich

- Kritisches Eltern-Ich
  → Fühlt sich überlegen
  - „Du musst, du darfst nicht, das tut man nicht..."
  - „Müssen Sie eigentlich immer nur Mist bauen?"
  - „Ich bin nicht bereit, diese Aufgabe zu übernehmen. Sie fällt eindeutig in Ihren Aufgabenbereich."
  - „Über Pünktlichkeit diskutiere ich nicht!"
- Fürsorgliches, nährendes, unterstützendes Eltern-Ich
  - „Sorge dich nicht, halb so schlimm, das wird schon wieder..."
  - „Kommen Sie alleine zurecht oder soll ich Ihnen helfen?"

Erwachsenen-Ich
- Stellt W-Fragen
- „Wie viel Zeit werden wir für diese Ausarbeitung voraussichtlich benötigen?"
- „Ich erkenne im Moment verschiedene Fragestellungen."

Kind-Ich

- Angepasstes Kind-Ich
  - „Wenn Du meinst, dass mache ich es so."
  - „Was hätte ich denn sonst machen sollen?"
  - „Ich will versuchen, ich wollte doch nur..."
- Freies Kind-Ich
  - „Mensch, die neue Lehrerin sieht wirklich gut aus!"
  - „Ich will, ich möchte, ich hätte gern..."
- Rebellisches Kind-Ich
  - Fühlt sich dem kritischen Eltern-Ich gegenüber unterlegen
  - In den Aussagen nach außen ein JA, aber innerlich ein NEIN
  - „Ich bin nicht dazu gekommen."
  - „Was soll ich denn sonst noch alles machen?"
  - „Na, wenn Sie meinen, dann machen wir es eben so."
  - „Der Lehrer kann mich mal!"

Transaktion – Idealfall
Ich bin ok – du bist ok

Zwei Personen im Zustand des Erwachsenen-Ich.

Gleichberechtigte, partnerschaftliche, sachbezogene auf Ergebnisfindung orientierte Kommunikation.

Aber:

Wenn Transaktionen im Eltern-Ich und Kind-Ich über Kreuz verlaufen, kommt kein Ergebnis zustande. Die Überlagerung stört/ zerstört.

In diesem Fall:

Erkennen der Transaktionen, zurückführen auf Erwachsenen-Ich Ebene.

Nachricht eines Mannes

„Du – da vorne ist grün!"

Reaktionsweisen einer Frau

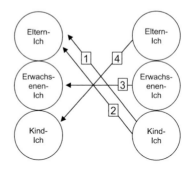

Idealfall

1 „Oh ja, entschuldige. Ich bin so unaufmerksam heute."

2 „Ich habe selber Augen im Kopf. Wer fährt, du oder ich?"

3 **„Ja, danke."**

4 „Mein Gott, du kommst schon noch rechtzeitig an! Sei doch nicht immer so ungeduldig! Und es gehört sich auch nicht, dem Fahrer dauernd reinzureden!"

Psychologische und soziologische Kompetenz

Die eigene Persönlichkeit verstehen

Menschenkenntnis beginnt beim Kennenlernen und verstehen lernen der eigenen Persönlichkeit:

- Die eigene Entwicklungsgeschichte: Wie bin ich so geworden? Wie bin ich jetzt? Was hat mich geprägt? Wodurch und durch wen bin ich beeinflusst worden?
- Eigene Stärken und Möglichkeiten: Was kann ich gut? Wo habe ich besondere Fähigkeiten und Erfahrungen?
- Die eigenen Schwächen und Schattenseiten: Was macht mir Mühe? Wo bin ich empfindlich? Welche Anteile meiner Persönlichkeit verdränge ich?
- Die eigenen Charaktereigenschaften: Was kennzeichnet mich? Was ist typisch für mein Denken, Fühlen, Verhalten?

Wichtig: Nur wenn man sich seiner eigenen Persönlichkeit bewusst ist, wird man auch imstande sein, andere zu verstehen. Nur das, was Menschen selbst erlebt und entdeckt haben, wird in ihnen Veränderungen bewirken, Wandlungen in Gang setzen und sie befähigen, dies auch bei anderen Menschen zu bemerken und einzusetzen. Unerlässlich bei solchen Prozessen sind ein genaues Beobachten, ein sorgfältiges Vergleichen und ein vorsichtiges Deuten.

Beobachten

Hierbei geht es um das Bewusstwerden aller Merkmale an anderen, die viele Menschen ohnehin registrieren und auf die sie auch reagieren, meist unbewusst und nonverbal. In diesen Bereich der nonverbalen Kommunikation gehören Gestik, Mimik und Bewegung als körpersprachliche Ausdrucksmittel. Hinzu kommt die Sprache als verbales Kommunikationsmittel.

Vergleichen

Für einen konstruktiven Kommunikationsprozess ist es entscheidend, die Äußerungen des Gegenübers in Zusammenhang mit der jeweiligen Situation und der Gesamtpersönlichkeit zu betrachten sowie die eigene Persönlichkeit einzubeziehen.

Kommunikationsfaktoren

Die Kommunikationsfaktoren unterliegen dem Einfluss verschiedener Umgebungsfaktoren wie:
- äußere Bedingungen, wie Raum, Tageszeit etc.
- Anzahl der anwesenden Menschen (Gruppengröße)
- Einstellung zu diesen Menschen (Sympathie oder Antipathie; Furcht, Abhängigkeit etc.)
- eigene Verfassung (emotionales und körperliches Befinden, Tagesform).

Deuten

Verstehen und vorsichtiges Einschätzen beinhaltet die Frage nach den Motiven (was löst welches Verhalten aus?), den Zielen (was will jemand erreichen, wozu dienen bestimmte Äußerungen, Aktionen etc.?) und der persönlichen Entwicklung (wieso ist jemand so, wie er ist?).

Um wirkliches Verständnis zu erreichen, ist es unerlässlich, sich selbst „auf die Spur zu kommen":
- Wann und warum stört, kränkt, ärgert mich etwas?
- Was lösen bestimmte Äußerungen in mir aus?
- Wo ist meine Wahrnehmung einseitig oder verzerrt?

Im Leben in der Gemeinschaft geht es also darum, sich selbst besser kennen, den anderen besser verstehen und miteinander besser umgehen zu lernen.

Psychologische und soziologische Kompetenz

Der Selbstbezug

Im Alltag nehmen wir immer wieder uns selbst als Maßstab, wenn wir andere Personen einschätzen.

- Dick ist derjenige Mensch, der dicker ist als ich.
- Wer weniger Haare hat als ich hat eine Glatze.

Sprenger: Jede Beurteilung ist eine Selbstbiografie

Eigene Einschätzung:
Ich bin fleißig kann schnell zu der Einstellung führen, fleißiger als ich kann keiner sein. (Die beste Bewertungsstufe steht nur mir zu!)

In unserer Selbsteinschätzung neigen wir dazu, uns bei sozial erwünschten Merkmalen wie:
- Hohe Auffassunggabe
- Humorvoll
- Kreativ
- Kooperationsfähig

als **überdurchschnittlich** einzuschätzen.

Selbstbild - Fremdbild

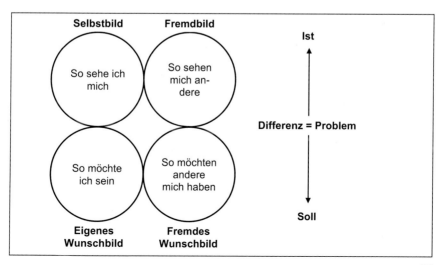

Das Unternehmen als soziales System

Ein Betrieb ist sowohl ein betriebswirtschaftliches, ein technisches wie auch ein soziales System, in dem die Handlungen aller Beteiligten miteinander verwoben sind.

Wie lässt sich das Bedürfnisspektrum der Mitarbeiter befriedigen?

Motiv-Pyramide nach Maslow

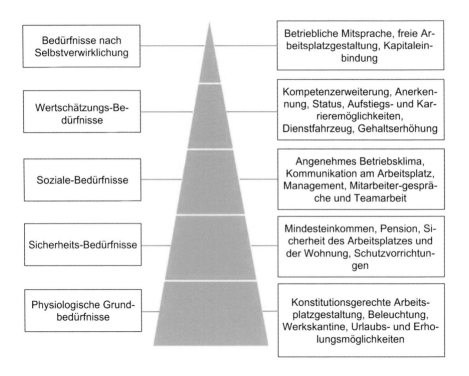

Die Betriebssoziologie untersucht die Gruppen

Die Betriebssoziologie beschäftigt sich mit dem Betrieb als System aufeinander bezogener Gruppen und Gruppierungen, den darin existierenden Rollen sowie spezifischen, daraus resultierenden Problemstellungen. Eine Gruppe wird definiert als Anzahl von Menschen, die durch bestimmte Aufgaben, Ziele und Interessen verbunden sind und als soziale Einheit auftreten.

Psychologische und soziologische Kompetenz

Formelle und informelle Gruppen

Innerhalb eines Betriebes als Organisationseinheit gibt es formelle Gruppen, bedingt durch die Hierarchie oder Arbeitsabläufe, und informelle Gruppen, die auf freiwilliger Basis bestehen und auf gemeinsamen Interessen basieren.

Informelle Gruppen bilden meist den Zusammenhalt innerhalb der Betriebsorganisation. Die Atmosphäre dort entscheidet oft über Art und Weise kollegialer Zusammenarbeit, Betriebsklima und darüber, wie der einzelne sich für den Gesamtbetrieb einsetzt.

Faktoren der informellen Gruppenbildung

Untersuchungen haben gezeigt, dass folgende vier Faktoren bei der informellen Gruppenbildung die größte Bedeutung haben:

- Ständige Anwesenheit an einem gemeinsamen Arbeitsplatz
- Gleiche Stellung auf der organisatorischen Stufenleiter, trotz räumlicher Trennung am Arbeitsplatz
- Stellung gleichen Prestiges, trotz räumlicher Trennung am Arbeitsplatz
- Gemeinsame Interessen außerhalb des Betriebes.

Funktion von Gruppen

Die verschiedenen Gruppen innerhalb einer Organisation stehen in Wechselbeziehung zueinander und beeinflussen das Geschehen eines Betriebes. Es ist wichtig, die Eigendynamik von Gruppen zu verstehen, um sie betrieblich nutzen zu können und geeignete Bedingungen zum Aufbau derselben und zur Entfaltung des Einzelnen innerhalb einer Gruppe bereitzustellen.

Komplizierte Lern- und Leistungszusammenhänge, komplexe Planungsaufgaben und breit gefächertes Verstehen und Darstellen von Zusammenhängen sind meist nur in einer Gruppe zu bewältigen.

Das Wesen der Gruppenarbeit besteht neben Arbeitserleichterung durch Arbeitsteilung auch in einer Produktivitätssteigerung als Folge von Leistungsüberlegenheit durch Zusammenwirken aller Einzelleistungen der Gruppenmitglieder.

Von Fall zu Fall ist zu entscheiden, ob Einzel-oder Gruppenarbeit erforderlich ist und wo die Gruppe mehr als der Einzelne leisten kann.

Prinzipien der Arbeit in und mit Gruppen

Die Gruppe weiß mehr

Die Kenntnisse und Erfahrungen der einzelnen Mitglieder summieren sich (das Ganze ist mehr als die Summe seiner Teile); es entsteht eine wechselseitige Bereicherung.

Die Gruppe regt an

Innerhalb des Gruppenprozesses entsteht Raum für neue Anstöße und vielfältige Stimulation. Durch wechselseitigen Ideenaustausch können neue Lösungsansätze gefunden und Projekte schneller und effektiver in Gang gesetzt werden.

Die Gruppe gleicht aus

Durch Zuspruch und Widerspruch bei Auseinandersetzungen mit einem emotional geladenen Thema wirkt die Gruppe ausgleichend. Dies erweist sich auch bei Belastung von Gruppenmitgliedern als hilfreich und trägt zur Verbesserung der subjektiven Leistung bei. Im Falle nicht eindeutiger Entscheidungen ermöglicht eine Gruppe Kompromisslösungen.

Leistungsvorteile von Gruppen

Um ein unstrukturiertes und uneffektives Vorgehen zu vermeiden, ist die Klärung der folgenden Punkte im Vorfeld angebracht mit dem Ziel, Arbeitsplatzbedingungen zu verbessern und „die richtige Person" an den „richtigen Platz" zu bringen.

Klare Aufgaben und Rollenverteilung

Um eine effektive Arbeit zu gewährleisten, sollte jedes Mitglied der Gruppe mit seiner eigenen und mit der Aufgabe und Rolle der anderen Mitglieder einverstanden sein. Diese können durchaus entsprechend den Erfordernissen wechseln.

Psychologische und soziologische Kompetenz

Ziele

Es ist hilfreich, den Ausgangs- und Zielstand möglichst konkret und gemeinsam zu formulieren und zu überlegen, was jeder zur Lösung beitragen kann. Ziele sollten von allen anerkannt und als wichtig erachtet werden, sowohl für den Betrieb als auch für die Belange des Einzelnen, um wirkliches Interesse zu erzeugen und zu erhalten.

Kommunikation

Die Pflege guter Kommunikation innerhalb der Gruppe wie auch nach außen zum Betrieb hin ist ein wesentlicher Faktor für erfolgreiche Gruppenarbeit. Die Kommunikation sollte offen und spontan sein, so dass es möglich wird, in sachlicher Art und Weise Vorschläge und Kritik einzubringen. Sie sollte auf dem Prinzip der Gleichwertigkeit beruhen: Die Gruppe hört zu, lässt den Einzelnen ausreden und versucht, Konflikte schnell zu klären. Es ist sinnvoll, die Gruppengröße von zehn bis zwölf Mitgliedern nicht zu überschreiten.

Gruppenführung

Führen ist ein Vorgang in und mit der Gruppe und sollte bei jedem Teilnehmer auf Zustimmung und Akzeptanz stoßen. Die Gruppenführung sollte dem Stil der Gruppe angemessen sein, als Integrationsfaktor fungieren und Mitverantwortung und Initiative fördern. Die Gruppenführung ist nicht statisch, sie kann je nach betrieblichen Gegebenheiten wechseln.

Beispiele aus der Sozialpsychologie der Gruppe

Einstellungen-Gruppendruck

Salomon Asch: 50 Personen im Versuchsraum müssen Linienlängen vergleichen. 25 sind Konföderierte des Versuchsleiters. Alle Personen müssen ihr Urteil laut abgeben. Die Sitzreihenfolge ist so, dass immer die 25 Konföderierten zuerst antworten. Sie beurteilen offensichtlich ungleich lange Linien als gleich. Was machen die anderen?

<u>Gruppendruck bewirkt Einstellungsänderung/Artikulation!</u>

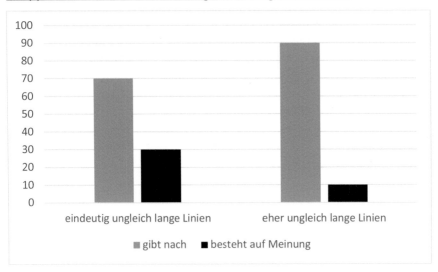

Erzwungene Einwilligung

Versuchspersonen nehmen an einem langweiligen Versuch teil. Dann sollen sie andere überreden, ebenfalls teilzunehmen („ist ein toller Versuch...").

Dafür erhalten Sie:

Gruppe A: 1 Dollar

Gruppe B: 20 Dollar

<u>Effekt:</u>

Gruppe A schätzt den Versuch im Nachhinein für interessanter ein als Gruppe B.

Ließ man die Gruppe A öffentlich werben und Gruppe B privat ansprechen, trat eine wesentliche größere Einstellungsänderung zugunsten des Experimentes mit 1 Dollar auf.

➔ Öffentliches Bekenntnis (Commitment) erzeugt stärkste Motivation zur kognitiven Konsistenz *

* Kognitiv = auf Erkenntnis beruhend
Konsistenz = Beschaffenheit, logische Widerspruchsfreiheit, strenger gedanklicher Zusammenhang

Gruppenüberzeugung

Teilnehmer der Sekte „True World" erwarteten 1962 die Vernichtung der USA durch einen Atombombenangriff. Sie gruben sich 42 Tage in einem Erdbunker ein und verharrten dort. Hinterher befragt, sagten sie, sie hätten eine Prüfung Gottes bestanden und deshalb sei die Katastrophe ausgeblieben.

➔ Dissonante Erfahrung wird durch Hinzufügen neuer Kognitionen integriert, um das System bestehender Kognitionen konsistent zu halten.

Konflikte erkennen und vermeiden

Unternehmensstruktur und Hierarchie

Ein Unternehmen ist vertikal und horizontal strukturiert. Es gliedert sich, arbeitsteilig bedingt, in verschiedene Funktionsbereiche. Die vertikale, hierarchische Gliederung ergibt sich aus den Grundfunktionen Planen, Leiten, Organisieren und Ausführen. Die Betriebshierarchie definiert sich nach Funktion und Kompetenzen der Mitglieder einer Hierarchiestufe. Bestimmte Stufen haben klare, eindeutige Merkmale, die in Arbeits- und Stellenbeschreibungen festgehalten sind. Je klarer die jeweiligen Bereiche definiert sind, umso weniger Konflikte entstehen.

Entscheidungssituationen

Eine Konfliktsituation ist auch dann immer gegeben, wenn Entscheidungen zwischen mehreren, oft gleichwertigen Optionen gefordert sind und Ziele mit unterschiedlichen Vorstellungen von Mitarbeitern aufeinanderstoßen. Die innerbetriebliche Zusammen-arbeit kann dann durch entstehende Spannungen und Unstimmigkeiten erheblich gestört werden. Je höher der Konsens der Gruppe ist, umso konstruktiver und kompromissbereiter sind die einzelnen Mitglieder im Einzelfall.

Kritische Konfliktmomente werden von Vorgesetzten wie auch von Mitarbeitern und Kollegen ausgelöst.

Vorgesetzte als Konfliktentwickler

- Art und Weise des Treffens von Anordnungen (von oben herab, abwertend)
- Kontrolle und Kritik
- Unterschiedliche Beurteilungskriterien und -maßstäbe
- Ausüben verschiedener Führungsstile.

Psychologische und soziologische Kompetenz

Kollegen als Konfliktentwickler

- Unterschiede in Arbeitsauffassung und Arbeitsmotivation
- Unterschiede in der Zuverlässigkeit, Kooperationsbereitschaft und Teamfähigkeit
- Geltungs- und Machtstreben
- Unterschiede in der Bereitschaft und Fähigkeit, sich in eine Gruppe zu integrieren
- Unterschiede in der persönlichen Einstellung gegenüber dem Vorgesetzten (Loyalität, Respekt, Ressentiments)
- Generationskonflikte
- Vereinbarkeit der Ansätze von Theoretikern und Praktikern.

Kritik und Feedback

Prinzipielle Einstellungen

Zur Bewältigung einer Konfliktsituation durch das Üben von Kritik ist die prinzipielle Einstellung anderen Menschen gegenüber von entscheidender Wichtigkeit.

- Höflichkeit als Ausdruck der Achtung und Bejahung der Persönlichkeit des anderen ermöglicht Raum zur Begegnung und fördert die Gesprächsbereitschaft.

- Das Bemühen, den anderen zu respektieren, ihn in seiner Würde zu achten, ihn als Person wichtig zu nehmen und als gleichwertigen Partner zu betrachten hilft, in Konfliktsituationen das Gesicht wahren zu können und für die eigenen Belange einzustehen.

- Vertrauen herstellen heißt, ehrliches Interesse zu zeigen und dem anderen zuzubilligen, dass auch er guten Willens ist und bereit, sich Fehlern und Schwierigkeiten zu stellen.

- Das Bemühen um Gerechtigkeit und Objektivität beinhaltet die Fähigkeit, den eigenen Standpunkt und die eigene Wahrnehmung in Frage zu stellen und verschiedene Meinungen abzuwägen.

- Zuhören ist die Grundvoraussetzung im Kommunikationsprozess. Aktives Zuhören impliziert die Bereitschaft, die Beweggründe der anderen Person möglichst objektiv aufzunehmen, wirken zu lassen und zu verstehen, bevor eine Reaktion erfolgt.

Wie Sie Konflikte richtig lösen

Ein direktes Angehen der Konfliktsituation mit den betroffenen Parteien ist grundsätzlich die effektivste Vorgehensweise.

Dies kann entweder auf gleicher Ebene, also im kollegialen Austausch, geschehen, von vorgesetzter Seite initiiert und begleitet werden oder mit Hilfe eines Beraters erfolgen, wenn die am Konflikt beteiligten Parteien zu keiner Einigung gelangen, es aber für die weitere Zusammenarbeit erforderlich ist. Die Betrachtung der Standpunkte aller Parteien kann Aufschluss darüber bringen, wo die Ursachen zu suchen sind und welche anderen Konflikte dem gegenwärtigen Konflikt zugrunde liegen, und sie kann deutlich machen, welche Verständigungsmechanismen den Beteiligten zur Verfügung stehen.

Abwägen aller Aspekte

Zur Klärung eines Konfliktes ist es erforderlich, die verschiedenen Aspekte abzuwägen. Dies beinhaltet drei Grundfragen:

- Welchen Gewinn erzielt die jeweilige Seite aus der Situation? Sinn und Zweck eines Konfliktes?
- Was ist notwendig, wichtig, hilfreich für eine befriedigende und erfolgreiche Zusammenarbeit? Bedürfnisstruktur des Einzelnen?
- Wo werden die Interessen des Betriebes in Mitleidenschaft gezogen? Interessen und Effektivität des Betriebes?

Konsequenzen aufzeigen

Als letzten Schritt gilt es, Folgen für alle Beteiligten aufzuzeigen und Optionen durchzuspielen, um als Perspektive sinnvolle Alternativen entwickeln zu können.

Umgang mit Kritik

Das Annehmen und Austeilen von Kritik ist ein heikles Thema im innerbetrieblichen Alltag und oft Auslöser von Konflikten. Damit Kritik ein Instrument zur Verbesserung der Arbeitsplatzbedingungen darstellt, ist zu beachten, dass sie keine „Einbahnstraße" bleibt, sondern eingebettet in den Kommunikationsprozess abläuft.

Konstruktive Kritik üben

Konstruktive Kritik beginnt mit einer Problemdefinition, einer konkreten und differenzierten Rückmeldung über Arbeitsleistung und Arbeitsverhalten und sollte auch positive Aspekte anerkennend zum Ausdruck bringen.

Achtung: Um das Selbstwertgefühl und die Würde des Gegenübers zu wahren, empfiehlt sich eine strikte Trennung von Person und Sache.

> **Praxis-Tipp:**
> Äußere Faktoren, wie die Wahl eines günstigen Zeitpunktes, die Wahl eines geeigneten Ortes (ruhig und ungestört) und die Schaffung einer angenehmen und entspannten Atmosphäre, erleichtern den Einstieg.

Nach dieser Phase sollte Raum gegeben sein für eine angemessene Reaktion, so dass ein Feedback auf das Vorgebrachte möglich ist. In einem letzten Schritt geht es dann darum, Alternativen zu entwerfen und gegenseitige Vereinbarungen für das zukünftige Miteinander zu finden.

Psychologische und soziologische Kompetenz

Förderung der Arbeitsmotivation – konstruktiv starten

Arbeitsmotivation und Teamfähigkeit können in entscheidender Weise geprägt und gefördert werden, wenn neue Mitarbeiter und Kollegen vom Beginn ihrer Tätigkeit an konstruktiv begleitet werden.

Um Mitarbeitern einen guten und motivierenden Start in eine neue Stelle oder Aufgabe zu ermöglichen, empfiehlt es sich eine adäquate Einführung und Begleitung während der ersten Zeit und darüber hinaus:

- Vorbereitete Arbeitsschritte und genaue Arbeits- und Stellenbeschreibung

- Erklären des Gesamtprojektes und einzelner Arbeitsschritte unter Hinweis auf Probleme, Fehlerquellen und Tipps zur Arbeitserleichterung

- Begleitung durch Ermutigung und notwendige Korrektur, Anbieten von Hilfestellung, Hinweis auf Besonderheiten.

Motivation zur Maximalleistung

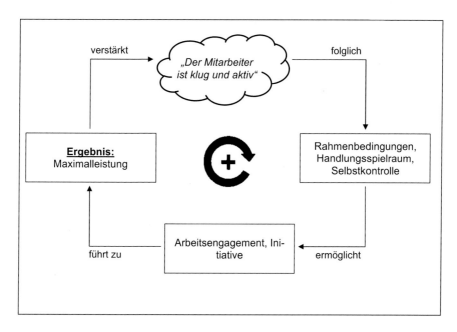

Motivation zur Minimalleistung

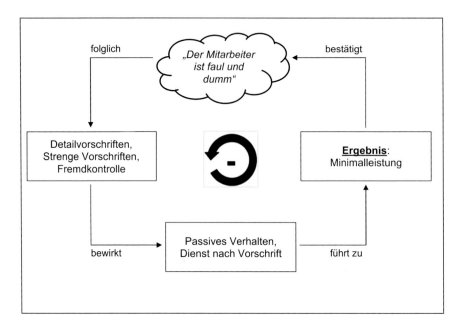

Motivationsuntersuchung von Herzberg

Frage: Welche Faktoren motivieren die Mitarbeiter zur Arbeit?

Vorgehensweise: Befragung der Mitarbeiter nach Ereignissen, die in folgender Erinnerung sind:
- sehr guter
- sehr unangenehmer

Ergebnis: Zwei Arten von Faktoren:
- **Motivatoren**
  (bei Erfüllung → Zufriedenheit)
- **Hygienefaktoren**
  (bei Nichterfüllung → Frustration)

Motivatoren:

1. Leistung, sichtbare Resultate, Erfolgserlebnisse
2. Interessante Tätigkeit
3. komplexe, anspruchsvolle, selbständig zu lösende Aufgaben
4. Verantwortung, Delegation von Aufgaben und Kompetenzen
5. Anerkennung der Leistung und des Verhaltens
6. Fortschritt in Form fachlicher Weiterbildung und beruflicher Entwicklung
7. berufliche Perspektiven

Hygienefaktoren:

1. Klare Betriebspolitik
2. Eindeutige Unternehmensrichtlinien
3. Führung und Führungsverhalten
4. Entgeltgestaltung, Sozialleistungen
5. Betriebliche Arbeitsbedingungen
6. Betriebsklima, Sicherheit des Arbeitsplatzes

Erkenntnisse von Herzberg:

Erfüllung von immateriellen Mitarbeiterbedürfnissen
(Eigenständigkeit, Anerkennung, Fortbildung und berufliche Perspektiven)

Motivationsschübe

Stress und Belastung am Arbeitsplatz

Konflikte sind Stressauslöser

Stress am Arbeitsplatz ist meist das Ergebnis psychischer Konflikte:

Schwierigkeiten mit Kollegen

Hierbei geht es um Kompetenzprobleme und Machtkämpfe, bei denen Neid, Ärger, Missgunst und andere Emotionen die Atmosphäre stören oder vergiften.

Schwierigkeiten mit Vorgesetzten

Es entstehen Gefühle der Ohnmacht oder Unfähigkeit, sich gegen ungerechte Behandlung zur Wehr zu setzen, mit einem autoritären Führungsstil zurechtzukommen und mehr als Objekt und Arbeitskraft betrachtet zu werden statt als Mensch mit eigenständiger Persönlichkeit.

Neuerungen im Betrieb

Diese führen oftmals zu Angst vor Überforderung, Versagen und Unzulänglichkeit.

Falsche Arbeitsorganisation

Fehlorganisation kann zahlreiche Ursachen haben. Sie kann in der fehlenden Flexibilität verkrusteter Strukturen oder in eigenen Unzulänglichkeiten liegen (setzen keiner oder fehlender Prioritäten; keine oder schlechte Zeiteinteilung etc.).

Stressbewältigung

Stress ist die Würze des Lebens, aber gleichzeitig auch der Inbegriff dessen, was unser Leben verkürzt. Stress kann man nicht vermeiden, sondern nur meistern, d. h. man kann nur in kleinen Schritten lernen, mit Stress besser umzugehen.

Es sind vor allem die vielen kleinen Probleme des Alltags, die zwischenmenschliche Konflikte, die den großen Stress erzeugen. Aber auch Leistungen im roten Drehzahlbereich sind langfristig gesehen gesundheitsschädlich. Wer im D-Zug-Tempo durch den Terminkalender rast, verschleißt sich und seine Umgebung.

Zu Stress wird jede Anspannung, bei der ein Individuum unter körperlichem, geistigem oder seelischem Druck steht. Stressauslöser sind alle Situationen, die als bedrohlich empfunden werden.

Es gibt nach Prof. Selye, dem bekannten Stressforscher, zwei Grundtypen von Menschen:

Rennpferde

Schildkröten

Jeder sollte herausfinden, welchem Stresstyp er sich zuordnen kann und danach sein für ihn bekömmliches Stressniveau herausfinden. Dabei kommt Stress meist nicht von den Dingen, die wir geleistet haben, sondern vor allem von jenen, die wir nicht erledigt haben:

Was ich nicht schaffe, das schafft mich!

Was passiert eigentlich mit uns bei Stress?

Die physiologischen Veränderungen, die ein Organismus während einer Stresssituation durchmacht, lassen sich aus der Funktionsweise unseres Nervensystems erklären.

Dem willkürlichen, d. h. beeinflussbaren Nervensystem ist unser Denken und Verhalten sowie die gesamte Motorik zugeordnet. Das vegetative bzw. autonome Nervensystem steuert und koordiniert dagegen die vielfältigen Körperfunktionen und -abläufe, die ständig in einem Organismus stattfinden, vom Menschen aber nicht beeinflusst werden können und somit auch dem Bewusstsein nicht zugänglich sind.

Das Vagatonische System ist der Gegenspieler des Sympatischen Nervensystems. Während das Erstere überwiegend der Regeneration dient und für die Bereitstellung von Energiereserven zuständig ist, hat Letzteres für die sofortige Mobilisierung von benötigten Energien zu sorgen. Aufgrund der sehr unterschiedlichen Funktionen dieser beiden Bereiche herrscht in unserem Nervensystem ständig ein hoch differenziertes und überaus komplexes wechselseitiges Zusammenspiel.

Welche körperlichen Stressreaktionen kennen wir?

1. **Phase**

   Gelangt ein bestimmtes Signal, das Gefahr meldet, von außen zum Zwischenhirn (z. B. Termindruck), setzt die organische Stressreaktion ein. Bei dieser Vorphase werden fast sämtliche Kreislauf- und Stoffwechselfunktionen auf ein Minimum reduziert, um die bevorstehende Energiemobilisierung nicht zu verhindern. Diese Reduktion der organischen Funktionen dient der Sammlung aller verfügbaren Kräfte und kann als „Die Ruhe vor dem Sturm" bezeichnet werden. Diese Phase ist uns allen auch als Schrecksekunde vor bedrohlichen Situationen bekannt.

2. **Phase**

   Während der Alarmphase werden nun vom Organismus alle vorhandenen Reserven aktiviert. Sämtliche Kräfte müssen mobilisiert werden, um sich einer Gefahr zu stellen oder möglichst schnell zu fliehen.

3. **Phase**

   In der Handlungsphase werden die bereitgestellten Energien durch die Stressbewältigung verbraucht. Dies kann durch aktive Beseitigung der Stressauslöser oder durch rasche Flucht aus der Gefahrensituation geschehen. In der Phase setzt sich der Mensch aktiv mit einer Stresssituation auseinander.

4. **Phase**

   Die Erholungsphase bringt nun die Rückkehr zur normalen Ausgangslage. Die Erregung klingt ab, Kreislauf und Stoffwechsel normalisieren und stabilisieren sich.

Diese Phasenabfolge ist ein sinnvoller biologischer Mechanismus, der einen optimalen und wirtschaftlichen Verbrauch unserer physischen Kräfte garantiert und diese im Notfall gezielt und konzentrierter einsetzt.

Wenn Stressreaktionen auf die eben beschriebene Weise ablaufen, sind sie ein wichtiges biologisches Instrument, um in einem belastungsreichen Umfeld zu überleben. Wichtig ist dabei aber, dass die in der

Alarmphase bereitgestellten Energien in der Handlungsphase auch verbraucht werden und die anschließende Erholungsphase auch wirkliche Regenerierung bringt, bevor neue Stressoren eine solche Reaktionskette erneut auslösen.

Ansätze zur Bewältigung von Stress

Ansätze zur Bewältigung dieser Belastungen liegen vor allen in der

- Lokalisierung und Lösung von Spannungsfeldern und Konflikten
- Entwicklung konkreter Maßnahmen zur Verbesserung des Betriebsklimas (gemeinsame Aktivitäten, Gespräche etc.)
- Verringerung der (Über-) Belastung
- Verbesserung der eigenen Arbeitsorganisation

Verbesserung der eigenen Arbeitsorganisation

Zeitmanagement optimieren

Ein optimiertes Zeitmanagement bringt kurzfristig die folgenden Vorteile:

- Zusammenfassung und Straffung von Routinetätigkeiten
- Fähigkeit und Verfügbarkeit, flexibler auf Unvorhergesehenes einzugehen
- Raum für eigene Spontaneität
- Konzentration auf das Wesentliche – beruflich und privat
- Zügige Erledigung von Aufgaben
- Akzeptanz bei anderen durch mehr Souveränität und konstruktive Durchsetzungskraft

Tagesplanung effizient gestalten

Die Planung eines Tages sollte als Planung einer kleinsten und überschaubaren Einheit angesehen werden. So können selbst langfristige Zeiträume sinnvoll geplant und diese Planung auch verfolgt und eingehalten werden.

Notieren notwendiger Arbeiten aus einem Aufgabenkatalog für die Woche bzw. den Monat:

- Arbeiten des Vortags
- Neu hinzukommendes Tagesgeschäft
- Wahrzunehmende Termine
- Telefonate
- Korrespondenz
- Periodisch wiederkehrende Aufgaben

Notieren des erforderlichen Zeitbedarfs unter Beachtung der Gesamtzeit:

- Festlegung eines groben Zeitaufwands
- Festlegung von Zeitlimits für Einzelaufgaben
- Einkalkulieren (und Vermeiden) möglicher Störungen
- Einhaltung der Grundregel, nie mehr als 60 Prozent der Arbeitszeit eines Tages einzuplanen. Die verbleibenden 40 Prozent dienen als Puffer für unvorhergesehene Störungen und Aufgaben.

Straffung des Aufgabenkatalogs

- Setzen von Prioritäten
- Vornehmen von Kürzungen
- Delegation
- Sichtung und Streichung mehrfach übertragener Aufgaben
- Richtige Einschätzung von möglichen Störfaktoren und „Zeitfressern"

Mögliche Störfaktoren erkennen und vermeiden

Die nachstehende Liste der möglichen Störfaktoren kann unbegrenzt fortgeführt werden:

- Keine Übersicht über unerledigte Aufgaben, keine Tagesplanung
- Überfüllter Schreibtisch, fehlende Zielsetzung, fehlende Prioritäten
- Ständige Suche nach Unterlagen, schlechtes Ablagesystem, ständige Ablenkung
- Lärmbelästigung, häufige telefonische Unterbrechungen
- Unangemeldete Besucher
- Fehlende Selbstdisziplin, fehlende Motivation
- Nein sagen als Fremdwort, Perfektionismus
- Mangelnde Teamfähigkeit, schlechte Kommunikation
- Fehlende Koordination
- Langwierige und/oder unvorbereitete Meetings
- Zu viele private Gespräche
- Schlechte Durchführung delegierter Aufgaben, Selbstüberschätzung
- Personalmangel, Müdigkeit

Anhand dieser Liste fällt es leichter, nach fremd- oder selbstbestimmten Ursachen zu suchen und, nach Prioritäten geordnet, Veränderungen zügig und effektiv herbeizuführen.

Auch Maßnahmen im persönlichen Bereich können entscheidend dazu beitragen, Belastungen zu reduzieren und Stress zu vermeiden. Hier ist die Art der Stressbewältigung zentral. Das Ziel jedes Ansatzes besteht darin, die Minderung der Belastungen und einen Zustand des Wohlbefindens herbeizuführen. Ein Umdenken und Verändern des eigenen Verhaltens hat positive Rückwirkungen auf den privaten wie auch beruflichen Bereich.

Folgende Faktoren helfen hierbei:

- Ausreichend Bewegung und Schlaf, gesunde Ernährung und sportlicher Ausgleich
- Kreativität zum Tanken neuer Kraft
- Meditation, Erlernen und Praktizieren von Stille als Befreiung von belastenden Gedanken und einseitigen Sichtweisen („Loslassen")

Die Bewältigung von Stress hängt also im Wesentlichen ab von:

- einer anderen Bewertung der Gedanken
- körperlicher und seelischer Entspannung
- situationsadäquaten und lösungsorientierten Handlungen

Als Anregung zur Klärung und Erklärung von Problemen können die nachstehenden Fragen dienen:

- Worin besteht konkret das Problem, die belastende Situation oder Schwierigkeit?
- Was genau belastet mich?
- Wo empfinde ich Stress und Überforderung
- Womit belaste ich mich selbst?
- Welche Gedanken und Gefühle habe ich dabei?
- Was sind meine Wünsche?
- Kann ich mich noch freuen?
- Welche Alternativen gibt es?
- Was will ich ändern?
- Was will ich lernen?
- Was will ich tun?

Mobbing – Stressor und Kostenfaktor

Lässt sich dieser Teufelskreis verhindern?

Mobbing verursacht in Unternehmen enormen wirtschaftlichen Schaden. Fehlzeiten, mangelndes Engagement, Kündigungen, gestörte Arbeitsabläufe beeinträchtigen die Leistungsfähigkeit. Mobbing zerstört das Betriebsklima und untergräbt den Unternehmenserfolg.

Im alltäglichen Sprachgebrauch wird der Begriff Mobbing ähnlich gebraucht wie der Begriff Stress. Man spricht umgangssprachlich schon bei einzelnen Streitereien oder Beleidigungen von Mobbing. Das verwässert den Begriff und verniedlicht das Problem.

In Anlehnung an Meschkutat (2002) wird Mobbing so definiert:

„Unter Mobbing ist zu verstehen, dass jemand am Arbeitsplatz häufig und über einen längeren Zeitraum schikaniert, drangsaliert oder benachteiligt und ausgegrenzt wird."

Wie zeigt sich Mobbing?

Leymann erarbeitete eine Liste (1993) für fünf Handlungstypen. Diese von Leymann vorgeschlagene Liste wird immer wieder kritisiert. Solange aber keine überzeugende Alternative vorliegt, können Sie sich an der Leymann-Liste orientieren.

Fragebogen Mobbing
(in Anlehnung an Leymann, 1993)

Angriffe auf die Möglichkeit sich mitzuteilen

- ☐ Vorgesetzter schränkt meine Möglichkeiten ein, mich zu äußern
- ☐ Kollegen schränken meine Möglichkeiten ein, mich zu äußern
- ☐ Werde ständig unterbrochen
- ☐ Anschreien und lautes Schimpfen
- ☐ Ständige Kritik an meiner Arbeit
- ☐ Ständige Kritik am Privatleben
- ☐ Telefonterror
- ☐ Mündliche/ Schriftliche Androhungen
- ☐ Kontaktverweigerung durch abwertende Blicke/ Gesten/ Andeutungen

Angriffe auf die soziale Beziehung

- ☐ Man spricht nicht mit mir
- ☐ Man lässt sich nicht ansprechen
- ☐ Versetzung in einen Raum weitab von den Kollegen
- ☐ Den Arbeitskollegen wird verboten, mich anzusprechen
- ☐ Man behandelt mich wie Luft

Angriffe auf das soziale Ansehen

- ☐ Hinter meinem Rücken wird schlecht über mich gesprochen
- ☐ Man macht sich über mein Privatleben lustig
- ☐ Man verbreitet Gerüchte
- ☐ Ich werde lächerlich gemacht
- ☐ Man verdächtigt mich, psychisch krank zu sein
- ☐ Man will mich zu einer psychiatrischen Untersuchung zwingen
- ☐ Man macht sich über meine Behinderung lustig
- ☐ Man imitiert meinen Gang, meine Stimme oder Gesten
- ☐ Man greift meine politische oder religiöse Einstellung an
- ☐ Man macht sich über meine Nationalität lustig
- ☐ Man zwingt mich zu Arbeiten, die mein Selbstbewusstsein verletzen
- ☐ Man beurteilt meinen Arbeitseinsatz in falscher und kränkender Weise
- ☐ Man ruft mir obszöne Schimpfworte oder Beleidigungen nach
- ☐ Sexuelle Annäherung oder verbale sexuelle Angebote

Angriffe auf die Qualität der Berufs- und Lebenssituation

- ☐ Man weist mir keine Arbeitsaufgaben zu
- ☐ Man nimmt mir jede Beschäftigung am Arbeitsplatz
- ☐ Man gibt mir sinnlose Aufgaben
- ☐ Man gibt mir Aufgaben, die weit unter meinem Können liegen
- ☐ Man gibt mir ständig neue Aufgaben, die meine Qualifikation übersteigen
- ☐ Man gibt mir kränkende Arbeitsaufgaben

Angriffe auf die Gesundheit

- ☐ Zwang zu gesundheitsschädlichen Aufgaben
- ☐ Androhung körperlicher Gewalt
- ☐ Körperliche Misshandlung
- ☐ Man verursacht Kosten, um mir zu schaden
- ☐ Man richtet Schaden in meinem Heim oder meinem Arbeitsplatz an
- ☐ Sexuelle Handgreiflichkeiten

Mobbinghandlungen – Häufigkeit des Auftretens

(nach Meschkutat, 2002) – Angaben in Prozent

- Gerüchte, Unwahrheiten (61,8 %)
- Arbeitsleistungen falsch bewertet (57,2 %)
- Sticheleien, Hänseleien (55,9 %)
- Verweigerung wichtiger Informationen (51,9 %)
- Arbeit massiv, ungerecht kritisiert (48,1 %)
- Ausgrenzung/Isolierung (39,7 %)
- Mitarbeiter als unfähig dargestellt (38,1 %)
- Beleidigungen (36,0 %)
- Arbeitsbehinderung (26,5 %)
- Arbeitsentzug (18,1 %)

Mobbingursachen

Die Frage nach den Mobbingursachen formulieren Premper (2002) und Zuschlag (2001) so:

Weshalb mobbt dieser Mobbingtäter gerade dieses Mobbingopfer mit genau dieser Mobbingmethode zu diesem Zeitpunkt?

In drei Bereichen kann man nach Ursachen suchen:

- Ursachen im Mobbingtäter
- Ursachen im Mobbingopfer
- Ursachen in der Arbeitsorganisation und in der betrieblichen Situation

Mobbing-Verlauf

Mobbing verläuft in der Regel nach dem 5-Phasen-Modell:

- Konflikte, einzelne Vorfälle
- Zunehmender Selbstverteidigungszwang als unterschwellige Mobbingvoraussetzung
- Eskalation
- Ärztliche und psychologische Fehldiagnosen
- Endstation

Leymann (1993) und Zuschlag (2001) beschreiben den Verlauf folgendermaßen:

- Vorphase: Eventuell latente Konflikte
- 1. Phase: Konflikte entstehen/werden bewusst
- 2. Phase: Erste Mobbingattacken und gezielte Konflikteskalation
- 3. Phase: Nach ca. 6 Monaten. Weitere Konflikteskalation und Stigmatisierung des Opfers
- 4. Phase: Circa 12 Monate nach Beginn. Einschreiten des Arbeitsgebers, disziplinarische und arbeitsrechtliche Maßnahmen
- 5. Phase: Kündigung, Prozesse

Mobbingtäter

In einigen Fällen geht Mobbing direkt vom Vorgesetzten aus. Leider ist es mitunter Firmenpolitik, Zwietracht unter den Mitarbeitern zu säen und Personen, die eine eigene Meinung haben, zu unterdrücken. Gerade wenn Entlassungen anstehen, dulden manche Unternehmen Mobbing unter den Mitarbeitern oder fördern es sogar. Mobbing ist aus Sicht solcher Unternehmen billiger als ein Sozialplan.

Mögliche Ursachen für Übergriffe eines Vorgesetzten gegenüber einem Mitarbeiter
(nach Zuschlag 2001)

Angst der Vorgesetzten
- vor Autoritätsverlust und Machteinbuße im Unternehmen
- dass unzureichend angetriebene Mitarbeiter faulenzen
- vor Intrigen der Mitarbeiter
- dass Mitarbeiter sie aus ihrer Position verdrängen
- vor Imageverlust bei Mitarbeitern und eigenen Vorgesetzten
- Disziplinierung von Mitarbeitern
- Antipathie
- sich am Ärger und der Wut anderer erfreuen (Sadismus)
- Revanchereaktionen/Racheaktionen auf von Mitarbeitern verursachte Probleme oder verursachten Ärger

Mobbing von oben ist aber nur ein Teil des Problems. In der Untersuchung von Meschkutat (2002) wurde auch gefragt, von wem die Mobbinghandlungen ausgehen.

Dabei waren die Angreifer:

- zu 38 Prozent nur der Vorgesetzte
- zu 13 Prozent Vorgesetzte und Kollegen
- zu 22 Prozent nur ein Kollege
- zu 20 Prozent Gruppen von Kollegen
- zu 2 Prozent nur Mitarbeiter

Wenn Mobbing zwischen Kollegen entsteht, ist der Vorgesetzte gefragt. Er hat nicht nur die Weisungsbefugnis, sondern auch die Fürsorgepflicht für alle seine Mitarbeiter.

Ein guter Vorgesetzter wird schnell merken, wenn einzelne Kollegen gemobbt werden, und er wird rechtzeitig eingreifen.

Je früher er eingreift mit Unterstützung seiner Assistenz, umso besser sind seine Chancen, den Mobbingprozess im Ansatz zu stoppen.

Gegenmaßnahmen

Ideal ist es, Mobbing bereits im Vorfeld den Nährboden zu entziehen.

Als Ansatzpunkte kommen u. a. in Betracht nach Premper (2002) und Meschkutat (2002):

Aufklärung und Schulung: 68 Prozent der Betroffenen sprechen sich dafür aus, Führungskräfte und Beschäftigte zum Thema Mobbing zu schulen. Präventiv wirkt auch ein demokratischer Führungsstil.

Ein Betriebsklima, das gegenseitige Unterstützung schätzt, in dem Intrigen als unsozial und unerwünscht gelten, macht Mobbing schwierig. Regelmäßige gemeinsame Besprechungen in Arbeitsgruppen und eine ehrliche Kommunikation zwischen Chef und Assistenz können dem Aufstauen und Verschleppen von Konflikten entgegenstehen.

Burn-out

Was ist Burn-out?

In der Literatur wird der Begriff „Burn-out" nicht einheitlich verwendet. In der englischen Umgangssprache bedeutet er so viel wie: Man ist so erschöpft, dass man nichts mehr tun oder geben kann.

Freudenberger und North (2002), die sich als eine der ersten US-amerikanischen Psychoanalytiker mit dem Problem des Ausbrennens in Sozialberufen befassten, definieren Burn-out als einen „Zustand, der sich langsam über einen Zeitraum von andauernden Stress und Energieeinsatz entwickelt (…) und der schließlich Motivationen, Einstellungen und Verhalten beeinträchtigt".

Aus der dargestellten Definition lässt sich entnehmen, dass „Ausbrennen einen Zustand der Frustration und Erschöpfung bezeichnet, der bei Personen auftritt, die sich intensiv mit anderen Menschen zu befassen haben und sich dabei psychisch wie physisch so verausgaben, dass sie keine Kraft und Motivation mehr haben, ihre Arbeit in der bisher durchgeführten Intensität fortzusetzen" (Buchka & Hackenberg 1987).

Die in Anlehnung an die beiden Autoren erstellte Merkmalliste wurde von ihnen nach dem Hauptmerkmal Erschöpfung und den drei Unterkategorien nach Aronson et al. (1983) strukturiert.

Hauptmerkmal Erschöpfung

(Buchka & Hackenberg, 1987; Aronson et al., 1983)

- 1. Kategorie: Körperliche Erschöpfung
- 2. Kategorie: Emotionale Erschöpfung
- 3. Kategorie: Geistige Erschöpfung

Bündelung und Stärke der einzelnen Merkmale können individuell wie situativ bei den Betroffenen unterschiedlich ausfallen.

Die Weltgesundheitsorganisation (WHO) hat bei ihrem Treffen im Jahr 2019 in Genf Burn-out erstmals als Krankheit anerkannt. Diese definiert Burn-out als Syndrom aufgrund von „chronischem Stress am Arbeitsplatz, der nicht erfolgreich verarbeitet wird".

Diese Neuerung, Teil der Klassifikationsliste „ICD-11", soll im Januar 2022 in Kraft treten.

Wie entsteht Burn-out?

Ein Burn-out-Syndrom entwickelt sich in einer schlecht ausbalancierten Wechselwirkung von Anforderungen der Umwelt an die Person auf der einen Seite und Belastbarkeit der betroffenen Person auf der anderen Seite (Marx, 1996). Wobei es hier auch auf die Fähigkeit der Person ankommt, mit der eigenen Energie richtig umzugehen, für Regeneration zu sorgen. Burn-out verläuft schleichend. Erste Warnsymptome werden nicht wahrgenommen oder falsch gedeutet. Man muss einmal gebrannt haben, für etwas Feuer und Flamme gewesen sein, um ausbrennen zu können.

Typisch für gefährdete Personen sind:
- Große Begeisterungsfähigkeit für die Arbeit
- Erhöhte Erwartungen an sich selbst
- Negieren der eigenen Belastbarkeitsgrenzen
- Zurückstellen persönlicher Bedürfnisse und Interessen
- Willige Übernahme neuer Arbeitsaufträge

Burn-out in bürokratischen Organisationen

Es sind nicht nur Menschen in sozialen Berufen wie Polizisten, Ärzte und Lehrer, die besonders vom Burn-out bedroht sind. Inzwischen gibt es kaum einen Beruf, in dem nicht auf irgendeine Weise die Gefahr des „Ausbrennens" besteht. Matthias Burisch (1994) weist darauf hin, dass viele Betroffene das Gefühl haben, mit immer mehr Energieaufwand immer weniger zu erreichen. Parallel dazu führt die Distanzierung von anderen Menschen zu Vereinsamung und Zynismus. Oft werde außerdem ein Gefühl von Überdruss beschrieben.

Auffallend ist der Überdruss in bürokratischen Organisationen (Aronson et al., 1983), der vor allem durch drei Faktoren verursacht wird:
- Überbelastung
- Mangel an Autonomie
- Mangel an Belohnung und Anerkennung

Gegenmaßnahme – Wer kann was tun?

Die Führungskräfte leisten entscheidende Transmissionsarbeit, um durch persönliches Vorbild die Unternehmensphilosophie in die Tat umzusetzen und ihre Glaubwürdigkeit sicherzustellen. Sie haben die Pflicht, den Mitarbeitern die Sinnhaftigkeit und den Wert ihres Handelns und damit auch die Bedeutung ihrer Person im Unternehmensganzen zu vermitteln. Sie sollten Aufgaben delegieren, auch wenn Mitarbeiter die Arbeit nicht so gut machen, wie die Vorgesetzten es selbst zu tun glauben. Tüchtigen Mitarbeitern ist nicht noch mehr aufzubürden, nur weil sie nicht „nein" sagen können. Vor allen Dingen, viel zu fordern, dies als selbstverständlich zu betrachten und ohne Lob und Anerkennung entgegenzunehmen, führt mit hoher Wahrscheinlichkeit zum „Ausbrennen".

Fünf Schritte aus der Falle

Allen, die sich in der Beschreibung des Burn-out Syndroms wiedererkennen, offeriert Bärbel Kerber (2002) „Fünf Schritte aus der Erschöpfungsfalle":

- Problem erkennen
- Prioritäten setzen
- Kontrolle zurückgewinnen
- „Nein" sagen können
- Pause machen

Die Anforderungen der Umwelt an den Menschen sind in den letzten Jahrzehnten deutlich gestiegen. Komplexität der Problemstellungen und das Unvermögen des Einzelnen, bestimmte Entwicklungen zu beeinflussen, erfordern heute die Fähigkeit, das Unveränderbare und bestehende Diskrepanzen auszuhalten. Der ständige Kampf um Spitzenpositionen und dauerhafte persönliche Leistungssteigerung führen bei vielen zum Ausbrennen. Auch die Stärksten haben irgendwann einmal ihre Ressourcen verbraucht. So schleichend und langsam, wie der Verlauf des Burn-outs, so langwierig ist auch die Regenerationsphase. Deswegen ist es notwendig, frühzeitig Bilanz zu ziehen und alle zur Verfügung stehenden Möglichkeiten auszunutzen, eigene Kräfte zu erhalten, aufzubauen und realistischer einzusetzen.

Um nicht auszubrennen, ist es erforderlich, die eigenen Bedürfnisse und Grenzen zu berücksichtigen, nicht nur sich selbst an die Umwelt, sondern auch durch organisatorische Veränderungen die Umwelt an sich anzupassen. Die beste Prophylaxe ist bei aller Methodenvielfalt des Stressmanagements ein achtsamer Umgang mit sich selbst. Dann funktionieren auch die persönlichen Frühwarnsysteme.

Kernkompetenz: Ein achtsamer Umgang mit sich selbst

Hinweis für Personalverantwortliche:

Als vorbeugende Maßnahme sollten Sie sich sehr intensiv und wissenschaftlich mit den Themen Stress, Mobbing und Burn-out auseinandersetzen. Empfehlenswert ist hier das Buch Stress, Mobbing und Burn-Out am Arbeitsplatz, Professoren Litzcke und Schuh, 3. Auflage.

Emotionale Intelligenz

Die Emotionale Intelligenz ist die Fähigkeit, eigene Gefühle und die anderer Menschen zu verstehen und mit ihnen umzugehen, denn:

- Vernunft und Gefühl hängen eng zusammen: Die Vernunft liefert Argumente, Schlussfolgerungen und eine Analyse, während Gefühle Motivation, Aufmerksamkeit und Sensibilität beisteuern.
- Emotionale Intelligenz ist für unseren Erfolg mindestens ebenso wichtig wie der Intelligenzquotient IQ. Sie erlaubt uns, mit Misserfolgen umzugehen, Ausdauer zu haben, Kooperationen und Beziehungen aufzubauen und Konflikte zu lösen.

Achtung: Nur etwa 20 Prozent des Erfolges sind durch einen hohen IQ bedingt. Die übrigen 80 Prozent werden zu einem großen Teil durch Emotionale Intelligenz geprägt. Viele Akademiker mit hoch ausgeprägten analytischen Fähigkeiten arbeiten später in „einfachen" Berufen oder sind für Vorgesetzte mit einem geringeren IQ tätig. Das ist kein Zufall, denn die kognitive Intelligenz allein reicht für Erfolg im Beruf nicht aus; mindestens ebenso wichtig ist die Emotionale Intelligenz.

Die fünf Stufen zur Emotionalen Intelligenz

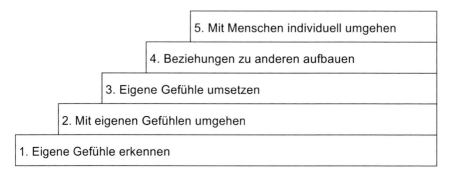

Während die kognitive Intelligenz unser logisches, sprachliches und abstraktes Denken meint, ist die Emotionale Intelligenz die Fähigkeit, eigene Gefühle zu erkennen und mit ihnen umzugehen. Ebenso gehört dazu eine gewisse Feinfühligkeit gegenüber anderen Menschen, die uns dabei hilft, in verschiedenen Situationen das intuitiv Richtige zu tun,

Psychologische und soziologische Kompetenz

um eine gute Zusammenarbeit zu ermöglichen, Konflikte zu lösen und Beziehungen aufzubauen.

Emotionen erkennen

Voraussetzung ist es, die eigenen Emotionen zu erkennen. Ehrlichkeit und ein wenig Übung sind zur Beantwortung folgender Fragen erforderlich:

- Welche Gefühle bewegen mich?
- Löst eine Begegnung in mir Langeweile, Ärger oder vielleicht Angst aus?
- Wie reagiere ich, wenn mich jemand kritisiert?
- Was bedeutet für mich ein Lob?

Gefühle angemessen zum Ausdruck bringen

Im nächsten Schritt ist es wichtig, mit den eigenen Gefühlen umgehen zu können und sie angemessen auszuleben:

- Ist es richtig, meinen Ärger im Team lautstark zum Ausdruck zu bringen?
- Wie kann ein Konflikt gelöst werden?

Ein Zeichen von Emotionaler Intelligenz kann sein, ein Gespräch erst einmal zu unterbrechen und es zu einem anderen Zeitpunkt fortzusetzen, wenn sich die Gemüter beruhigt haben.

Wer seine Gefühle kennt und mit ihnen umgehen kann, kann sich darauf einlassen, Gefühle in die Tat umzusetzen. Hinter manchem Ärger stecken ein positiver Wille und Einsatzkraft für den Erfolg. Ängstlichkeit kann für ein vernünftiges Maß an Vorsicht genutzt werden. Wichtig ist auch die Beharrlichkeit, die Bereitschaft, ein Ziel zu verfolgen. Erfolgreiche, emotional intelligente Menschen können Durststrecken bis zum „Durchbruch" überstehen.

> **Praxis-Tipp:**
>
> Immer wieder wird die Emotionale Intelligenz gebraucht, sei es bei der Prüfungsvorbereitung, der Investition in zwischenmenschliche Beziehungen oder beim Aufbau einer Karriere oder eines Unternehmens. Wer nicht warten kann und alles sofort haben will, wird wenig Erfolg haben. Und hat man sein Ziel erreicht, gehört auch die Fähigkeit, den Erfolg zu genießen, zur Emotionalen Intelligenz.

Beziehungen zu anderen Menschen aufzubauen und zu gestalten – ob privat oder im Beruf – verlangt Empathie (Einfühlungsvermögen). Damit ist die Fähigkeit gemeint, anhand von Stimme, Mimik, Gesten oder Verhalten anderer Menschen Gefühle zu erkennen:

- Weiß ich, was mein Gesprächspartner fühlt, wenn ich ihn auf seine Fehler anspreche?
- Kann ich mich in die Rolle meines Chefs hineinversetzen, der unter dem Druck der Kosten und Terminvorgaben gereizt auf Verzögerungen reagiert?
- Sind mir die Gefühle meiner Kollegen wichtig?

Der Umgang mit anderen

Schließlich zeichnet sich die Emotionale Intelligenz durch den individuellen Umgang mit verschiedenen Menschen aus. So verschieden die Menschen sind, zu denen wir Beziehungen haben, so vielfältig sollten wir auch reagieren. Das heißt nicht, mit jedem gut Freund zu sein, sondern auf die unterschiedlichen Persönlichkeiten eingehen zu können, Konflikte zu lösen und zu kooperieren, wo es möglich und sinnvoll ist. Sie können sich fragen:

- Berücksichtige ich mein Wissen und meine Einschätzung über andere, wenn ich mit ihnen zu tun habe?
- Nutze ich mein Einfühlungsvermögen aktiv, um Gespräche und die Zusammenarbeit zu verbessern?

Psychologische und soziologische Kompetenz

Die vier Dimensionen der Emotion

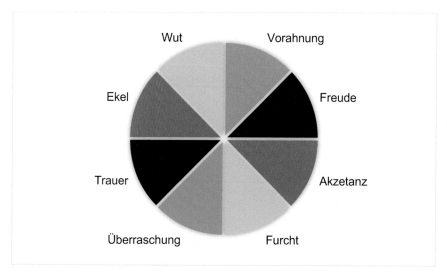

Erläuterung der Gegenüberstellung der kontrastären Emotionen

Emotionale Prozesse

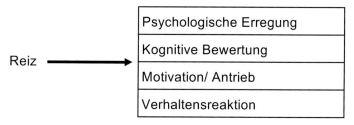

Wie hängen die Prozesse voneinander ab?

James-Lange Theorie

Reiz	→	Verhaltens-reaktion, Reiz	→	Erregung	→	Wahrnehmung der Erregung	→	Emotion
Großer Bär		um das Leben rennen		schneller Herzschlag, Hormon-ausstoß		„Mensch, habe ich Herzklopfen und schwere Beine		„Ich habe Angst!"

129

Emotionale Prozesse

Schlachter & Singer Studie:

Versuchspersonen (VP'n) bekommen ein erregendes Hormon gespritzt, man sagt Ihnen, es wäre nur Vitamin A (harmlos).

a) Unterrichtung über Nebenwirkungen
b) Keine Unterrichtung

Konföderierter des VL: Euphorie oder Ärgerinduktion im Warteraum. Anschließend wird die Erregung der VP'n eingestuft und dessen Qualität erfragt.

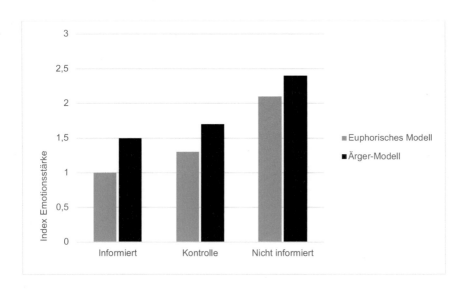

⇨ Angebotenes Label wird übernommen

Die Herzberg Theorie

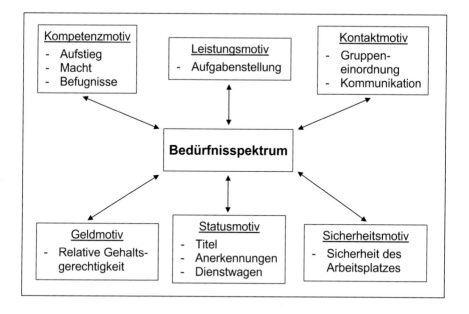

Motivationsuntersuchung von Herzberg

Frage:
Welche Faktoren motivieren die Mitarbeiter zur Arbeit?

Vorgehensweise:
Befragung der Mitarbeiter nach Ereignissen, die in
- sehr guter
- sehr unangenehmer

Erinnerung sind.

Ergebnis:
Zwei Arten von Faktoren,
- Motivatoren (bedingen bei Erfüllung Zufriedenheit)
- Hygienefaktoren (bedingen bei Nicht-Erfüllung, Frustration)

Hygienefaktoren
- Bezahlung,
- Sicherheit,
- Bedingungen

Motivatoren
- Kommunikation,
- Weiterbildung,
- Vertrauen & Verantwortung

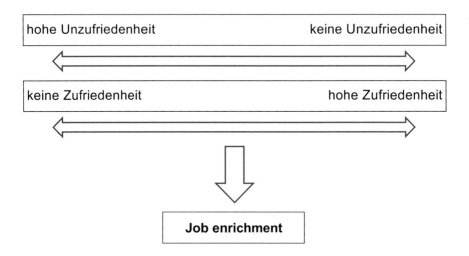

Job enrichment bedeutet:

Qualitative Verbesserung des Arbeitsinhaltes. Neben der Ergänzung in Kombination weiterer Tätigkeiten gleichen Niveaus soll durch das Hinzufügen von planenden und kontrollierenden Elementen das Gefühl für Verantwortung für die eigene Arbeit geweckt werden und das Maß an Freiheit und Unabhängigkeit bei der Ausführung der Aufgaben gesteigert werden.

Umsetzung der Herzberg-Theorie in die Praxis

Motivatoren

- Leistung, sichtbare Resultate, Erfolgserlebnisse
- Interessante Tätigkeit
- komplexe, anspruchsvolle, selbständig zu lösende Aufgaben
- Verantwortung, Delegation von Aufgaben und Kompetenzen
- Anerkennung der Leistung und des Verhaltens
- Fortschritt in Form fachlicher Weiterbildung und beruflicher Entwicklung
- Berufliche Perspektiven

Hygienefaktoren

- Klare Betriebspolitik
- Eindeutige Unternehmensrichtlinien
- Führung und Führungsverhalten
- Entgeltgestaltung, Sozialleistungen
- Betriebliche Arbeitsbedingungen
- Betriebsklima, Sicherheit des Arbeitsplatzes

Nach Erkenntnissen von Herzberg bewirkt insbesondere die Erfüllung von immateriellen Mitarbeiterbedürfnissen wie Eigenständigkeit, Anerkennung, Fortbildung und berufliche Perspektiven Motivationsschübe.

Assessment Center (AC)

Was ist ein Assessment Center

Assessment Center sind Gruppenprüfverfahren, in denen
- mehrere Kandidaten
- von mehreren geschulten, nach jeder Übung rotierenden Beobachtern
- ohne Vorabinformationen über die Kandidaten
- in verschiedenen, die Praxis repräsentierenden Beurteilungssituationen
- über einen längeren Zeitraum (1 - 3 Tage)
- im Hinblick auf zuvor definierte Kriterien
- nach festgelegten Regeln beurteilt werden.

Nachteile des Assessment Centers gegenüber herkömmlichen Auswahlverfahren

Für die Kandidaten könnte die
- Laborsituation,
- der Leistung- oder Erwartungsdruck sowie
- die verschärfte Konkurrenz unter den Teilnehmen

Stress verursachen, falls von den Organisatoren keine entsprechenden Vorkehrungen getroffen werden.

Für die Organisation ergibt sich ein hoher Zeit- und Personalaufwand.

Ablauf eines Assessment-Center

I. Vorbereitung

1. Ziele/Zielgruppe festlegen
2. Beobachter auswählen
3. Anforderungsprofil definieren
4. Übungen im Hinblick auf Anforderungen zusammenstellen
5. Teilnehmer informieren/ Organisatorische Vorbereitung

II. Durchführung

6. Beobachter trainieren
7. Teilnehmer empfangen/ Ziel und Ablauf erklären
8. Teilnehmer bearbeiten Unterlagen/Übungen
9. Leistungsbeobachtung durch Beobachter
10. Beobachtungen auswerten

III. Abschluss und Rückmeldung

11. Auswertung abstimmen
12. Gutachten/Empfehlungen (Fördermaßnahmen) anfertigen
13. Endabstimmung, Endauswahl
14. Teilnehmer über Ergebnisse informieren
15. Förder-/ und Entwicklungsmaßnahmen vereinbaren

Fachliche Kompetenzen

Mündliche Kommunikation

Mündliche Kommunikation 138

Vier Arten des Zuhörens 143

Zehn Kommunikationsbarrieren 145

Zehn Kommunikationsblocker 150

Modell des Anerkennungsgesprächs 155

Modell des Kritikgesprächs 156

Die 4 Sympathiefaktoren – Der Türöffner zu Ihrem Erfolg 158

Mündliche Kommunikation

„Die Sprache ist die Quelle der Missverständnisse"

Antoine de Saint-Exupéry

Einen ganz wesentlichen Teil unserer Zeit verbringen wir mit beruflicher und privater Kommunikation. Obwohl sie bei den meisten von uns eine zentrale Stellung einnimmt, wird ein optimales Kommunikationsverhalten nur von den wenigsten Menschen systematisch praktiziert. Der Verbesserung des Kommunikationsverhaltens muss demzufolge künftig in der Persönlichkeitsentwicklung ein wesentlich höherer Stellenwert eingeräumt werden. Wer aber glaubt, mit ein paar simplen psychologischen Techniken, die man so ganz nebenbei antrainieren kann, plötzlich ein Kommunikationsweltmeister zu werden, der irrt sich gewaltig. Eine Verbesserung des Kommunikationsverhaltens ist nur zu erreichen durch:

- kritische Selbstreflexion
- Selbsterkenntnis
- Einstellungs- und Verhaltensänderungen

Und hier ist ein lebenslanges, diszipliniertes Arbeiten an der eigenen Persönlichkeit notwendig. Für diejenigen, die dazu bereit sind, bietet die Verhaltenspsychologie eine Reihe von wertvollen Werkzeugen, welche die Kommunikationsfähigkeit erheblich verbessern helfen.

Kommunikation ist die Verständigung zwischen zwei oder mehreren Personen (einem Sender und Empfänger), wobei die Sprache – sowohl die verbale als auch die nonverbale – das Instrument der Informationsübertragung ist.

Unter verbaler Kommunikation versteht man einen Dialog, der über Worte erfolgt. Nonverbale Kommunikation findet über Körpersprache wie Gestik, Mimik und Verhalten statt.

Die nonverbale Verständigung verrät grundsätzlich mehr über die wirkliche Gesinnung eines Menschen als die verbale Sprache, denn Gefühle werden in erster Linie nonverbal vermittelt und selten direkt angesprochen.

Mündliche Kommunikation

Vier Voraussetzungen, die eine Verbesserung des eigenen Kommunikationsverhaltens ermöglichen:

1. Überprüfung und Hinterfragen des eigenen Kommunikationsverhaltens auf der kognitiven Ebene.
2. Die Erkenntnis, dass das persönliche Kommunikationsverhalten verbesserungsbedürftig ist.
3. Die Bereitschaft, anhand eines fundierten Wissens über menschliches Verhalten die eigene zwischenmenschliche Kommunikation laufend zu verbessern.
4. Rückschläge im eigenen Kommunikationsverhalten als Herausforderung anzusehen und nicht als Signal für Resignation.

Eine erfolgreiche Kommunikation ist sowohl vom Sender als auch vom Empfänger abhängig.

Positives Kommunikationsverhalten	
Sender	Empfänger
Aussagen klar, einfach und verständlich formulieren	aufmerksam und ungeteilt zuhören
Dinge auch aus der Sicht des Gesprächspartners betrachten	Gesprächspartner nicht unterbrechen
Interesse für die Probleme des anderen signalisieren	Aufmerksamkeit und Interesse signalisieren
Aufgeschlossenheit gegenüber dem Partner	positive Einstellung gegenüber dem Partner erkennen lassen
Ich Botschaften vermitteln	bei Unklarheit rückfragen
Reaktionen des anderen wahrnehmen	keine vorschnellen Interpretationen
offene und stimmige Körpersprache	objektives Feedback geben
Gefühle nicht unterdrücken	Auf gleicher Gesprächsebene antworten
	Gefühle ausdrücken

Eindeutige und stimmige Botschaften dienen dem Gelingen eines Gespräches – vage und doppelbödige Aussagen wecken Misstrauen und Widerspruch beim Gesprächspartner. Das bedeutet aber auch, dass Informationen aufgrund einer bestimmten Einstellung zum Sender vom zuhörenden Partner empfangen werden, obwohl dieser sie gar nicht gesendet hat, und umgekehrt. Auch eigene Vorurteile gegenüber dem Empfänger von Botschaften veranlassen den Sender, Informationen mit zusenden, ohne dass ihm dies bewusst ist.

Das Modell der zwischenmenschlichen Verständigung

Die zwischenmenschliche Kommunikation ist eine mehrdimensionale Angelegenheit und muss deshalb auch von verschiedenen Seiten betrachtet werden. Nach Schulz von Thun enthält die Mitteilung eines Senders an einen Empfänger vier Aspekte:

Sachaspekt: Damit soll ein Sachverhalt klar und verständlich mitgeteilt werden.

Beziehungsaspekt: Auf diese Weise bringt man zum Ausdruck, was man vom anderen hält und wie man zu ihm steht.

Selbstoffenbarungsaspekt: Dabei offenbart der Sender einer Aussage etwas von seiner Persönlichkeit,

Appellaspekt: Hier will jemand durch seine Aussage gezielt etwas beim Empfänger einer Nachricht erreichen.

Die vier Seiten einer Nachricht enthalten eine Vielzahl an Botschaften, die jedoch nicht immer eindeutig und klar sind. Das gesendete und empfangene Botschaftsgefüge kann sehr unterschiedlich sein. Oft entsteht beim Empfänger der Eindruck:

„Ich verstehe zwar jedes Wort, aber ich weiß nicht, was der andere mir wirklich damit sagen will."

Mündliche Kommunikation

Der Sender sagt z. B. zum Empfänger: *„Ich habe gestern fünfmal bei Dir angerufen."* Der Sachverhalt der Nachricht ist klar ausgedrückt und verständlich.

Doch was will der Sender damit wirklich mitteilen?
- Seine Enttäuschung, weil er niemanden angetroffen hat?
- Seinen Eifer kundtun?
- Einen Hinweis auf die Wichtigkeit seiner Person geben?
- Einen Vorwurf aussprechen, weil er niemanden erreicht hat?
- Seine Empfehlung, doch selbst einmal anzurufen?

Der Empfänger muss nun seinerseits versuchen, die Nachricht zu entschlüsseln. Dazu sollte er vier Ohren haben, um jedem Aspekt einer Information ein eigenes Ohr zuzugestehen. Je nachdem, „auf welchem Ohr ein Empfänger hört", nimmt das Gespräch seinen Verlauf. Ein weiteres Beispiel zeigt die Vielschichtigkeit der Reaktionsmöglichkeiten auf.

Ein Mitarbeiter sagt zu seinem Kollegen: *„Sie haben aber einen ordentlich aufgeräumten Schreibtisch!"* Was hat der Sender dieser Nachricht bewusst oder auch unbewusst in diese Aussage hineingelegt und was kann der Empfänger daraus ableiten?

Vier-Ohren-Theorie

1. Sachverhalt – Tatsachengehalt der Nachricht – das wörtlich Gesagte:
   Es ist etwas geschehen, eine Person hat eine Handlung ausgeführt (Feststellung) oder soll sie ausführen (Aufforderung).

2. Beziehung – Was der Sender über seine Stellung zum Empfänger vermittelt:
   Der Sender drückt seine Beziehung zum Empfänger aus, indem er ihn in gewisser Weise wertschätzend behandelt (Partnerschaft, Dominanz, Unterordnung).

3. Appell – Aufforderung zu bestimmten Handlungen:
   Der Sender fordert den Empfänger auf, bestimmte Handlungen auszuführen (z. B. einen Missstand abzustellen) oder sich ebenfalls auszudrücken und zu äußern.

4. Selbstoffenbarung – Der Sender gibt Informationen über seine Motive und Gefühle:
   Der Sender offenbart Interesse oder Desinteresse an der anderen Person, gibt seine Bedürfnissituation preis und überlässt dem Empfänger ein Stück Selbstenthüllung (z. B. Beziehungswunsch, Einsamkeit, Ablehnung von intimem Kontakt etc.)

Beispiel (aus Chef-Sicht):

Chef zur Sekretärin: „Es ist kein Kaffee mehr da."

1. Sachinhalt: Fakt ist, es ist kein Kaffee mehr da.
2. Beziehung: Chef hat die Dominanz gegenüber Sekretärin
3. Appell: Kochen Sie bitte Kaffee
4. Selbstoffenbarung: Ich habe Kaffeedurst, bitte kümmern Sie sich um mich

Vier Arten des Zuhörens:

1. **Ich verstehe – Zuhören:**
   Herunterspielen der Wichtigkeit des Gehörten. Den Auftakt zum eigenen Sprechen suchen: Zuhören, um zum Zuge zu kommen.
   - Ja ok, aber ...
   - Könnte sein, aber ...
   - Schon, hm ...

2. **Aufnehmendes Zuhören:**
   Zuhören ohne wertende Ablehnung. Herunterspielen der Wichtigkeit des Gehörten, aber auch ohne Bekräftigung. Mitteilung der eigenen neutralen Aufmerksamkeit:
   - Blickkontakt
   - Schweigen
   - Leichtes Kopfnicken
   - Mimik: Augenbrauen
   - Aufmerksamkeitsverbalisierungen
     (echt, klingt gut, hm ja, cool ...)

3. **Umschreibendes Zuhören – Paraphrasieren:**
   Missverständnisse durch spiegeln vermeiden. Bekunden von echtem Verstehensinteresse. Fördern des Gegenübers zum Weiterreden und kreativ sein.

   Einstiegsformulierungen:
   - Ihnen ist es wichtig, dass ...
   - Du meinst, wenn ..., dann ...?
   - Also geht es Ihnen um ...
   - Wenn ich Dich richtig verstehe, dann ...

   Die folgenden Aussagen des Zuhörers:
   - Dürfen nur unwesentlich über das Gesagte hinausgehen
   - Müssen kurz sein

Paraphrasieren setzt voraus:
- Hohe konstante Aufmerksamkeit für den Sprecher
- Hohe eigene Antriebs- und Absichtskontrolle
- „Echtes" Interesse und Zugewandtheit für den Sprecher
- Ein positives, angenehmes Gesprächsgrundklima
- Gesprächserfahrung

4. **Aktives Zuhören:**

Aktives Zuhören geht besonders auf das ein, was über das Beziehungs-Ohr und das Selbstoffenbarungs-Ohr gehört wird. Es hat aber eine positive emotionale Färbung in Richtung auf die Erkundung der eigentlichen Beweggründe, Hoffnungen und Gefühle des Sprechers. Der Hörer fragt sich still:
- Was empfindet mein Gesprächspartner?
- Was beschäftigt ihn eigentlich?
- Wie ist ihm zumute?
- Welche Absichten hat er?

Der Hörer geht auf die mitschwingenden Emotionen ein, wie:
- Sie sind verärgert, traurig, heiter ...
- Sie haben das Gefühl, dass ...
- Eigentlich fühlen Sie sich anders als ...
- Sie glauben schon lange, dass ...

Aktives Zuhören setzt voraus:
- Eine Bereitschaft zur Selbstöffnung auf beiden Seiten
- „Richtiges" Hören auf dem Beziehungs- und Selbstoffenbarungs-Ohr
- „Echtes" Interesse und Zugewandtheit für den Sprecher
- Ein positives, angenehmes Gesprächsgrundklima, keine strategischen Absichten
- Gesprächserfahrung

Zehn Kommunikationsbarrieren

1. Der erste Eindruck

Der erste Eindruck, den man von einem Menschen hat, entsteht im Wesentlichen durch das äußere Erscheinungsbild und das Verhalten des anderen. Hier wirken viele Faktoren, wie Vorurteile, Angst vor Fremden, gefühlsgesteuerte Sympathie und Antipathie, die einer näheren Betrachtung nicht standhalten. Dabei können mehr Informationen und besseres Kennenlernen korrigierend eingreifen.

2. Gegenseitige Beeinflussung

Das so genannte „Andorra-Phänomen" besagt, dass man sich so verhält, wie man von anderen gesehen wird. Das bedeutet, dass die Erwartungen anderer das eigene Verhalten beeinflussen. Eigene Reaktionen antworten dieser Erwartungshaltung anderer und werden durch ständiges Wiederholen noch verstärkt.

Beispiele:

Eine Führungskraft traut einem Mitarbeiter nicht viel zu, deshalb hält er ihn auch nicht für fähig, seinen Ansprüchen zu genügen. Der Mitarbeiter seinerseits reagiert verunsichert, fühlt sich nicht herausgefordert und bringt demzufolge auch nur mäßige Leistungen. Auf diese Weise bestätigt der Mitarbeiter automatisch die geringe Erwartung seines Vorgesetzten.

Abteilungsleiter Krause traut Mitarbeiter Schmidt nicht viel zu. Deshalb hält er ihn auch nicht für fähig, eine Kostenanalyse durchzuführen, die seinen Ansprüchen genügt. Schmidt ist verunsichert, fühlt sich nicht herausgefordert und gibt eine fehlerhafte Kostenanalyse ab. Damit bestätigt er automatisch die geringe Erwartung seines Vorgesetzten.

3. Selektive Wahrnehmung

Wir nehmen bei anderen Menschen nur jene Verhaltensweisen wahr, die wir wahrnehmen wollen. Das heißt, „wir glauben nicht, was wir wahrnehmen, sondern wie nehmen wahr, was wir glauben." Auf diese Weise sehen wir unseren Gesprächspartner nicht, wie er wirklich ist, sondern ein Bild, das unseren subjektiven Vorstellungen, Projektionen und Motiven entspricht.

Beispiel:

Ein Student absolviert seine vorgegebenen Prüfungen unverhältnismäßig schnell und mit guten Noten, was vom Vater aber nicht wahrgenommen wird. Der sieht bei seinem Sohn nur die seiner Meinung nach falsche Lebensweise, anstatt auch anzuerkennen, dass er fleißiger ist und zügiger als andere mit dem Studium vorankommt.

4. Übertragung

Es findet eine Konditionierung und damit Verfestigung früherer Erfahrungen bzw. Verhaltensweisen und deren Übertragung auf gleiche oder ganz ähnliche Situationen in der Gegenwart statt.

Beispiele:

Ein Angestellter, der früher öfter bei einer Unterredung mit seinem Chef auf Schwierigkeiten gestoßen war, kann sich jetzt nicht entschließen, wegen einer Weiterbildung bei seinem jetzigen Chef vorzusprechen, weil er auch in dieser Situation mit Problemen rechnet, wodurch sich sein Verhalten immer mehr festigt und stabilisiert.

Mein ehemaliger Chef hat es mit einer mir unverständlichen Begründung abgelehnt, dass ich ihn bei einer Betriebsbesichtigung begleite. In der Folgezeit habe ich ihn nicht noch einmal um so etwas gebeten, weil ich wieder mit Problemen rechnete.

Mündliche Kommunikation

5. **Gegenwärtige Rolle**

   Das Bild vom anderen wird auch durch seine augenblickliche Rolle stark eingeengt. Wir nehmen nicht das ganze Spektrum seiner Persönlichkeit wahr, sondern sehen ihn nur als:
   - Seminarteilnehmer
   - Kunden
   - Reisebegleiter
   - usw.

6. **Sympathie/Antipathie**

   Das persönliche Empfinden für unser Gegenüber kann von Sympathie oder Antipathie gesteuert sein, wodurch das wirkliche Bild des anderen überlagert wird.

   > **Beispiel:**
   > Sie haben über Ihr Gegenüber Vorabinformationen von Dritten oder finden den Gesprächspartner aufgrund seiner Persönlichkeits-merkmale unsympathisch (lange Haare, auffallende Kleidung, etc.) bzw. wegen Merkmalen, die Ihnen persönlich besonders liegen, sympathisch (z. B. ist Ihr Gesprächspartner ebenfalls Fußballfan).

7. **Kategorisierung**

   Bestimmte Merkmale einer Person genügen häufig schon, um sie in eine von unserem Urteil abhängige Schublade zu stecken. So sind wir nur zu gerne bereit, Personen, die vorbestraft sind, abzustempeln als:
   - asozial
   - kriminell
   - potentiellen Täter

8. Einfrieren

Wenn man sich erst einmal sein eigenes Bild von einem Menschen gemacht hat, ist man vielfach zu bequem, dieses ständig neu zu hinterfragen und eventuell den neuen Erkenntnissen anzupassen, nach dem Motto: „Wer einmal lügt, dem glaubt man nicht." Auf diese Weise erhält Ihr Gesprächspartner nie die Möglichkeit, nach seinem aktuellen Stand beurteilt zu werden, sondern behält den ihm einmal aufgedrückten Stempel.

9. Projektion

Dabei handelt es sich um ein Übertragen von eigenen Fehlern auf andere. Hier wird ein Fehlverhalten eines anderen mit wesentlich strengeren Maßstäben gemessen, als wenn wir selber diesen Fehler begangen hätten. Was man bei sich selber großzügig entschuldigt oder übersieht, wird anderen angekreidet und nicht verziehen.

Beispiele:

Wenn man selber keine Energie aufbringt, ein Ziel zu erreichen (z. B. 5 kg abzunehmen), dann sind alle möglichen Einflussfaktoren aus dem Umfeld schuld. Wenn ein anderer eine Abmagerungskur nicht durchhält, dann fehlt es ihm einfach an der nötigen Selbstdisziplin. Außerdem sind wir leicht bereit, ein Fehlverhalten, das wir an uns persönlich ablehnen, im anderen zu suchen oder es einfach zu unterstellen.

Eine Kollegin möchte mit dem Rauchen aufhören. Ein Kollege bezweifelt, dass sie das durchhält, weil es ihr an der nötigen Selbstdisziplin mangelt. Genau dieser Kollege hat schon öfter vergeblich versucht, dieses Laster loszuwerden. Er macht allerdings immer irgendwelche widrigen Umstände dafür verantwortlich, dass er sein Ziel nicht erreicht.

10. Vermutungen/ Annahmen

Anstatt nur auf konkrete Informationen aus erster Hand zu vertrauen, sind viele Menschen bereit, über andere aus dritter Hand Auskunft anzunehmen und sich daraufhin eine Meinung zu bilden. Auch tritt oft an die Stelle einer korrekten und umfassenden Information über andere eine Annahme, die nur auf Vermutungen beruht. Wir können unsere Vermutungen über die (objektive) Wirklichkeit nicht von unserer (subjektiven) Wahrnehmung unterscheiden.

Beispiele	
Wahrnehmung: Vermutung: Wirklichkeit:	Eine Kollegin entspannt sich am Schreibtisch. Sie ist zu faul zum Arbeiten. Sie fühlt sich nicht wohl und versucht dies mit Entspannungsübungen zu überbrücken.
Wahrnehmung Vermutung Wirklichkeit	Ein Kollege kommt oft sehr müde ins Büro. Er muss früher schlafen gehen. Er ist gerade Vater geworden und sein Schlaf wird durch das Neugeborene oft gestört.

Fazit

Eine Verständigung, die von all diesen Kommunikationsbarrieren nicht beeinflusst wird, ist sehr selten. Das bedeutet, dass wir bei allen Kommunikationsprozessen mit diesen Beeinflussungen rechnen müssen. Je stärker uns dieses Phänomen bewusst ist, desto ungestörter und freier kann ein Gespräch ablaufen. Demzufolge ist es wichtig, diese Prozesse zu erkennen, in unser Kommunikationsverhalten mit einzubeziehen und unsere Gespräche unter diesen Aspekten zu führen.

Zehn Kommunikationsblocker

Weitere Störfaktoren in der Kommunikation bilden die Kommunikationsblocker. Dabei handelt es sich um Reaktionen eines Empfängers, die ein Gespräch wesentlich stören oder von vornherein unmöglich machen.

1. **Interpretieren**

   Wir interpretieren Aussagen eines Gesprächspartners, analysieren sie und suchen nach Gründen, anstatt sie wertfrei entgegen- zunehmen.

   > **Beispiele:**
   > „Das liegt vermutlich daran, dass Sie sich so schlecht konzentrieren können!"
   >
   > Ein Kollege kann eine Druckerpatrone nicht wechseln. „Das liegt vermutlich daran, dass er Linkshänder ist."

   Diese Erklärung eines anderen verhindert, dass der Betroffene sein Verhalten selbst hinterfragt und nach der Ursache forscht und veranlasst ihn zu glauben, dass andere besser über ihn Bescheid wissen als er selbst.

2. **Diagnostizieren**

   Der Gesprächspartner wird anhand verschiedener Merkmale in eine bestimmte Schublade gesteckt.

   > **Beispiele:**
   > „Sie sind meiner Ansicht nach von der linken Gehirnhälfte gesteuert!"
   >
   > „Na, rechnen scheint ja auch nicht gerade Ihre große Stärke zu sein."

Mündliche Kommunikation

Diese Arten von Aussagen dienen vordergründig eher einer Selbstdarstellung, als dass sie wirkliches Interesse am anderen signalisieren.

3. **Bagatellisieren**

   Wir spielen eine Aussage bzw. ein Problem unseres Gesprächspartners und die darin enthaltenen Gefühle herunter.

   > **Beispiel:**
   > „Ich würde so gerne meine Prüfungsangst in den Griff bekommen."
   > Antwort: „Ich finde, dass man Ihnen das nicht anmerkt. Sie sollten da nicht weiter drüber nachdenken."

   Diese Antwort signalisiert dem Gesprächspartner, dass der andere mit seinen Gefühlen und dem Problem überhaupt nicht umgehen kann und sich deshalb lieber mit nichts sagenden Worten aus der Affäre zieht.

4. **Moralisieren**

   Darunter versteht man eine bewusste Abwertung des Verhaltens des anderen.

   > **Beispiele:**
   > „Sie sollten mehr Selbstdisziplin an den Tag legen.", oder: „Sie könnten ruhig etwas leistungsorientierter sein."
   >
   > Eine Kollegin sagt zu dem Azubi, der gerade den Besprechungstisch eindeckt: „Du könntest Dir ruhig mal mehr Mühe geben …"

   Solche Aussagen wirken überheblich und geben dem Gesprächsteilnehmer das Gefühl, der andere habe das Recht, über ihn und sein Verhalten zu richten.

5. **Ratschläge geben**

   Wir erteilen jemandem vorschnell anhand der eigenen Wertvorstellungen und Normen einen Rat, ohne die wirklichen Fakten und Rahmenbedingungen zu kennen.

   > **Beispiele:**
   > „Sie sollten lieber ein anderes Studienfach wählen, weil dort Ihre Chancen wesentlich größer sind."
   >
   > „Sie sollten lieber ein kleineres Auto kaufen, bei den heutigen Spritpreisen." Der Kollege ist aber gerade Vater geworden und die Familie benötigt jetzt einen größeren Wagen.

   Auf diese Weise entsteht beim Gesprächspartner der Eindruck, dass er selbst nicht fähig ist, seine Lage eigenständig zu bestimmen und zu beurteilen.

6. **Lebensweisheiten anbringen**

   Der Gesprächspartner wird mit allgemein gültigen Weisheiten abgespeist.

   > **Beispiel:**
   > „Am besten ist es, wenn man sich auf niemanden verlässt."

   Diese Aussage hilft ihm keinen einzigen Schritt bei seiner Problemlösung weiter, sondern frustriert ihn nur.

7. Selbstbezogenheit

Eine bestimmte Äußerung des Gesprächspartners wird dazu genutzt, sofort einzuhaken, um eigene Erfahrungen, Erlebnisse etc. zum Besten zu geben.

> **Beispiel:**
> „Ich habe einfach Probleme, etwas von dem neuen Lernstoff zu behalten."
> Antwort: „Als ich meinen Weiterbildungslehrgang absolvierte, konnte ich mir auch nichts merken/habe ich mir immer alles gut merken können."

Die Antwort hilft nicht weiter, löst das Problem nicht und ermöglicht nur dem anderen, sich in Szene zu setzen.

8. Ausfragen

Damit sind Fragen gemeint, die dem Betroffenen nicht helfen, sondern nur die Neugierde des Fragenden befriedigen.

> **Beispiel:**
> „Wie glauben Sie, dass ich mein Gewichtsproblem besser bewältige?"
> Antwort: „Wie groß sind Ihre Portionen den ganzen Tag über?"

Die Frage stellt keine Problemlösung dar, sondern dient nur dazu, die Neugierde des Fragenden zu stillen. Außerdem wird die offen auf der Beziehungsebene gestellte Frage mit der gegebenen Antwort auf die Sachebene transportiert, die keine menschlichen Gefühle zulässt. Der Gesprächspartner vermisst ehrliche Anteilnahme und echte Hilfsbereitschaft.

9. **Gedankliche Abwesenheit**

Man hört dem Gesprächspartner nur scheinbar zu, während man in Wirklichkeit bereits gedanklich den nächsten Tag plant oder mit einer anderen Problemstellung beschäftigt ist.

10. **Doppelbödigkeit**

Es werden Aussagen gemacht, die der andere hören will oder die die eigene Person in einem positiven Licht scheinen lassen, während man in Wirklichkeit etwas ganz anderes denkt oder anderer Meinung ist.

Fazit

Erfolgreiche Persönlichkeiten suchen den Kontakt mit anderen, gehen offen auf sie zu und motivieren sich selbst und andere. Sie wissen, dass sich eine wirksame Kommunikation nicht erreichen lässt, wenn sich alles nur um die eigene Achse dreht. Um Erfolg im kommunikativen Bereich zu haben, muss man den Standpunkt des Gesprächspartners einnehmen können, um die Dinge auch einmal mit dessen Augen zu betrachten, das heißt ein permanenter Perspektivenwechsel ist wichtig.

Modell des Anerkennungsgespräches

1. Herstellen des Kontaktes
2. Zur Offenheit und Entspanntheit einladen
3. Den Anlass des Lobes benennen
4. Positive eigene Betroffenheit signalisieren
5. Dem Mitarbeiter Raum für Selbstdarstellung geben
6. Einige Punkte konkret hervorheben
7. Betonen, dass es sich lohnt, sich einzusetzen
8. Freundlicher Schlusskontakt mit positivem Ausblick

Das Anerkennungsgespräch ist angezeigt, wenn:

- der Mitarbeiter wiederholt gute Leistungen erbringt oder eine bestimmte Sache besonders gut gemacht hat
- erkennbar ist, dass der Mitarbeiter sich für das Unternehmen engagiert
- der Mitarbeiter eine insgesamt offene, entwicklungsfähige und motivierte Arbeitshaltung zeigt

Modell des Kritikgespräches

1. Herstellen des Kontaktes
2. Klärung des Sachverhaltes
3. Begründung des Mitarbeiters hören
4. Beurteilung und Konsequenz
5. Schlusskontakt

Das Kritikgespräch ist angezeigt, wenn:
- es eine eindeutige Zielvereinbarung gab
- Hinweise und Mahnungen kein Ergebnis zeigten
- Verstöße gegen bekannte und allgemein akzeptierte Normen vorliegen
- der Mitarbeiter eine insgesamt eher ablehnende und wenig motivierte Arbeitshaltung zeigt

Vorgehen bei einem Kritikgespräch:
- Das Gespräch kurz halten, Thema ohne Umschweife angehen
- Kritikpunkte knapp und klar machen
- Hauptpunkte bei Widerständen wiederholen
- Beim Mitarbeiter Verständnis rückversichern
- Die Hauptpunkte vom Mitarbeiter wiederholen lassen
- Beim Mitarbeiter sicherstellen, dass das Zielverhalten bekannt ist
- Auf die negativen Konsequenzen hinweisen, die bei weiterer Nichtbeachtung eintreten werden

Gemeinsamkeiten mit Anerkennungsgespräch:

1. Herstellen des Kontaktes
2. Es gibt einen Anlass
3. Der Mitarbeiter wird gehört
4. Schlusskontakt

Mündliche Kommunikation

Unterschiede und Verhaltensregeln:

Anerkennungsgespräch	Kritikgespräch
Entspannte Atmosphäre, freundlicher Kontakt, zugewandte, aufnehmende Körperhaltung und Blickkontakt, keine räumliche Trennung z. B. runder Tisch, Sitzecke, längeres Gespräch mit ausgewogenen Gesprächsanteilen	Sachliche Atmosphäre, sachlicher Kontakt, kurzes Gespräch, räumliche Trennung z. B. durch Schreibtisch
Lob ist einziger Gesprächsanlass	Mehrfachkritik möglich
Positiver Anlass, z. B. wiederholt gute Leistung des Mitarbeiters/ Mitarbeiter hat eine bestimmte Sache besonders gut gemacht/ erkennbares Engagement des Mitarbeiters/ offene, entwicklungsfähige und motivierte Arbeitshaltung	**Negativer Anlass,** z. B. keine Zielvereinbarung/ Hinweise und Mahnungen ergebnislos/ Fehlverhalten oder Verstöße des Mitarbeiters gegen bekannte und allgemein akzeptierte Normen/ ablehnende, wenig motivierte Arbeitshaltung
Konkret auf Verhaltensebene loben, einige Punkte besonders hervorheben, mitteilen, wo besondere Schwierigkeiten waren und wie gut diese gelöst wurden, auf ehrliche, positive Formulierung achten, betonen, dass es sich lohnt, sich einzusetzen	Kritikpunkte knapp und klar machen. Hauptpunkte bei Widerständen wiederholen, beim Mitarbeiter Verständnis rückversichern, den Mitarbeiter Hauptpunkte wiederholen lassen.
Mitarbeiter Raum für Selbstdarstellung geben, Mitarbeiter muss sich selbst positiv einschätzen	Mitarbeiter verteidigt sich
Positiver Ausblick auf Zusammenarbeit, freundlicher Schlusskontakt	Sicherstellen, dass das Zielverhalten bekannt ist, negative Konsequenzen bei Nichtbeachtung, Schlusskontakt

Die 4 Sympathiefaktoren – Der Türöffner zu Ihrem Erfolg!

Ein süßes, aber nicht katzenfreundliches Lächeln...
...macht immer den Anfang! Freundlichkeit ist das Fundament

Das Leben ist ein Beliebtheitswettbewerb und Freundlichkeit ist das erste Element, auf das wir achten. Sie ist der Türöffner zur Sympathie. Instinktiv versuchen wir, freundliches Verhalten zu erwidern. Dabei ist der Erstkontakt entscheidend: Wer sich den Namen des neuen Kollegen merkt, wer die Verkäuferin bei der Bestellung anlächelt, hat zunächst Pluspunkte erzielt. Umgekehrt führen Unfreundlichkeit, Wut und Aggressionen sofort zu negativen Emotionen und körperlichem Stress:

Der Spiegel des Stresshormons Cortisol steigt an, das Herz schlägt schneller, man schwitzt. Freundlichkeit hingegen aktiviert Glückshormone, verringert den Puls, macht ausgeglichen.

Emotionale Treffer landen!
Wünsche erfüllen, gemeinsam Dinge teilen, erhöht Ihre Relevanz

Wer für jemand anderen wertvoll sein will, muss ihm etwas bieten, was dessen Bedürfnisse, Wünsche und Interessen erfüllt. Je exakter man da ins Schwarze trifft, umso mehr steigert man den eigenen Sympathie-Faktor.

Nach Tim Sanders hat Relevanz (Bedeutsamkeit) drei Stufen:

- Auf der untersten stehen Bekanntschaften, Menschen, mit denen man sich in der Urlaubszeit anfreundet oder einen Englischkurs besucht.

- Auf der zweiten Stufe bewegen sich Freunde, mit denen man Freizeit und Hobbys, religiöse oder politische Ansichten teilt.

- Auf der höchsten Stufe rangieren Menschen, die einen besonderen persönlichen Wert für uns haben:
Der Chef etwa, der uns beruflich weiterhilft; der Partner, der unser Ego aufrichtet und streichelt.

Mit dem Herzen dabei!

Gefühle und Ideen anderer zu verstehen erfordert Einfühlungsvermögen

Einfühlungsvermögen (Empathie) wird definiert als die Bereitschaft und Fähigkeit, die Erlebnisweise anderer Menschen zu verstehen, nachzuvollziehen, sich in sie hineinzuversetzen.

Einfühlungsvermögen ist nicht gleich Mitgefühl. Es geht nicht bloß darum, Stimmungen nachzuvollziehen, sondern um die Fähigkeit, den Blickwinkel des anderen zu übernehmen.

Sensible Menschen erkennen an der Reaktion des Gegenübers, wann aus Hänselei Verletzung wird oder wann der richtige Zeitpunkt gekommen ist, über Probleme zu diskutieren.

Einfühlungsvermögen stärkt den eigenen Sympathie-Faktor, weil man damit Wertschätzung und Zuneigung signalisiert und so das Selbstwertgefühl des anderen erhöht.

Weg mit der Maske!

Echt und Aufrecht: Wahrhaftigkeit kennt keine fiesen Tricks und Kniffe

Ehrlich zu sich selbst, ehrlich zu anderen sein ist die Grundformel von Wahrhaftigkeit.

Wer seine Persönlichkeit akzeptiert, eigene Qualitäten, Fehler und Ziele erkennt und auch annimmt, steigert seine positive Ausstrahlung.

Sich nicht zu verstecken, sondern anderen Menschen offen zu begegnen, fördert Vertrauen.

Tim Sanders definiert es so:

„Wenn Sie einen anderen Menschen für authentisch halten, dann gibt es keinen Schleier zwischen seiner wahren Natur und Ihrer Wahrnehmung. Der andere ist durch und durch die gleiche Person."

Fehlende Authentizität kann den Sympathie-Faktor erheblich schmälern. Scheinheiliges Auftreten, falsches Lob, dreiste Lügen sind schließlich eindeutige Zeichen von mangelndem Respekt.

Durch das Verhalten der Körpersprache (Kinesik) Gesprächspartner besser einschätzen und behandeln

Die Körpersprache ist als nonverbaler Bereich der Kommunikation

- keine Wunderwaffe, mit der jeder Gesprächspartner überzeugt werden kann,
- kein Patentrezept, nach dem mittels einer körpersprachlichen Aussage die Ansprechpartner „durchschaut" werden können.

Kinesik bildet jedoch eine der entscheidenden Möglichkeiten im Rahmen von Gesprächen den Partner leichter einschätzen zu können. Dies geht schon aus der Erkenntnis hervor, dass die richtige Einschätzung eines Gesprächspartners eine Beobachtung desselben in möglichst vielen und unterschiedlichen Gesprächssituationen erfordert, also eine Registrierung dessen, was er verbal, aber auch nonverbal äußert.

Bei dem Gesprächspartner dürfen keine körperlichen Leiden vorliegen. Beugt sich zum Beispiel ein Gesprächspartner, der unter einem Bandscheibenschaden leidet, im Gespräch des Öfteren vor, so ist dies nicht bewertbar, da das Vorbeugen der Rückgrat-Entlastung dient.

Bei der Körpersprache und Körperbewegung handelt es sich um unbewusste Äußerungen. Es ist deshalb stets zu prüfen, ob der Gesprächspartner nicht bestimmte nonverbale Aussagen absichtlich gegen den Gesprächsführer einsetzt. Es müssen mindestens drei gleichgerichtete körpersprachliche Aussagen geprüft werden, wenn eine nonverbale Äußerung mehrdeutig ist.

Beispiel:

Das Versagen des Blickkontaktes wird nach Erkenntnissen der Kinesik einmal als

- Unsicherheit,
- aber auch als Arroganz und als Konzentration

gewertet.

Zur eindeutigen Bestimmung dessen, was der Gesprächspartner wirklich ausdrückt ist es notwendig, den Ansprechpartner auf mindestens

Mündliche Kommunikation

drei körpersprachliche Aussagen hin zu beobachten, die entweder Unsicherheit, Arroganz oder Konzentration signalisieren.

> **Beispiel:**
> Kommt der Gesprächspartner mit eingezogenem Kopf und hochgezogenen Schultern in das Gesprächszimmer, legt er darüber hinaus während des Gespräches die Füße um die Stuhlbeine, so kann der Gesprächsführer auf eine bestehende Unsicherheit des Ansprechpartners schließen.

Misstrauen oder Ungläubigkeit wegen einer Empfehlung oder einer geäußerten Meinung:

> Weichen die Augen des Gesprächspartners zur Seite, signalisiert er, dass ihm eine bestimmte Gesprächspassage unangenehm ist und er deshalb eine Stellungnahme umgehen möchte.
>
> Blickt der Gesprächspartner auffällig durch den Gesprächsführer hindurch, so gibt er diesem damit unbewusst zu verstehen, dass er geistesabwesend dem vorgetragenen Stoff nicht mehr folgt.

Die Gründe für diese Geistesabwesenheit könnten im Inhalt dessen liegen, was der Gesprächsführer vorträgt, also auf Desinteresse beruhen, jedoch auch die Vortragsweise des Gesprächsführers betreffen (monotone Sprechweise, keine Stimm-Modulation, zu wenig Beispiele, monologartiger Vortrag, Leerformulierungen, oftmalige Wiederholungen).

Hier wäre eine sogenannte Kontrollfrage hilfreich:

- „Darf ich das Wesentliche meiner bisherigen Ausführungen noch einmal komprimiert wiederholen?"
- „Haben Sie mich verstanden?" (Diese Frageform ist autoritär)
- „Wiederholen Sie bitte meine bisherigen Ausführungen"! (Hierbei könnte der Gesprächspartner sein „Gesicht" verlieren)

Interessant erscheint die Frage, welche Kontrollmöglichkeiten einem Gesprächsführer zur Verfügung stehen, um die nichtsprachlichen Signale eines Gesprächspartners richtig zu verstehen.

In der betrieblichen Praxis sind drei Methoden der Erfolgskontrolle anwendbar:

Die offene Frage

Hierbei handelt es sich um eine Frage, die nicht nur bejaht oder verneint werden kann. Der strategische Vorteil dieser Frageform besteht darin, dass der Gesprächspartner zu einer freien Meinungsäußerung ermuntert oder gar provoziert wird. Je mehr Worte der Gesprächspartner im Rahmen der Beantwortung der gestellten Frage äußert, desto größer ist die Chance nonverbale Signale richtig zu interpretieren, indem der Fragende sowohl auf den Inhalt als auch auf die Art und Weise der Beantwortung achtet (verärgert, verwundert, zweifelnd, zögernd, nachdenklich).

- „Was meinen Sie zu meinem Vorschlag?"
- „Wie ist Ihre Auffassung zu meinem Angebot?"

Die geschlossene Frage

Hierbei handelt es sich um eine Frage, die nur bejaht oder verneint werden kann. Mit ihrer Hilfe kann klar und deutlich erfragt werden, ob man ein nonverbales Signal des Gesprächspartners richtig gedeutet hat:

- „Hegen Sie Zweifel gegenüber meinem Versetzungsangebot?"
- „Sind Sie über meinen Vorschlag verärgert?"

Das Schweigen....

Präsentations- und Kommunikationstechniken

Vorbereitung 164

   Grundlegendes 164

   Anlass und Teilnehmerkreis 164

   Umfeld und technische Hilfsmittel 165

   Aufbau und Gliederung 166

   Erstellung der Präsentationsunterlagen 174

   Übungen 177

Durchführung 180

Nachbereitung 193

Vorbereitung

Was ist eine Präsentation?

Eine oder mehrere Personen stellen für eine Zielgruppe bestimmte Inhalte (Sachaussagen oder Produkte) dar. Ziel ist es, die Gruppe der Zuhörer zu informieren, zu überzeugen oder zu etwas zu motivieren. Die Darstellung wird unterstützt durch bildhafte Mittel und schließt häufig mit einer Fragerunde oder Diskussion ab.

Grundlegendes

Der Aufbau und die Gliederung einer Präsentation sind wichtige Bestimmungsfaktoren für den Erfolg. Um diesen zu gewährleisten, empfiehlt es sich, einige Aspekte bei der Erstellung der Präsentationsunterlagen zu berücksichtigen und in die Planung mit einzubeziehen.

Hierbei gilt es zu bedenken: 90 % des Erfolgs ist die Vorbereitung!

Anlass und Teilnehmerkreis

Überlegen Sie sich zunächst was für ein Redeanlass besteht und die Art der Veranstaltung. Der Anlass ist für die Art, den Inhalt und die Durchführung der Präsentation entscheidend.

Redeanlass und Art der Veranstaltung: z. B.
- Privatgespräch
- Bewerbung
- Internes Meeting
- Verkaufsgespräch
- Externe Projektvorstellung

Weiter sollten Sie wissen welchen Teilnehmerkreis Sie zu erwarten haben. Eine gute Vorbereitung auf die Zielgruppe ist unerlässlich.

Teilnehmerkreis/Gruppenzusammensetzung

- Gruppengröße
- Interesse/ Motivation
- Vorwissen
- Erwartungen
- Konflikte
- Vorstellung zum Vortragenden
- Einstellung zum Thema

Umfeld und technische Hilfsmittel

Das Umfeld der Präsentation

- Klima/ Verpflegung
- Medien
- Beleuchtung
- Hinweisschilder
- Bestuhlung
- Akustik

Gängige Hilfsmittel

- Laptop
- Beamer
- Video
- Mikrofon
- Laserpointer
- Pinnwand/ Flipchart/ Whiteboard
- Manuskript/ Handouts
- Modelle/Produkte

…weniger ist oftmals mehr!

Aufbau und Gliederung

> *„Wer nicht genau weiß, wo er hin will,*
> *braucht sich nicht zu wundern,*
> *wenn er ganz woanders ankommt."*
>
> Robert F. Mager

Die geistige Vorbereitung beginnt mit der Zielsetzung des Vortrags. Sich im Vorfeld der Erstellung der Präsentationsunterlagen ausreichend Gedanken über mögliche Ziele zu machen und diese festzulegen, ist von großer Bedeutung.

Zielfestlegung:

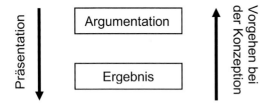

Mind-Mapping zur Vortragsvorbereitung

Als ein zielführendes Planungsinstrument hat sich das Mind-Mapping erwiesen. Hierbei wird zuerst das Leitmotiv oder die Zielsetzung in die Mitte eines Blattes notiert. Daran werden Schlüsselwörter angeschlossen, die auf Linien notiert werden (ein Wort pro Linie, um Häufungen und damit Unübersichtlichkeiten zu vermeiden). Diese ersten Äste werden wiederum mit weiteren, untergeordneten Begriffen unterteilt (Assoziationen). Symbole dienen schließlich dazu, das in der Mind-Map abgebildete, weit verzweigte Denken noch stärker zu visualisieren.

Präsentations- und Kommunikationstechniken

Erst wenn klar ist, was zum Ausdruck gebracht werden soll, werden strategische Argumente überlegt, die zur Zielsetzung und erfolgreichen Umsetzung erforderlich sind.

Aufbau eines Vortrages

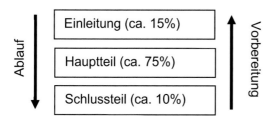

Vergessen Sie bei Ihren Vorbereitungen nicht die vorgesehene Redezeit!

Bei mehr als 10 Charts sollte die Präsentation darüber hinaus eine Gliederung enthalten. Zudem gilt: Planen Sie pro Chart eine Redezeit von 2 Minuten ein!

Ablauf der Einleitung

- Begrüßung/Vorstellung
- Aufhänger
- Problem
- Inhalt/Ablauf
- Fragenregelung

Die ersten 5 Minuten entscheiden! Aus diesem Grunde ist eine „pfiffige" Einleitung besonders wichtig!

Der Hauptteil

Verwenden Sie innerhalb des Hauptteils nur diejenigen Informationen, die zur Ableitung Ihrer Kernaussage erforderlich sind! (Wesentliche Inhalte und Zusammenhänge)

→ Weniger ist manchmal mehr! (Komplexität reduzieren)

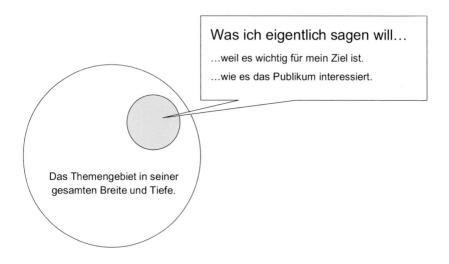

Das Vorgehen der Argumentation

Für das Vorgehen der Argumentation gibt es verschiedene Möglichkeiten. So zum Beispiel:

- Vom Allgemeinen zum Besonderen
- Von den Auswirkungen zu den Ursachen
- Vom Angenehmen zum Unangenehmen
- Von den Problemen zu den Lösungen

Achten Sie bei der Argumentation auf den „Roten Faden"!

Hat man sich für eine Möglichkeit entschieden, gibt es unterschiedliche Methoden diese aufzulisten und vorzutragen, welche im Folgenden näher dargestellt werden.

Argumentationskette

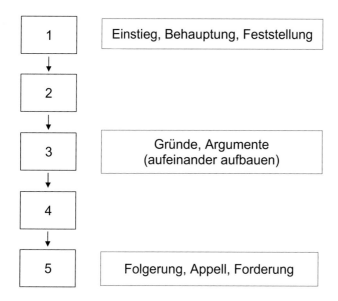

Beispiel für eine Argumentationskette

1. Die Vermittlung sozialer Kompetenz sollte in Zukunft einen höheren Stellenwert in der Ausbildung einnehmen.
2. Der berufliche Erfolg hängt ganz entscheidend von den sozialen Kompetenzen der Berufstätigen ab.
3. Soziale Kompetenzen können entweder in der Ausbildung oder im Beruf erworben werden.
4. Da der primäre Erwerb sozialer Kompetenzen im Beruf zu spät kommt, bleibt nur die Vermittlung während der Ausbildung.
5. Deshalb müssen in Zukunft mehr Mittel zum Erwerb sozialer Kompetenzen in der Ausbildungsphase zur Verfügung gestellt werden.

Dreischrittmethode

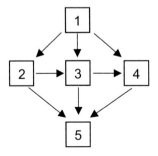

Einstieg, Behauptung, Feststellung

Gründe, Argumente
Gegenüberstellung

Folgerung, Appell, Forderung

Beispiel für eine Dreischrittmethode

1. Die Vermittlung sozialer Kompetenz sollte in Zukunft einen höheren Stellenwert in der Ausbildung einnehmen.
2. Die Förderung sozialer Kompetenzen verbessert die Qualifikation Ihrer Mitarbeiter.
3. Der Erwerb sozialer Kompetenzen fördert die Zufriedenheit Ihrer Mitarbeiter und Mitarbeiterinnen am Arbeitsplatz.
4. Die Verbesserung der sozialen Kompetenz erhöht die Wettbewerbsfähigkeit Ihres Unternehmens.
5. Deshalb müssen in Zukunft mehr Mittel zum Erwerb sozialer Kompetenzen in der Ausbildungsphase zur Verfügung gestellt werden.

Ausklammerung

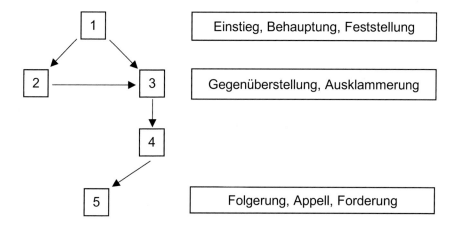

Beispiel für eine Ausklammerung

1. Wir reden schon lange über die Veränderung von notwendigen Qualifikationen.
2. Bisher drehte sich alles um rein kognitive (wissens- und verstandsmäßige) Qualifikationen.
3. Dabei wurde übersehen, dass die soziale Kompetenz in Zukunft die entscheidende Basisqualifikation für den beruflichen Erfolg ist.
4. Gerade die soziale Kompetenz der Mitarbeiter und Mitarbeiterinnen ist in Märkten mit weitgehend homogenen Gütern der entscheidende Vorsprung auf dem Weg zu unseren Kunden.
5. Ich bin deshalb davon überzeugt, dass wir uns in Zukunft vor allem um die Förderung der sozialen Kompetenz bemühen sollten.

Positionsvergleich/Dialektik

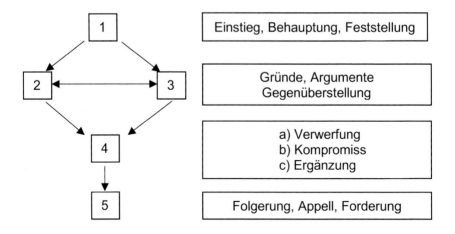

Beispiel für einen Positionsvergleich

1. Der Erfolg unseres Unternehmens hängt ganz wesentlich von der sozialen Kompetenz unserer Mitarbeiter ab.

2. Einige behaupten, dass eine hohe soziale Kompetenz nur durch die tägliche Arbeitspraxis zu erreichen ist.

3. Andere hingegen meinen, dass Fortbildungsseminare das Nonplusultra seien

4. a) Beide Ansätze bringen jedoch nicht den gewünschten Erfolg.

   b) Beide Ansätze spiegeln die wesentlichen Elemente einer effizienten Mitarbeiterqualifizierung wider. Sie sind jedoch für sich genommen zu einseitig.

   c) Beide Positionen berücksichtigen nicht die Möglichkeit der Verbindung von Theorie und Praxis.

5. a) Deshalb sollten wir uns qualifizierte Mitarbeiter über den Arbeitsmarkt beschaffen.

   b) Deshalb sollte man sie vereinen. Das Lernen durch die Arbeitspraxis sollte durch Seminare ergänzt werden.

   c) Deshalb sollte die praktische Tätigkeit theoretisch begleitet werden und in Form eines „Training on the job" erfolgen.

Der Schlussteil

Zu guter Letzt erfolgt am Ende der Präsentation natürlich der Schlussteil. In einigen Fällen kann, in anderen sollte er folgende Dinge beinhalten:

- Ankündigung
- Zusammenfassung/ Rückblick
- Kernaussage/ Anliegen/ Appell
- Gedankenanstöße
- Ausblick
- Aufforderung zur Diskussion

Dabei sind dem Referenten bezüglich der Art und der Intensität der Ausführung des Schlussteils keine klaren Grenzen gesetzt, alleine schon deshalb, da weder Vortragsarten noch Themen grundsätzlich miteinander zu vergleichen sind. **Zu bedenken gilt jedoch, dass der letzte Eindruck der Stärkste ist** (und auch sein sollte), und das ist, was der Zuhörer letztendlich als sein persönliches Fazit mit nach Hause nimmt.

Bedenkt man nun, dass der Schlussteil in der Vortragsvorbereitung den Ausgangspunkt darstellt, ist schnell klar, dass dieser Schluss – das Ziel des Vortrages – einen sicheren Einstieg in die Vorbereitungsarbeiten geben kann. Zudem bildet er als eine Art Leitfaden Orientierung und Sicherheit während des gesamten Erarbeitungsprozesses.

Erstellung der Präsentationsunterlagen

Titel des Vortrages

- Wählen Sie den Titel des Vortrages ausreichend interessant für die Zuhörer
- Achten Sie auf das Vorwissen der Zielgruppe!
- Wählen Sie gängige Formulierungen, stellen Sie Fragen oder bieten Sie Provokantes

Materialsammlung

Vor der Erstellung der Präsentationsunterlagen müssen Sie Material sammeln, auswählen und ordnen (aufbereiten):

- Tageszeitungen, Fachzeitschriften, Archive
- Video-Dokumentationen/Fernsehmaterial
- Tipps von Arbeitskollegen/anderen Abteilungen
- Firmenarchive
- Bibliotheken
- Zitaten- und Bildarchive
- Internetquellen
- Eigene Erfahrungen

Genereller Folienaufbau

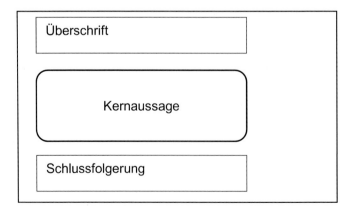

Präsentations- und Kommunikationstechniken

Verwendung von Symbolen und Mustern

Verwenden Sie Symbole nur zur Unterstützung des Vortrages. Nutzen Sie kontrastreiche Muster und setzen Sie Farben sparsam und dafür gezielt ein.

Vergessen Sie bei Grafiken/ Diagrammen die Beschriftung der Achsen nicht und achten Sie auf die Verhältnisse.

Visualisierungsmöglichkeiten

Die gebräuchlichsten Arten der Visualisierung sind:

- Tabelle/ Matrix

  Tabellen/Matrizen bieten sich als Präsentationsform an, wenn viele Details präsentiert werden sollen. Die ist vor allem sinnvoll, um einen Überblick zu vermitteln.

- Säulendiagramm

  Säulendiagramme bieten sich immer an, um einen Vergleich aufzuzeigen.

- Balkendiagramm

  Bei einer Rangfolge sollten dagegen Balkendiagramme verwendet werden.

- Liniendiagramm

  Liniendiagramme sollten eingesetzt werden, um Entwicklungen im Zeitablauf zu betrachten.

- Kreisdiagramm

  Kreisdiagramme bieten sich dann an, wenn es darum geht, den Anteil/Struktur verschiedener Objekte am Ganzen darzustellen.

- Organisations-/ Ablaufdiagramm

  Organisations-/Ablaufdiagramme sollten Sie einsetzen, um Hierarchien und Abläufe darzustellen.

Daneben gibt es noch viele weitere Darstellungsarten, die sich in speziellen Fällen anbieten. Schauen Sie bei der Präsentations-erstellung in die Übersicht und überlegen Sie, mit welcher Darstellung Ihr Ergebnis optimal präsentiert werden kann.

Wichtig: Die Skalierung

Durch die Wahl einer geeigneten Skalierung lassen sich vorhandene Tendenzen visuell deutlicher herausstellen. Allerdings sollte das Instrument der Skalierung vorsichtig eingesetzt werden, um keine unhaltbaren Aussagen abzuleiten.

Bei Grafiken müssen Sie immer darauf achten, dass die Zahlen sowie deren Verhältnisse stimmen.

Manuskript/ Handout

Wozu ein Manuskript?
- Auswendig gelernte Reden wirken steif, Sie können Stichwörter vergessen, Auswendiglernen kosten viel Zeit.
- Je umfangreicher der Vortrag, desto besser ist eine schriftliche Stütze (auch gegen Redeangst).
- Gerade bei Bildern und Diagrammen ist schriftliches Material als Erläuterungshilfe wertvoll.
- Notizen erinnern Sie nicht nur an Ihre nächsten Worte, sondern auch an ihre nächsten Aktionen.
- Insgesamt stellt ein Manuskript ein Disziplinierungsmittel dar.
- Wichtig ist die Nummerierung (Seitenzahl) Ihres Manuskripts.

Wie sollten Karteikarten aussehen? (Stichwort Manuskript)
- Signalwort-Methode
- Schlüsselsatz-Methode

→ Kombination aus beidem!

Arten von Handouts
- Ausgewählte Folien
- Alle Folien
- Textfassung

Achten Sie beim Handout auf die Kopierfähigkeit, (auch in Schwarz-Weiß!)

Übungen

Teil I: Welche Darstellungsform/Grafik würden Sie wählen?

1. Für die nächsten 10 Jahre wird ein Umsatzanstieg erwartet.
2. Die meisten Beschäftigten verdienen zwischen 20.000 und 25.00 Dollar.
3. Höhere Preise für einzelne Benzinmarken bedeuten nicht unbedingt auch eine höhere Qualität.
4. Im September hatten alle 6 Abteilungen etwa die gleiche Fluktuation.
5. Der Verkaufsleiter verbringt nur 15% seiner Zeit im Außendienst.
6. Die Höhe der Leistungszuschläge ist nicht an das Dienstalter gekoppelt.

Teil II: Welche Darstellungsform/Grafik würden Sie wählen?

1. Im letzten Jahr war die Fluktuation am höchsten bei den 30 – 35-Jährigen.
2. In Region C ist die Produktion am niedrigsten.
3. Unser Gewinn pro Aktien geht zurück.
4. Der größte Teil der verfügbaren Mittel fließt in die Fertigung.
5. Die Vergütung ist ertragsabhängig
6. Im August wurde in zwei Werken deutlich mehr produziert als in den übrigen sechs.

Lösung Teil I:

1. Liniendiagramm
2. Balkendiagramm
3. Balkendiagramm
4. Liniendiagramm
5. Kreisdiagramm
6. Balkendiagramm

Lösung Teil II:

1. Balkendiagramm
2. Waagerechtes Balkendiagramm
3. Liniendiagramm
4. Kreisdiagramm
5. Balkendiagramm
6. Waagerechtes Balkendiagramm

Artikulationsübungen I (Heraushebung eines Wortes):

- **Sagen** Sie endlich, was Sie wirklich meinen.
  Sagen Sie **endlich**, was Sie wirklich meinen.
  Sagen **Sie** endlich, was **Sie** wirklich meinen.
  Sagen Sie endlich, was Sie **wirklich** meinen.

- **Sie** will mich nicht.
  Sie **will** mich nicht.
  Sie will **mich** nicht.
  Sie will mich **nicht**.

- Frauen sind **einfach** besser.
  Frauen sind einfach **besser**.

- Zur Arbeit – nicht zum Müßiggang sind wir geschaffen.
  Zur Arbeit nicht – zum Müßiggang sind wir geschaffen.

Artikulationsübungen II

- Meister Müller mahle mir meine Metze Mehl, meine Mutter muss mir morgen Milchmus machen.
- Blaukraut bleibt Blaukraut und Brautkleid bleibt Brautkleid.
- Kurze Kleider, kleine Klappen kleiden kleine Krausköpfe.
- Die Katze tritt die Treppe krumm.
- Der dicke Dietrich trug den dünnen Dietrich durch den dicken, dicken dudeldicken Dreck.
  Da dankte der dünne Dietrich dem dicken Dietrich, dass der dicke Dietrich den dünnen Dietrich durch den dicken, dicken dudeldicken Dreck trug.
- Fischers Fritz fischt frische Fische, frische Fische fischt Fischers Fritz.
- Es zwitschern zwei Zeisige zwischen zwei Zwetschgenzweigen.
- Kein klein Kind kann kein klein Kirschkern knacken.

Artikulationsübungen III - Twist your tongue!

- There's no need to light a night-light on a light night like tonight.
- She sells seashells by the seashore, the shells she sells are seashells, I'm sure.
- Billy Button bought a buttered biscuit, did Billy Button buy a buttered biscuit?
  If Billy Button bought a buttered biscuit, where's the buttered biscuit Billy Button bought`
- Swan swam over the sea; swim, swan, swim! Swan swam back again! Well swum swan!
- How much wood would a woodchuck chuck, if a woodchuck could chuck wood?
- Peter Piper picked a peck of pickled pepper, where's the peck of pickled pepper Peter Piper picked?

Durchführung

Lampenfieber?
- Kalter Schweiß bricht aus, vor allem die Handinnenflächen sind nass
- In der Magengegend entsteht ein Gefühl von körperlicher Schwäche
- Blase und Darm melden sich ununterbrochen
- Die Atmung ist stark beschleunigt
- Die Kehle ist wie ausgetrocknet
- Das Herz klopft bis zum Hals
- Der Blutdruck steigt
- Das Kopfinnere ist leer

Strategien gegen Lampenfieber
- Bereiten Sie sich optimal vor
  Aufbau/Inhalt der Präsentation, evtl. Fragen, eingesetzte Medien
- Sorgen Sie für gute Startbedingungen
  Räumlichkeiten inspizieren, eingesetzte Medien testen, technische Ausstattung
- Entspannen Sie sich
  z. B. durch Atemübungen, lenken Sie sich gedanklich ab
- Denken Sie daran, was Sie nach dem Vortrag tun werden!

Für den optimalen Start...
Sie sollten geistig und körperlich fit sein.
Seien Sie positiv zu sich eingestellt.

...und während des Vortrages
- Füße betonieren/ Standfestigkeit
- Visuelle Hilfsmittel als Stichwortbringer
- Pausen während des Sprechens

Das Fundament eines guten Vortrages besteht aus:

Thematische Vorbereitung
- Gründliche Einarbeitung
- Ausreichend Material
- 50% mehr Wissen (Backup-Folien)
- Thema strukturieren
- Erkenntnis transportieren
- Beispiele bringen
- ...

Vorbereitung auf den Hörerkreis
- Redeziel
- Zielgruppe
- Anzahl der Zuhörer
- Kenntnisstand
- Fragen vorwegnehmen
- ...

Organisationstechnische Vorbereitung
- Redezeit
- Diskussionszeit
- Medieneinsatz
- Präsentationsunterlagen
- Manuskript
- Handouts
- Ort und Uhrzeit
- Aktionsfeld als Redner
- ...

Ganz wichtig: Die Einleitung

Keinen negativen Einstieg
- „Das Thema ist sehr kompliziert, aber..."
- „Ich hatte keine Zeit, mich vorzubereiten..."
- „Schade, dass so wenig gekommen sind..."
- „Ich muss mich entschuldigen..."

Positiver Einstieg
- Rhetorische Frage
- Aktuelles Ereignis/Ergebnis
- Strittiges oder Provokantes
- Anekdote oder humorvolles Ereignis

Abnahme der Aufmerksamkeit

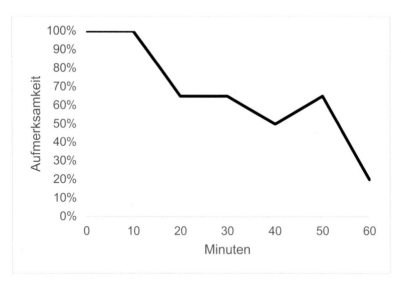

Da die Aufmerksamkeit im Zeitablauf abnimmt, sollte ein Spannungsbogen aufgebaut werden. Um einen besonders hohen Aufmerksamkeitsgrad zu erreichen, sollte man versuchen, die Teilnehmer einzubinden!

→ **Aktivität schafft Aufmerksamkeit**

Fünf Schritte bei jeder neuen Folie

1. Ankündigen
   Vorbereitung auf die nächste Folie, z. B. durch rhetorische Fragen.
2. Zeigen
   Die Folie 1-2 Sekunden wirken lassen.
3. Klären
   Blick durch die Folie führen.
4. Interpretieren
   Erläuterungen, Argumente, Ergänzungen, Details
5. Resümee
   Kernaussage

Touch, Turn, Talk

1. Schweigend das zu klärende Objekt berühren
2. Umdrehen – Hand als Zeiger lassen, evtl. Zeigestab oder Laserpointer als Hilfsmittel
3. Sprechen

Lenken Sie mit visuellen Signalen den Blick der Zuschauer

- Mit abstrakten Schriftzeichen
- Mit geometrischen Elementen, z. B. Rahmen, Einkreisen, Unterstreichen
- Mit symbolischen Zeigern, z. B. Pfeilen
- Nicht mit stilisierten Händen, Fingern, usw. (Das lenkt ab!)
- Auf einen Punkt/ Stichwort/ Zahl mit der Hand hinweisen: das ist das stärkste visuelle Signal!

Einstieg in die Diskussion

1. Fragen animieren!
2. Genau zuhören, ggf. nachfragen/ evtl. notieren
3. Kurz und genau antworten!
4. Beobachten, ob die Antwort verstanden wurde!

Der Umgang mit Fragen

- Stellen Sie Fragen an sich selbst, sprechen Sie gezielt Personen an, formulieren Sie eine provokante These etc.
- Fordern Sie Wortdisziplin
- Wiederholen Sie Fragen gezielt
- Kein überschwängliches Lob für Fragensteller
- Verwenden Sie Namen/ bewusste Blickkontrolle
- Beziehen Sie die Teilnehmer gleichmäßig ein/ einseitigen Dialog vermeiden
- Kompetent und sachlich bleiben

Sender-Empfänger-Dilemma

„Wir können nicht nicht kommunizieren!" Paul Watzlawick

Bedenken Sie: Nicht alles, was man sagt, kommt so an, wie man es beabsichtigt hat.

Verbale versus Nonverbale Äußerungen

Verbale Äußerungen:
Tempo, Stimmlage und Lautstärke sollten variiert werden, da das Zuhören ansonsten besonders schwerfällt.

Auf der Suche nach den richtigen Worten:

Sprechen Sie ...
- Ausdrucksstark
- Verständlich
- Sicher

Zeigen Sie Ausdrucksstärke!
- Arbeiten Sie oft mit Verben (zu viele Substantive klingen hölzern)
- Überspitzen Sie die Dinge
- Machen Sie Pausen (besonders während der Bewegungen)
- Verwenden Sie Reizwörter, Aktivierungsphrasen und Wortspiele oder Reime
- Arbeiten Sie mit Humor und Ironie
- Verwenden Sie Über- und Untertreibungen/ Methapern/ kurze Zitate/ Variationen/ Euphemismen/ Alliterationen/ rhetorische Fragen etc.
- Benutzen Sie die „Wir"-Form
- Wiederholen Sie Aussagen und Schlagwörter

Artikulieren Sie sich verständlich!
- Setzen Sie Fach- und Fremdwörter sparsam ein
- Beachten Sie die für die Raumgröße benötigte Lautstärke
- Sprechen Sie langsam und deutlich
- Bilden Sie kurze Sätze (keine Schreibsprache)
- Vermeiden Sie „ähs" und „mhms"
- Verwenden Sie nach Möglichkeit keinen Dialekt
- Verschlucken Sie keine Wortendungen

Geben Sie sich selbstsicher!
- Üben Sie Ihre Rede (evtl. Tonbandaufzeichnung)
- Berücksichtigen Sie die verwendeten Medien
- Beachten Sie Ihre Redezeit!
- Lassen Sie Ihre Rede im Vorfeld von anderen Personen (Kollegen, Freunde, Bekannte) beurteilen
- Versuchen Sie möglichst fei zu sprechen
- Unterbrechen Sie die Privatgespräche während der Präsentation freundlich
- Beginnen Sie erst zu sprechen, wenn Sie Ordnung geschaffen haben

Non-Verbale Äußerungen
- Blickkontakt
- Mimik
- Gestik
- Tonlage/Lautstärke
- Bewegung
- Körperhaltung

Den non-verbalen Äußerungen kommt ein besonderes Gewicht zu, da sich hierdurch das Verbale wesentlich unterstützen lässt.

Positive Körpersignale
Kompetenz, Sicherheit, Glaubwürdigkeit vermitteln…

Gesicht:
- Gesicht den Zuhörern zuwenden
- Kein „scheeler" Blick aus den Augenwinkeln
- Richtige Blickkontrolle, 3-5 Sekunden pro Person
- Freundliche Miene

Bewegungen:
- Zielstrebige Ortsveränderungen (kein Auf- und Abgehen)
- Ruhiges Hantieren mit Hilfsmitteln
- Kontrollierte Bewegungen
- Gelegentlicher „Frontenwechsel" (zur Seite)

Körperhaltung:
- Senkrecht, frontal, dem Publikum zugewandt
- Offener, fester Standpunkt
- Erhobener Kopf (jedoch nicht hochnäsig)

Arme und Hände:
- Ruheposition: seitlich hängend oder locker auf Nabelhöhe ineinandergelegt
- Bildhafte Gesten, kein wildes Gestikulieren im Sprachrhythmus
- Alle Bewegungen oberhalb der Gürtellinie und außerhalb des Brustkorbes
- Langsam und ruhig bewegen

Der Umgang mit Pannen

1. Verunglückte Formulierungen
2. Fehlen des treffenden Ausdruckes
3. Steckenbleiben
4. Überfragt sein
5. Müdigkeit/ Langeweile beim Zuhörer
6. Unerwartete Reaktionen aus dem Zuhörerkreis
7. Probleme mit technischen Hilfsmitteln

1. Verunglückte Formulierungen

Strategie:
- Ruhig weitersprechen (Publikum merkt oft gar nichts)
- Wiederholen, falls gravierend: „Lassen Sie es mich präziser sagen..."
- Kürzere, einfachere Sätze bilden (Formulierungsschwierigkeiten oft bei Bandwurmsätzen)
- Bei Versprechern – nicht aufhalten, weitersprechen, keine langatmigen Entschuldigungen

2. Der treffende Ausdruck

Strategie:
- Keine Entschuldigungen („Das Wort liegt mir auf der Zunge.")
- Satz abbrechen und neu beginnen („Anders ausgedrückt...")

3. Steckenbleiben beim Reden

Strategie:
- Ziel: Zeitgewinn und Konzentration
- Langsamer sprechen, Pausen einlegen
- Zusammenfassung des bisher Gesagten
- Letzten Gedanken weiter ausführen
- Wiederholung des letzten Satzes
- Frage an Zuhörer stellen
- Übergang zum nächsten Stichwort

4. Überfragt?
Strategie:
- Zugeben (Thema evtl. auf nächsten Termin legen)
- Klärung versprechen
- Experten unter den Zuhörern fragen

5. Müdigkeit/ Langeweile beim Zuhörer
Strategie:
- Akustisches Signal (z. B. auf den Tisch klopfen)
- Persönliche Ansprache der gelangweilten Personen
- „Fast getroffen!" – Nachbarn ansprechen
- Tempo zulegen
- Nie das Problem zugeben

6. Unerwartete Zuhörerreaktionen
Strategie:
- Zwischenfragereglung zu Beginn ansprechen
  (Fragen zurückstellen, nur kurze Zwischenfragen)
- Zuhörerbemerkungen/-fragen zu Details
  (Klärung auf anschließende Diskussion verlegen)
- Penetrante Zuhörerbemerkungen, die am Fortkommen hindern/ Störenfriede (Diskussion beenden, identifizieren, isolieren – „Interessiert diese Frage sonst noch jemanden?", eventuell durch Einbeziehung der anderen Zuhörer überzeugen oder überstimmen)

7. Probleme mit technischen Hilfsmitteln
Strategie:
- Geräte vor dem Vortrag ausgiebig testen
- Kompatibilitätsprobleme einplanen, z. B. bei Computern
- Alternativen ins Auge fassen
- Fehlendes Zubehör mitbringen (Kreide, Folien, Folienstifte etc.)
- Die sicherste Methode: Komplette Vortragsausrüstung mitbringen!

Vortragsteilnehmer – Typen

Die Giraffe
- Ist hierarchiebewusst
- Missachtet Gruppenregeln
- Dient als Gruppenvorbild
- Lässt andere arbeiten
- Rivalin des Vortragenden

Strategie:
- Zu Beginn des Vortrages Spielregeln vereinbaren
- Auf Einhaltung der Spielregeln hinweisen
- Vorsichtig dagegen argumentieren

Das Lamm
- Ist zurückhaltend und schüchtern
- Innerlich sehr beteiligt
- Gerückte Sitzhaltung und leise Stimme
- Taut nur in kleinem Kreis auf

Strategie
- Bei Zwischenfragen freundlich unterstützen
- Nicht abblocken
- Zur Mitarbeit anregen
- Bestätigen durch wiederholen der Beiträge

Der Hund
- Ist aggressiv
- Reagiert unsachlich und emotional
- Sein Verhalten ist verletzend
- Teilweise sarkastische Anmerkungen

Strategie:
- Sachlich, ruhig und neutral bleiben
- Nur im Notfall zurechtweisen
- Anliegen inhaltlich aufgreifen
- Gruppe um Stellungnahme bitten
- Positionskampf vermeiden

Der Igel
- Nörgelt und kritisiert
- Macht alles schlecht
- Diskutiert nicht sachlich-kritisch
- Wertet ab
- Vermeidet Nähe

Strategie:
- Seine sachlichen Äußerungen zusammenfassen
- An die Gruppe verweisen
- Sein Engagement anerkennen
- Wertvolles an der Kritikerrolle hervorheben

Der Breitmaulfrosch
- Ist ein Vielredner
- Kaum abzuschalten
- Hat zu allem etwas zu sagen

Strategie:
- Kurze Stichworte geben lassen
- Zur Stellungnahme an die Gruppe verweisen
- Auf das Thema achten/ Redezeitbegrenzung
- Nur Teilaspekte aufgreifen / untergliedern
- Im Notfall höflich unterbrechen

Das Nilpferd
- Ist uninteressiert
- Zeigt einen unbeteiligten Gesichtsausdruck
- Beteiligt sich nur wenig an der Diskussion
- Nickt bisweilen ein und liebt Pausen

Strategie:
- Beiläufig ansprechen
- Einzelfall bezogen zum Beitrag auffordern
- Sachbezogen/ direkt fragen

Der Affe
- Weiß alles, kann alles, sieht alles
- Macht viele Dinge gleichzeitig
- Kontaktfreudig
- Erzählt gerne/ macht Witze
- Macht auf sich aufmerksam

<u>Strategie:</u>
- Freundlich auf die anschließende Diskussion verweisen
- Die Gruppe auffordern zur Stellungnahme
- Positive Stimmung/ Dynamik nutzen

Der Fuchs
- Ist pingelig
- Verzögert den Vortrag durch formale Hinweise
- Fragt geschickt, ohne Meinungspreisgabe
- Hat Rückfragen zu abgeschlossenen Punkten
- Sucht den eigenen Vorteil

<u>Strategie:</u>
- In die Rolle des Kontrolleurs einbinden
- Nach seinen Intentionen fragen
- Bemerkungen an die Gruppe weitergeben
- Auf das Ergebnis abgeschlossener Punkte hinweisen

Das Pferd
- Ist am Thema interessiert
- Nimmt fast eine Moderatorenrolle ein
- Zeigt sich souverän
- Greift klärend ein
- Ausgeglichen, ruhig, sachlich

<u>Strategie:</u>
- Als Moderatorin einbinden
- Konkurrenzkampf vermeiden
- Um die Ergebniszusammenfassung bitten
- Bewusst ins Spiel bringen

Nachbereitung

Bewegen Sie Teilnehmer zu einem Feedback

Fragenarten in einem Feedbackfragebogen
- Einordnungsfragen (geschlossene Fragen)
- Offene Fragen

Wie gehen Sie mit den Ergebnissen vor?
- Haben Sie keine Angst vor Kritik!
- Nehmen Sie sich die Kritik zu Herzen, die sich mit Ihren Empfindungen deckt!
- Versuchen Sie, aufgezeigte Schwachpunkte bei der nächsten Präsentation zu berücksichtigen!

Selbsteinschätzung
- Überprüfen Sie sich selbst, ob es Ihnen gelungen ist, Ihr Storyboard einzuhalten.
- Analysieren Sie die Gründe, warum Fehler aufgetreten sind.
- Schauen Sie bei Präsentationen anderer genau hin.
- Lernen Sie aus Fehlern anderer Vortragender

Möglicher Fragebogen zur Selbsteinschätzung
- Habe ich mein Ziel erreicht oder verfehlt?
- Was hat gut funktioniert?
- Was hat gar nicht funktioniert?
- An welchen Stellen haben die Zuhörer positiv reagiert?
- Hatte ich Momente der Unsicherheit?
- Etc.

Schriftliche Kommunikation

Moderne Briefkultur im Unternehmen 196

So überzeugen Sie mit stilsicherer Korrespondenz 198

Der Geschäftsbrief 217

Die AIDA-Formel 226

Etikette für persönliche Briefe 228

Persönliche Briefe zu besonderen Anlässen 229

    Geburtstage und Danksagungen 229

    Heirat und Danksagung 233

    Geburt und Danksagung 235

    Kondolenz/ Beileid 237

    Geschäfts-/Betriebs- sowie Dienstjubiläen 240

    Genesungswünsche 243

    Absage von Einladungen 244

    Geschäftsaufnahme/ Existenzgründung 246

    Einladung zum Vorstellungsgespräch 246

    Weihnachts- und Neujahrsgrüße 247

Messe-Kommunikation 251

Moderne Briefkultur im Unternehmen

Ein Geschäftsbrief, der immer auch eine Visitenkarte der Firma ist, muss durch seine korrekte Form und auch den sachlichen Inhalt wirken. Er sollte in kurzem, klarem Text in freundlicher Sprache abgefasst sein. Vermeiden Sie es, schon bekannte Tatsachen zu wiederholen. Wichtige Punkte und Fragen sollten beantwortet werden, wobei Sie auf unnötige Phrasen oder Floskeln verzichten sollten.

Verwenden Sie keine umständlichen Formulierungen wie „Wir nehmen höflichst Bezug auf Ihr Schreiben vom...".

Viel freundlicher und auch persönlicher klingt diese Einleitung: „Vielen Dank für Ihren Brief/Ihre Anregung etc.". Betrachten Sie jeden Briefwechsel als Dialog, dann fällt es Ihnen leichter, klar und verständlich zu formulieren. Redewendungen, die Sie im Gespräch nicht benutzen würden, sollten Sie auch nicht in einem Anschreiben verwenden. Niemand beendet ein Gespräch mit den Worten: „Ich hoffe, Ihnen hiermit gedient zu haben." Oder etwa: „Ihrer Rückantwort mit Interesse entgegensehend." Warum so gestelzt schreiben? Über solche Phrasen lächelt man heute, sie passen nicht in ein modernes Firmenbild.

Wichtig: Wiederholen Sie in einem Antwortschreiben nicht, was der Briefpartner geschrieben hat. Das weiß er. Gehen Sie auf seine Fragen vollständig ein. Jede nicht beantwortete Frage verursacht neuen Schriftwechsel, der ja gerade vermieden werden soll. Die meisten Briefe lassen sich um ein Drittel oder mehr kürzen, wenn alle überflüssigen Redewendungen gestrichen werden.

Praxis-Tipp:

Die Höflichkeit darf unter der Kürze nicht leiden, und manchmal ist schmückendes Beiwerk nötig, wenn eine bestimmte Nuance übermittelt werden soll. Denn wie in der Diplomatie wird manches auch in Geschäftsbriefen zwischen den Zeilen gesagt, und dafür bedarf es präziser Formulierungen.

Gelegentlich schreibt man Briefe an einen Geschäftspartner, der persönlich näher bekannt ist oder dessen Vorlieben, Kontakte oder Schwächen man kennt. Hier ist Vorsicht und größte Zurückhaltung geboten. Denn auch in der Geschäftskorrespondenz spielt Takt eine große Rolle. So mancher Abschluss ist wegen einer Taktlosigkeit nicht zustande gekommen.

Achtung: Schmeicheleien und jede Form von Anbiederung wirken peinlich und sind daher zu vermeiden. Etwa als Auflockerung gedachte Sprüche, Banalitäten oder neckische Bemerkungen sind eher unangebracht.

Unternehmenssprache als Teil der Corporate Identity

Die Unternehmenssprache als Element der Unternehmensidentität wird kaum beachtet. Die Fassade der Korrespondenz, das Layout, wird modernisiert und aufgelockert. Dabei bleibt der gedankliche und sprachliche Inhalt, wie er war. Er ist stehen geblieben bei der Typenhebelmaschine aus den 50er Jahren. Trotz Einsatz hochkarätiger Technik wird munter weiterhin formuliert: „Unter Bezugnahme auf Ihr Schreiben teilen wir Ihnen mit, dass…" oder „Guten Tag, wir nehmen Bezug auf das heutige Telefongespräch mit dem Schreibenden…"

Praxis-Tipp:

- Alte Korrespondenzgewohnheiten zu überwinden, kostet einige Anstrengungen.

- Der bisherige Korrespondenzstil kann nur geändert werden, wenn die Führungskräfte erkennen, wie gut oder schlecht ihre Unternehmenssprache ist.

So überzeugen Sie mit stilsicherer Korrespondenz

Die drei Grundforderungen

- Kurz
- Verständlich
- Ansprechend

Ihr Weg zu einer stilsicheren Korrespondenz

1. Kurz, aber nicht kurz gebunden

Sprachverschwendung

Wer für sein Unternehmen schreibt, kann genauso wie jeder Facharbeiter entweder ökonomisch oder verschwenderisch mit seinem Material umgehen. Und was ist sein Material? Es sind vor allem die Wörter.

30 % sparen?

Wenn ein Mitarbeiter „hinsichtlich" diktiert und ein anderer stattdessen „über" sagt, so werden im zweiten Fall acht Buchstaben (=Anschläge) eingespart. Nicht der Rede wert natürlich. Aber – das Beispiel zeigt, sozusagen in einer Nuss-Schale, worum es geht. Was für „hinsichtlich" und „über" gilt, das trifft für die ganze Korrespondenz zu: Gegenüber dem kaufmännischen Schriftverkehr alten Stils lässt sich viel einsparen, durchschnittlich 30 %.

Sparen um jeden Preis? –Nein!

Wir müssen uns selbstverständlich die Frage stellen, ob bei dem Bestreben, wirklich alles Überflüssige wegzulassen, nicht Wesentliches verloren geht. Vom freundlichen, wenn auch vielleicht etwas weitschweifigen, umständlichen Kaufmannsstil zu einem hässlichen Telegrammstil? Wird beim Kürzen nicht manches abhandenkommen, was nützlich ist? Verfällt man nicht in eine Art „Sparen um jeden Preis"?

> **Beispiel**
>
> In Bezug auf die Preiserhöhung wäre eine vorschnelle Reaktion absolut verfehlt.
>
> Auf die Preiserhöhungen vorschnell zu reagieren wäre verfehlt.
>
> Analyse
> Macht es einen Unterschied, ob wir „In Bezug auf" oder „Auf", ob wir „absolut verfehlt" oder „verfehlt" schreiben? Ja, aber nur zugunsten der knapperen Darstellungsformen. Denn sie bedeuten nicht nur Texteinsparungen, sondern wirken auch noch natürlicher.

Heilsamer Sparzwang

Über Stilfragen in der Geschäftskorrespondenz nachzudenken, dafür haben sich früher die meisten Kaufleute keine Zeit gelassen. Als man sich aber gezwungen sah, rigoros zu sparen und als durch Untersuchungen nachgewiesen wurde, wie ökonomisch ein straffer Briefstil im Vergleich zum althergebrachten Briefstil sein konnte, änderte sich die Einstellung der meisten schlagartig. Denn, sie waren ja Kaufleute und konnten rechnen. „Wo", so fragte man sich, „können wir in unseren Texten Wörter, Sätze, Absätze kürzen oder sogar streichen?"

2. Keine Schnörkel und Floskeln!

Kernaussagen betonen!

Nutzlose Verzierungen, die in Wirklichkeit gar nicht zieren, bieten weder für den Sender noch für den Empfänger eines Geschäftsbriefes irgendeinen Vorteil. Abgesehen davon, dass sie unnötige Arbeit beim Diktieren, Schreiben und Durchlesen verursachen, haben sie einen weiteren Nachteil: Sie decken den Gedanken, auf den es ankommt, teilweise zu. Der Leser muss den Kern der Sache aus dem Beiwerk herausschälen.

Praxisbeispiel 1

✘   Sehr geehrte Damen und Herren,

zu unserem größten Bedauern müssen wir Ihnen mitteilen, dass es uns nicht möglich war, für das o. g. Produkt nochmals eine Preisermäßigung in Höhe von ... Euro pro 100 kg vorzunehmen.

Wir möchten Sie daher höflichst bitten, für Ihre Kalkulation folgende Notierung in Ansatz zu bringen ...

Gern Ihre weiteren Aufträge erwartend, empfehlen wir uns

mit freundlichen Grüßen

✓   Sehr geehrte Damen und Herren,

es war uns wegen der teurer gewordenen Rohstoffe nicht möglich, den Preis für dieses Produkt erneut um ... Euro pro 100 kg zu senken.

Bitte haben Sie dafür Verständnis und kalkulieren Sie mit diesen Notierungen: ....

Freundliche Grüße

Analyse

Haben wir daran etwas auszusetzen? Eine ganze Menge. Das „größte Bedauern" ist so oft missbraucht worden, dass es nicht mehr glaubwürdig wirkt. Dass wir Briefe schreiben, um etwas mitzuteilen, wird bekannt sein. Das komische Kürzel „o. g." für „oben genannt" wirkt bürokratisch. Den Zusatz „in Höhe" kann man sich schenken, wenn der Betrag genannt wird. Statt „eine Preisermäßigung vorzunehmen" lassen sich die Preise auch einfach ermäßigen. Wenn wir jemanden bitten, sind wir höflich; die adverbiale Bestimmung „höflichst" entwertet unser „bitten" nur. „Notierungen in Ansatz bringen" klingt hochtrabend gestelzt. Der Schlusssatz ist inhaltlich selbstverständlich und in der Form veraltet.

Praxisbeispiel 2

✘ Wir möchten Sie hiermit in Kenntnis setzen, dass wir mit Ihren Vorschlägen im Wesentlichen konform gehen.

✓ Mit Ihren Vorschlägen sind wir im Wesentlichen einverstanden.

Praxisbeispiel 3

✘ In diesem Zusammenhang möchten wir ausdrücklich darauf hinweisen, dass wir den in Rede stehenden Werbemittelzuschuss nur dann gewähren können, wenn unser Markenzeichen in Ihren Prospekten einen Mindestdurchmesser von 25 mm aufweist.

✓ Diesen Werbemittelzuschuss geben wir Ihnen für alle Prospekte, in denen unser Markenzeichen mit einem Durchmesser von mindestens 25 mm erscheint.

Praxisbeispiel 4 – „Entrüstung"

✘ Wir können nicht umhin, Ihnen unser Befremden darüber zum Ausdruck zu bringen, dass Sie sich trotz vorausgegangener eindeutiger Absprache nicht an unsere Vereinbarungen gehalten haben.

✓ Unsere Absprache war klar. Warum haben Sie sich nicht an unsere Vereinbarungen gehalten?

Praxisbeispiel 5 – „Drohung"

✘ Sollten Sie es versäumen, den überfälligen Rechnungsbetrag bis zum … auf unser Konto eingehend, zu überweisen, sehen wir uns leider gezwungen, gerichtliche Maßnahmen gegen Sie zu ergreifen.

✓ Bitte sorgen Sie dafür, dass der Rechnungsbetrag bis zum … auf unser Konto eingeht, damit der aufwendige Rechtsweg vermieden wird.

Praxisbeispiel 6 – „Verschlissenes Sprachgut wirkt nicht mehr"

✘ Wir hoffen, Ihnen mit unseren Ausführungen gedient zu haben und verbleiben

mit freundlichen Grüßen

✓ Wir hoffen, dass Ihnen diese Informationen weiterhelfen.

Mit freundlichen Grüßen

Praxisbeispiel 7 – „Nutzloses Beiwerk durch sinnvolle Aussagen ersetzen"

✘ Wir möchten hoffen, dass der neue Werkzeugtyp den Beifall des Kunden finden wird und erwarten zu gegebener Zeit mit Interesse Ihre weiteren Nachrichten.

✓ Bitte berichten Sie uns, wie der Kunde den neuen Werkzeugtyp beurteilt. Vielen Dank für die sofortige Bearbeitung.

3. Nichtssagende Wörter weglassen

Praxisbeispiel 1

✘ Wir geben Ihnen entsprechenden Bescheid.

✓ Wir geben Ihnen Bescheid.

Analyse

Diesem Satz muss eine Erläuterung des Sachverhalts vorausgegangen sein, um den es geht. Also ist „entsprechenden" überflüssig. Welchen Bescheid sollte man sonst geben?

Praxisbeispiel 2

✘ Wir möchten Ihnen hiermit bestens danken.

✓ Wir möchten Ihnen danken.

Analyse

Womit denn sonst, wenn nicht „hiermit"? Und „danken" ist mehr wert als „bestens danken".

Praxisbeispiel 3

✘ Ihre hierbei gemachten Erfahrungen werden für uns von großem Nutzen sein.

✓ Ihre Erfahrungen werden für uns sehr nützlich sein.

Analyse

Wenn es „Ihre Erfahrungen" sind, werden Sie sie wohl gemacht haben.

Hauptwortstil

Natürlich ist auch „von großem Nutzen sein" in Ordnung. Die oft zu Recht erhobene Forderung „Hauptwortstil vermeiden!" heißt nicht, dass wir jedem Substantiv den Kampf anzusagen hätten. Übertreibungen, auch und gerade im Bereich von Stilregeln, sind immer schädlich.

> **Praxisbeispiel 4**
>
> ✘ Wir freuen uns, Ihnen mitteilen zu können, dass dem Wunsch Ihres Kunden unsererseits nichts entgegensteht.
>
> ✓ Gerne erfüllen wir den Wunsch Ihres Kunden.
>
> <u>Analyse</u>
>
> Ist „unsererseits nichts entgegensteht" nicht doch etwas verschroben? Und die ganze Einleitung?

> **Praxisbeispiel 5**
>
> ✘ Unsere diesbezüglichen Überlegungen haben wir leider noch nicht zum Abschluss bringen können.
>
> ✓ Wir haben unsere Überlegungen noch nicht abschließen können.
>
> <u>Analyse</u>
>
> Von welchen Überlegungen sollte in so einem Zusammenhang die Rede sein, wenn nicht von den „diesbezüglichen"? Und – kann man Überlegungen nicht einfach abschließen, statt sie „zum Abschluss zu bringen?"

Streckformen

Formulierungen wie „zum Abschluss bringen", „zum Versand bringen", „in Erwägung ziehen" nennt man Funktionsverbgefüge oder, in einem anschaulichen Ausdruck, Streckformen. Das Verb, das man meint – hier „abschließen", „versenden", „erwägen" – wird gestreckt, in diesen Fällen zu „Präposition – Substantiv – Funktionsverb". Auch Streckformen haben stellenweise ihre Berechtigung und ihren Wert; aber zweifellos werden sie allzu häufig und gedankenlos eingesetzt.

Schriftliche Kommunikation

Praxisbeispiel 6

✘ Gegebenenfalls erwarten wir Ihre entsprechenden Wünsche insoweit.

✓ Wie sind Ihre Wünsche?

Analyse

Kann man den anderen nicht schlicht fragen, was er für Wünsche hat?

Praxistipp:

Je schlichter eine Aussage formuliert wird, desto glaubwürdiger wirkt sie!

4. Keine unbeabsichtigten Wiederholungen!

Die zweifache oder sogar vierfache Wiederholung eines Wortes kann in einem Gedicht ein hervorragendes Stilmittel sein. Der Einsatz der Wiederholung als Stilmittel setzt jedoch Absicht voraus. Die Wiederholung soll etwas Bestimmtes bewirken.

Wenn in unseren Geschäftsbriefen Wiederholungen auftreten, sind sie dagegen – meistens – unbeabsichtigt. Dann bewirken sie zwar auch etwas, aber etwas Ungewolltes: nutzlosen Aufwand. Bedenken wir:

Aufwand

Nutzlose Wiederholungen machen die Texte länger als ihr Informationsgehalt es verlangt.

Schwerverständlich

Mit Ballast beladene Sätze wirken schwerfälliger und sind schwerer aufzunehmen als Sätze ohne solche Füllstoffe.

Unlogik

„Weiße Schimmel" verraten unlogisches Denken; der aufmerksame Leser merkt, dass der Schreiber unkonzentriert gewesen ist.

Zu unterscheiden sind zwei Sorten der Wiederholung: die Doppelbezeichnung und die Gedankenwiederholung.

In der „Sprachecke" einer Wirtschaftszeitschrift wurden Fremdwortliebhaber angeprangert, die das Wort „Revanche" benutzen. Im Deutschen habe man dafür die „Wiedervergeltung".

So fällt man rein, wenn einen der Fremdworthass blind macht. Die Wiedervergeltung wäre die Vergeltung einer Vergeltung. Hier, als Ersatz für Revanche, konnte aber nur die Vergeltung gemeint sein.

Drei der häufigsten Gedankenwiederholungen sind in zahlreichen Geschäftsbriefen zu finden.
- Bezug
- Betreff
- Bezug/ Betreff

Beispiel

(Bezug) Ihre Nachricht vom

(Betreff) Bereinigung der Kundenliste

Sehr geehrte Frau Wilhelm,

(Bezug/ Betreff) wir beziehen uns auf Ihr o. a. Schreiben vom ... mit welchem Sie uns mitteilten, dass die Ihnen seinerzeit übersandte, zu bereinigende Kundenliste bei Ihnen nicht eingegangen ist. Wir haben daraufhin die entsprechende Stelle unseres Hauses veranlasst, Ihnen nochmals eine Kopie der Liste zu übermitteln.

(Bezug) Ihre Nachricht vom

(Betreff) Kundenliste

Sehr geehrte Frau Wilhelm,

Sie erhalten in den nächsten Tagen eine Kopie der Kundenliste.

<u>Analyse</u>

Der Schreiber bezieht sich zweimal auf den Partnerbrief vom ..., er wiederholt im ersten Satz, was teilweise schon im Betreff steht; er sagt noch einmal, was ihm der Briefempfänger geschrieben hat. – Außerdem: Zuerst hat die zuständige Stelle eine Kundenliste geschickt, jetzt soll sie eine Kopie schicken, aber nicht „nochmals eine Kopie".

5. Ansprechend und überzeugend

Verständlichkeit

Wenn etwas schwer zu verstehen ist, dann ist das Lesen, die Informationsaufnahme, für den Leser bestimmt nicht rationell. Und um den Leser geht es doch wohl in erster Linie. Auch aber für den Schreiber bedeuten schwer verständliche Sätze kein rationelles Arbeiten. In Bandwurm- oder Schachtelsätzen kann man sich beim Formulieren – zum Beispiel infolge von Störungen – sehr leicht verheddern. Wenn man es merkt, muss man einen neuen Anlauf nehmen. Falls man es nicht merkt ...

Aber auch, wenn man lange Sätze so ordentlich und solide baut, dass sie auf Anhieb verstehbar sind, ist diese Art des Formulierens nicht rationell. Das Formulieren langer und trotzdem verständlicher Sätze erfordert einfach mehr Konzentration und oft auch mehr Zeit als das Formulieren mittellanger oder kurzer Sätze.

Anschaulichkeit

Zur Verständlichkeit tragen aber noch mehr Faktoren bei als nur die Satzgestaltung. Man kann relativ kurze Sätze schreiben und sich dennoch schwer verständlich ausdrücken. „Tote" Texte sind für den Leser bei der Informationsaufnahme anstrengender als lebendige Sätze.

Logik

Und ein dritter Bereich ist hier zu erwähnen: Die Logik. Eine Aussage mag gut überschaubar sein, sie mag in natürlichem Deutsch geschrieben sein und sie kann trotzdem schwer zu verstehen sein. Beim Lesen hat man so ein merkwürdiges Gefühl „Irgendetwas stimmt hier nicht", ohne dass man das, was nicht stimmt, richtig greifen kann. Wer gewissenhaft ist, liest noch einmal, vielleicht sogar ein drittes Mal, bis er dahinter kommt, dass die Aussage unklar ist: Schief, mehrdeutig, unlogisch.

Schlankere Sätze schreiben

Einen Satz, der mit Füllwörtern und Schnörkeln überladen ist, dürfen wir wohl, im übertragenen Sinne, fett nennen. Der Satz schleppt zu viel Ballast mit sich herum. In fetten Sätzen steht der Informationsgehalt in ungünstigem Verhältnis zum sprachlichen Aufwand. Fette Sätze schrecken den Leser ab, ermüden ihn. Ermüdeten und gelangweilten Lesern fällt es schwer, in einem umständlichen Satzgefüge das Wesentliche zu erkennen.

Praxisbeispiel 1

✘ Aufs Höchste erstaunt, haben wir zur Kenntnis genommen, dass Sie trotz unseres größtmöglichen Entgegenkommens der gesetzten Zahlungsfrist keinerlei Beachtung geschenkt haben, wobei noch anzumerken ist, dass wir Ihnen unsererseits auf Ihr beharrliches Drängen hin einen extremen Preisnachlass gewährt haben.

✓ Schade, dass Sie auch die verlängerte Zahlungsfrist nicht eingehalten haben! Dabei hatten wir den Preis extrem herabgesetzt.

Praxisbeispiel 2

✘ Unter höflicher Bezugnahme auf Ihr Schreiben vom ... können wir Ihnen die erfreuliche Mitteilung machen, dass unser Stammhaus bereit ist, auch auf der Grundlage des geringeren Bedarfs einen Vertrag mit Ihnen zu tätigen, und wir bitten Sie aus diesem Grunde, den vorliegenden Abschlussbrief in der Menge auf 2000 kg abzuändern.

✓ Eine gute Nachricht haben wir für Sie: Unser Stammhaus ist trotz ihres geringer gewordenen Bedarfs bereit, den Vertrag wie vorgesehen abzuschließen. Bitte verringern Sie die Menge im Abschlussbrief auf 2000 kg.

Welche Merkmale machen unsere Sätze schwerfällig, umständlich?

Vor allem:

- Nichtssagende Superlative
- Überflüssige Eigenschaftswörter
- Wiederholungen
- Phrasen
- Nicht genau treffende Wörter
- Ungeschickter Satzbau

Ein weiteres Merkmal kann dazu beitragen, dass schlanke Sätze fetter werden:

→ Bevorzugen Sie für Handelnde das Aktiv. Das Aktiv wirkt lebendiger als das Passiv!

Praxisbeispiel 1

✖ Aller Erfahrung nach werden bei Jahresabschlüssen von Seiten des Kunden Mengen genannt, die im unteren Grenzbereich liegen.

✓ Aller Erfahrungen nach nennen die Kunden bei Jahresabschlüssen Mengen, die nahe der unteren Grenze liegen.

Analyse

Hier heißt es umständlich „von Seiten des Kunden". Der Handelnde wird genannt. Warum dann so gezwungen im Passiv statt im Aktiv?

Praxisbeispiel 2

✖ Ihre ausführlichen Kalkulationsunterlagen wurden von uns aufmerksam gelesen.

✓ Ihre ausführlichen Kalkulationsunterlagen haben wir aufmerksam gelesen.

Analyse

Auch in diesem Satz weiß man, sagt man und will man sagen, wer was durchgesehen hat. Warum so verklausuliert „wurden von uns?"

> **Praxisbeispiel 3**
>
> ✖ Wie uns von der Kundenbuchhaltung mitgeteilt wurde, ist diese Rechnung von Ihnen noch nicht beglichen worden.
>
> ✓ Unsere Kundenbuchhaltung hat uns mitgeteilt, dass Sie diese Rechnung noch nicht beglichen haben.
>
> oder
>
> ✓ Wie unsere Kundenbuchhaltung mitteilt, ist diese/Ihre Rechnung noch nicht beglichen/bezahlt worden.
>
> Analyse
> Hier treten zwei bekannte Handelnde und beide treten im Passiv auf. Wo ist der Vorteil?

Das Passiv ist nützlich, wird aber häufig an Stellen gebraucht, an denen es nicht zu Verständniszwecken nötig ist.

Um Missverständnisse vorzubeugen, sei gesagt: Das Passiv hat in unserer Sprache seine Berechtigung und gibt uns viele Möglichkeiten, treffend zu formulieren. Vergessen Sie also getrost die dogmenartigen Regeln und die „Verleumdungskampagne" gegen das Passiv.

Zu beanstanden ist, dass die Passivformen an Stellen benutzt werden, wo Aktivformen die eindeutig bessere Lösung sind.

Die Aufforderung, schlanke Sätze zu schreiben, bedeutet keineswegs, dass Sie jeden längeren Satz, den Sie aufs Papier bringen oder den ein anderer formuliert, kurz und klein schlagen sollen. Nur kurze Sätze, einer nach dem anderen, immer wieder, wären genauso langweilig wie lauter Mammutsätze. Auch ein Stakkato- oder Asthmastil ist infolge seiner Eintönigkeit nicht gut zu verdauen, von der stilistischen Langweiligkeit ganz abgesehen.

Kurze Sätze – Subjekt, Prädikat, Objekt – durch etwas stärker gegliederte Sätze unterbrechen! Abwechslung erhöht die Aufmerksamkeit des Lesers. „Schlank" heißt also nicht: Kurz um jeden Preis.

Die wichtigste Faustregel – sowohl für den Satz als auch für den ganzen Text: Den sprachlichen Aufwand in ein günstiges Verhältnis zum Informationsgehalt bringen! Keine Überflüssigkeiten, aber auch keine Informationsüberfracht!

Anschaulich Formulieren!

In der Fachliteratur wird heute oft über Papierwörter und Papierwendungen geklagt. Papierwörter und Papierwendungen sind Ausdrucksweisen, die man fast nur auf dem Papier findet, die also der natürlichen Umgangssprache fremd sind.

Denken Sie an:

- baldmöglichst
- anheimstellen
- Betreffs
- Nebst
- Zwecks
- Diesbezüglich
- Der Ordnung halber geben wir Ihnen zur Kenntnis ...
- Ihren weiteren Nachrichten gern entgegensehend ...
- Wir hoffen, Ihnen mit diesen Angaben gedient zu haben und verbleiben ...

Solche Wörter und Wendungen nehmen den Texten die ansprechende Lebendigkeit.

Außerdem haben wir uns über zu viele Substantive zu beschweren, darunter auch unnötige Fachwörter, oft Fremdwörter, vor allem, wenn sie Nichtfachleuten vorgesetzt werden. Besonders in werbenden Texten müssen wir immer die Leser im Auge behalten, die das, was wir zu sagen haben, „genießen" sollen.

Praxisbeispiel 4 – „Klar und direkt"

✘ Wir unsererseits sind der Überzeugung, dass zwecks Prüfung der Unterlagen von Seiten Ihrer EDV-Abteilung entsprechende Vorarbeit geleistet werden muss.

✓ Wir sind überzeugt: Ihre EDV-Abteilung muss Vorarbeit leisten, um die Unterlagen zu prüfen.

Schriftliche Kommunikation

Praxisbeispiel 5 – „zurückerstatten oder erstatten?"

✘ Wir stellen Ihnen anheim, diesen Betrag alsbald selbst zurückzuerstatten oder denselben durch uns entsprechend weiterleiten zu lassen.

✓ Sie können den Betrag selbst zurückzahlen oder diesen durch uns weiterleiten lassen.

Praxisbeispiel 6 – „Direkte Fragen"

✘ Nachdem wir Ihnen unseren Standpunkt ausführlich dargelegt haben, wären wir Ihnen sehr verbunden, wenn Sie nach Möglichkeit uns recht bald dahingehend verständigen könnten, ob Sie in dieser Hinsicht mit uns konform gehen und unseren Vorschlag akzeptieren.

✓ Was halten Sie von unserem Vorschlag?

✓ Entspricht dieser Vorschlag Ihren Wünschen?

✓ Können Sie diesem Vorschlag zustimmen?

Praxisbeispiel 7

✘ Gesucht wird eine dynamische Persönlichkeit, die neben der notwendigen fachlichen Qualifikation ein großes Maß an Durchsetzungsvermögen besitzt.

✓ Wir suchen einen qualifizierten Mitarbeiter, der sich auch durchzusetzen versteht.

Haltbare Gedankengänge bauen!

Vom Satzbau zum Inhalt

Gut gestaltete Sätze sind verständliche Sätze, es sei denn, wir haben oberflächlich gedacht. Oberflächliches Denken nämlich schlägt sich in der Formulierung nieder. Mehrdeutigkeiten, Widersprüche, Unlogik mögen die Folge sein. Oft kann der Leser zwar aus dem falsch formulierten erraten, was gemeint ist, weil er Berufsroutine und/ oder Lebenserfahrung hat und diese wohlwollend anwendet. Aber sollen wir ihm das zumuten? Sollen wir es darauf ankommen lassen?

Praxisbeispiel 8

✘ Weitere fachliche Auskünfte erhalten Sie gerne durch unsere Bezirksdirektion.

✓ Weitere Auskünfte gibt Ihnen gerne unsere Bezirksdirektion.

<u>Analyse</u>

Ob der Briefempfänger weitere Auskünfte wirklich gerne erhält? Wie wollen wir das wissen? Vielleicht sitzt er ohnehin schon in einem Wust von Informationen und findet nicht mehr durch. Vielleicht ist er an unseren Auskünften gar nicht interessiert. Bei diesen Überlegungen wird sofort klar, dass die Aussage so gar nicht gemeint war.

Schriftliche Kommunikation

Praxisbeispiel 9

✘ Die im Folgenden aufgeführten Produkte werden ab 1. Januar 20.. der beigefügten Liste entsprechend umbenannt.

✓ Die im Folgenden aufgeführten Produkte werden am 1. Januar 20.. der beigefügten Liste entsprechend umbenannt.

oder

✓ Die im Folgenden aufgeführten Produkte werden der beigefügten Liste entsprechend umbenannt. Die neuen Bezeichnungen gelten ab 1. Januar 20.. .

Analyse

Zeitfehler: Zeitstrecke oder Zeitpunkt

Wenn ich sage, dass ich ab Montag, morgens eine Stunde früher aufstehe, so heißt das: Tag für Tag, immer von neuem, stehe ich morgens eine Stunde früher auf als bisher. Das Wort „ab" weist auf eine Zeitstrecke hin: In unserem Beispielsatz aber wird ein Zeitpunkt genannt und zu diesem Zeitpunkt soll etwas geschehen, das damit dann auch abgeschlossen ist, ein Umbenennungsvorgang. Der Formulierung nach würden die Produkte Tag für Tag umbenannt.

Das Verb „umbenennen" taugt in diesem Zusammenhang nur in Verbindung mit einem Zeitpunkt. Das Verb „gelten" dagegen deutet auf eine Zeitstrecke – die Zeit der Gültigkeit – hin.

Praxisbeispiel 10

✘ Wenn Sie diese Unterlagen aufmerksam durchsehen, so weisen sie erhebliche Ungenauigkeiten auf.

✓ Wenn sie diese Unterlagen sorgfältig lesen, so werden Sie feststellen, dass sie erhebliche Ungenauigkeiten aufweisen.

Analyse

Und wenn wir diese Unterlagen nicht aufmerksam durchsehen oder überhaupt nicht durchsehen, weisen sie dann keine Ungenauigkeiten auf? Mit anderen Worten: Der Schreiber behauptet, das Vorhandensein von Ungenauigkeiten in diesen Unterlagen hänge vom sorgfältigen Durchsehen ab. Er hat seinen Gedanken nicht genau, sondern verkürzt gedacht.

Praxisbeispiel 11

✘ In einem umfassenden Bericht legte der Referent der Normenstelle dar, dass diese Arbeitsweise zwangsläufig zu Fehlern führe.

✓ Der Referent der Normenstelle legte in einem umfassenden Bericht dar, dass diese Arbeitsweise zwangsläufig zu Fehlern führe.

oder

✓ Der Referent legte der Normenstelle in einem umfassenden Bericht dar, dass diese Arbeitsweise zwangsläufig zu Fehlern führe.

Analyse

Wer legt wem was dar? Legt der Referent gegenüber der Normenstelle dar oder legt der Referent der Normenstelle gegenüber irgendwelchen anderen Leuten, die hier nicht genannt sind, etwas dar?

Der Fehler der Zweideutigkeit hat seinen Ursprung darin, dass „der Normenstelle" sowohl der Genetiv als auch der Dativ sein kann.

Der Geschäftsbrief

Ist es zweckmäßig, Geschäftsbriefe nach Lust und Laune gestalten zu lassen? Wenn es in einem Unternehmen keine verbindlichen Regeln dafür gibt, werden zwar alle diktierenden und schreibenden Mitarbeiterinnen und Mitarbeiter, ohne darüber nachzudenken, einige Regeln befolgen, die in den „Regeln für Maschinenschreiben" (DIN 5008) verzeichnet sind, aber einige auch nicht. Und welche Regeln befolgt werden, das ist oft von Arbeitsplatz zu Arbeitsplatz, manchmal sogar von Fall zu Fall unterschiedlich.

Was herauskommt, sind Briefe, die mal so und mal so aussehen, wie es dem „Schönheitsideal" eines Vorgesetzten oder Mitarbeiters entspricht.

Ist es nicht besser, sich für einheitliche Regeln zu entscheiden, die außerdem rationelles Arbeiten ermöglichen?

Und was ist mit der stilistischen Gestaltung? Im vorherigen ist dazu schon Grundsätzliches gesagt (mit Beispielen). Hier möchten wir aber auf Einzelheiten eingehen.

Bezugnahme

Bezugnehmend auf Ihr Schreiben vom 05. November 2020 teilen wir Ihnen mit, dass wir ...

Sie kennen diesen Briefanfang? Natürlich. Ist er korrekt geschrieben? Sicher! Sicher? Er ist es nicht.

Vergessen Sie bitte:
- Bezug nehmend auf ...
- Mit Bezug auf ...
- Unter Bezugnahme auf ...
- In Beantwortung ...
- Antwortlich ...
- Wir bestätigen dankend den Eingang Ihres Schreibens ...

Da wir schon mal beim Aufräumen sind: Ist es sinnvoll, sich in einer solchen Einleitung überhaupt auf eine Mitteilung des Briefempfängers zu beziehen? In den meisten Fällen nicht. Immer dann nicht, wenn diese Bezugnahme bereits in der Bezugszeile oder – wo es sie vorgedruckt nicht mehr gibt – im Betreff sattgefunden hat. Warum dasselbe zweimal sagen?

Aber wie beginnen, wenn diese Floskeln nicht mehr zur Verfügung stehen? Wenn wir von unseren Routinen abweichen sollen, dann pflegen wir zu stutzen: Wie denn nun?

Nicht um den heißen Brei herumschreiben!
- Ihre Verärgerung über die verspätete Lieferung ist verständlich.
- Mit Ihrem Vorschlag sind wir einverstanden.
- Es tut uns leid, aber wir sehen keine Möglichkeit, die Kreditfrist noch einmal zu verlängern.
- Sie haben uns mit Ihrem Hinweis eine Menge Arbeit erspart. Vielen Dank.
- Hier ist der Bericht, den Sie so dringend brauchen.
- Ihre Fragen haben wir sofort geprüft. Die Antworten, die Sie benötigen:
- Mahnungen schreiben und Mahnungen empfangen, daran findet niemand Vergnügen. Haben Sie jedoch bitte Verständnis dafür, dass wir Sie heute an unsere Rechnung vom ... erinnern.

Nun mag es sein, dass Sie sich auf den Brief Ihres Korrespondenzpartners am Anfang Ihrer Antwort beziehen wollen, weil Sie sich zum Beispiel dafür bedanken möchten. Auch das geht ohne die erwähnten Floskeln.
- Über Ihre schnelle Antwort haben wir uns sehr gefreut.
- Ihre ausführliche Stellungnahme hat uns ein gutes Stück weitergeholfen.
- Sie haben uns mit Ihrer Auskunft einen wertvollen Dienst erwiesen. Danke.
- Ihre vertraulichen Informationen sind für uns sehr wertvoll. Herzlichen Dank.

Und wenn nun jemand keine vorgedruckte Bezugszeile hat und auch keine Betreffzeile verwenden möchte, zum Beispiel, weil der Brief persönlich wirken soll? Dann muss die Mitteilung des anderen natürlich in der Einleitung erscheinen, mit Datum. Wie dann aber so veraltete Startsätze vermeiden?

Zum Beispiel
- Ihr Brief vom 5. November hat bei uns eine lebhafte Diskussion ausgelöst.
- Für Ihren Brief vom 5. November 20.. herzlichen Dank.
- Ihren Brief vom 5. November 20.. haben wir sofort an die zuständige Stelle im Vertrieb weitergeleitet.
- Ihr Brief vom 5. November 20.. hat uns gezeigt, dass auch Sie an einer gütlichen Einigung interessiert sind. Also werden wir sie auch finden.
- Ihrem Brief vom 5. November 20.. haben wir entnommen, dass wir bei unserer Beurteilung des Sachverhalts von falschen Voraussetzungen ausgegangen sind.
- Wenn wir Ihre Bestellung vom 5. November 20.. drei Tage früher erhalten hätten, wäre es uns noch möglich gewesen, sofort zu liefern.
- Ihre Mahnung vom 5. November 20.. hat sich mit unserer Überweisung gekreuzt.

Warum Bewährtes ändern?

Und warum nun all diese Vorschläge, die unsere Briefanfänge verändern sollten? Sind wir mit den alten Formulierungen nicht immer gut gefahren? Hat sie jemals einer beanstandet?

Lange sind wir wirklich gut damit gefahren, denn sie waren das einzige Übliche. Und beanstanden wird sie auch in Zukunft niemand. Aber es gibt heute schon viele, die über floskelhafte Einleitungen geringschätzig lächeln und denken: „Die müssen von vorgestern sein."

Stilistische Bräuche ändern sich nicht von heute auf morgen, aber mit der Zeit schon. Es ist nicht nötig, jede neue Ausdrucksweise gleich aufzugreifen. Doch allzu lange hinterherhinken, falls sich Änderungen durchsetzen, das ist gerade im Geschäftsleben auch nicht gerade imagefördernd. Und was ist das beispielsweise für ein Image, wenn jemand modernste Dinge verkaufen will und das mit Formulierungen versucht, die zur Zeit schwerfälliger Typenhebelschreibmaschinen üblich waren? Das irritiert, weil moderne Bürogeräte und stilistische Altertümer schlecht zusammenpassen.

Und bei den vielfältigen Möglichkeiten, die wir in diesem Rahmen haben, dürfen wir zusätzlich unserem individuellen Geschmack folgen. Denn - auch die individuelle Note gehört zum modernen Briefstil.

Schlusssätze

Neben veralteten, unzweckmäßigen und auch unrationellen Einleitungssätzen halten sich auch noch immer entsprechende Schlusssätze.

Der bekannteste und am häufigsten benutzte Schlusssatz lautet:

„Wir hoffen, Ihnen mit unseren Angaben gedient zu haben, und verbleiben

mit freundlichen Grüßen"

<u>Alte Zöpfe sollten fallen</u>

Am Rande: Wenn man ihn schon benutzt, dann bitte wenigstens korrekt mit einem Komma hinter „haben", denn dort hört die Infinitivgruppe auf und der Hauptsatz wird mit „und" fortgesetzt.

Aber der Streit, der so oft wegen dieses Kommas ausgefochten wird, ist ganz unnötig: Weil dieser Schlusssatz endlich ausgedient haben sollte. Stattdessen ist er aber manch einem Diktierer derart in Fleisch und Blut übergegangen, dass er selbst am Schluss von Mahnungen oder am Schluss von Preiserhöhungsbriefen steht.

Ebenso verschwinden sollte die beliebte Schlussfloskel:

Ihren weiteren Nachrichten gern entgegensehend, verbleiben wir ...

Also, weg mit diesen beiden Altertümern und allen ähnlichen Formulierungen! Und was setzen wir dafür ein?

1. Mit der Sache aufhören

Falls irgend möglich, wählen Sie einen Schlusssatz mit positivem Inhalt oder zumindest einen inhaltlichen neutralen Schlusssatz. Es ist nicht günstig, sich mit einer negativen Aussage vom Leser zu verabschieden.

> - Wir werden Ihnen den Betrag in den nächsten Tagen überweisen/ Sie erhalten den Betrag in den nächsten Tagen.
> - Sobald wir Nachricht von unserem Vorlieferanten haben, melden wir uns.
>
> Das ist ein Versprechen. Der Briefempfänger weiß: Ich brauche die Sache nicht auf Termin zu legen, brauche nicht zu erinnern, zu mahnen – mein Partner kommt von selbst darauf zurück, so schnell es nur geht.

> - Wir werden mit der Gegenpartei Ihrem Vorschlag entsprechend verhandeln.
>
> Hier steht das Wichtigste am Schluss. Nachdem der Schreiber vielleicht das Für und Wider des Vorschlages erörtert hat, schreibt er, was der Partner lesen will: Dass getan wird, was er möchte.

2. Um Verständnis bitten

> - Es tut uns leid, dass wir Ihren Wunsch nicht erfüllen können, aber der Gesetzgeber lässt uns in diesem Fall keine Wahl.
> - Wir können gut verstehen, dass Ihnen diese Regelung nicht gefällt. Aber bitte, haben Sie auch für unsere Situation Verständnis.
> - Leider hat der Interessent abgesagt. Wir bemühen uns weiter.

3. Sich entschuldigen

Wer einen Fehler gemacht hat, tut gut daran, nicht um den heißen Brei herumzureden, sondern die Panne zuzugeben. Das wirkt allemal sympathischer. Wenn dann noch eine angemessene Entschuldigung hinzukommt, wird der Geschäftspartner in den meisten Fällen nachsichtig reagieren.

- Dass Sie sich geärgert haben, ist nur allzu verständlich. Bitte entschuldigen Sie unser Versehen.
- Es tut uns leid, dass diese Panne passiert ist. In Zukunft werden wir die Ware vor dem Versand noch sorgfältiger prüfen. Versprochen.
- Unser „Herr Computer" hat sich bei der Mahnung in der Adresse geirrt. Aber natürlich waren wir es, die ihm falsche Anweisungen gegeben haben. Bitte entschuldigen Sie.
- Noch einmal: Entschuldigung! Wir werden dafür sorgen, dass so ein Fehler nach menschlichem Ermessen nicht wieder passieren kann.

4. Fragen

Niemand hat es gern, wenn einfach behauptet oder angeordnet wird. Selbst wenn „alles klar" ist, man möchte gern gefragt werden:

Seien Sie höflich ohne die Verwendung von Floskeln.

- Sie sehen, unser Vorschlag hat einige Vorteile. Sind Sie einverstanden?
- Wir halten diese Vorgehensweise für die günstigste. Oder können Sie sich einen besseren Weg vorstellen?
- Das Projekt ist vielversprechend. Hätten Sie Interesse mitzumachen?

5. Auffordern

Mit Aufforderungen müssen wir vorsichtig umgehen, Fragen sind besser. Manchmal kommen wir um eine Aufforderung nicht herum, zum Beispiel bei Mahnungen. Der andere soll zahlen und das darf nicht verschleiert werden. Er muss erfahren, welches seine letzte Frist ist und was geschieht, wenn er sie nicht wahrnimmt. Trotzdem, wir können unsere Aufforderungen in eine erträgliche Form bringen.

- Bitte überweisen Sie den Betrag bis zum ... Danke.

Das „Bitte" und das „Danke" mildern die notwendige Schärfe der Aufforderung („bis zum ...").

- Wenn der Betrag bis zum ... nicht auf unserem Konto eingegangen ist, müssen wir den Rechtsweg gehen. Bitte verhindern Sie diese Entwicklung.

Hier wird die Aufforderung, um die es eigentlich geht (Zahle bis zum ...!) in eine indirekte Aufforderung umgewandelt. Sie klingt weniger scharf, obwohl sie nichts an Klarheit zu wünschen übriglässt.

Kein falsches Bedauern

Ein Nebengedanke zur Drohung mit dem Gericht: In diesem Zusammenhang ist immer wieder zu lesen: „sehen wir uns leider gezwungen, gerichtlich gegen Sie vorzugehen" (oder: „rechtliche Schritte einzuleiten" oder „den Rechtsweg zu beschreiten"). Nur zwingt uns allerdings in Wirklichkeit niemand dazu. Und wenn zum Beispiel der Betrag den Aufwand nicht lohnte oder bei dem Schuldner ohnehin nichts zu holen wäre, würden wir uns auch von niemanden zu einem derartigen Abenteuer zwingen lassen.

Im Übrigen ist es, wie jeder weiß, unser gutes Recht, das Gericht zu bemühen, wenn die Dinge nicht gütlich in Ordnung zu bringen sind. Deshalb besser: „werden wir den Rechtsweg gehen". Wir tun das, weil es uns zusteht und weil das der einzige vernünftige Weg ist,

Rechtsfragen zu klären und zu entscheiden. Warum „gehen" statt „beschreiten"? Weil „beschreiten" allzu feierlich klingt.

> • Bitte vermeiden Sie den Rechtsweg, indem Sie den Betrag bis zum ... überweisen.

Bei diesem Satz, wie bei den vorhergehenden, handelt es sich zwar um Aufforderungen, aber sie werden mit einem schlichten Punkt abgeschlossen. Auch das nimmt ein wenig die Schärfe.

> • Bitte schicken Sie uns die Ausarbeitung bis zum ... Danke.
>
> Eine klare Aufforderung, verschärft durch die Terminangabe. Dennoch wirkt diese Aufforderung nicht zu scharf, weil sie von „Bitte" und „Danke" begleitet ist.
>
> Noch milder kann man den Inhalt natürlich formulieren, wenn der letztmögliche Termin nicht gar so nah vor der Tür steht. Dann empfiehlt sich wiederum ein Fragesatz.
>
> • Können Sie uns die Ausarbeitung bis zum ... schicken? Vielen Dank.

Noch Fragen?

> • Wenn Sie noch Fragen haben: Bitte rufen Sie uns an.
>
> Noch eine Aufforderung, aber eine, die einen Empfängervorteil ausdrückt:

Oft wird diese Aussage so formuliert: Sollten Sie noch Fragen haben, rufen Sie uns bitte an.

Durch die „normale" Fortsetzung „so ..." wird die Aussage lahmer, weniger überzeugend, mehr nur so dahingesagt.

Das „Sollten Sie" wirkt eine Spur unglaubwürdig. Der Grund? „Sollten Sie" wird oft im Sinne von „Sollten Sie etwas ..." gebraucht mit der eindeutigen Tendenz „Also bitte nicht auch das noch!". Und dieser

Gebrauch schwingt immer ein bisschen mit. „Sollten Sie noch Fragen haben" klingt deshalb in empfindlichen Ohren eher abwehrend als einladend.

- Fragen hierzu beantworten wir Ihnen gerne.

Und was können wir scheiben, wenn wir wirklich nur etwas im Sinne von „Wir hoffen, Ihnen hiermit gedient zu haben, und verbleiben" ausdrücken wollen? Etwas, das diesem Sinn entspricht, aber einen anderen Wortlaut hat und dadurch nicht so abgegriffen, so floskelhaft wirkt.

- Wir hoffen, dass Ihnen diese Informationen weiterhelfen.
- Helfen Ihnen diese Informationen weiter?

Praxis-Tipp:

Ein perfekter Geschäftsbrief sorgt für einen positiven Eindruck bei den Geschäftspartnern. Er trägt entscheidend zum Erfolg von Verhandlungen oder Kundenbindungen bei.

Nutzen Sie dieses Marketinginstrument und sorgen Sie dafür, dass Ihre Mitarbeiter mit einem höflichen und zeitgemäßen Stil wesentlich schneller und erfolgreicher an ihr Ziel kommen als mit einem althergebrachten Briefstil.

AIDA-Formel

Schon lange wird vor allem in der Werbebranche die sogenannte AIDA-Formel angewendet. Sie stellt ein erfolgreiches Schema dar, um potenzielle Käufer für ein Produkt zu begeistern. Folgendes steht hinter der Formel:

A	=	Attention	=	Aufmerksam machen
I	=	Interest	=	Interesse erwecken
D	=	Desire	=	Wunsch auslösen
A	=	Action	=	Zum Handeln veranlassen

Aufbau

Damit Werbebriefe möglichst wirksam sind und den Kunden ansprechen, sollten Sie auch hier den Briefaufbau und Ihre Formulierungen gemäß der AIDA-Formel gestalten:

- Großes Einfühlungsvermögen
- Sprachliche Mittel optimal einsetzen
- Wirkungsvoll argumentieren
- Persönliche Note einbringen
- Datum und Unterschrift

Praxis-Tipp:
Ein Werbebrief sollte nicht länger als eine Seite sein!

Beispiel

Anschrift   Datum

(Bezugszeichenzeile)

Sehr geehrte Damen und Herren,

Attention

Sie können auf die verschiedensten Arten dem Stress des Alltags entfliehen. Eine der schönsten ist es, lautlos, dem Vogel gleich, im Wind zu gleiten. Dieses einzigartige Erlebnis ist nur dem Segelflieger vergönnt, wenn er von Aufwind zu Aufwind schwebt und dabei Zeit und Alltagssorgen vergisst.

Interest

Wenn auch Sie, wie Reinhard Mey so schön singt, die grenzenlose Freiheit erleben wollen, empfehlen wir Ihnen, das Segelfliegen zu erlernen.

Wir würden uns freuen, wenn Sie das bei uns – im Herzen der Fränkischen Schweiz – an der Fränkischen Fliegerschule Feuerstein tun würden. Wir sind ein Team von erfahrenen Fluglehrern und bieten Ihnen neben unserer Erfahrung bestes Fluggerät an.

Desire

Wenn Sie es erst probieren möchten, ob das Fliegen Ihnen die erwartete Freude bereitet, bieten wir Ihnen unseren Schnupperkurs zum Kennenlernen an.

Action

Schreiben Sie uns. Wir schicken Ihnen gerne ausführliches Informationsmaterial.

Mit freundlichen Grüßen

Etikette für persönliche Briefe

Im Geschäftsleben begegnen uns tagtäglich Freud und Leid. Zu den schwierigsten Aufgaben gehört es, anspruchsvolle Glückwünsche und niveauvolle Kondolenzbriefe zu formulieren.

Es ist nicht immer leicht, unter Zeitdruck die treffenden Worte zu finden. Dadurch bewegen Sie sich auf einer nicht ungefährlichen Gratwanderung, da in der Hektik der Tagesarbeit das Sprachgefühl nicht richtig eingesetzt werden kann.

Etikette für persönliche Briefe

- Glückwunschschreiben auf Geschäftspapier schreiben (ohne Anschriftenfeld, Bezugszeichenzeile usw.).
- Kondolenzbriefe: Schwarz umrandetes Briefpapier sowie schwarz umrandete Briefumschläge sind der trauernden Familie und dem engsten Freundeskreis vorbehalten.
- Glückwunschschreiben usw. sollten mit der Hand geschrieben werden, da sie persönlicher wirken.
- Durch die Hektik der Arbeitswelt werden Glückwunschschreiben meistens mit dem PC geschrieben. Beachten Sie dabei: Anrede, Grußformel und Unterschrift immer handschriftlich, um die persönliche Note zu bewahren. Bitte verwenden Sie dazu keinen Kugelschreiber oder sonstiges Schreibgerät, sondern einen Füllfederhalter.
- Auf Glückwunschschreiben und Kondolenzbriefe auch das Datum des Ereignisses schreiben.
- Datum ausschreiben: 22. August 2020
- Der Brief sollte nicht länger als eine Seite sein.
- Mitgesandte Präsente nur wenn unbedingt nötig im Glückwunschschreiben hervorheben.
- Erhaltene Präsente werden im Dankschreiben selbstverständlich erwähnt.
- Persönliche Briefe mit Briefmarken freimachen, um die persönliche Note zu wahren.

Schriftliche Kommunikation

Persönliche Brief zu besonderen Anlässen

Die Musterbriefe auf den nächsten Seiten stellen eine Auswahl möglicher Anlässe dar und dienen als Formulierungsvorschläge, die jederzeit individuell abgeändert werden können – für jeden Anlass passend, treffsicher und niveauvoll.

Geburtstage und Danksagungen

Muster

Sehr geehrter Herr ...,

zu Ihrem Geburtstag die herzlichsten Glückwünsche der ... Geschäftsstelle und meine ganz persönliche Gratulation.

Wir wissen es zu schätzen, dass sich Persönlichkeiten unserer Industrie, die im eigenen Unternehmen bis an die Grenzen ihrer Belastbarkeit gefordert sind, darüber hinaus noch für die gemeinsamen Interessen unserer Branche einsetzen. Sie haben über lange Jahre hinweg ein solches Engagement gezeigt, wofür wir Ihnen danken.

Für das kommende Lebensjahr und darüber hinaus wünschen wir Ihnen weiterhin Tatkraft, Entschlossenheit und viel Glück.

Mit freundlichen Grüßen

Lieber Herr ...,

mit dem heutigen Geburtstag treten Sie in ein neues Lebensjahrzehnt ein. Noch liegt Ihnen für die Gestaltung Ihres Lebensweges und die Verwirklichung Ihrer Wünsche und Vorstellungen alles offen.

Nutzen Sie diese Jahre und die Chancen, die sich Ihnen bieten! Dazu wünscht Ihnen von Herzen viel Glück

Ihr

Lieber ...,

mit Ihrem heutigen Geburtstag vollenden Sie Ihr zweites Lebensjahrzehnt und damit Ihren ersten Lebensabschnitt, den Sie als Kind heranwachsender überwiegend im Elternhaus eingebettet verlebt haben. Eindrücke, Gelerntes und Erfahrenes aus dieser Zeit werden Sie künftig begleiten und Ihr Leben mitbestimmen.

Möge es Ihnen vergönnt sein, in dem neuen Lebensjahrzehnt Ihre Eigenschaften und Fähigkeiten beruflich sowie im persönlichen Bereich zur Geltung zu bringen und dabei die Gunst der Stunde zu nutzen. Dazu wünsche ich Ihnen viel Glück.

Mit herzlichem Gruß

Sehr geehrter Herr ...,

zu Ihrem 50. Geburtstag gratuliere ich Ihnen herzlich.

Für die Zukunft wünsche ich Ihnen viel Glück, und dass Sie weiterhin so erfolgreich wie bisher und bei bester Gesundheit für Ihr Unternehmen tätig sein können.

Mit freundlichen Grüßen

Lieber Herr ...,

ich kenne Sie seit vielen Jahren in angenehmer Zusammenarbeit.

Umso herzlicher gratuliere ich Ihnen zum 50. Geburtstag und wünsche Ihnen weiterhin Glück, Erfolg und Gesundheit. Erhalten Sie sich diese ganz besonders für Ihre Familie und ein bisschen auch für uns!

Auf weitere so gute Zusammenarbeit und persönliches Wohlergehen für Sie und Ihre Familie.

Ihr

Sehr geehrter Herr ...,

zu Ihrem 50. Geburtstag meine aufrichtigen Grüße, meine besten Wünsche für Sie an diesem Tage und für Ihr neues Lebensjahrzehnt.

Bei aller Dynamik und dem gewohnten Blick nach vorn gibt ein solcher Geburtstag auch Anlass zur Rückschau. Mit wachsendem Abstand verblassen erfahrungsgemäß manche Begebenheiten und werden verdrängt von den nachhaltig positiven Ereignissen und Begegnungen.

Für Ihren weiteren Lebensweg an der Spitze Ihres Unternehmens wünsche ich Ihnen alles Gute. Neben der Gesundheit, die immer wertvoller wird, mögen Ihnen eine stets glückliche Hand sowie ein weiterhin nachhaltiger Erfolg beschieden sein.

Mit sehr herzlichen Grüßen

Muster Danksagungen zu Geburtstagswünschen

Sehr geehrte ...,

zu meinem ... Geburtstag habe ich eine Vielzahl von Glückwünschen, Blumen und Geschenken erhalten.

Da es mir leider nicht möglich ist, jeden Gratulanten einzeln persönlich anzuschreiben, möchte ich mich auf diesem Wege für die Grüße, Glückwünsche und Aufmerksamkeiten bedanken.

Sie alle haben mir eine große Freude bereitet.

Mit herzlichem Gruß

Sehr geehrter Herr ...,

über die vielen persönlichen und schriftlichen Glückwünsche sowie die liebevoll ausgesuchten Geschenke zu meinem 50. Geburtstag habe ich mich sehr gefreut.

Ich danke allen, die von nah und fern kamen, um mit mir dieses Ereignis zu feiern. Durch diese freundschaftliche Begegnung wurde dieser Tag zu einer schönen und wertvollen Erinnerung für mich.

Ihre Glückwünsche haben mir eine ganz besondere Freude bereitet.

Herzlichst

# Heirat und Danksagung

Muster

> Liebes Brautpaar,
>
> möge der heutige Tag für Sie unvergessen bleiben als der Beginn eines gemeinsamen, langen und glücklichen Weges voller Liebe, Glück und Lebenskraft in guten und in schlechten Tagen.
>
> Herzlichen Glückwunsch

> Liebes Brautpaar ...,
>
> zu Ihrem heutigen Festtag übermittle ich Ihnen meine herzlichsten Grüße. Möge das Glück ein Leben lang anhalten und Ihnen in guten Tagen genug Kraft geben, um auch in schwierigen Lebenslagen fest zusammenzustehen.
>
> Dazu wünsche ich Ihnen von ganzem Herzen gutes Gelingen.
>
> Ihr

> Liebes Brautpaar ...,
>
> manche Erinnerungen in unserem Leben sind wie guter Wein: Sie werden wertvoller, je länger sie reifen.
>
> Ich wünsche Ihnen, dass Ihr Hochzeitstag für Sie zu einem solchen Erlebnis wird und sich alle Erwartungen, die Sie damit verbinden, in einer dauerhaften, glücklichen Ehe für Sie erfüllen.
>
> Herzlichen Glückwunsch!
>
> Ihr

Muster Danksagung

Liebe …,

die Flitterwochen sind vorbei und nun beginnt – so sagt man – der Ernst des Lebens.

Die vielen lieben Glückwünsche zu unserer Vermählung bringen uns fröhliche und dankbare Abende. Wie schön, dass auch Sie für unseren neuen Lebensabschnitt so nette Worte gefunden haben.

Wir danken Ihnen sehr, dass Sie uns Mut und Zuversicht geben, eine glückliche und lange Partnerschaft zu beginnen.

Mit herzlichen Grüßen

Geburt und Danksagung

Muster

Sehr geehrter Herr ...,

zur Geburt Ihres Sohnes gratulieren wir Ihnen recht herzlich und wünschen Ihnen und Ihrer Familie alles Gute.

Mit freundlichen Grüßen

Sehr geehrte Frau ...,

Sehr geehrter Herr ...,

herzlichen Glückwunsch zur Geburt Ihrer Tochter ...

Wir wünschen Ihnen, dass Sie Ihre kleine Tochter durch eine glückliche und unbeschwerte Kindheit führen dürfen.

Mit freundlichen Grüßen

Sehr geehrte Frau ...,

Sehr geehrter Herr ...,

zur Geburt Ihrer Tochter ... gratuliere ich Ihnen sehr herzlich.

Ich wünsche Ihnen und Ihrer Familie viel Freude am Gedeihen Ihres Kindes und für Ihr persönliches Leben.

Mit freundlichen Grüßen

Liebe Frau ..., lieber Herr ...,

wir freuen uns mit Ihnen, dass es Ihnen, liebe Frau ... und Ihrem ... gut geht. Aber auch darüber, dass Sie, lieber Herr ..., die Geburt so blendend überstanden haben.

Wir hoffen, dass Ihr Kind eine gesunde und glückliche Zukunft vor sich hat, aber wir drücken Ihnen auch die Daumen, dass es nachts bald durchschläft.

Wir möchten Ihren Stammhalter alle gerne kennen lernen und dachten uns deshalb, dass ein Babytragegurt zur bequemen „Beförderung" von ... praktisch wäre.

Wir wünschen Ihnen eine sorgenfreie schöne Zeit und viel Freude mit Ihrem kleinen Sohn.

Mit herzlichen Grüßen

im Namen aller Mitarbeiter

Muster Danksagung

Herzlichen Dank, liebe Frau ...,

dass Sie an der glücklichen und gesunden Geburt meiner Tochter mit Ihren freundlichen Worten so großen Anteil genommen haben. Die Freude war groß, als wir, meine Frau und ich, das kleine Päckchen öffnen durften.

Mit beigefügtem Foto von unserem Nachwuchs hoffen wir, auch Ihnen eine kleine Freude zu bereiten.

Ganz herzlichen Dank und mit freundlichen Grüßen von Ihrer überaus glücklichen Familie ...

Mit freundlichen Grüßen

Schriftliche Kommunikation

Kondolenz/ Beileid

Anstelle von Kondolenzbriefen werden immer häufiger schlichte Beileidskarten verschickt. Die verwendete Formulierung muss dann dementsprechend kürzer und prägnanter ausfallen:

- Worte können nicht trösten. Wir sind in Gedanken bei Ihnen.
- Unsere Gedanken begleiten Sie auf Ihrem schweren Weg.

Muster

Lieber Herr ...,

es fällt mir schwer, die richtigen Worte zu finden.

Die Gemeinschaft Ihrer Familie wird Ihnen die Kraft geben, den endgültigen Abschied hinzunehmen.

In tiefem Mitgefühl

Liebe Frau ...,

mit Ihnen trauern wir um einen außergewöhnlichen Menschen, der uns über viele Jahre hinweg ein wertvoller Mitarbeiter war.

Niemand wird Sie trösten können.

Ich kann Ihnen nur wünschen, dass Sie die Kraft finden, in dieser schweren Zeit Ihren Kindern beizustehen.

Ihr

Sehr geehrte Damen und Herren,

zu dem plötzlichen Tod von Herrn ... spreche ich Ihnen meine tief empfundene Anteilnahme aus.

Meine Mitarbeiter und ich haben Herrn ..., auf dessen Rat wir uns immer verlassen konnten, sehr geachtet.

Durch seine verantwortungsbewusste Arbeit war er allen ein Beispiel.

Herr ... wird uns sehr fehlen.

Mit stillem Gruß

Sehr geehrte Damen und Herren,

der unerwartete Tod von Herrn ... hat auch bei uns große Anteilnahme ausgelöst.

Alle, die diesen Mann gekannt haben, können ermessen, welch schwerer Verlust Sie getroffen hat. Der Tod hat ihm nun die Leitung seines Werkes aus den Händen genommen, mit dem er sich selbst ein Denkmal gesetzt hat.

Wir trauern mit Ihnen um diesen großen Unternehmer.

Mit stillem Gruß

Sehr geehrter ...,

mit Betroffenheit haben wir die Nachricht vom Tode des Herrn ... erhalten und möchten Ihnen unser tief empfundenes Mitgefühl aussprechen.

Er hatte stets eine humorvolle Art. Sein geradliniges Wesen und seine ständige Bereitschaft führten zu einer guten Zusammenarbeit.

Trotz der schweren Krankheit nahm er noch großen Anteil an unseren gemeinsamen Zielsetzungen.

Für seine stete Hilfe bei der Lösung unserer Aufgaben bleiben wir ihm für immer dankbar.

Mit stillem Gruß

Muster Danksagung

Sehr geehrte Herren,

zum Tode von Frau ... haben Sie uns Ihr Mitgefühl bekundet und in sehr einprägsamer Weise ihr Wirken wie ihre außergewöhnliche Persönlichkeit gewürdigt.

Für Ihre Anteilnahme an dem schweren Verlust, der unser Haus getroffen hat, danken wir Ihnen herzlich. Wir empfingen sie als Ausdruck freundschaftlicher Verbundenheit.

Mit freundlichem Gruß

Geschäfts-/ Betriebs- sowie Dienstjubiläen

Muster

Sehr geehrter Herr ...,

zu Ihrem Geschäftsjubiläum gratuliere ich Ihnen ganz herzlich und wünsche Ihnen in Ihrem Unternehmen weiterhin viel Erfolg sowie als bewährtem Steuermann eine „sichere Hand am Ruder".

Herzlichen Glückwunsch

Liebe ...,

Sie feiern heute Ihr zehnjähriges Betriebsjubiläum. Dazu möchte ich Ihnen auch im Namen der Belegschaft recht herzlich gratulieren.

Durch Ihre Arbeitstreue, Ihre Einsatzbereitschaft sowie Ihr persönliches Engagement haben Sie den gemeinsamen Alltag angenehm beeinflusst und darüber hinaus zur erfolgreichen Entwicklung unseres Unternehmens beigetragen.

Dafür danke ich Ihnen besonders und wünsche allen Beteiligten, dass diese Zusammenarbeit noch lange Jahre fortdauern möge.

Ihr

Sehr geehrter Herr ..,

viele anerkennende Worte werden Sie heute erreichen, denen ich mich von Herzen anschließe. Vieles kann man sich wünschen, manches erhoffen – alles bleibt sinnlos, fehlt das Wichtigste – die Gesundheit.

Deshalb erhalten Sie sich Ihre jugendliche Lebenskraft, die bisher Ihr Glück und Ihren Erfolg begleitet hat. Sie können mit Zuversicht und Vertrauen in die Zukunft blicken.

Herzlichen Glückwunsch, Ihr

Sehr geehrter Herr ...,

zu Ihrem 25-jährigen Dienstjubiläum gratuliere ich Ihnen sehr herzlich.

In diesem Vierteljahrhundert haben wir 17 Jahre eng und gut zusammengearbeitet. Dafür danke ich Ihnen bei dieser Gelegenheit und wünsche Ihnen weiterhin erfolgreiches Schaffen, Glück und vor allem die notwendige Gesundheit.

Ihnen und Ihrer Familie

Die besten Wünsche

Muster Danksagung Diebstjubiläum

Sehr geehrte Herren,

für Ihre liebenswürdigen Glückwünsche und Worte anlässlich meines 25-jährigen Dienstjubiläums meinen herzlichen Dank.

Gerne erinnere ich mich heute der angenehmen Zusammenarbeit und des freundschaftlichen Verhältnisses zwischen unseren Häusern und hoffe, dass diese Verbindung von Bestand bleiben wird.

Mit freundlichen Grüßen

Sehr geehrter Herr ..,

die zahlreichen Glückwünsche und anerkennenden Worte zu meinem 25-jährigen Dienstjubiläum haben diesem Tag einen unvergesslichen Erinnerungswert verliehen.

Ich danke Ihnen.

Die vielen Blumen habe ich dem Altersheim an der Uferstraße übergeben, wo sie noch einmal Freude bringen durften.

Mit besten Grüßen

Ihr

Muster Danksagung Firmenjubiläum

Sehr geehrte Damen und Herren,

über Ihre freundliche Gratulation zu unserem 100-jährigen Firmenjubiläum haben wir uns sehr gefreut. Wir danken Ihnen dafür recht herzlich, insbesondere auch für das wertvolle Geschenk, das Sie uns durch Frau ... und Herrn ... überreichten.

Gleichzeitig möchten wir uns für die bisherige angenehme Geschäftsverbindung zwischen Ihrer Firma uns unserem Hause herzlich bedanken.

Wir gehen in die Zukunft mit dem Bemühen, uns das Wohlwollen Ihrer Firma durch gute Leistungen zu erhalten, es zu vertiefen und weiter auszubauen.

Wir wünschen Ihnen für die Zukunft alles Gute und für Ihre Firma einen weiteren Aufschwung.

Mit freundlichen Grüßen

Genesungswünsche

Muster

Sehr geehrter Herr ..,

erst heute erfuhr ich, dass Sie erkrankt sind, sich aber inzwischen auf dem Wege der Besserung befinden.

Ich wünsche Ihnen baldige Genesung und nachhaltige Festigung Ihrer Gesundheit, auf dass Sie wieder so aktiv wie bisher in Ihrem erfolgreichen Architekturbüro tätig sein können.

Mit besten Wünschen und aufrichtigen Grüßen

Ihr

Sehr geehrter Herr ..,

vor einigen Tagen erfuhr ich, dass Sie erkrankten, nun aber wieder auf dem Wege der Besserung sind.

Ich wünsche Ihnen, dass Sie bald wieder gesund und tatkräftig Ihre Pläne verwirklichen können.

Mit herzlichem Gruß

Absage von Einladungen

Muster

Sehr geehrter Herr ..,

die Herren ... und ... bedanken sich recht herzlich für die Einladung zur Eröffnung Ihrer neu erbauten Geschäftsräume.

Am ... findet jedoch in unserem Unternehmen eine Veranstaltung in größerem Umfang statt, bei der die von Ihnen eingeladenen Herren unabkömmlich sind. Bitte haben Sie dafür Verständnis.

Wir wünschen Ihrem Fest einen harmonischen Verlauf.

Freundliche Grüße

Sehr geehrter Herr ..,

vielen Dank für Ihre Information über den Geburtstag von Herrn ....

An dem Empfang kann ich jedoch aus Termingründen nicht teilnehmen. Ich werde aber meine persönlichen Glückwünsche schriftlich übermitteln.

Mit besten Grüßen

Sehr geehrter Herr Bürgermeister,

über die Einladung zu Ihrer öffentlichen Verabschiedung habe ich mich sehr gefreut.

Leider kann ich an dieser Veranstaltung nicht teilnehmen, da ich mich an diesem Tag bereits im Urlaub befinde.

Unser Vertriebsleiter, Herr Prokurist ..., wird unser Haus bei der Feier vertreten.

Ihren Dank für die langjährige und angenehme Zusammenarbeit darf ich herzlich erwidern.

Für Ihre persönliche Zukunft wünsche ich Ihnen alles Gute, vor allem Gesundheit, und hoffe, dass wir uns bald wieder in netter Runde treffen werden.

Mit freundlichen Grüßen

Sehr geehrter Herr Bürgermeister,

über die Einladung zu Ihrer Verabschiedung habe ich mich sehr gefreut und danke Ihnen vielmals.

Da ich jedoch wegen Reiseabwesenheit an dieser Veranstaltung nicht teilnehmen kann, wird unser Abteilungsleiter, Herr ..., unser Haus bei dieser Feier vertreten und die Gelegenheit wahrnehmen, unsere guten Wünsche zu überbringen.

Für Ihre persönliche Zukunft wünsche ich Ihnen vor allem Gesundheit und hoffe, dass wir uns bald wieder in der gewohnten Runde treffen werden.

Freundliche Grüße

Geschäftsaufnahme/ Existenzgründung

Muster

> Sehr geehrte Damen und Herren,
>
> mit großem Interesse haben wir die Gründungsphase der ... verfolgt.
>
> Ein bedeutsamer und wegweisender Entschluss ist in die Tat umgesetzt worden.
>
> Uns ist es ein ganz besonderes Anliegen, Sie heute am Tag Ihrer Geschäftsaufnahme in Frankfurt sehr herzlich willkommen zu heißen und Ihnen mit Ihren Mitarbeitern für Ihre geschäftlichen Aktivitäten einen guten Start und eine erfolgreiche Entwicklung für die Zukunft zu wünschen.
>
> Mit freundlichen Grüßen

Einladung zum Vorstellungsgespräch

Muster

> Sehr geehrte Frau/Sehr geehrter Herr ...
>
> Ihre ansprechenden Unterlagen interessieren uns sehr. Wir möchten Sie kennenlernen.
>
> Dürfen wir Sie am 15. Mai 20.. um 15:00 Uhr erwarten? Gerne berücksichtigen wir auch Ihren Terminplan. Selbstverständlich erstatten wir Ihnen Ihre Fahrtkosten mit der Deutschen Bahn in der 2. Klasse oder in Höhe von ... EUR pro Kilometer, wenn Sie mit dem Auto anreisen. Eine Anfahrtsbeschreibung ist beigefügt.
>
> Bitte informieren Sie unsere Mitarbeiterin, Frau ..., ob Sie den vorgeschlagenen Termin wahrnehmen können. Sie erreichen uns unter der Telefonnummer ....
>
> Wir freuen uns auf das Gespräch mit Ihnen.
>
> Freundliche Grüße

Weihnachts- und Neujahrsgrüße

Muster

Sehr geehrter Herr ...,

ein Jahr guter Partnerschaft geht zu Ende.

Wir danken Ihnen für die erfolgreiche Zusammenarbeit und wünschen Ihnen und Ihrer Familie gesegnete Weihnachten.

Für das neue Jahr Gesundheit, Glück und Erfolg!

Ihr

Sehr geehrter Herr ...,

ich wünsche Ihnen und Ihrer lieben Frau ein besinnliches Weihnachtsfest sowie einen heiter-beschwingten Übergang ins neue Jahr.

Mit herzlichen Grüßen

Sehr geehrte Damen und Herren,

für die bisher so vertrauensvolle Zusammenarbeit danken wir Ihnen herzlich.

Wir wünschen Ihnen erholsame Feiertage, persönliches Wohlergehen sowie Gesundheit und geschäftlichen Erfolg im neuen Jahr.

Mit herzlichen Grüßen

Liebe Frau ...,

ich wünsche Ihnen frohe und besinnliche Festtage und für 20.. all das, was Sie sich selbst am meisten wünschen.

Ihr

Sehr geehrte Frau ...,

das zu Ende gehende Jahr hat uns nicht geschont, aber hoffentlich auch Ihnen bei aller Arbeit Freude und Erfolg gebracht.

Das Gleiche wünschen wir Ihnen für das neue Jahr, dazu Glück und Gesundheit.

Mit herzlichen Grüßen

Sehr geehrter Herr ...,

mit herzlichem Dank an Ihre Mitarbeiter für die während des vergangenen Jahres aufgewandte Mühe und Aufmerksamkeit.

Mit freundlichem Gruß

Sehr verehrte Frau ..., sehr geehrter Herr ...,

mit den besten Wünschen und herzlichen Grüßen für ein frohes, geruhsames Weihnachtsfest und ein gesundes, glückliches neues Jahr.

Ihr

Sehr geehrte Familie ...,

Festtage voll Harmonie, das wünschen wir Ihnen von Herzen. Für das neue Jahr persönlichen und geschäftlichen Erfolg. Vor allem aber Gesundheit und Glück.

Ihr

Sehr geehrte Damen und Herren,

ein arbeitsreiches, aber auch erfolgreiches Jahr geht zu Ende. Wir danken Ihnen für die partnerschaftliche Zusammenarbeit.

Für die bevorstehenden Festtage wünschen wir Ihnen im Kreise Ihrer Angehörigen besinnliche Stunden und zum Jahreswechsel alles Gute.

Mit herzlichen Grüßen

Sehr geehrter Herr ...,

ich wünsche Ihnen und Ihrer Familie besinnliche Weihnachtstage sowie Gesundheit, Glück und Zuversicht für 20...

Mit freundlichem Gruß

> Lieber Herr ...,
>
> mit großer Freude habe ich heute Ihre liebenswürdigen Grüße zu den kommenden Festtagen erhalten.
>
> Wie aufmerksam von Ihnen, in dieser leider oft so hektischen Zeit noch ein paar persönliche Worte zu finden. Zeigt es aber doch auch, dass unsere geschäftlichen Beziehungen auf einer angenehmen persönlichen Beziehung beruhen. Ich hoffe, dass es weiterhin zu so positiven und erfolgreichen Verhandlungen zum Wohle beider Seiten kommen wird.
>
> Ich wünsche Ihnen einen guten Jahresbeginn und entsprechende Erfolge im Geschäftsleben, vor allem aber auch Gesundheit und persönliches Wohlergehen.
>
> Ihr

Weihnachts- und Neujahrsgrüße in englischer Sprache

- Merry Christmas
- Happy Christmas
- Merry Christmas and a Happy New Year
- Best Wishes for Christmas and the New Year
- Wishing you all a merry Christmas and Good Health in the coming year
- Wishing you health und success in the New Year
- We hope you have a nice Christmas and wish you all the best in the New Year
- We look forward to doing business with you again in the New Year and wish you all the best

Messe-Kommunikation

Messen sind ausgezeichnete Marketing-Instrumente. Schon die Einladung zu einer Messe ist Teil des werbewirksamen Auftritts, repräsentiert die beteiligten Unternehmen und zeigt die neuesten Trends. Die Musterbriefe helfen Ihnen bei der Umsetzung des Messe-Marketings.

Ein Fachgespräch bringt oft neue Erkenntnisse.

Deshalb laden wir Sie heute ein zu einem Besuch an unserem Stand in Halle ... Stand-Nr. ...

Hier ein paar Infos für Sie vorab. Sehen wir uns in ...?

Mit freundlichen Grüßen

Auf der Hannover-Messe sehen Sie unsere neuen Maschinen.

Dürfen wir Sie an unserem Stand in Halle ... Stand-Nr. ... begrüßen?

Mit diesem Schreiben erhalten Sie Ihre Eintrittskarte.

Auf ein Gespräch mit Ihnen freuen wir uns.

Mit freundlichen Grüßen

Auch in diesem Jahr finden Sie uns an unserem Stand Nr. ... in Halle ... wieder.

Es lohnt sich bestimmt für Sie, uns bei Ihrem Rundgang mit einzuplanen.

Sehen wir uns in ...?

Mit freundlichen Grüßen

Zur Messe sehen Sie interessante Neuigkeiten an unserem Stand Nr. ...

Bitte, besuchen Sie uns in Halle ... .

Wir hoffen, Sie vergessen uns nicht auf Ihrem Rundgang. Sie sind bei uns willkommen.

Mit freundlichen Grüßen

Da Sie zu den Experten gehören, an deren Besuch wir besonders interessiert sind, erhalten Sie heute Ihre Eintrittskarte.

Sie finden uns in ... Halle ... Stand-Nr. ...

Sehen wir uns an einem der Messetage? Auch für Sie gibt es sicher etwas Interessantes an unserem Stand zu sehen.

Mit freundlichen Grüßen

BWL

Volkswirtschaftslehre 254

Betriebswirtschaftslehre 257

Ökonomisches Prinzip 258

Shareholder- und Stakeholder-Ansatz 258

Unternehmen, Betrieb und Firma 259

Rechtsformen 259

Unternehmensverfassung 262

Planung 262

Materialwirtschaft 264

Rechnungswesen 264

Volkswirtschaftslehre

Wirtschaftswissenschaften setzt sich zusammen aus der Volkswirtschaftslehre (VWL) und der Betriebswirtschaftslehre (BWL). Die Volkswirtschaftslehre beschreibt gesamtwirtschaftliche Zusammenhänge, deren Theorien sowie deren Modelle.

Zu den Zielen der Wirtschaftspolitik zählen:

- Angemessenes und stetiges Wirtschaftswachstum
- Preisniveaustabilität
- Außenwirtschaftliches Gleichgewicht (Import = Export)
- Hoher Beschäftigungsstand

Diese vier Ziele werden auch als das „Magische Viereck" bezeichnet. Was die Ziele so „magisch" macht, ist die Tatsache, dass es sehr schwierig ist, alle Ziele gleichzeitig zu erreichen. Es können sogar erhebliche Zielkonflikte entstehen. So kann etwa die strikte Ausrichtung der Wirtschaftspolitik auf Preisniveaustabilität (z. B. keine Inflation) das Wirtschaftswachstum hemmen.

Man unterscheidet im Wesentlichen zwischen zwei Wirtschaftsordnungen: Ordnungspolitik und Prozesspolitik.

Bei der Ordnungspolitik greift der Staat nicht in die Wirtschaft ein, sondern schafft die Rahmenbedingungen, unter denen ein freier Wettbewerb stattfinden kann.

Unter Prozesspolitik versteht man, dass der Staat in den Wirtschaftsablauf eingreift, z. B. mithilfe von Subventionen.

Zu dem wichtigsten Wohlfahrtsindikator eines Staates gehört das Bruttoinlandsprodukt (BIP). Das Bruttoinlandsprodukt bezeichnet den Wert aller Waren und Dienstleistungen, die in einem Land produziert werden.

Vollkommener Markt

Viele Theorien der Volkswirtschaftslehre basieren auf der Vorstellung des vollkommenen Marktes.

Die Annahmen dieser Idealwelt sind u. a.:
- Homogene Güter, d. h. es gibt keine Unterschiede zwischen den Gütern, z. B. schmeckt die Cola von Coca Cola genauso wie die von Pepsi.
- Keine Präferenzen der Nachfrager, d. h. die Nachfrager handeln rational. So ziehen z. B. die Nachfrager nicht ein Produkt dem anderen Produkt vor, weil der Verkäufer besonders freundlich ist.
- Polypol, d. h. es gibt viele Anbieter und viele Nachfrager.
- Keine Informationsasymmetrien, d. h. die Verkäufer sind über das Produkt nicht besser informiert als die Nachfrager.

Pareto-Optimum

Das Pareto-Optimum geht auf Vilfredo F. Pareto zurück (1848 – 1923). Das Pareto-Optimum besagt, ein Zustand ist dann effizient, wenn sich eine Person nicht weiter verbessern kann, ohne dass sich eine andere Person verschlechtert. Das Pareto-Optimum beschreibt einen Zustand, der effizient ist, aber nicht unbedingt fair ist.

Auf Pareto geht auch das „Pareto-Prinzip" zurück, besser bekannt als die 80-zu-20-Regel. Das „Pareto-Prinzip" besagt, dass 20 % der Elemente 80 % des Effektes ausmachen. Zum Beispiel nach dem „Pareto-Prinzip" lassen sich 80 % des Gewinns eines Unternehmens auf nur 20 % der Kunden zurückführen.

Bedeutende Wirtschaftswissenschaftler

Zu den berühmten Wirtschaftswissenschaftlern zählen:

- Adam Smith (1723 – 1790), der durch sein Werk „Wohlstand der Nationen- Eine Untersuchung seiner Natur und seiner Ursachen" als Urvater der Wirtschaftswissenschaften gilt.
- Die Theorien von John Maynard Keynes (1883 – 1946) finden seit der Finanzkrise wieder eine hohe Beachtung. Keynes empfiehlt u. a., dass der Staat während einer wirtschaftlichen Rezession seine Ausgaben erhöhen soll, um die Wirtschaft anzukurbeln.
- Zu einer der letzten großen Wirtschaftswissenschaftler zählt auch Milton Friedman (1912 – 2006). Seine Theorien besagen etwa, dass staatliche Eingriffe in den Wirtschaftsablauf die Wirtschaft nur schädigen würden.

Europäische Zentralbank

Neben dem Staat kann auch die Europäische Zentralbank (EZB) die Wirtschaft stark beeinflussen. Die EZB hat ihren Sitz in Frankfurt und bestimmt über die Menge an Geld in den Staaten, die den Euro als Hauptzahlungsmittel haben. Die EZB verfolgt zwei Ziele (sognannte „Zwei Säulen Strategie"). Kurzfristig soll durch die Geldpolitik der EZB das Wirtschaftswachstum unterstützt werden. Langfristig möchte die EZB durch ihre Geldpolitik ein stabiles Preisniveau erreichen. Das Preisniveau gilt als stabil, wenn die Inflation im Euroraum unter oder um 2 % liegt. Die EZB ist keinem Staat unterstellt, sondern arbeitet unabhängig.

Betriebswirtschaftslehre

Die Betriebswirtschaftslehre (BWL) beschreibt im Gegensatz zur VWL einzelwirtschaftliche Zusammenhänge aus Sicht eines Betriebes.

Es gilt es zu unterscheiden zwischen Wirtschaftlichkeit und Produktivität.

Die **Wirtschaftlichkeit** ermittelt man mit folgender Formel:

$$\text{Wirtschaftlichkeit} = \frac{\text{Output (in Geldeinheiten)}}{\text{Input (in Geldeinheiten)}}$$

Die Formel für die **Produktivität** lautet:

$$\text{Produktivität} = \frac{\text{Output (in Mengeneinheiten)}}{\text{Input (in Mengeneinheiten)}}$$

Ökonomisches Prinzip

Zu dem Ökonomischen Prinzip zählen das Minimalprinzip und das Maximalprinzip.

- Das Minimalprinzip bedeutet, ein festgelegtes Ergebnis mit minimalem Einsatz zu erreichen.

  Zum Beispiel ein Schüler, der sich für das Ziel einsetzt, in der nächsten Klassenarbeit eine 3+ zu schreiben. Nach dem Minimalprinzip versucht der Schüler nun mit dem geringsten Lernaufwand eine 3+ zu erreichen.

- Das Maximalprinzip besagt, mit festgelegtem Einsatz das Ergebnis zu maximieren.

  Zum Beispiel: Ein Schüler möchte nur zwei Stunden lernen, um sich auf seine nächste Klausur vorzubereiten. Nach dem Maximalprinzip wird der Schüler in diesen zwei Stunden nur das absolut Relevante vom Unterrichtsstoff wiederholen, um eine möglichst gute Note zu schreiben.

Shareholder- und Stakeholder-Ansatz

Shareholder-Ansatz
(Shareholder = Eigentümer)

Der Shareholder-Ansatz besagt, dass das oberste Unternehmensziel ist die Zufriedenstellung der Shareholder bzw. die Gewinnmaximierung.

Stakeholder-Ansatz
(Stakeholder = Arbeitnehmer, Eigentümer, Kreditgeber, Kunden, ...)

Der Stakeholder-Ansatz besagt, dass das oberste Unternehmensziel die Zufriedenstellung aller Stakeholder ist. Allerdings kann es bei diesem Ansatz zu erheblichen Zielkonflikten kommen, da die Stakeholder unterschiedliche Interessen verfolgen. So würden etwa die Eigentümer gerne die Preise der Produkte erhöhen, um den Gewinn zu steigern, während die Kunden niedrige Preise favorisieren.

Unternehmen, Betrieb und Firma

Man unterscheidet zwischen Unternehmen, Betrieb und Firma.

- Unternehmen: Einheiten, die einen wirtschaftlichen Zweck verfolgen. Das Ziel eines Unternehmens ist die Gewinnmaximierung. Ein Unternehmen kann mehrere Betriebe haben.
- Betrieb: Produktionsstätte eines Unternehmens.
- Firma: Name, unter dem ein Kaufmann seine Geschäfte betreibt und Unterschrift abgibt (nach § 17 HGB). Kurz gesagt eine Firma ist ausschließlich der Name des Unternehmens.

Rechtsformen

Bei der Gründungsphase eines Unternehmens steht unter anderem die Wahl einer geeigneten Rechtsform im Vordergrund. Die unterschiedlichen Rechtsformen lassen sich grob in Einzelunternehmen, Personengesellschaften und Kapital-gesellschaften unterteilen.

Vereinfacht ausgedrückt, haften Einzelunternehmen und Personengesellschaften für Forderungen uneingeschränkt, während die Gesellschafter einer Kapitalgesellschaft nicht mit ihrem Privatvermögen haften.

Für die Gründung eines Einzelunternehmens ist kein Mindesteigenkapital erforderlich. Allerdings ist der Eigentümer sowohl mit seinem Betriebsvermögen als auch mit seinem Privatvermögen haftbar.

Personengesellschaften

Zu den Personengesellschaften zählen u. a.

- die Offene Handelsgesellschaft (OHG),
- die Kommanditgesellschaft (KG),

Zweck derer ist der Betrieb eines Handelsgewerbes unter gemeinschaftlicher Firma.

Die Offene Handelsgesellschaft (§§ 105 ff. HGB) ist vergleichbar mit einem Einzelunternehmen. Die OHG muss aus mindestens zwei Gesellschaftern bestehen, die gemeinsam einen Gesellschaftsvertrag schließen. Eine OHG ist zur Eintragung in das Handelsregister anzumelden (vgl. § 106 HGB). Ein Mindesteigenkapital ist nicht notwendig, die Gesellschafter haften aber gesamtschuldnerisch und unmittelbar mit ihrem persönlichen Vermögen, wenn nicht die Gesellschaft selbst mit ihrem Vermögen gemäß § 124 HGB haftet. Man spricht hier davon, dass eine OHG teilrechtsfähig ist. Dafür sind die Gesellschafter grundsätzlich auch alleine zur Geschäftsführung sowie zur Vertretung der Gesellschaft berechtigt. Abweichungen können, wie zum Beispiel die gemeinschaftliche Vertretung der Gesellschaft im Gesellschaftsvertrag geregelt werden und müssen in das Handelsregister eingetragen werden. Wenn diese nicht eingetragen wird, kann sich auf diese eintragungspflichtige Tatsache gemäß § 15 HGB grundsätzlich nicht berufen werden.

Die Kommanditgesellschaft (§§ 161 ff. HGB) besteht aus mindestens einem Komplementär und Kommanditisten. Der Komplementär haftet mit seinem gesamten Vermögen, während der Kommanditist nicht mit seinem Privatvermögen haftet, sondern nur mit seiner geleisteten Einlage. Falls diese noch nicht geleistet wurde haftet der Kommanditist zwar unmittelbar, jedoch nur bis zur Höhe seiner Einlage. Die Vertretung der Gesellschaft nach außen ist dem Komplementär vorbehalten. Auch die Kommanditgesellschaft ist in das Handelsregister einzutragen.

Ein Sonderfall der Personengesellschaften ist die GmbH & Co. KG. Bei dieser handelt sich um eine Kommanditgesellschaft, deren Komplementär eine GmbH ist. Durch die Kombination wird erreicht, dass eine Personengesellschaft entsteht, in der keine natürliche Person unbeschränkt haftet, da die Haftung der GmbH als Vollhafterin und juristische Person wiederum nur beschränkt haftet (§ 13 II GmbHG).

In der GmbH & Co. KG ist die GmbH als Komplementärin gem. §§ 164, 170 HGB zur Geschäftsführung und Vertretung berechtigt. Die GmbH als juristische Person übt diese Befugnisse jedoch nicht selbst, sondern durch ihren Geschäftsführer oder durch sonstige bevollmächtigte Personen (z. B. Prokuristen, Handlungsbevollmächtigte) aus

Kapitalgesellschaften

Zu den Kapitalgesellschaften zählen u. a. die Gesellschaft mit beschränkter Haftung (GmbH) die Aktiengesellschaft (AG).

Eine GmbH entsteht mit der Eintragung in das Handelsregister und kann zu jedem gesetzlich zulässigen Zweck durch eine oder mehrere Personen errichtet werden. Der Gesellschaftsvertrag bedarf der notariellen Form und ist von allen Gesellschaftern zu unterzeichnen. Zwischen dem notariellen Abschluss und der Eintragung der GmbH kann eine GmbH bereits als Vor-GmbH am Rechtsverkehr teilnehmen. Diese ist bereits rechtsfähig und mit der Eintragung der GmbH in das Handelsregister gehen sämtliche Aktiva wie auch Passiva von der Vor-GmbH auf die GmbH über.

Die Gesellschafter der GmbH haften nicht mit ihrem Privatvermögen. Um eine GmbH zu gründen, muss das Mindesteigenkapital dagegen 25.000 € betragen und mindestens zur Hälfte aufgebracht werden, damit die GmbH zur Eintragung angemeldet werden kann (vgl. § 7 II GmbHG). Dieses sogenannte Stammkapital kann in Bar- als auch in Sacheinlagen geleistet werden und soll den Gläubigern als Haftungsmasse zur Verfügung stehen. Nach den §§ 30 f. GmbHG soll die Kapitalerhaltung das Stammkapital erhalten, indem dieses nicht offen oder auch verdeckt an die Gesellschafter zurückfließt (Ausschüttungsverbot). Das dauerhafte Vorhandensein von Vermögen in Höhe des Stammkapitals kann hierdurch jedoch nicht garantiert werden! Es besteht keine Verpflichtung der Gesellschafter, das Stammkapital wieder aufzufüllen, wenn die Gesellschaft Verluste erwirtschaftet hat.

Die Eigentümer (= Aktionäre) einer AG haften ebenfalls nicht mit ihrem Privatvermögen. Das Mindesteigenkapital einer AG muss 50.000 € betragen. Eine AG besteht aus drei Organen: Hauptversammlung, Aufsichtsrat und Vorstand. Die Hauptversammlung setzt sich aus den Aktionären der AG zusammen. Die Aktionäre stimmen ab über wesentliche Grundsatzentscheidungen der AG und wählen den Aufsichtsrat.

Die Aufgabe des Aufsichtsrats ist es, die Arbeit des Vorstandes zu überwachen. Darüber hinaus bestellt der Aufsichtsrat den Vorstand und übernimmt die Aufgabe der Abrufung des Vorstandes. Der Vorstand übernimmt die Geschäftsführung und repräsentiert die AG nach außen.

Unternehmensverfassung

Herr Prof. Dr. Gerhard Schewe definiert die Unternehmensverfassung als alle Regeln zur Steuerung des Verhaltens im Unternehmen, aber auch zur Steuerung des Auftretens nach außen. Die Unternehmensverfassung ist von entscheidender Bedeutung für ein Unternehmen, da sie u. a. die Machtverhältnisse regelt. Dadurch werden etwa Konflikte vorgebeugt oder besser gelöst.

Die Unternehmensverfassung besteht aus langfristigen Regeln, aus diesem Grund ist sie nur wenig flexibel.

Planung

Um sinnvoll zu planen, müssen die Ziele klar bestimmt sein. Eine grobe Unterteilung von Unternehmenszielen kann z. B. durch die Trennung von Ökonomischen Zielen (Gewinn, Marktanteile usw.) und Nichtökonomischen Zielen (Umweltschutz, Mitspracherecht bei Unternehmensentscheidungen usw.) erfolgen.

Je nach Planungszeitraum unterscheidet man zwischen strategischer Planung, taktischer Planung und operativer Planung. Herr Prof. Dr. h. c. mult. Günter Wöhe definiert für die strategische Planung einen Planungszeitraum von 5 – 10 Jahre, 2 – 5 Jahre bei der taktischen Planung. Die operative Planung wird mit einem Planungszeitraum von maximal 1 Jahr dargestellt. Je langfristiger die Planung, desto höher die Führungsebene, die für die Erstellung des Plans verantwortlich ist. Da niemand ernsthaft in der Lage ist, die nächsten fünf oder gar zehn Jahre vorauszuahnen, ist gerade die strategische Planung wenig detailliert und stellt daher eher einen groben Rahmenplan dar. Die Einhaltung eines Plans über einen langen Zeitraum kann durch unvorhergesehene Ereignisse gefährdet werden. So kann etwa ein plötzlicher unvorhergesehener Einbruch eines ganzen Geschäftsfeldes (z. B. durch die Finanzkrise) ein Unternehmen zu Maßnahmen zwingen, die im Rahmenplan nicht vorgesehen waren. Je kürzer der Zeitraum, desto detaillierter sind die Pläne und desto geringer ist die Unsicherheit.

Produktlebenszyklus

Bei diesem Konzept wird jedem Produkt ein „Lebenszyklus" unterstellt. Der Produktlebenszyklus wird in 4 Phasen unterteilt.

Die 1. Phase ist die Einführungsphase, d. h. das Produkt wird gerade erst auf den Markt gebracht.

Die 2. Phase wird als Wachstumsphase bezeichnet. Die Wachstumsphase beginnt dann, wenn die nachgefragte Menge nach dem Produkt soweit gestiegen ist, dass der Umsatz den Kosten entspricht, also der Gewinn genau Null ist (diese Menge nennt man auch Break-Even-Menge!).

Die 3. Phase ist die Reifephase. Während dieser Phase erreicht der Gewinn sein höchstes Niveau. Im Zeitablauf verlieren die Nachfrager allerdings das Interesse an einem Produkt.

Mit dem Rückgang der Nachfrage beginnt der Eintritt in die 4. Phase und letzte Phase des Produktlebenszyklus, die Sättigungsphase. Die Sättigungsphase zeichnet sich dadurch aus, dass der Gewinn immer weiter sinkt und das Produkt letztendlich vom Markt genommen wird.

Materialwirtschaft

Im Rahmen der Materialwirtschaft sieht sich das Unternehmen unter anderem mit der Frage konfrontiert, welche Materialien beschafft werden müssen. Dazu ist es wichtig die Materialien nach Wichtigkeit einzuteilen. Als Instrument bietet sich dazu die ABC-Analyse an. Die ABC-Analyse unterteilt Güter in A-Güter, B-Güter und C-Güter. A-Güter haben den höchsten Materialwert, während C-Güter den niedrigsten Materialwert haben. Bei der Beschaffung von Materialien sollte man daher vor allem bei A-Gütern besonders überlegt handeln, aufgrund ihres hohen Materialwertes.

Zum Beispiel: Wenn man etwa bei der Vorbereitung seines Abendessens ein Gericht mit Safran und Salz kochen möchte, dann könnte man Safran als A-Gut und Salz als C-Gut bezeichnen. Bei der Beschaffung (oder dem Kauf) von Safran spielen dann eher Gedanken eine Rolle, wie viel man kauft und wo man es kauft.

Rechnungswesen

Das betriebswirtschaftliche Rechnungswesen unterteilt sich in

- internes Rechnungswesen,
- externes Rechnungswesen und
- Investition und Finanzierung.

Auf „Investition und Finanzierung" wird in einem besonderen Kapitel in diesem Buch genauer eingegangen.

Die Unterscheidung zwischen internem Rechnungswesen und externem Rechnungswesen erfolgt nach dem Adressaten.

Internes Rechnungswesen richtet sich z. B. an Führungskräfte, Controlling..., während sich das externe Rechnungswesen an Unternehmensexternen richtet, z. B. an dem Finanzamt.

Daher besteht das interne Rechnungswesen aus der Kosten- und Leistungsrechnung, während alles das, was zum Jahresabschluss gehört, dem externen Rechnungswesen zugerechnet werden kann.

Marketing

Marketing 266

Marketingentscheidungsprozess 270

Marktforschung 272

Marketing-Instrumente 274

Marketing

Der Begriff stammt ursprünglich aus den Vereinigten Staaten. In den USA trat die Situation auf, dass das Angebot an Güter und Dienstleistungen die Nachfrage deutlich überstieg. Dadurch entstand die Notwendigkeit für Unternehmen größere Anstrengungen zu unternehmen, um Kunden zu gewinnen. Die Disziplin „Marketing" ist geboren.

Leider lässt sich Marketing nicht eindeutig definieren. Marketing wird unter anderem als marktorientierte Unternehmensführung (Meffert, Burmann, Kirchgeorg) bezeichnet oder auch als die Ausrichtung der Unternehmensentscheidungen auf dem Markt (Kotler).

Herr Prof. Dr. Dr. h.c. Backhaus definiert Marketing als Management von komparativen Konkurrenzvorteilen. [*Das Konzept des komparativen Konkurrenzvorteils ist zurückzuführen auf Prof. Dr. Dr. h. c. Klaus Backhaus.*] Man spricht von einem komparativen Konkurrenzvorteil, wenn die Nachfrager das Leistungsangebot des Unternehmens gegenüber der Konkurrenz vorziehen und das Unternehmen dabei einen Gewinn erzielt. Herr Backhaus beschreibt vier verschiedene Anforderungen, die bei einem komparativen Konkurrenzvorteil erfüllt sein müssen:

Das Leistungsangebot des Unternehmens muss bedeutsam sein. Das Leistungsangebot ist als bedeutsam zu bewerten, wenn die Nachfrager es als solches beurteilen und aus diesem Urteil heraus bereit sind es zu kaufen.

Die Nachfrager müssen das Leistungsangebot wahrnehmen. Dies lässt sich z. B. durch Werbung im Fernsehen oder Zeitungen erreichen.

Aus Sicht des Anbieters muss die Leistung wirtschaftlich sein, d. h. durch Marketing soll letztendlich der Gewinn gesteigert werden, nicht der Umsatz.

Ein weiteres Ziel des Anbieters ist es, eine Leistung anzubieten, die auch verteidigungsfähig ist, z. B. ein Patent oder ein Geheimrezept wie etwa bei Coca-Cola.

Darüber hinaus beschreibt Herr Backhaus drei Größen, in denen sich der komparative Konkurrenzvorteil erreichen lässt:

- Preis
- Qualität
- Zeit

Einen komparativen Konkurrenzvorteil in „Preis" bedeutet, dass man der Billigste am Markt ist. Hierzu ist es notwendig, die geringsten Kosten zu haben. Gleichzeitig müssen die Nachfrager das Leistungsangebot als das günstigste einschätzen. Wenn der Anbieter, weder die geringsten Kosten hat, noch in den Augen der Nachfrager als der billigste bewertet wird, ist der komparative Konkurrenzvorteil dauerhaft nicht wirtschaftlich.

Statt das billigste Leistungsangebot zu haben, kann man die qualitativ höchstwertigste Leistung anbieten. Einen komparativen Konkurrenzvorteil in „Qualität" zu erreichen wird aber dadurch erschwert, dass Nachfrager unterschiedliche Vorstellungen von Qualität haben. Einige bezeichnen etwa Langlebigkeit als Qualitätsmerkmal, andere etwa Einfachheit der Bedienung.

Die Größe „Zeit" differenziert man unter:

- Erster am Markt

  Allein schon durch die Tatsache, dass ein Unternehmen als erste die Leistung angeboten hat, kann es sich gegenüber anderen Unternehmen absetzen. So sind Nachfrager oft eher geneigt, bei dem Unternehmen zu kaufen, das die Leistung auch zuerst angeboten hat. Allerdings können sich die Präferenzen im Zeitablauf ändern.

- Schnellster im Markt

  Das Unternehmen, das schneller ist als die Konkurrenz ist unweigerlich im Vorteil. Ein Pizzaservice z. B. wird es schwer haben sich im Markt durchzusetzen, wenn dieser zwei Stunden für die Lieferung einer Pizza benötigt.

- Möglichkeit zur effizienten Zeitverwendung

Unter „Möglichkeiten zur effizienten Zeitverwendung" wird die Möglichkeit verstanden, mehrere Sachen zur gleichen Zeit zu erledigen. Die Bahn etwa hat gegenüber Autos einen komparativen Konkurrenzvorteil, da sie einen von einem Ort zu einem anderen bringt und man gleichzeitig während der Fahrt z. B. noch lesen kann.

Beispiel zum komparativen Konkurrenzvorteil

In Land A befinden sich mehrere Fluggesellschaften, die Passagiere zu Land B befördern. Die Flugzeit von A nach B beträgt 8 Stunden.

Einer der Fluggesellschaften mit dem Namen „Air Turbo" ist es gelungen einen neuen Turbinentyp zu entwickeln. Die Entwicklungsausgaben betragen 200 Mio. €. Die Entwicklung konnte sich „Air Turbo" auf 2 Jahre patentieren lassen. Dank der neuen Turbine schafft „Air Turbo" die Strecke von A nach B in nur 5 Stunden. Von dieser Erneuerung wurde in mehreren Zeitungen berichtet.

„Air Turbo" geht davon aus, dass der Gewinn durch die Ticketverkäufe für die kommenden 2 Jahre 500 Mio. € betragen werden.

Jetzt gilt es zuerst die **Anforderungen** zu prüfen:

Verteidigungsfähig? → Ja, zumindest für die nächsten 2 Jahre, dank des Patentes.

Wirtschaftlich? → Ja, „Air Turbo" macht durch die neue Turbine einen Gewinn und die Herstellungskosten werden damit auch gedeckt.

Wahrnehmbar? → Ja, durch die Zeitungsberichte.

Bedeutsam? → Ja, da dank der neuen Turbine die Flugzeit erheblich verkürzt wird.

Nun die **Größen** prüfen:

Preis? → Nein!

Qualität? → Nein!

Zeit? → Ja, denn nun ist „Air Turbo" die schnellste Fluggesellschaft auf der Strecke zwischen Land A und Land B.

 „Air Turbo" hat einen komparativen Konkurrenzvorteil in der Größe „Zeit" (Schnellster im Markt)!

Marketingentscheidungsprozess

Der Marketingentscheidungsprozess besteht aus der Situationsanalyse, Ziele, Strategien, Maßnahmen und Kontrolle.

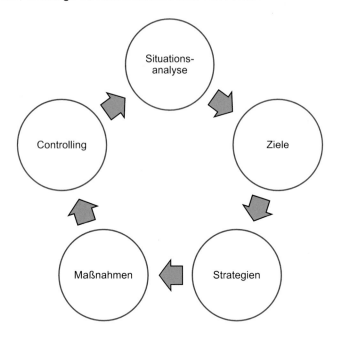

Situationsanalyse:
Unter Situationsanalyse versteht man die genaue Betrachtung des Marktes, d. h. untersucht werden die Nachfrager, die Konkurrenz, das Umfeld und das eigene Unternehmen.

Ziele:
Ziele sind Aussagen über Wunschzustände und sollen als Ergebnis wirtschaftlichen Handelns eintreten.

Hier ist eine genaue Beschreibung des Ziels wichtig. So ist die Aussage: „Mein Ziel ist es, meine sportliche Kondition zu steigen!", zu ungenau. Besser wäre folgende Aussage: „Ich möchte innerhalb der nächsten 4 Wochen in der Lage sein, 5 km innerhalb von 25 Minuten zu laufen!".

Strategien:

Strategien stellen einen langfristigen Handlungsrahmen dar und könnten auch kurz und einfach als „Plan" beschrieben werden.

Maßnahmen:

Hiermit ist die konkrete Umsetzung der Strategie gemeint.

Kontrolle:

Als Kontrolle bezeichnet man den Soll-Ist-Vergleich, d. h. man vergleicht das Ziel (wo sollten wir jetzt sein?) mit dem erreichten Ergebnis (wo sind wir jetzt, wie ist der Ist-Zustand?).

Beispiel

Ein einfaches Beispiel ist der Einkauf im Supermarkt:

Zuerst guckt man in den Kühlschrank und untersucht, was da ist und was fehlt. → **Situationsanalyse**

Dann schreibt man sich eine Einkaufsliste, mit den Lebensmitteln, die man gerne haben möchte. → **Ziel**

Nun überlegt man sich, dass es am besten ist in den Supermarkt zu gehen, um die Lebensmittel zu kaufen und man entscheidet sich für einen konkreten Supermarkt. → **Strategie**

Jetzt kommt der konkrete Kauf der Lebensmittel. Also die Umsetzung des Plans. → **Maßnahmen**

Zu Hause prüft man dann, ob alles im Kühlschrank ist, was auf der Einkaufsliste steht, oder etwas vergessen wurde. Kurz: **Ist** auch alles da, was da sein **soll**? → **Controlling**

Marktforschung

Um Entscheidungen zu treffen oder Marketing-Maßnahmen zu beurteilen benötigt man Informationen.

Zum Gewinn von Informationen kann man Primärforschung und/ oder Sekundärforschung betreiben.

Primärforschung

Unter Primärforschung versteht man die ursprüngliche Erhebung von Daten, um daraus Informationen zu gewinnen, z. B. die direkte Befragung oder Beobachtung von Kunden.

Befragungen und Beobachtungen können mittels Vollerhebungen oder Teilerhebungen durchgeführt werden. Bei Vollerhebungen, z. B. Bundestagswahl, sind auch alle Details bekannt. Teilerhebungen, z. B. Polit-Barometer, sind dafür billiger und weniger zeitaufwendig. Urteile über die Gesamtmasse sind bei Teilerhebungen allerdings nicht ohne weiteres möglich.

Um aber den Anschein zu erwecken, fällt manchmal der Begriff „Repräsentativ" („In einer repräsentativen Umfrage..."). Man sollte aber bei diesem Begriff vorsichtig sein. Bei eindimensionalen Variablen ist es noch sinnvoll von „repräsentativ" zu sprechen, dagegen wird bei mehrdimensionalen Variablen die Deutung schwierig. Eine Umfrage etwa, bei der die Teilerhebung die Altersstruktur der Grundgesamtheit wiederspiegelt, würde es zumindest noch einigermaßen Sinn machen zu sagen, die Umfrage sei repräsentativ in Bezug auf das Alter. Gehen wir davon aus, dass in Deutschland 20 % der Bevölkerung unter 30 Jahre sind und das Umfrageinstitut befragt nun 100 Menschen, wovon 20 Personen unter 30 Jahre sind. Hier wird nur eine Variable (das Alter) betrachtet. Wenn jetzt mehrere Variablen betrachtet werden, wird es schwieriger von repräsentativ zu sprechen. Die Umfrage soll jetzt nicht nur die Altersstruktur, sondern auch die Einkommensstruktur der Grundgesamtheit wiederspiegeln, nun wird die Auswahl der 100 Personen schon komplizierter. Je mehr Variablen betrachtet werden, desto weniger macht es Sinn allgemein von „repräsentativ" zu sprechen. Die Zusammensetzung der Teilerhebung entspricht dann nicht mehr unbedingt die der Grundgesamtheit. Man muss bei diesem Begriff also immer vorsichtig sein und sich fragen, auf welche Variablen sich die

Repräsentativität bezieht (Alter? Einkommen? Geschlecht? ...). Die Gefahr der Manipulation ist hier groß! Durch den Begriff kann eine Seriosität suggeriert werden, die nicht unbedingt vorhanden sein muss.

Bei Befragungen gilt allgemein die Problematik, dass die Befragten nicht wahrheitsgemäß antworten, sondern eher strategisch. Dies kann auch eine Folge von einer suboptimalen Formulierung der Frage sein. Auf eine Frage wie etwa „Sind Sie bereit für die gleiche Leistung auch mehr zu bezahlen?", würden nur wenige mit „Ja!" antworten, auch wenn die Befragten sogar bereit wären, mehr zu bezahlen.

Sekundärforschung

Unter Sekundärforschung versteht man Informationen aus bereits vorhandenen Daten zu gewinnen. Diese Daten wurden jedoch für einen anderen Zweck erhoben.

Wenn man z. B. die Preise der Konkurrenz herausfinden möchte, könnte man etwa in den Prospekten und Katalogen der Konkurrenz nachschlagen. (Auch wenn diese nicht dazu gedruckt wurden, um die Konkurrenten über ihre Preise zu informieren.)

Bei Sekundärforschung unterscheidet man zwischen unternehmensinternen Quellen und unternehmensexternen Quellen.

Unternehmensinterne Quellen sind z. B. Kunden- und Lieferantenkarteien, Umsatzstatistik usw.

Zu unternehmensexternen Quellen zählen z. B. Fachzeitschriften, Wirtschaftsteil der Zeitungen, Kataloge der Lieferanten usw.

Marketing-Instrumente

Im Marketing gibt es mehrere Marketing-Instrumente, die das Unternehmen einsetzen kann, um seine Ziele zu erreichen. Die klassischen Marketing-Instrumente sind Produktpolitik, Preispolitik, Distributionspolitik und Kommunikationspolitik. Diese werden auch als die 4 P's bezeichnet. Die Bezeichnung stammt aus dem Englischen und steht für:

- Product (= Produktpolitik)
- Price (= Preispolitik)
- Place (= Distributionspolitik)
- Promotion (= Kommunikationspolitik)

Produktpolitik

Generell unterscheidet man zwischen den 3 Ebenen des Produktbegriffes.

Die erste Ebene ist der Produktkern, also der Grundnutzen.

Die zweite Ebene ist das formale Produkt, dazu zählen beispielsweise Qualität und Verpackung.

Die dritte Ebene ist das erweiterte Produkt, z. B. Service, Garantie und Lieferung.

Zu beachten ist, dass man die Begriffe Verpackung und Packung nicht verwechselt. Unter Verpackung versteht man die Umhüllung eines Produktes mit bestimmten Funktionen. Zu den Funktionen zählen etwas Schutzfunktion, Informationsfunktion und Akquisitionsfunktion (Kundengewinnung). Mit Packung ist die Füllmenge einer Verkaufseinheit gemeint (z. B. 6er Pack, 0,33 L Flaschen).

Die Gesamtheit aller Produkte eines Unternehmens bezeichnet man als Produktprogramm. Als Produktbreite bezeichnet man die Produktlinien (z. B. Hose, Pullover), während die Produkttiefe die einzelne Produktlinie differenziert (z. B. verschiedene Farben und Größen der Hosen).

Preispolitik

Die Preispolitik beschäftigt sich mit der Preisfindung.

Grundsätzlich wird der Preis so bestimmt, dass die Kosten gedeckt werden und möglichst dabei auch ein Gewinn erzielt wird. Bei der Wahl der Preisuntergrenze sollten zumindest die Kosten gedeckt sein, soweit es nicht andere Gründe gibt, ein Produkt nicht kostendeckend zu verkaufen. Bei der Bestimmung der Kosten zur Berechnung der Preisuntergrenze, spielen auch die Opportunitätskosten eine Rolle. Dies ist besonders dann der Fall, wenn dem Unternehmen keine freien Reserven zur Verfügung stehen. Wenn also beispielsweise für die Produktion von Gut A Produktionsfaktoren (z. B. Rohstoffe) eingesetzt werden, die auch für die Produktion für Gut B gebraucht werden könnten.

Opportunitätskosten sind der entgangene Erlös, der entsteht, wenn man sich für die eine und gegen die andere Möglichkeit entscheidet.

Zum Beispiel:

Wenn Mr. X morgen nicht zur Arbeit geht, um spontan mal einen Tag frei zu machen, dann wären die Opportunitätskosten für Mr. X der entgangene Lohn, den Mr. X für die Arbeit an diesem Tag bekommen hätte.

Wenn Mr. Y ein Zimmer besitzt und sich entscheidet, dies als Kneipe zu nutzen, anstatt das Zimmer zu vermieten, dann wären die Opportunitätskosten die entgangenen Mieteinnahmen für Mr. Y.

Wenn vor der Haustür von Mr. Z ein Baum steht, der aus äußerst seltenem Holz besteht. Anstatt den Baum zu fällen und das Holz zu verkaufen, entscheidet sich Mr. Z, den Baum stehen zu lassen. Seine Opportunitätskosten sind dann der entgangene Erlös, den Mr. Z durch den Verkauf (des Holzes) machen könnte.

Instrumente der Preispolitik stellen unter anderem

- Auktion
- Preisbündelung

dar.

Auktion

Es gibt unterschiedliche Auktionsformen, wie etwa:

- Englische Auktion: Der Meistbietende bekommt den Artikel.
- Holländische Auktion: Der Preis geht von oben nach unten (der, der zuerst „Ja" sagt, bekommt dann den Artikel).
- Vickrey-Auktion: Der Meistbietende bekommt den Artikel, bezahlt aber nur den Preis des am zweithöchsten Bietenden.

Gerade bei unvollständigen Informationen besteht bei Auktionen die Gefahr, dass der Wert des Artikels überschätzt wird.

Preisbündelung

Bei der Preisbündelung werden Produkte gemeinsam zu einem Gesamtpreis angeboten, statt das jedes Produkt einzeln angeboten wird. Das Produktpaket ist dann für die Nachfrager billiger als wenn sie jedes Produkt einzeln kaufen. Zum Beispiel ein gesamter Messerblock oder bei Fastfood Restaurants, die Pommes, Hamburger und Soft-Drink als Menü anbieten.

Ziel der Preisbündelung ist es, die unterschiedlichen Zahlungs-bereitschaften der Konsumenten abzuschöpfen.

Distributionspolitik

Die Distribution beschäftigt sich mit der Problematik, die Ware oder Dienstleistung vom Hersteller zum Endkäufer zu bringen.

Direktvertrieb vs. indirekter Vertrieb

Man unterscheidet zwei Vertriebswege: Direkten Vertrieb und indirekten Vertrieb.

Beim Direktvertrieb verkauft der Hersteller das Produkt unmittelbar dem Verbraucher, während beim indirekten Vertrieb zwischen Hersteller und Endkäufer selbstständige Handelsbetriebe geschaltet sind (Zum Beispiel: Hersteller → Großhandel → Einzelhandel → Konsument).

Push-/ Pullstrategie

Pushstratgie und Pullstrategie sind zwei Strategien, um das Produkt am Markt abzusetzen.

Unter der Pushstrategie schafft der Hersteller Anreize an den Handel, damit dieser das Produkt in sein Sortiment aufnimmt. Der Handel wiederum präsentiert das Produkt so, dass die Konsumenten zum Kauf „überredet" werden.

Im Gegensatz dazu steht die Pullstrategie. Bei dieser Strategie informiert der Hersteller den Endkäufer (etwa durch Fernsehwerbung) über das Produkt, mit dem Ziel, dass der Endkäufer das Produkt im Handel nachfragt. Der Handel fragt daraufhin beim Hersteller nach.

Kommunikationspolitik

Unter Kommunikationspolitik versteht man die bewusste Gestaltung der Informationen an dem Markt.

Die Instrumente der Kommunikationspolitik sind unter anderem:

- Werbung
- Public Relations (PR)
- Product-Placement
- Messen

Werbung ist ein kommunikativer Prozess.

Werbeträger sind z. B.:

- Internet
- Fernsehen
- Radio
- Soziale Netzwerke

Public Relations (Öffentlichkeitsarbeit) dient in erster Linie dazu, dass Image des Unternehmens zu verbessern. Es geht nicht (direkt) um den Absatz. Als Öffentlichkeitsarbeit könnte man bezeichnen, wenn ein Unternehmen sich beispielsweise für den Umweltschutz einsetzt.

Das Instrument des Product-Placements wird oft mit dem Begriff „Schleichwerbung" in Verbindung gebracht. Hierunter versteht man die Platzierung von Produkten z. B. in Filmen.

Über Messen wird zurzeit sehr viel diskutiert und geschrieben, einerseits über deren weltweit historische Rolle als wesentlicher Faktor und Indikator für die Entwicklung der Märkte, aber auch über die aktuellen Entwicklungstrends in Richtung einer immer ausgeprägteren Spezialisierung. Wie eine Messe auch interpretiert und beschrieben werden mag, zwei Elemente werden auf jeden Fall hervorgehoben:

- Die außerordentliche Aktualität
- Die ständig wachsende Bedeutung der Teilnahme von Unternehmen

Definition der Messe

Unter den zahlreichen Definitionen der Messe sei jene der „konzentrierten Märkte" genannt: Danach sind Messen „jene Orte, in denen das Unternehmen durch die Präsenz der eigenen Produkte oder Dienstleistungen, des Images und der Mitarbeiter mit der Gesamtheit der Bezugspersonen der eigenen Tätigkeit in Verbindung tritt".

Diese Deutung bringt die Quintessenz der Messen im modernsten Sinne des Wortes, d. h. als Fachmesse, die so genannte „trade fair" zum Ausdruck, die sich im Wesentlichen an die Brancheninsider wendet: Einzelhändler, Großhändler, Agenten und Vertreter, Importeure,

Anbieter von Produkten und Dienstleistungen (Unternehmen oder freiberuflich Tätige) sowie Opinion Leader. Das sind all jene, mit denen das Unternehmen eine wesentliche primäre, interaktive Verbindung aufnimmt – in einigen Fällen als Lieferant, in anderen als Kunde -, bevor es sich an die Endabnehmer der eigenen Produkte wendet.

Corporate Identity präsentieren

Falls die Kontakte also im Rahmen des „business to business" hergestellt werden, liegt es auf der Hand, dass Messen, anstatt als Ausstellungen einfacher Produkte, immer mehr zu Ausstellungen von Unternehmen werden.

Heute kommt es nicht nur den potenziellen großen Handels-, Produktions- und Finanzpartnern eines Unternehmens, sondern auch den einzelnen Vermittlern nicht mehr darauf an, detailliert auf die einzelnen Produkte einzugehen, sondern zu entscheiden und von den Hintergründen überzeugt zu werden.

Märkte und Menschen kennen lernen

Man möchte sich von der wirtschaftlichen, strukturellen und produktiven Solidität, der Erfahrung, Mentalität und Philosophie einer unternehmerischen Tätigkeit sowie von den Zukunftsaussichten überzeugen, Menschen und deren Funktionen kennen lernen, sich vergewissern, dass eine unternehmerische Zusammenarbeit möglich ist.

Die Messe versteht sich als „Konzentrat" einer Branche auf einem Markt, und jeder Stand muss einem „Konzentrat" des eigenen Unternehmens entsprechen.

Dies ist alles was der moderne „Besucher-Unternehmer" auf der Messe zu sehen wünscht, denn aufgrund dieser Elemente wird er seine Zukunft gestalten. Dies ist es, was das ausstellende Unternehmen synthetisch, jedoch vollständig und wirksam zeigen muss.

Investition und Finanzierung

Investition und Finanzierung 282

Investition 282

Investitionsarten 283

Investitionsrechnung 283

Finanzierung 284

Eigenfinanzierung 284

Fremdfinanzierung 285

Kreditsubstitute 287

Eigenkapital und Fremdkapital 288

Bilanzanalyse 289

Investition und Finanzierung

Unternehmen stehen in Beziehung zu dem Beschaffungsmarkt und dem Geld- und Kapitalmarkt. Neben der Verbindung zwischen Unternehmen und Staat bzw. Unternehmen und Absatzmarkt. Die Verbindung zwischen dem Unternehmen und dem Beschaffungsmarkt ist dadurch gekennzeichnet, dass dem Unternehmen vom Beschaffungsmarkt Güter zufließen, mit Geld als Gegenleistung. Die Beziehung zwischen Unternehmen und Geld- und Kapitalmarkt ist nur durch den Zufluss und Abfluss von Geld gekennzeichnet. Diese Verbindung zwischen Beschaffungsmarkt und Unternehmen beschreibt die Investition, während sich die Finanzierung mit der Verbindung zwischen Unternehmen und Geld-/ Kapitalmarkt auseinandersetzt. Investition und Finanzierung wird daher oft auch als die „zwei Seiten einer Medaille" beschrieben [s. Grob, S. 4]. Bei der Finanzierung geht es um die Beschaffung von Geldkapital und die Investition beschäftigt sich mit der Umwandlung von Geldkapital in Sachkapital.

Investition

Man unterscheidet grundsätzlich zwischen vier Anlässen zur Investition:

- Neuinvestition
- Ersatzinvestition
- Erweiterungsinvestition
- Rationalisierungsinvestition

Investitionsarten

Zu den Investitionsarten zählen:

- Sachinvestition
  (z. B. Maschinen)

- Finanzinvestition
  (z. B. Wertpapiere)

- Immaterielle Investition
  (z. B. Fortbildung)

Investitionsrechnung

Vor der Realisierung Investitionen sind Unternehmen mit der Frage konfrontiert, ob investiert werden soll bzw. wie sinnvoll eine Investition ist. Die Investitionsrechnung umfasst mathematische Verfahren, die bei Investitionsentscheidungen helfen. Man differenziert zwischen klassischen Verfahren und dynamischen Verfahren. Diese beiden Verfahren unterscheiden sich im Wesentlichen dadurch, dass klassische Verfahren, im Gegensatz zu dynamischen Verfahren, zeitliche Unterschiede nicht berücksichtigen. Zu den klassischen Verfahren zählen die Gewinnvergleichsrechnung und Kostenvergleichsrechnung. Die dynamischen Verfahren umfassen unter anderem die Kapitalwertmethode und Endwertmethode.

Finanzierung

Es gibt zwei verschiedene Arten der Differenzierung. Die Finanzierung teilt sich zum einen in die Eigen- und Fremdfinanzierung. Zum anderen wird aber auch zwischen Innen- und Außenfinanzierung unterschieden. Bei der Innenfinanzierung stammen die Mittel aus dem Leistungsprozess des Unternehmens, während bei der Außenfinanzierung das Geld von außen dem Unternehmen zufließt.

Wichtig hierbei ist, dass Eigenfinanzierung nicht zwangsläufig auch Innenfinanzierung und Fremdfinanzierung nicht unbedingt auch Außenfinanzierung darstellt.

Eigenfinanzierung

Die Eigenfinanzierung umfasst unter anderem die Einlagen- bzw. Beteiligungsfinanzierung und die Selbstfinanzierung. Bei der Eigenfinanzierung ist immer das Eigenkapital betroffen.

Unter Einlagen- bzw. Beteiligungsfinanzierung versteht man etwa die Aufnahme neuer Gesellschafter, Ausgabe neuer Aktien und Einzahlung privater Gelder in ein Einzelunternehmen.

Die Einlagen- und Beteiligungsfinanzierung stellt zwar eine Form der Eigenfinanzierung dar, doch das Geld fließt von außen dem Unternehmen zu, dementsprechend handelt es sich um eine Form der Außenfinanzierung.

Selbstfinanzierung liegt vor, wenn der Gewinn ganz oder teilweise im Unternehmen bleibt.

Hier kommen die Mittel aus dem Leistungsprozess des Unternehmens, folglich ist es eine Form der Innenfinanzierung.

Fremdfinanzierung

Fremdfinanzierung umfasst unter anderem die Kreditfinanzierung, Finanzierung aus Rückstellungen und Subventionsfinanzierung.

Eine genauere Betrachtung legen wir in diesem Beitrag auf die Kreditarten und Kreditsubstitute. Unter einem Kredit versteht man die Beschaffung fremder Mittel auf Zeit. Man unterscheidet bei der Laufzeit von Krediten zwischen kurzfristigen (bis zu 12 Monaten), mittelfristigen (zwischen 12 Monaten und 4 Jahren) und langfristigen Krediten (über 4 Jahre).

Zu den möglichen Kreditgebern zählen in erster Linie die Banken, aber auch der Kapitalmarkt oder der Staat. Unternehmen können auch Kredite von Lieferanten in Anspruch nehmen, die jedoch oft mit hohen Zinszahlungen verbunden sind. Der Lieferantenkredit wird als solcher manchmal nicht erkannt und die Kosten unterschätzt, da der Zinssatz mit dem Skonto verwechselt wird.

Ein typischer Lieferantenkredit wäre z. B.:

Das Unternehmen Y erhält eine Rechnung in Höhe von 10.000 €. Für die Zahlungsbedingung gilt: „Zahlungsziel 30 Tage, bei Zahlung innerhalb von 10 Tagen 2 % Skonto."

Das heißt: Wenn Unternehmen Y den Betrag nicht sofort bezahlen kann, gewährt der Lieferant dem Unternehmen einen Kredit. Das Unternehmen muss den Kredit spätestens nach 30 Tagen zurückzahlen. Dann muss das Unternehmen allerdings die vollen 10.000 € bezahlen und nicht 9.800 € (10.000 € abzüglich 2 % Skonto).

Der Zinssatz (= i) für Lieferantenkredite berechnet sich mit folgender Formel:

$$i = \frac{\text{Skontosatz} \times 360}{(100 - \text{Skontosatz}) \times (\text{Zahlungsfrist} - \text{Skontofrist})}$$

Für das Beispiel:

Skontosatz = 2 %

Zahlungsfrist = 30 Tage

Skontofrist = 10 Tage

Daher:

$$i = \frac{2 \times 360}{(100-2) \times (30-10)}$$

$$\Leftrightarrow i = \frac{720}{98 \times 20}$$

$$\Leftrightarrow i = 0{,}367$$

$$\Leftrightarrow i = 36{,}7 \%$$

Der Zinssatz dieses Lieferantenkredites beträgt also 36,73 % pro Jahr.

Kreditsubstitute

Zu den Kreditsubstituten zählen unter anderem Leasing und Factoring.

Bei Leasing unterscheidet man zwischen Finanzierung-Leasing und Operating-Leasing. Finanzierung-Leasing zeichnet sich durch feste und langfristige Laufzeiten aus, zudem werden die Folgekosten (z. B. Wartung, Reparatur) vom Leasingnehmer getragen. Beim Operating-Leasing werden die Kosten für Wartung, Reparatur usw. vom Leasinggeber getragen und der Leasingvertrag hat kürzere Laufzeiten.

Unter Factoring versteht man den Forderungsverkauf an einen Dritten.

Zum Beispiel:

Der Gläubiger G leiht dem Schuldner S 20 €. Nun stellt G fest, dass er eigentlich noch einkaufen gehen möchte, dazu fehlen ihm jetzt allerdings die 20 €. G entscheidet sich daraufhin zu seinem Nachbar F zu gehen und fragt, ob er nicht 20 € von ihm haben könnte. G erklärt F in diesem Zug auch, dass F die 20 € nicht von ihm wiederbekommt, sondern sich F jetzt direkt an S wenden soll.

F übernimmt nun hier die Rolle des Factors. F gibt G die 20 € und wendet sich nun an S, um sein Geld zurückzukriegen. Das Risiko, dass S seine Schulden nicht bezahlen kann, trägt nun F und nicht mehr G.

Allerdings könnte F auch die Situation von G ausnutzen. Da F erkennt, dass G das Geld dringend braucht, weil er sonst nicht einkaufen kann, gibt er ihm nur 18 € und verlangt von G, dass ihm S dennoch die kompletten 20 € gibt. Je dringender G das Geld braucht, desto gewissenloser kann F reagieren.

Vorteile des Factorings sind unter anderem, dass der Gläubiger nicht mehr das Risiko des Forderungsausfalls trägt und die Kosten und Arbeit für Mahnwesen, Kreditüberwachung usw. auf dem Factor überträgt.

Als Nachteile ergeben sich unter anderem die Kosten, die beim Factoring entstehen, zudem könnte der Verkauf von Forderungen auch als ein Zeichen von wirtschaftlicher Schwäche gedeutet werden.

Beim Factoring wird differenziert zwischen:

- Echtem Factoring
  Factor übernimmt das Risiko des Forderungsausfalles.
- Unechtem Factoring
  Gläubiger behält das Risiko des Forderungsausfalles.
- Offenem Factoring
  Schuldner wird informiert.
- Stillem Factoring
  Schuldner wird nicht informiert.

Eigenkapital und Fremdkapital

Die Passivseite der Bilanz setzt sich aus Eigenkapital und Fremdkapital zusammen. Das Eigenkapital ist vor allem dadurch zu gekennzeichnet, dass es ohne zeitliche Begrenzung zur Verfügung steht. Der Eigenkapitalgeber hat in der Regel Anspruch auf Erfolgsbeteiligung, aber auch die Haftung für Schulden des Unternehmens. Im Gegensatz zum Eigenkapital setzt sich bei Fremdkapital der Zahlungsanspruch aus Zinsen und Tilgung zusammen, die unabhängig vom Erfolg des Unternehmens sind. Das Fremdkapital ist zeitlich befristet.

Bilanzanalyse

Mit Hilfe der Bilanz lassen sich Kennzahlen berechnen, mit denen man Aussagen über das Unternehmen treffen kann.

So etwa ist eine niedrige Anlagenquote ein Zeichen für betriebliche Flexibilität. Wenn z. B. ein Autohersteller Maschinen kauft, die spezialisiert auf die Produktion von Geländewagen sind, ist der Hersteller bei einem Nachfragerückgang für Geländewagen in seinen Reaktionsmöglichkeiten eingeschränkt. Die Anlagenquote berechnet sich wie folgt:

Anlagenquote = (Anlagevermögen / Gesamtvermögen) x 100

Da sich das Gesamtvermögen aus der Summe von Anlagevermögen und Umlaufvermögen zusammensetzt, ist folglich eine hohe Quote des Umlaufvermögens auch ein Zeichen für betriebliche Flexibilität. Ein relativ hohes Umlaufvermögen hat ein relativ geringes Anlagevermögen zur Folge.

Quote des Umlaufvermögens =
(Umlaufvermögen / Gesamtvermögen) x 100

Eine hohe Eigenkapitalquote gilt als Zeichen, dass das Unternehmen besonders krisenfest ist.

Eigenkapitalquote = (Eigenkapital / Gesamtkapital) x 100

Die Aussagekraft der Kennzahlen ist allerdings begrenzt, da die Bilanz zu unvollständig für eine genaue Analyse ist. Es sind unterschiedliche Interpretationen möglich und somit ist die Gefahr der Manipulation hoch.

Führung und Organisation

Führung und Organisation 292

Betriebliche Führung 294

Was bedeutet Führen von Mitarbeitern konkret? 295

Woran erkennt man eine erfolgreiche Führungskraft? 296

Personalführung 298

Zukünftige Anforderungen an das Führungsteam 301

Was sind Führungsstile und Führungstechniken? 303

Menschenbilder als Grundlage 304

Motivation als zentrales Element der Mitarbeiterführung 305

Führungsstile 308

Führungstechniken 312

Management-Konzeptionen 312

Delegation, Optionen und Grenzen 318

Voraussetzungen der erfolgreichen Delegation 319

Organisation 322

Das Gesamtmodell der Organisation 325

Organisationselemente 326

Welche Arten der Organisation gibt es? 326

Organigramm – Aufbau 328

Führung und Organisation

Jeder, der Mitarbeiter führt, der Unternehmen führt oder einfach nur Menschen führt, weiß, was Führung bedeutet. Auch jeder, der nicht selbst führt, sondern geführt wird, kann die Terminologie der Führung eindeutig beschreiben, da er am „eigenen Leibe erfährt", was Führung ausmacht. Problematisch erscheint die Tatsache, dass trotz einer Vielzahl an Veröffentlichungen bisher keine einheitliche Terminologie von Führung existiert. Dies wird vor allem auf das zunehmend interdisziplinäre Interesse an Führungsvorgängen, wie beispielsweise in der Betriebswirtschaftslehre, in den Sozialwissenschaften, in der Psychologie oder in der Philosophie, um nur einige zu nennen, zurückgeführt.

Was versteht man unter Führung?

Hier werden einige grundlegende Begriffsbestimmungen genannt, die alle das Konstrukt Führung umschreiben.

Führung kann interpretiert werden als:

- Ausdruck der Persönlichkeit
- Mittelpunkt von Gruppenprozessen
- Willensdurchsetzung
- Verhalten oder Handeln
- Resultat von Interaktionen
- Form der Überzeugung
- Instrument der Zielerreichung
- Rollendifferenzierung
- Machtbeziehung
- Motivation durch Autorität und Kompetenz
- Vorbildfunktion zur Zielerreichung

Natürlich kann es nicht Sinn und Zweck sein, sich auf eine der obengenannten Funktionen festzulegen, sondern der Schwerpunkt sollte daraufgelegt werden, einen umfassenden Führungsbegriff zu definieren. Führung ist somit jede zielbezogene, interpersonelle Verhaltensbeeinflussung mit Hilfe von Kommunikationsprozessen.

Führung ist ...

Verhaltensbeeinflussung
Führung beinhaltet eine Tätigkeit, die darin besteht, andere in ihrem Verhalten und/oder ihrer Einstellung zu beeinflussen.

interpersonell
Führung kann erst dann auftreten, wenn mindestens zwei Personen an diesem Verhaltensprozess teilnehmen.

zielbezogen
Führung ist eine Verhaltensbeeinflussung, die ihre Bestimmung zum Zwecke einer Zielerreichung erfährt.

Von der Unternehmens- zur Personalführung

Unter Führung ist ein sozialer Prozess zu verstehen, der durch die Beeinflussung der Gruppenmitglieder dem Zweck der gemeinsamen Zielerreichung dient (nach Prof. Dipl.-Kfm. Klaus Olfert, Personalwirtschaft).

Betriebliche Führung

Die betriebliche Führung umfasst die sogenannte Mitarbeiter-, Gruppen-, Bereichs- und Unternehmensführung.

Hierbei unterscheidet man im weiteren Sinne die **Unternehmensführung** und im engeren die **Personalführung**.

Die Unternehmensführung ist sachbezogen und hat im Fokus eine erfolgreich ausgerichtete Abstimmung zwischen Zielen der Organisation und der wichtigsten Unternehmensstrategien.

Die Personalführung ist demgegenüber personenbezogen. Mit ihr als Werkzeug können die zuvor genannten organisatorischen und strategischen Ziele auf jeder Führungsebene im Unternehmen durch die Führungskräfte im Einklang mit den Mitarbeiterinnen und Mitarbeitern umgesetzt werden.

Unternehmensführung und Erfolg auf partnerschaftlicher Basis

Partnerschaftliche Führung der Unternehmensleitung	
Partnerschaftliche Führung des direkten Vorgesetzten	

⇩

Identifikation mit der gestellten Aufgabe und Arbeitgeber	
Mitarbeiterzufriedenheit	Motivation

⇩

Zukünftiger Unternehmenserfolg
Steigerung von Gewinn, Umsatz, Wachstum

Führung und Organisation

Was bedeutet Führen von Mitarbeitern konkret?

„Führen" heißt, Mitarbeiter so zu fördern, dass sie neben der Identifikation mit dem Unternehmen und der Abteilung ihre fachliche und soziale Kompetenz im Sinne einer Leistungssteigerung zur Erfüllung der Unternehmensziele einsetzen. Hierbei sind die Erwartungen, Fähigkeiten und Neigungen der Mitarbeiter einzubinden.

Für die Umsetzung der Unternehmensziele ist somit eine innovative und durchsetzungsfähige Führungsmannschaft erforderlich.

Professionelle Führung des Unternehmens und der Mitarbeiter

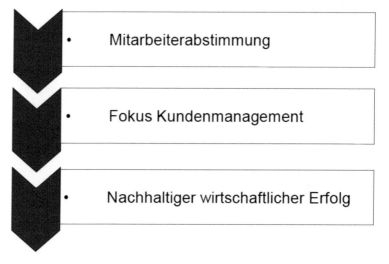

- Mitarbeiterabstimmung
- Fokus Kundenmanagement
- Nachhaltiger wirtschaftlicher Erfolg

Woran erkennt man eine erfolgreiche Führungskraft?

Eine erfolgreiche Führungskraft erkennt man an diesen Merkmalen:

- Visionäres Denken
- Vernetzungsfähigkeit
- Risikobereitschaft
- Lernbereitschaft
- Delegationsfähigkeit
- Motivationsfähigkeit
- Kommunikative Kompetenz
- Zielstrebigkeit und Entscheidungskraft
- Vorbildfunktion und Glaubwürdigkeit
- Innovationsfähigkeit und -bereitschaft

Praxisrelevante Führungsinstrumente – Auszug

Mitarbeitergespräch, Ablauf
Beurteilung und positives Feedback: Einleitung eines Gesprächs, Selbstbild des Mitarbeiters, Feedback durch den Vorgesetzten, gemeinsame Zielvereinbarung, Protokollierung (Beweiskraft).

Mitarbeiter-/ Abteilungsbesprechung
Verbesserung des Kommunikationsflusses durch regelmäßige, stimmige Information der Mitarbeiter über Entwicklungen, Daten und Fakten im Unternehmen/ in der Abteilung; Vorstellung aktueller Ergebnisse und Arbeitsgebiete durch das Teammitglied; Visualisierung einzelner Themen durch Handout etc., Vernetzung.

Konfliktgespräch
Vier-Augen-Gespräch zur Aufarbeitung von Konfliktursachen, Suche nach Lösungsalternativen, zukünftiges optimiertes Konflikt-management, Entscheidungsvorbereitung, Anwendung Werkzeug-module aus der Mediation zur Unterstützung.

Führung und Organisation

Coaching/Personalentwicklungsgespräch

Neben konsequenter Forderung nach Zielverwirklichung und Leistungsorientierung Motivation durch Unterstützung und Weiterentwicklung von Sozial- und Fachkompetenzen; konkrete Förderung durch Meilensteingespräche bei neuen Aufgaben, z. B. Projektleitung; Förderung von fachlicher und persönlicher Kompetenz durch interne und externe Schulungen; Karriereplanung.

Personalführung

Wesentlicher Bestandteil der Personalpolitik innerhalb der kompetenten Unternehmensleitung ist die Führung der Mitarbeiter. Das Verstehen, was Führung innerhalb des Personalmanagements beinhaltet, welche unterschiedlichen Führungsstile unterschieden werden und welche Arten der Führungsaufgaben existent sind, erleichtert der Management-Assistenz ihre eigene tägliche Arbeit. Dies beinhaltet eine qualifizierte erfolgsorientierte Aufgabendurchführung als Entscheidungsvorbereiterin und Lösungsanbieterin. Als Schnittstelle ist sie kompetente Ansprechpartnerin für alle Mitarbeiter, wie z. B. die Personalabteilung bei Themen zu Urlaubsplanung, Arbeitszeit. Insbesondere als Ausbilderin für neue Bachelor- Absolventen oder Auszubildende, die den Fachbereich und die Geschäftsleitung fachlich und prozessual kennenlernen sollen, ist sie selbst in der Rolle einer Führungskraft. Auch als Leiterin eines Teams von Sekretärinnen kann die Management-Assistentin von heute Führungsaufgaben wahrnehmen und von den Kenntnissen, die sie aus Wissenschaft und Praxis erlangt, profitieren.

Warum ein Verständnis für Führung entwickelt werden muss

Was bedeutet „Führen"? Warum muss die Management-Assistenz Führungsstile unterscheiden können, gar ein Verständnis für die Personalführung entwickeln?

Ohne den Führungsstil des Vorgesetzten oder die Unternehmens-strategie zu kennen, kann Führung nicht umfassend verstanden werden und in der Konsequenz der optimale Umgang mit Mitarbeitern nicht gepflegt werden. Verständnis für Führung heißt für die Management-Assistenz, die verschiedenen Führungsstile zu kennen, zu unterscheiden und in die Alltagswirklichkeit umzusetzen.

Führung und Organisation

Praxisrelevante Führungsaufgaben

Führungsaufgaben kennen, erkennen und im Sinne der Führungskraft zu unterstützen, heißt für die Management-Assistenz Vorbereiten von Vorstandssitzungen, Kontaktpflege zum Personal- oder Betriebsrat usw.

Führungsaufgaben
Einweisung und Unterweisung Mitarbeitereinsatzplanung, -integration durch: Empfangen und bekannt machen, informieren und einarbeiten.
Erteilung von Anweisungen Schriftlich fixierte, präzise und verständliche Anweisungen erteilen: „Was? Wer? Wann? Wie? Womit? Wo? Warum?".
Delegation von Aufgaben und Übertragung von Verantwortung Anerkennen von Leistungen durch „Feedback", sog. Rückmeldegespräche; mit der Übertragung der Aufgaben konkreten Verantwortungs- und Abstimmungsumfang eingrenzen.
Kontrolle, Korrektur und konstruktive Kritik Arbeitsergebnis- oder Prozessabschnitt-Kontrolle, angemessene zeitnahe Korrektur, Kritikgespräch mit Ursachenforschung sowie Fördern des Bewusstwerdens und der Einsicht in Fehler im Vier- Augen-Gespräch von angemessener Dauer und Sachlichkeit.
Beurteilung, Förderung und Beratung/Coaching Von Vorteil sind regelmäßige, standardisiert aufbereitete Beurteilungen und Zielvereinbarungsgespräche (Jahres-, Halbjahresgespräche), Förderung in sozialer und fachlicher Kompetenz sowie Fortbildung.

Mitarbeit in Ausschüssen, Kontaktpflege zum Personal- oder Betriebsrat

Arbeit in Ausschüssen, z. B. betriebliches Vorschlagswesen, Prämien und Bonusgestaltungen, Arbeits- und Gesundheitsschutz; Zusammenarbeit mit Gremien und Mitarbeitern in Sonderfunktionen, z. B. Datenschutzbeauftragter, Arbeitsschutzbeauftragter, Betriebs-rat, Sprecherausschuss; Verbandsarbeit.

Verabschieden von Mitarbeitern

Gespräch mit positiver Basis wegen möglicher zukünftiger Zusammenarbeit, sofern Mitarbeiter Abteilungen wechselt; Basis für Kontaktpflege und Integration sofern Mitarbeiter in Elternzeit geht; Ursachenforschung bei Verlassen des Unternehmens und Kontaktpflege, Kommunikation als positives Marketing in Extremsituation, z. B. Abbau

Zu wissen, was es konkret beinhaltet, wenn der Vorgesetzte Verantwortung überträgt, heißt auch zu erkennen, was das Tragen von Verantwortung für die eigene Arbeit in der Assistenz bedeutet, ebenso wie für die Kommunikation mit den Mitarbeitern.

Führung und Organisation

Zukünftige Anforderungen an das Führungsteam

Die Führungskraft der Zukunft bildet zusammen mit der Management-Assistenz ein Führungsteam. Das bedeutet, die fachliche und organisatorische Entlastung der Führungskraft durch die kompetente Management-Assistenz gewährleistet eine konzentrierte, schnelle und nachhaltige Entscheidungskompetenz im Sinne der Unternehmensführung. Dies stellt die notwendige Flexibilität im Handeln unter Abwägung aller betriebswirtschaftlichen Komponenten dar.

Was zeichnet die erfolgreiche Führungskraft aus?

- *Flexibilität:*

    lebenslanges Lernen, interkulturelle Aufgeschlossenheit, Sprachkenntnisse

- *Teamarbeit:*

    interdisziplinäres Denken, Arbeit in und mit Gruppen

- *Projektarbeit:*

    interdisziplinäre Zusammenarbeit, Projektleitererfahrung

- *Motivation:*

    Übereinstimmung von Reden und Handeln zwecks Motivation qualifizierter Mitarbeiter

- *Kreativität:*

    kreative Problemlösungen finden, Freiräume gestalten

- *Kommunikative Kompetenz:*

    Motivation durch eigene Kommunikationsfähigkeit und Vorbildfunktion

- *Konfliktmanagement:*

    Spannungsausgleich durch stabile eigene Persönlichkeit; Anwendung von Teilelementen der Mediation

- *Systematisches, ganzheitliches Denken:*
  Berücksichtigung von Folgen und Nebenwirkungen, zielorientierter Umgang mit komplexen Aufgabenstellungen

- *Klassische Anforderungen:*
  analytisches Denkvermögen, Loyalität, Begeisterungsfähigkeit, zeitliche Flexibilität im Spannungsfeld zwischen Beruf und Familie, betriebswirtschaftliche und rechtliche Kompetenz

Die zunehmende Komplexität der Arbeitsprozesse, die angespannte Konkurrenzsituation und gezielte Kundenorientierung sind neben einer immer stärkeren Internationalisierung die Ursachen für die geänderten Anforderungen an die heutige Führungskraft.

Im Fokus stehen nachhaltige Abteilungs- und Unternehmensziele, die die Führungskraft gemeinsam unter Beachtung der betriebswirtschaftlichen Kennzahlen mit dem eigenen Mitarbeiterteam erfolgsorientiert umsetzen muss.

Praxis-Tipp:
Führungskräfte müssen durch ihr hohes Maß an Kommunikationskompetenz mögliche Blockaden gegen Innovationen und notwendige Änderungen mit glaubwürdiger Überzeugungs- und Aufklärungsarbeit zu überwinden suchen.

Was sind Führungsstile und Führungstechniken?

Auch wenn sich erfolgreiche Führungspersönlichkeiten überwiegend durch die oben beschriebenen Fähigkeiten grundsätzlich gleichen, kann jeder Manager seinem Verhalten einen anderen Führungsstil mit einer anderen Führungstechnik zugrunde legen.

Führungsstil

Unter Führungsstil ist das durchgehende und einheitliche Gepräge der Führung zu verstehen. In dem Führungsstil manifestiert sich das Menschenbild der Führungskraft, also ihre individuelle Haltung gegenüber den geführten Mitarbeitern.

Führungstechnik

Unter Führungstechnik sind sämtliche Methoden und Techniken zu verstehen, anhand derer die Führungskraft ihren individuellen Führungsstil umsetzt. Diese können formalorganisatorischer Art sein (Stellenbeschreibungen) oder sozialpsychologischer Art (Gesprächstechniken).

Zusammenhang zwischen Führung, Führungsstil und Führungstechnik

Was soll erreicht werden?
→ Menschenführung

In Welcher Form?
→ Führungsstil

Wodurch ist der Stil geprägt?
→ Menschenbilder

Wie soll der Stil umgesetzt werden?
→ Führungstechnik

Menschenbilder als Grundlage

Zwischen Menschenbildern und Führungspraxis besteht ein enger Zusammenhang, da sich die Einstellung gegenüber den Mitarbeitern auch in den Führungsmethoden widerspiegelt. Wer beispielsweise seine Mitarbeiter in erster Linie für „faul, nicht kompetent und undankbar" hält, wird sich in seinem Führungsverhalten anders einstellen, als wenn er die Menschen grundsätzlich „arbeitseifrig, hilfsbereit und offen" beurteilt.

Machiavelli (1469 - 1527)
Mensch ist undankbar,
heuchlerisch,
gewinnsüchtig,
feige.

Locke (1632 - 1704)
Mensch ist vernünftig,
kann sich kontrollieren,
ist kooperationsfähig,
neigt zu demokratischer Herrschaft.

Freud (1856 - 1939)
Mensch ist von Natur aus primitiv,
wild, böse.
Demnach sind die natürlichen
Triebe zu unterdrücken.

Motivation als zentrales Element der Mitarbeiterführung

Was ist Motivation? Wie vermeidet man Demotivation?

In der betrieblichen Praxis wird die Erbringung von Leistung, aber auch die Nichterbringung einer Leistung in engem Zusammenhang mit der Motivation gesehen. Es stellt sich unmittelbar die Frage, auf welche Weise jemand motiviert werden kann. Oder welche bewussten oder unbewussten Verhaltensweisen ausgeblendet werden sollten, um nicht eine gegenläufige Tendenz (negative Motivationsspirale) in Gang zu setzten. Insbesondere in betriebswirtschaftlich angespannten oder durch Umorganisation geprägten Unternehmensphasen ist es wichtig durch zielorientiertes Coaching die Führungsmannschaft zu unterstützen.

Initiiert und engmaschig begleitet wird dieser Change-Prozess durch eine kompetente Personalentwicklung in Abstimmung mit dem Kommunikationsbereich. Diese können sein: Umsetzungs- und Verhaltensleitlinien, Führungskräfteworkshops oder Kommunikations-leitfäden als Unterstützung für die Führungsmannschaft. Ziel sollte es sein, Handlungen zu vermeiden, die als Demotivation empfunden werden könnten.

Umgekehrt soll im Zentrum stehen, die Motivation des einzelnen Mitarbeiters in der jeweiligen Einzelsituation aktiv zu fördern. In einem wirtschaftlich geprägten Unternehmen stellt dies keinen Selbstzweck dar, sondern dient durch die Verschmelzung von Theorie und Praxis der Leistungssteigerung und Mitarbeiterbindung. Dies verhindert in Abbau- und Umbausituationen die Fluktuation von Spezialisten und Leistungsträgern und fördert demgegenüber bei der verbleibenden Kernmannschaft die Identifikation mit dem Unternehmen und den neuen Unternehmenszielen.

Basis jeder Motivation ist das Motiv

Ein Motiv ist ein Beweggrund, so zu handeln und zu reagieren, dass die zu einem bestimmten Zeitpunkt dominierenden Bedürfnisse befriedigt werden.

Das Motiv ist demnach ein unbefriedigtes Bedürfnis. Ein unbefriedigtes Bedürfnis hält einen Menschen so lange in Spannung, bis es letztlich befriedigt ist.

Daraus ergibt sich die logische Konsequenz, dass

- jegliches menschliche Verhalten verursacht wird (durch nicht befriedigte Motive)
- jegliches menschliche Verhalten zielorientiert determiniert ist (Befriedigung eines Bedürfnisses als Ziel)

Wichtig: Motivation als Management-Instrument ist die durch den Vorgesetzten getätigte Anwendung von Anreizen, die auf die unbefriedigten Bedürfnisse des Mitarbeiters gerichtet sind, mit dem Ziel, ein situations- adäquates Verhalten des Mitarbeiters auszulösen.

Anreize aktivieren die Motive des Mitarbeiters und bestimmen sein Verhalten. Das folgende Beispiel verdeutlicht diesen Sachverhalt.

Anreiz	**Motiv**	**Verhalten**	**Ziel**
Mehr Geld zu verdienen	Wunsch, ein Haus zu bauen	Überstunden	In einem Jahr Geschäftsführungs-sekretärin zu werden

Der Motivationsvorgang ist also ein Zusammenwirken von Anreiz, Motiv, Verhalten und Ziel.

Nicht alle gesetzten Anreize werden auch von jedem einzelnen Mitarbeiter als solche wahrgenommen. Der Anreiz, „mehr Geld zu verdienen", wirkt sich auf das Arbeitsverhalten einem bereits besserverdienenden Mitarbeiter weitaus weniger aus als bei einem anderen in der unteren oder mittleren Lohnskala arbeitenden Mitarbeiter. Der besser Verdienende wird vielleicht eher aktiviert über:

- soziale Anreize, Möglichkeiten zur externen Vernetzung durch Verbandsarbeit und Mitarbeit in Arbeitsgruppen
- besondere Aufgabeninhalte mit Budgetverantwortung und wesentlicher Entscheidungskompetenz
- mehr Freiraum durch Regelungen zu Beruf und Familie
- Angebote zur Optimierung von Stress- und Gesundheitsmanagement
- Statussymbole, Dienstwagen, IT-technische Neuerungen

Was trägt zur Leistungssteigerung der Mitarbeiter bei?

Welche Anreize beeinflussen wesentlich das Verhalten der Mitarbeiter zur Leistungssteigerung, um die gesteckten Ziele zu erreichen?

Diese Frage kann nicht losgelöst von den Fähigkeiten und Fertigkeiten des Mitarbeiters beantwortet werden. Die Motivationsstärke des Managers/der Teamleiterin allein reicht nicht aus, sondern darüber hinaus müssen folgende Fähigkeiten mit Hilfe von Trainingsprogrammen und Schulungen stets entsprechend dem jeweiligen Anforderungsprofil gefördert werden:

- kreative Fähigkeiten (Ideengeber, pragmatische Lösungswege finden unter Abwägung der Risiken)
- analytische Fähigkeiten (Logik, Konzentrationsfähigkeit)
- soziale Fähigkeiten (Kontaktfreudigkeit, Kooperation)
- ausgeprägte Konfliktfähigkeit (Ausbau von Elementen aus der Mediation, Kommunikationsstärke)

Führungsstile

Ein Führungsstil ist ein in wechselnden Situationen relativ konstantes Verhaltensmuster, das als Konkretisierung einer verhaltensprägenden Einstellung aufzufassen ist. Allerdings unterscheiden sich die einzelnen Stile je nach zugrunde liegendem Menschenbild.

> **Beispiel:**
>
> Die Abteilungsleiterin Meyer sagt zu Ihren Mitarbeitern:
>
> *„Ab morgen ist Arbeitsbeginn 8:00 Uhr".*
>
> Die Abteilungsleiterin Müller drückt den gleichen Sachverhalt wie folgt aus:
>
> *„Aus betrieblichen Gründen und nach Analyse des Kundenverhaltens soll der Arbeitsbeginn geändert werden. Bitte machen Sie dazu verschiedene Alternativvorschläge."*

Diese unterschiedlichen Formen der Führung werden heute allgemein bezeichnet als:

- autoritärer Führungsstil
- kooperativer Führungsstil

Der autoritäre Führungsstil ist durch Befehle, Anordnungen, Überwachung und Kontrolle gekennzeichnet, während der kooperative Stil als Führung durch Entscheidungsdelegation auf Mitarbeiter interpretiert werden kann.

In der Praxis treten die beiden Stilformen der autoritären und kooperativen Führung jedoch nur in den seltensten Fällen in Reinform auf. In der Regel bilden sie die Pole eines Führungskontinuums, innerhalb dessen sich die Führungskräfte einer Vielzahl von Übergangsformen bedienen können.

In der deutschsprachigen Literatur haben sich vor allem folgende vier Führungsstiltypologien etabliert:

Der patriarchalische Führungsstil

Vor allem in kleinen Familienbetrieben ist dieser Stil auch heute noch anzutreffen. Als Vorbild dient dem Vorgesetzten die unangefochtene Rolle des Patriarchen in seiner Familie. Der Patriarch sorgt treu und fürsorglich für seine Mitarbeiter, erwartet im Gegenzug jedoch Dankbarkeit, Loyalität, Treue und Gehorsam. Der patriarchalische Führungsstil sieht keinerlei Delegation von Verantwortung an Mitarbeiter vor, sondern lediglich eine absolute Entscheidungs-zentralisation.

Der charismatische Führungsstil

Gegenüber dem patriarchalischen Stil begründet dieser Stil die absoluten Alleinherrschaftsansprüche der Führungskraft mit ihren charismatischen Eigenschaften, welche von den Mitarbeitern anerkannt und vor allem in Notsituationen gewünscht werden.

Der autokratische Führungsstil

Überwiegend in Großunternehmen wird noch dieser Führungsstil, der im Kern einen souveränen Vorgesetzten vorsieht, gepflegt. Allerdings besteht keine direkte und unmittelbare Kommunikation zwischen der Führungskraft und ihren Mitarbeitern. Vielmehr setzen nachgeordnete Linieninstanzen die Entscheidungen des Autokraten bei den Mitarbeitern durch.

Der bürokratische Führungsstil

Dieser vor allem in der staatlichen Verwaltung zu beobachtende Führungsstil stellt die extreme Form der Reglementierung organisatorischer Verhaltensweisen dar (Stellenbeschreibungen, Dienstanordnungen, Richtlinien). Anstelle der Willkür des Autokraten tritt die Gesetzestreue des Bürokraten, die aufgrund der Legitimation überwiegend von den organisatorisch nachgelagerten „Beamten" akzeptiert wird.

Hier werden am Beispiel des Kontinuums des Führungsverhaltens die Stufen der Einbeziehung von Mitarbeitern in verschiedenen Einfluss- und Entscheidungsebenen dargestellt:

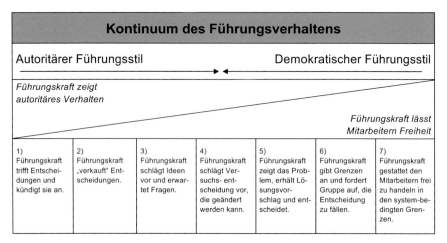

(nach Tannenbaum/Schmidt, angelehnt an Olfert, Personalwirtschaft)

Demgegenüber geht die Managementtheorie von Douglas Mc Gregor (erstmals 1960 geäußert) von den folgenden beiden Theorien aus:

Theorie X – Autoritärer Führungsstil

Der durchschnittliche Mensch ist von Natur aus unfähig, unzuverlässig, selbstsüchtig und faul.

Deshalb müssen die meisten Mitarbeiter kontrolliert, ständig angetrieben und mittels Strafandrohung gezwungen werden, einen Beitrag zur Erreichung der Unternehmensziele zu leisten.

Ein solches Führungsverhalten kommt sogar den Wünschen des Durchschnittsmenschen entgegen. Er möchte an die Hand genommen werden, da er Verantwortung hasst, wenig Ehrgeiz und Ambitionen besitzt und die eigene Sicherheit über alles stellt.

Theorie Y – Kooperativer Führungsstil

Der Mensch hat keine Abscheu vor Arbeit, im Gegenteil, er sieht interessante, fordernde Aufgaben als überaus wichtige Quellen seiner Zufriedenheit an.

Er hat den Willen, sich selbst und seine Fähigkeiten auch am Arbeitsplatz zu verwirklichen. Sofern ihm die Möglichkeiten hierfür geboten werden, wird er sich mit den Unternehmenszielen identifizieren und Selbstkontrolle sowie Eigeninitiative entwickeln. Strenge, hierarchische Kontrolle und enge Verhaltensvorschriften sind dann nicht mehr notwendig.

Einfallsreichtum, Kreativität, Intelligenz und Verantwortungs-bereitschaft sind weitverbreitete Eigenschaften in der arbeitenden Bevölkerung; sie werden jedoch unter den Bedingungen der modernen Industriegesellschaft kaum aktiviert.

Mc Gregor selbst hat die „negative" X-Theorie als nicht zeitgemäße Managementtheorie und somit Kontrolle als alleiniges Mittel zur Leistungssteigerung von Mitarbeitern abgelehnt. Er hat vielmehr die „positive" Y- Theorie als die entscheidende durch Motivation des Mitarbeiters optimierte Zielerreichung und Managementtheorie für die Praxis angesehen.

Insgesamt kann man somit feststellen, dass Führung beinhaltet, den Mitarbeiter als komplexes Individuum mit unterschiedlichen Kompetenzen und Erfahrungen zu sehen. Durch situative wertschätzende kooperative Führung können auf diese Art und Weise nachhaltige optimierte Erfolge im Sinne der Unternehmensstrategie zusammen mit den Mitarbeitern erreicht werden.

Führungstechniken

Im Folgenden werden die in der heutigen Führungspraxis bedeutsamsten, zum größten Teil aus der praxisorientierten amerikanischen Managementliteratur abgeleiteten „Management by"-Techniken vorgestellt. In der Regel werden durch die jeweiligen „Management by"-Formen einzelne Aspekte der Führungsaufgabe (Zielbildung, Willensdurchsetzung, Kontrollphase) besonders herausgestellt und zum allgemeinen Prinzip erhoben.

Management-Konzeptionen

- **Management by Objectives (MbO):**
  Führen durch Zielvereinbarung, gemeinsam mit dem Mitarbeiter werden Ziele festgelegt, die regelmäßig überprüft und angepasst werden.

- **Management by Exception (MbE):**
  Führen durch Ausnahmeregelungen, d. h. der Standardfall kann durch eigene Entscheidungskompetenz des Mitarbeiters gelöst werden, Sonderfälle werden mit der Führungskraft abgestimmt.

- **Management by Results (MbR):**
  Führen mit Ergebnisvorgabe einschließlich Ergebnismessung.

- **Management by Systems (MbS):**
  Führen mit Hilfe von Verfahrensordnungen und zielorientierte Systematisierung von Abläufen.

- **Management by Motivation (MbM):**
  Führen unter Berücksichtigung der Motivation der Mitarbeiter zur zielorientierten nachhaltigen Leistungssteigerung.

- **Management by Direction and Control (MbDC):**
  Führen in Anlehnung an das autoritäre Prinzip, z. B. bei Routineaufgaben und vorgegebenen Prozessschritten noch gegenwärtig.

- **Management by Decision Rules (MbDR):**
  Führen durch Vorgabe von Entscheidungsmerkmalen unter selbständiger Durchführung von Aufgaben nach eigenem Ermessen des Mitarbeiters.

- **Management by Delegation (MbD):**
  Führen durch Übertragung von Aufgaben in nachgelagerte Ebenen bei klarer Abgrenzung der Verantwortungsbereiche.

Hier werden die wichtigsten und in der Praxis häufigsten Führungstechniken beschrieben:

Management by Exception

Unter Management by Exception (MbE) versteht man Führung durch Abweichungskontrolle und Eingriff durch den Vorgesetzten nur im Ausnahmefall (exception).

Diese Ziele sollen hauptsächlich erreicht werden:

- Entlastung des Chefs von Routineaufgaben.
- Systematisierung und Regelung der Informationsabläufe, um Störungen rasch beseitigen zu können.
- Steuerung der Entscheidungsfindung durch Richtlinien.

Die oben genannten Ziele werden durch die Anwendung folgender Instrumente erreicht:

- Festlegung von Sollergebnissen.
- Soll-Ist-Vergleich.
- Abweichungsanalyse.
- Eingreifen des Vorgesetzten bei Abweichung, um das Ziel zu erreichen (z. B. Erhöhung des Inputs, Plankorrektur, Motivationssteigerung der Mitarbeiter).

Gewisse Voraussetzungen müssen bei der Anwendung des MbE gegeben sein:

- Klare Definition der Kompetenz- und Verantwortungsbereiche.
- Beschränkung des Anwendungsbereichs auf programmierbare Entscheidungsprozesse.
- Kenntnis aller Beteiligten von Zielen, Abweichungstoleranzen und Ausnahmefällen.
- Verfügbarkeit von Daten im Rechnungswesen zur Abweichungskontrolle.

Die Vorteile dieses Führungskonzeptes liegen in der Entlastung der oberen Führungsebene. Durch die Partizipation der Mitarbeiter am Entscheidungsprozess kann erhöhte Motivation und optimierte Leistungssteigerung erwartet werden. Nachteilig wirkt sich die Gefahr des zu späten Eingreifens des Vorgesetzten aus, was daraus resultieren kann, dass der Toleranzbereich der möglichen Zielabweichung nicht exakt definiert wurde.

Management by Delegation

Unter dieser Führungstechnik ist die Führung durch Aufgabendelegation zu verstehen. Ziel ist neben der Entlastung des oberen Managements (wie beim Management by Exception) darüber hinaus die sachadäquate Entscheidungsfindung. Von dieser Führungstechnik verspricht man sich kreative und leistungsmotivierte Mitarbeiter.

Die Mitarbeiter sind einem exakt geregelten Kompetenzbereich zugeordnet (Stellenbeschreibung), der lediglich in Ausnahmefällen um Sonderregelungen ergänzt wird. Dieses Führungsprinzip sieht vor, dass eine Zurückweisung bzw. Rückgabe der Aufgabendelegation untersagt ist.

Wichtig: Zwingende Voraussetzung für die erfolgreiche Anwendung des Management by Delegation ist die realistische Einschätzung der Delegationsfähigkeit der Mitarbeiter sowie die Klärung, welche Aufgaben überhaupt delegierbar sind. Daneben stellt diese Führungstechnik hohe Anforderungen an die Aus- und Vorbildung sowie Informationsverarbeitungskompetenz der Mitarbeiter.

Dieses einfache, in der Regel allgemein gültige Führungskonzept, ist in der Praxis leicht verwendbar. Es führt einerseits zu einer deutlichen Entlastung der Vorgesetzten, andererseits zu einer höheren Motivation und Leistungsbereitschaft der Mitarbeiter. Dennoch ist kritisch zu hinterfragen, ob nicht gegebenenfalls aufgrund überhöhten Leistungsdrucks erhebliche Stresssituationen aufgebaut werden, die zu permanenten negativen Ergebnissen führen können.

Management by Objectives

Führung durch Zielvereinbarung ist das Kernelement des Management by Objectives. Die Mitarbeiter sollen ihr Handeln an klar definierten Zielen ausrichten. Die Aufgabenorientierung tritt gegenüber der Zielorientierung deutlich in den Hintergrund.

In einem ersten Schritt werden die Unternehmensziele und die Leistungsmaßstäbe festgelegt. Die Organisationsstruktur muss den Zielvorgaben gerecht werden und gegebenenfalls adäquat angepasst werden. Dann werden die Zielvorstellungen der Vorgesetzten und jene der Mitarbeiter miteinander verglichen und in gemeinsam vereinbarte Mitarbeiterziele transformiert – nicht ohne Rückkopplung und Abstimmung mit den tatsächlichen Unternehmenszielen. Damit soll die Vereinbarkeit der Einzelziele mit dem Gesamtziel gewährleistet werden. In einem weiteren Schritt fordert das Management by Objectives über Rückkopplung durch Zwischenergebnisse die regelmäßige nachhaltige Zielüberprüfung. Unangemessene Ziele sind auszusondern oder über neue Impulse sinnvoll anzupassen. Anschließend ist ein periodischer Vergleich der erreichten Erfolge mit den gesetzten Zielen vorzunehmen. Nach einer eventuell zwingend vorgeschriebenen Anpassung des Arbeitsvollzuges schließt sich der Kreis, und man kann sich der Formulierung neuer Unternehmensziele widmen.

Achtung: Mit welchem Führungsstil dies geschieht, bleibt dem Vorgesetzten überlassen. Denkbar sind neben der autoritären Form der Zielvorgabe die neutrale Variante der Zielorientierung sowie die kooperative Führung durch Zielvereinbarung.

Als positiv ist bei Anwendung des Management by Objectives die Möglichkeit der klaren Verantwortungszurechnung zu bewerten. Darüber hinaus führt die gezielte Personalentwicklung unter Berücksichtigung individueller Ziele zu einer höheren Motivation und Leistungsbereitschaft der Mitarbeiter. Zudem bewirkt eine gemeinsame Zielvereinbarung die Grundlage einer objektiven Leistungsbeurteilung und damit einer gerechten Entlohnung.

Damit liegt jedoch der Beurteilungsschwerpunkt auf quantifizierbaren Zielen, wenngleich qualitative Aspekte unter Umständen von größerer Bedeutung sein können. Ein weiterer Kritikpunkt des Management by Objectives-Konzeptes ist die durch häufige Zielmodifikation auftretende sogenannte „Manager-Hektik". Labile Mitarbeiter fühlen sich dadurch überfordert und reagieren frustriert.

Management by Results

Die Führung durch hohe Leistungsanforderungen und laufende Ergebniskontrollen soll die maximale Effizienz aller eingesetzten Personal- und Sachmittel bewirken. Im Gegensatz zum Management by Objectives steht hier also nicht die Befriedigung individueller Ziele im Vordergrund, sondern das Unternehmensziel als oberstes Ziel. Die Lenkung und Kontrolle der betrieblichen Leistungserstellung erfolgen zentral, um ein bestmögliches Kosten-Nutzen-Verhältnis zu erzielen.

Eine effiziente Anwendung dieses Managementkonzeptes sieht die Errichtung einer Profit-Center-Organisation vor, in der sich Aufgaben, Kompetenz und Verantwortung an Erfolgsgrößen wie Betriebsergebnis, Umsatzrentabilität, Cashflow etc. orientieren. Führung nach Ergebniskontrolle in allen Unternehmensbereichen bedingt demnach eine klare Abgrenzung der einzelnen Verantwortungsbereiche.

Wichtig: Die einseitige Orientierung an Leistungsgrößen birgt zwangsläufig aber auch Gefahren in sich. So kann ständiger Leistungsdruck zu Überforderung und Demotivation der Mitarbeiter führen. Darüber hinaus ist die Leistungsstärke eines Mitarbeiters nicht unbedingt nach kurzfristigen, quantitativen Kennzahlen zu beurteilen. Langfristig sollte auch nach qualitativen Maßstäben wie Kreativität oder etwa Kommunikations- und Kritikfähigkeit bewertet werden.

Delegation, Optionen und Grenzen

Im Dreiklang mit den aufgabenbezogenen zielorientierten Führungsmitteln der Kooperation und der Partizipation steht deshalb die Delegation, die im Weiteren näher betrachtet wird.

Unter **Delegation** versteht man das Übertragen von Aufgaben an geeignete Mitarbeiter mit einem genau abgrenzbaren Kompetenzbereich und der entsprechenden Verantwortung für die sogenannte zielorientierte Aufgabenerledigung.

Die natürlichen Grenzen hat die Delegation in den konkreten Anforderungen zur Lösung der gestellten Aufgaben. Führungsaufgaben, wie Motivationsaufgaben, Mitarbeiterbeurteilungen oder sogenannte Aufgaben der ersten Kategorie - mithin schnelle Entscheidungen für die Geschäftsführung mit betriebswirtschaftlicher Tragweite - lassen sich typischerweise nicht delegieren.

Erschwert wird die Delegation durch bewusste oder unbewusste Verhaltensmuster der Führungskraft:

- geringes Zutrauen in die Möglichkeiten des Mitarbeiters
- keine Anerkennung umsetzungsfähiger Vorschläge des Mitarbeiters
- Ängste vor Verlust oder Einschränkung der eigenen Autorität
- Einmischen in die Verantwortungsbereiche, die delegiert wurden

Welche Voraussetzungen müssen somit gegeben sein, damit die an den Mitarbeiter zu delegierenden Aufgaben im Sinne der erfolgreichen Zielerreichung optimiert und nachhaltig gelöst werden können?

Führung und Organisation

Voraussetzungen der erfolgreichen Delegation

- Vertrauen in die Mitarbeiter
- Richtige Einschätzung der Mitarbeiter
- Zutrauen in die Mitarbeiter
- Klare Abgrenzungen des Tätigkeitsbereichs
- Benennen der konkreten Befugnisse und Verantwortlichkeiten
- Unterstützung/Hilfestellung, z. B. bei Teilaufgaben
- Fortlaufendes Coaching bei neuen Aufgaben oder Projekten

Leitfaden für effektive Delegation

Hier werden als Appell an die Führungskraft in komprimierter Form die wesentlichen Merksätze zur effektiven Delegation aufgeführt:

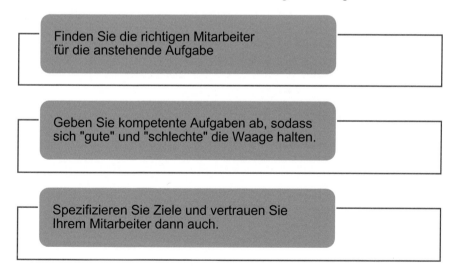

Finden Sie die richtigen Mitarbeiter für die anstehende Aufgabe

Geben Sie kompetente Aufgaben ab, sodass sich "gute" und "schlechte" die Waage halten.

Spezifizieren Sie Ziele und vertrauen Sie Ihrem Mitarbeiter dann auch.

Auch die Qualifizierte Management-Assistentin kann Aufgabenbereiche des Office-Managements an ihr unterstellte Sekretärinnen oder Auszubildende delegieren. So schafft sie Freiräume zeitlicher Art, um sich intensiv mit betriebswirtschaftlichen und rechtlichen Lösungen als

Entscheidungsvorbereiterin für ihre Führungskraft auseinanderzusetzten.

Dies kann somit auch Bestandteil des Aufgaben- und Stellenprofils der Qualifizierten Management-Assistentin sein, sofern sie z. B. einen Auszubildenden anleitet, eine Schreibkraft anweist oder Praktikanten in das Office-Management als unterstützende Arbeitskraft einbindet. Auf diese Art und Weise wird die Management-Assistentin entlastet für anspruchsvolle Sach- und Projektaufgaben.

Daher ist die Qualifizierte Assistentin im Führungsteam einerseits Mitarbeiterin, die delegationsfähige Aufgaben von der direkten Führungskraft erhält. Andererseits ist sie aber auch eine Mitarbeiterin, die selbst Einzelaufgaben an unterstellte oder gleichgestellte Mitarbeiter delegiert.

Neben den stetig wachsenden fachlichen Anforderungen an die Führungskraft und den grundsätzlichen Basisanforderungen der Führung als Interaktion mit den Mitarbeitern werden exemplarisch einige Gründe für wachsende Anforderungen sowohl interner als auch externer Umweltbedingungen aufgeführt.

Welches sind mögliche Ursachen für zunehmend komplexere Anforderungen an die Führungskräfte?

1. Zunehmende Komplexität der Arbeitsabläufe
2. Konkurrenzsituation zu anderen Führungskräften
3. Verstärkte Orientierung am internen und externen Kunden
4. Schnellere Entscheidungsfindung durch elektronische Kommunikationsmedien
5. Flachere Hierarchien – höhere Entscheidungskompetenz der Mitarbeiter
6. Internationalisierung – wirtschaftlicher Einfluss der Globalisierung
7. Wertewandel – Anspruchshaltung der Mitarbeiter
8. Partizipation der Mitarbeiter

Führung und Organisation

Abschließend lässt sich festhalten, dass in dem heute bestehenden Führungsteam die Qualifizierte Management-Assistentin als personenorientierte Assistenz zur Entlastung der Führungskraft durch dieses Fachwissen als Entscheidungsvorbereiterin wirkungsvoll zum Ergebnis beitragen kann und muss. So hat die Führungskraft den entscheidenden Freiraum zur nachhaltigen qualifizierten Entscheidung in den Führungs- und Fachthemen, die von der Unternehmensleitung vorgegeben werden.

Organisation

Die Management-Assistentin ist als Teil des Führungsteams eingebunden in die Organisation des Unternehmens. Innerhalb des Unternehmensorganigramms kann sie verschiedenen Leitungsebenen zugeordnet werden. Die Geschäftsleitung unterstützt sie u. a. als kompetente Mitarbeiterin bei der Erstellung des Geschäftsberichts oder auch bei der Darstellung von Veränderungen im Unternehmensorganigramm. Bei Umstrukturierungen im Unternehmen kann sie die Schnittstelle zwischen Geschäftsführung, Kommunikationsbereich und Mitarbeitern ausfüllen.

Allgemein lassen sich mit dem Begriff Organisation folgende drei unterschiedliche Auffassungen unterscheiden:

- Die Unternehmung ist eine Organisation.
- Die Unternehmung hat eine Organisation.
- Die Unternehmung wird organisiert.

Organisationsbegriff aus verschiedenen Perspektiven

Institutional	Instrumental	Funktional
• Organisation als zielgerichtetes, offense soziotechnisches System	• Organisation als Instrument zur Zielerreichung	• Organisation als Funktion des Managements
• Das Unternehmen **ist** eine Organisation	• Das Unternehmen **hat** eine Organisation	• Das Unternehmen **wird** organisiert

Die Unternehmung ist eine Organisation (Institutional)

Organisation steht bei dieser institutionalen Begriffsauffassung als Sammelbezeichnung für zielgerichtete soziale Systeme. Die Unternehmung ist also in diesem Sinne eine Organisation. Der Organisationsbegriff wird geprägt durch den Tatbestand des Strukturierens; mit anderen Worten ist alles, was strukturiert ist, eine Organisation. Demnach ist auch eine Unternehmung eine Organisation, weil jede Unternehmung eine bestimmte Struktur aufweist.

Die Unternehmung hat eine Organisation (Instrumental)

Hier wird Organisation als Struktur eines Systems verstanden. Die als Ergebnis aus der Organisation bzw. aus dem Organisieren resultierenden Regelungen haben somit instrumentalen Charakter. Organisation ist in dieser Perspektive ein Führungsinstrument, welches die Zielvorgaben der Unternehmung unterstützt und fördert.

Die Unternehmung wird organisiert (Funktional)

Diese Definition begreift Organisation als Tätigkeit. Hier wird unterschieden zwischen Planung und Organisation:

Während Planung die Konzeptionierung einer gewissen Ordnung bedeutet, nach der sich das betriebliche Geschehen lenken lässt, stellt Organisation die Umsetzung oder Realisation dieser Planung dar.

Wichtig: In der Praxis steht vor allem der instrumentale Organisationsbegriff im Vordergrund, weil er als Führungsinstrument konkrete Lösungsvorschläge für praktische Organisationsprobleme im Sinne einer effizienten Zielerreichung liefert.

Improvisation und Disposition

In der betrieblichen Praxis werden im Zusammenhang mit dem Organisationsbegriff immer wieder die Begriffe Improvisation und Disposition erwähnt.

Alle drei Definitionen haben gemeinsam, dass sie eine betriebliche Regelung darstellen. Während Organisation eine auf längere Sicht dauerhafte Strukturierung mit Hilfe genereller Regelungen beinhaltet, ist die Improvisation eher eine vorläufige Strukturierung, die auf kurze Sicht Regelungssachverhalte vorschreibt. Die Disposition vollzieht sich frei von organisatorischen Regelungen und ist lediglich im Einzelfall von Bedeutung.

> **Beispiel:**
>
> Die Chefsekretärin bekommt kurzfristig von ihrem Chef die Order, eine Management-Konferenz vorzubereiten. Dieser unvorhergesehene Auftrag muss also „zwischengeschoben" werden (Disposition). Die Festlegung von Personaleinsatz, die Bereitstellung von Seminarräumen etc. erfolgt gesondert für diesen Einzelfall (Improvisation). Kommt es zukünftig häufiger zu solchen Zwischenfällen, ist es ratsam, im Vorhinein für derartige Situationen eine organisatorische Regelung vorbereitet zu haben (Organisation).

Organisation bedingt aufgrund der generellen Regelung zwar ein stabiles System, aber eine nur geringe Flexibilität im Handeln. Die Improvisation stellt eine Zwischenlösung dar, die auf Kosten einer geringeren Stabilität eine höhere Flexibilität erlaubt. Das höchstmögliche Flexibilitätsmaß ist bei der Disposition gegeben, allerdings ist diese Gestaltungsform im Sinne eines zielgerichteten Handelns äußerst instabil.

Das Gesamtmodell der Organisation

Welche Methoden werden als Elemente der Organisation zum Erfolg einer Organisationsmaßnahme beitragen?

In der Organisation werden die verschiedenen Organisationselemente durch bestimmte Werkzeuge in Einklang oder durch Bewegung in eine andere Struktur gebracht.

Erforderlich sind hier detaillierte Kenntnisse des Projektmanagements, damit bei organisatorischen Veränderungen (z. B. Outsourcing der Personalabrechnung oder der Personalentwicklung innerhalb einer Projektstruktur) die richtigen verantwortlichen Projektmitarbeiter die zugeordneten Aufgabenpakete durchführen, um im Zeitplan und innerhalb des Projektbudgets das angestrebte Gesamtziel erreichen.

Aufgrund der Komplexität und der Vielfalt der IT-technischen Unterstützung, sind hier auch IT-technische Kenntnisse unabdingbar. Ergänzt werden diese Voraussetzungen durch Problemlösungs-methoden sowie Kenntnisse im Konfliktmanagement und in der Kommunikation, da Veränderungen immer mit betroffenen Menschen, somit mit unterschiedlichen Interessen und Bedenken der Mitarbeiter zu tun haben.

Organisationselemente

Kern der Organisationsdarstellung sind die hier dargestellten Organisationselemente:

Welche Arten der Organisation gibt es?

Organisation als Handlungsinstrument bedeutet die zielkonforme Festlegung von Ergebnisverantwortung und Entscheidungsbefugnis im arbeitsteiligen Leistungsprozess und deren abgestufte Darstellung in einer Organisationsstruktur.

Man unterscheidet zwischen der Aufbauorganisation und der Ablauforganisation.

Aufbauorganisation

In der Aufbauorganisation wird festgelegt **was** zu tun ist, z. B. Produktion und Verkauf von Produkten, und welche Produkte produziert werden.

In der Aufbauorganisation werden demnach Aufgaben und Kompetenzbereiche über Organisationsstrukturen, welche die hierarchische Ordnung von Stellen abbilden, geregelt.

Ablauforganisation

Die Ablauforganisation legt fest, **wann woran** etwas zu tun ist, z. B. wie viel Zeit für die Produktion eines Produktes benötigt und an welchem Ort das Produkt produziert wird.

Die Ablauforganisation regelt also die betrieblichen Arbeitsprozesse.

Nach obiger Definition kann die Aufbauorganisation als ein Teil des Managementzyklus verstanden werden, während die Ablauforganisation in erster Linie eine Fachaufgabe (z. B. Arbeitsabläufe innerhalb eines Großraumbüros) ist.

Im Bereich Organisation eines Unternehmens stellen sich unterschiedliche Anforderungen, die analysiert, begutachtet und umgesetzt werden müssen.

Neben der Prozessanalyse, die Bestandteil der Ablauforganisation ist, beinhaltet dies auch organisatorische Maßnahmen, die als Umstrukturierungsmaßnahmen Einbindung finden in die organisatorische Struktur und somit in die Aufbauorganisation des Unternehmens.

Beispiele für Anforderungen an die Organisation - Auszüge:

- Organisatorische Basisentscheidungen:
  - Darstellung in Form von Einlinien- oder Mehrlinienorganigramm?
  - Umsetzung als tiefe oder flache Hierarchie?
  - Einbindung der Stabsbereiche zentral oder dezentral?
- Unternehmensanforderungen:
  - Höherer, schnellerer, nachhaltigerer Service
  - Zukunftsorientierte, innovative Produktentwicklung
  - günstigerer Preis, mehr Produktauswahl
- Unternehmenseinflüsse/ Umwelt:
  - Gesetze, Rechtsprechung
  - Unternehmenspolitische Entscheidungen
  - Technik, Wissenschaft
  - Kundenanforderungen, Konkurrenten

Organigramm – Aufbau

Hier soll Schwerpunkt der Darstellung die Beschreibung von Organigrammen sein, wobei nur die wesentlichen klassischen Organigramm-Strukturen aufgeführt werden. Organigramme können in verschiedener Ausprägung und Art dargestellt werden.

In der Praxis werden je nach Umfang und Größe des Unternehmens auch Darstellungen in Mischformen gewählt. Hier zwei Beispiele:

Horizontalform, gekippte Pyramide

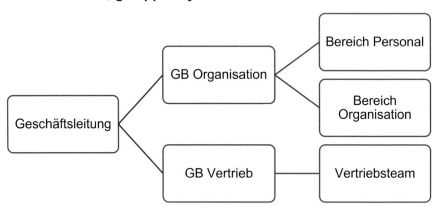

Top-down-Form (weitverbreitet)

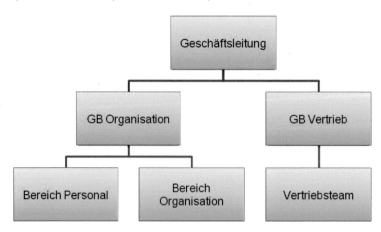

Führung und Organisation

Eindimensionale Organisationsstrukturen bedienen sich nur eines Leitungssystems. Der Betrieb hat eine eindeutige Hierarchiestruktur. Somit erfolgt die Arbeitsteilung meist anhand folgender Voraussetzungen:

- Verrichtung (Funktionalorganisation) und
- Objekt (Spartenorganisation)

Funktionale Organisationsstruktur

Verbindung des Grundtyps des sog. Einliniensystems mit der Differenzierung nach der Verrichtung/ Funktion

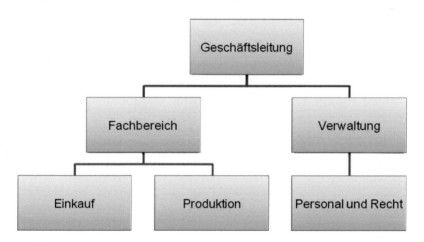

Vor- und Nachteile Funktionaler Organisationsstrukturen

Pro	Contra
- Spezialisierung der FK - Größenvorteile, z. B. Einkauf erfolgt für alle Produkte - Bessere Auslastung - Einsatz von Spezialisten lohnt sich mehr	- Hoher Koordinations-aufwand - Erschwerte Anpassungs-fähigkeit - Bereichsegoismen - Modell zwingt u. U. zur Zentralisation

Stabstellen: Einbindung in Struktur

Stabstellen sind als weitere Elemente grundsätzlich der Geschäftsführung oder der Unternehmensleitung zugeordnet. Sie haben bestimmte Funktionen, die durch die Darstellung innerhalb des Organigramms zum Tragen kommen. Neben der Zuordnung auf der 1. Berichtsebene gibt es auch Organigramme, in denen Stabstellen auf der 2. Berichtsebene zugeordnet werden. Hier kommt dann unter anderem die Hierarchie der Stäbe zur Geltung.

Welche Funktionen haben Stabstellen?
- Nur beratende Funktion, Entscheidungsvorbereitung für Geschäftsführung
- Keine Weisungsbefugnis zu Geschäftsbereichsleiter bzw. 2. Berichtsebene

Was spricht für, was gegen die Einrichtung von Stabstellen?
- Pro:
  Hohe Fachkompetenz, Einsatz von Spezialisten, direkter Berichtsweg an die Unternehmensleitung
- Contra:
  Kostenintensität, Konkurrenz zu Linienfunktion

Hier wird ein Organigramm-Beispiel mit den Elementen Stabstelle sowie Objekte dargestellt:

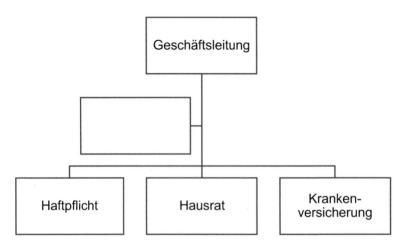

Führung und Organisation

In Phasen der **Fusionierung**, der Zusammenlegung von Abteilungen, oder von **Outsourcing**-Maßnahmen sind die Anforderungen an die Mitarbeiter des Bereichs Organisation extrem hoch. Im Rahmen von Change-Maßnahmen müssen enge Abstimmungen innerhalb der Projektteams unter Beteiligung der Bereiche Personal, Recht, Kommunikation und IT erfolgen, um eine schnelle und betriebs-wirtschaftlich erfolgreiche Umsetzung zu gewährleisten. Hierbei sind die erforderlichen Gremien (z. B. Betriebsrat) und Aufgabenträger wie Arbeitsschutzbeauftragter, Datenschutzbeauftragter rechtzeitig und umfassend einzubeziehen. Aufgrund der umfangreichen Prüfungen und umfassenden Maßnahmenkatalogen werden komplexe Prozesse engmaschig von externen Beratern begleitet.

Welche grundsätzlichen Schritte sollten bei einer Umorganisation berücksichtigt werden?

Umorganisation, z. B. Fusion

Ziel:
Integration

5. Verzahnung der Operativen Geschäftsaktivitäten

4. Ausrichten des Mitarbeiterverhaltens

3. Besetzen der Führungsmannschaft

2. Verzahnen der Führungsorganisationen

1. Aufsetzen des Integrationsprojektes

⟶

Zeitstrahl

Welches sind die Entscheidungsträger, die als sog. Promotoren in Veränderungsprozessen betrieblich eingebunden werden sollten?

Integrations-projekt	Führungs-organisation	Führungs-mannschaft	Mitarbeiter-verhalten	Operative Geschäfts-aktivitäten
Einbindung v. Promotoren Erarbeitung d. Integrationsplans	Strukturelle Verzahnung Erarbeitung des neuen Budgets Mittelfristplans Verzahnung der Planungs- und Reportingprozesse	Transfer von Führungs-kräften, Bindung von Kernmitarbeitern Benennung des neuen Managements	Entwickeln einer Unternehmens-vision, Anpassung des Anreizsystems Durchführung von Mitarbeiter-schulungen	Strukturierung der Führungs-kräfte-Interaktion Verzahnung der operativen Geschäfts-prozesse Verzahnung der EDV

Die Struktur eines Unternehmens stellt mit folgenden Faktoren die Basis für den Unternehmenserfolg dar:

Strategie
- Produkt und Markt
- Kunde und Qualität

Kultur
- Normen und Werte
- Denkmuster und Verhalten

Technik
- Sachmittel und EDV
- Prozesse und Verfahren

Struktur
- Prozess- und Ablauforganisation
- Aufbauorganisation
- Mitarbeiterzahl und Qualifikation

Personalmanagement

Personalmanagement – Was bedeutet Human Resource Management für die Zukunft? 334

Outsourcing von Teilaufgaben 342

Personalplanung und Personalbedarfsermittlung 344

Erstellen eines Anforderungsprofils – Dreiklang 349

Personalbeschaffung – Wege zum richtigen Mitarbeiter 350

Interne Personalbeschaffung – Pro und Contra 351

Externe Personalbeschaffung – Pro und Contra 352

Arten der externen Personalbeschaffung 354

Bewerbersuche via Internet – Fluch oder Segen? 355

Bewerberauswahl per Algorithmus = Künstliche Intelligenz 356

Instrumente zur erfolgreichen Auswahl von Mitarbeitern 357

Arbeitsproben und Assessment Center (AC) 361

Merkliste Bewerberauswahl 364

Einführung neuer Mitarbeiter 365

Aufbau einer Stellenbeschreibung 368

Personalentwicklung 382

Vorgesetztenbeurteilung 394

Methoden der Bewertung der Arbeitsleistung 396

Personalverwaltung – Personalakte 398

Personalmanagement – Was bedeutet Human Resource Management für die Zukunft?

Von der Personalverwaltung zum strategischen Partner der Unternehmensleitung

Personalmanagement umfasst heute die Gesamtheit aller Ziele, Strategien und Instrumente, die das Leistungsvermögen, die Leistungsbereitschaft sowie das Verhalten der Führungskräfte und der Mitarbeiter prägen.

Ein visionenorientiertes und integriertes Personalmanagement steht gegenwärtig für ein ganzheitliches Unternehmertum. Grundlagenkenntnisse zur Personalbeschaffung, -controlling, -entwicklung sowie praxisrelevanter Führungsinstrumente sind für die Management-Assistenz unverzichtbar. Um qualifizierte Aufgaben durchzuführen und Entscheidungen fundiert vorzubereiten, ist das Wissen um die wichtigsten personalpolitischen und personalwirtschaftlichen Instrumente erforderlich. Dies betrifft die Mitarbeit als Management-Assistenz sowohl im Vorstandsstab, in der Geschäftsleitung als auch in der Abteilungsleitung der Fachbereiche eines Unternehmens, so auch im Geschäftsbereich Personal.

Das Grundwissen im heutigen Personalwesen umfasst die Bereiche:

- Modernes Personalmanagement
- Personalauswahl und -einführung
- Personalplanung und Personalbedarfsermittlung
- Personalführung und Personalbetreuung
- Personalentwicklung und Stellenbewertung

Die Management-Assistenz muss in der Lage sein, dem Fachvorgesetzten eine fundierte Entscheidungsgrundlage zu präsentieren. Für ihre Tätigkeit muss daher neben dem betriebswirtschaftlichen Verständnis – dem Handeln als Unternehmerin im Unternehmen – als weitere Basis das Personalmanagement hinzukommen.

Die Management-Assistenz als Teamplayer im Personalmanagement

Einzelne Aufgaben der Personalabteilung zu kennen und Abläufe zu verstehen, erleichtert die Zusammenarbeit ebenso wie die qualifizierte Vorbereitung von praktischen Personalthemen für den Fachvorgesetzten in der Personal- und Mitarbeiterbetreuung. Aufgaben der Personalabteilung sind die Zusammenstellung und die Pflege der Personalakte sowie des Personalbogens, die Mitarbeiterauswahl und -einstellung, die Beratung der Mitarbeiter in allen Fragen des Arbeitsverhältnisses, z. B. Teilzeittätigkeit, Positionswechsel und Gehaltserhöhungen. Bestandteile sind ebenso die Gesprächsführung- und Konfliktlösungskompetenz und die organisatorische Abwicklung bei Beendigung des Arbeitsverhältnisses.

Durch vielfältige Einsatzmöglichkeiten kann die Qualifizierte Management-Assistenz kompetent in diesen Aufgabenfeldern zu Lösungen beitragen. Sie kann je nach organisatorischen Gegebenheiten allein oder im Team mit Personalreferenten und Juristen die Einstellung von neuen Mitarbeitern begleiten, aktiv durchführen oder je nach fachlicher Qualifikation Arbeitsverträge in Abstimmung mit dem juristischen Referenten vorbereiten. Je kleiner das Unternehmen umso eher wird zukünftig die Management-Assistenz neben dem Personalsachbearbeiter und dem Personalreferenten als fachlich und persönlich qualifizierte Ansprechpartnerin für die Mitarbeiter sowie als Entscheidungsvorbereiterin für die Geschäftsleitung zu personalwirtschaftlichen Entscheidungen fungieren. Je größer und komplexer das Unternehmen z. B. mit eigenem Geschäftsbereich Recht und Personal ist, um so mehr nimmt die Qualifizierte Management-Assistenz gemeinsam mit der Geschäftsleitung und den Führungskräften im Führungstandem delegierbare Personalbetreuungsaufgaben „vor Ort"- dezentral - wahr.

Schnittstellenmanagement – Wie beeinflusst die IT die Personalarbeit?

Im Rahmen von EDV-technischen Veränderungen im Bereich Personal wird die Qualifizierte Management-Assistentin immer mehr zur Mitarbeiterin, die Controlling- und Auswertungsaufgaben für ihre direkte Führungskraft wahrnimmt. Kenntnisse in personalwirtschaftlichen Systemen werden immer wichtiger. MSS und ESS sind als Manager-Self-Service und Employee-Self-Service-Systeme nicht größeren Unternehmen über 1.000 Mitarbeitern vorbehalten, sondern halten immer öfter Einzug in kompakter Form in mittelständischen Unternehmen. Ziel ist es, die reine Personal-verwaltung durch engmaschige Prozesse und Personaleinsatzplanung sowie durch die Förderung der Eigenverantwortung der Mitarbeiter erfolgreich zu optimieren. Bei gleichbleibender Größe der Teams kann so effektiver Personalarbeit umgesetzt werden. Es werden wichtige zeitliche, innovative Ressourcen frei, um als Personalmitarbeiter vom Verwalter zum Gestalter und letztlich Partner der Unternehmensleitung zu werden.

Hier ist IT-technische Schnittstellenarbeit gefordert: eine Verknüpfung der Systeme Elektronische Personalakte, automatische Erstellung von Standard-Verträgen und Standard-Schreiben des Personalbereichs gehen im Gleichklang mit der optimierten Umsetzung von notwendigen Mitarbeitererklärungen. Diese betreffen die Themenbereiche Datenschutz, IT- Sicherheit, Neue Medien (Internet und E-Mailing, Social Media), Wettbewerbsverbot, Compliance u. a. Hier wird in Abstimmung mit Datenschutzbeauftragtem und Gremien (Betriebsrat, Sprecherausschuss) zur Optimierung der personalwirtschaftlichen Prozesse, insbesondere zur Schnittstelle zu den vorgenannten Fachbereichen, die Schriftform, sofern rechtlich möglich, in elektronische Einverständniserklärungen umgewandelt. Insbesondere in der Personalentwicklung und im Seminarbereich wird zukünftig noch intensiver der Fokus auf Schulungsmodule mit der Möglichkeit zum PE-Controlling angestrebt, u. a. im Datenschutz, im AGG sowie im Compliance.

Personalpolitik im Gleichklang mit der Unternehmenspolitik

Strategische Anforderungen im Unternehmen werden in enger Abstimmung und in gegenseitiger Wechselbeziehung zu den Fachanforderungen umgesetzt.

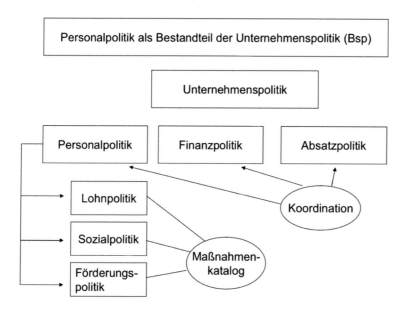

Durch die stetige Entwicklung des Personalmanagements von der reinen administrativen Personalverwaltung zur wertschöpfenden Personalarbeit haben sich auch hinsichtlich der strategischen Ausrichtung und ausgelöst durch die Optionen der betriebswirtschaftlich erfolgreichen Tätigkeit neue Prozesse und Aufgabenbilder entwickelt. Teilweise durch Benchmarking, andererseits durch interne und externe Kundenbefragungen und manchmal wiederum durch den Druck von Umbau- und Abbaumaßnahmen werden je nach Unternehmensgröße neue Modelle eingeführt. Am bekanntesten ist das sog. Business-Partner-Modell als drei oder vier-Stufen- Modell.

Hier wird eine neue Organisation durch Umverteilung der Aufgaben und eine optimierte Kundenfokussierung angestrebt. Um wertschöpfend und strategiegestaltend als Partner der Unternehmensführung und der Abteilungsleitung tätig zu werden, braucht es zeitliche und prozessuale Freiräume, um innovative und erfolgreiche kommunikative Instrumente einzuführen. Zeitgleich wird deshalb oft mit der Einführung des HR Business Partner-Modells, neben klassischen Referentenaufgaben, insbesondere eine IT-technische und self-service-orientierte Umsetzung von klassischen Personalaufgaben erfolgen. Sinn und Zweck solcher parallel laufender Projekte ist es, durch Standardisierungen z. B. von Schreiben, Einbindung von MSS und ESS, zeitliche Freiräume zu schaffen und näher an den Bedürfnissen der Mitarbeiter und Entscheider im Unternehmen zu sein. Gefordert wird eine vertriebsbezogene interne und externe Kommunikations- und Marketing-Kompetenz. Erreicht werden kann dies durch das Erarbeiten von Standard-Fragen und Antwortkatalogen, Prozessbeschreibungen, aktuelles Wissens-management und interne Schulungen für die Personalmitarbeiter. So kann das schnelle, flexible und erfolgreiche Lösen von Mitarbeiteranfragen in einem Service-Center mit direkter Hotline eine Lösung sein. Strategie- und Grundsatzfragen-Center wiederum können durch die wichtige Schnittstelle zur Unternehmensführung und als Begleiter und Umsetzer im Spannungsfeld zwischen Gremien, Fachabteilungen und Unternehmensführung einen entscheidenden Erfolgsfaktor zur Umsetzung neuer Personalstrategien bilden. Sie sind die Experten, vom Personalentwickler, Controller, Arbeitsrechtler, bis zum Projektmanager, die als Grundsatzfragenexperten, Mitarbeiteranfragen des eigenen Personalbereichs oder der Fachbereiche zielorientiert unter Abwägung der Risiken lösen und Einzelfälle konstruktiv begleiten können.

Der Anteil der sog. konzeptionell strategischen und stark kundenorientierten Personalarbeit steigt zukünftig. Administrativ-verwaltende Aufgaben treten in Zukunft immer mehr zurück für wertschöpfende mitarbeiterorientierte, dienstleistende Personalarbeit. Bereits jetzt hat ein solcher Wandel eingesetzt und schreitet stetig voran.

Personalabrechnung

Zur Personalverwaltung gehört die Lohn- und Gehaltsabrechnung, die in der Regel von einer externen Stelle oder aber unternehmensintern mit Hilfe eines betrieblichen Abrechnungsprogramms abgewickelt wird. Arbeitszeitgestaltung, Zeitkontrolle und Urlaubsplanung sind nicht nur feste Bestandteile innerhalb der Personalabteilung, sondern bilden

Personalmanagement

auch Gestaltungs- und Kontrollbereiche für die Assistenz der Fachbereichsleitungsebene.

Wichtig: Diese Instrumentarien erleichtern das Gesamtverständnis für die Personalpolitik, das Budget der Fachabteilung sowie die Entscheidungen des Vorgesetzten. Sie bilden auch die Grundlage für die qualifizierte Tätigkeit der Assistenz als Vermittlungsstelle zwischen Führungskraft und Mitarbeitern.

Hauptaufgaben der Personalarbeit

Aufgaben	Beispiele
Personalführung	Motivation, Führen durch Zielvereinbarungen, praktische Führungsinstrumente, Coaching, Mediation, Gesundheitsmanagement (Stressmanagement)
Personalplanung, -controlling	Personalbedarfsermittlung, Personalbemessung, Stellenbewertung, Marktstudien, Stellenbeschreibung, Kennzahlensysteme, Risk-Management, Personalcontrolling
Personalbedarfsdeckung, -betreuung	Personalbeschaffung, -auswahl, -einführung, Beratung und Betreuung der verschiedenen Mitarbeitergruppen, Beruf und Familie/Work-Life-Balance, Fairness am Arbeitsplatz, Umsetzung von betrieblichen Vereinbarungen, Begleitung und Umsetzung des Ausscheidensprozesses
Personalentwicklung	Methoden, Fortbildung, Ausbildung, Arbeitsstrukturierung, Diversity, Talentmanagement, Führungsnachwuchskräfte-Programm, Mentoring, Frauenförderung
Personalverwaltung	Stellenwirtschaft, Entgeltabrechnung, Personalkostenrechnung, Personalaktenführung, Personalstatistik, EDV-Systeme

Die **Personalverwaltung** ist im Laufe der Zeit angesichts Veränderungen am Arbeitsmarkt und durch Verordnungen sowie Gesetze immer kompakter und umfassender geworden. Neben dem Beherrschen der erforderlichen Personalinstrumente muss eine stetige Weiterbildung und Fortbildung der Vorbereiter und Entscheider gegeben sein. Dies umfasst auch die Weiterqualifizierung der Management-Assistenz. Personalarbeit ist in der Gegenwart und vor allem in der Zukunft auch für den Fachbereich aufgrund der ansteigenden Änderungsdynamik (Verkürzung der Entwicklungs-zeiten, Organisationsänderungen etc.) ein kontinuierlich wachsender Erfolgsfaktor. Um den sich ständig wandelnden Anforderungen gerecht zu werden, erfordert die qualifizierte Management-Assistenz auch auf diesem Sektor Fachkompetenz.

Das **moderne Personalmanagement** ist gekennzeichnet durch das Personal als die wichtigste Ressource innerhalb einer erfolgreichen zielorientierten Unternehmensstruktur. Die Personalpolitik ist in die Unternehmenspolitik integriert durch Grundsätze für allgemeine Leitbilder wie: „Wir orientieren uns an einer partnerschaftlichen Führung und Zusammenarbeit."

Phase des **ganzheitlichen Unternehmertums** steht für ein:

- visionenorientiertes und
- integriertes Personalmanagement

Organisation des Personalwesens

Kenntnisse über die Aufbauorganisation sind ebenfalls ein unabdingbarer Bestandteil des Wissensmoduls der Management-Assistenz. Ohne Kenntnisse über die Organisationsform des Unternehmens in Verbindung mit der Stelleneinrichtung und der Besetzung mit Mitarbeitern kann eine effektive Unterstützung des Fachvorgesetzten nicht erfolgen.

Eine solche Aufbauorganisation stellt die geplanten personellen Beziehungen im Betrieb, die durch Überordnung, Gleichordnung und Unterordnung gekennzeichnet sind, dar. Ebenso stehen die Stellenbewertung und damit die Vergütung der Mitarbeiter im Fokus.

Im Hinblick auf den steigenden Kostendruck sowie die Forderung nach höherer Flexibilität und Schnelligkeit entwickeln sich Organisationsformen der Unternehmen zunehmend in Richtung einer schlankeren und weniger tief gestaffelten Organisation.

Outsourcing versus Insourcing

Je nach Prozess- und Ablauforganisation kann aus betriebswirtschaftlicher Sicht unter Abwägung aller Umstände die Einschaltung eines externen Beraters für Teilaufgaben priorisiert werden. Die Zusammenarbeit mit Service-Unternehmen durch Service-Level-Agreements kann ebenfalls angesichts knapper Personal-ressourcen vorteilhaft sein. Je nach Unternehmensgröße oder möglicher Umbaumaßnahmen kann es auch zum kompletten Outsourcing von Teilaufgaben des Personalbereichs kommen. Zukünftige Entwicklungen können aufgrund gestiegener Anfragen oder unternehmenspolitischer Entscheidungen im Laufe der Zeit jedoch auch zu sog. Insourcing-Maßnahmen führen. Speziell in der Personalabrechnung ist es hierbei von Vorteil, wenn fortlaufend Personalmitarbeiter auch beim Ausgliedern z. B. der Gehalts-abrechnung neben der Schnittstellenfunktion als Berater für die Mitarbeiter fortlaufend ihre Kenntnisse in IT-technischen Abrechnungssystemen und rechtlichen Anforderungen aktualisieren.

Outsourcing von Teilaufgaben

Teilaufgaben der Personalarbeit:	Externer Aufgabenträger:
Personalauswahl und -beschaffung	Personalberater
Entgeltabrechnung	Abrechnungszentren
Altersversorgung	Pensionskasse
Personalfreisetzung	Outplacementberater
werksärztlicher Dienst	Ärztezentrum
Sozialberatung	Externe Sozialberater
Gestalten und Schalten von Personalanzeigen	Anzeigenagenturen

Vor- und Nachteile beim Outsourcing:

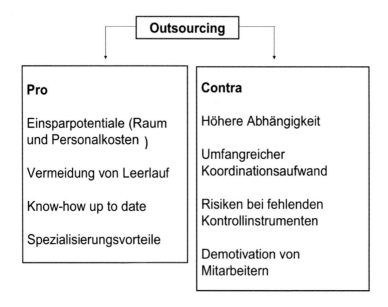

Outsourcing

Pro

Einsparpotentiale (Raum und Personalkosten)

Vermeidung von Leerlauf

Know-how up to date

Spezialisierungsvorteile

Contra

Höhere Abhängigkeit

Umfangreicher Koordinationsaufwand

Risiken bei fehlenden Kontrollinstrumenten

Demotivation von Mitarbeitern

Vorteile liegen in der Vermeidung von Leerlaufzeiten, des Weiteren sind Spezialisierungsvorteile aufgrund von aktuellem Fachwissen zu nennen. Im Zusammenhang mit Outsourcing-Maßnahmen sollte berücksichtigt werden, dass einer möglichen Demotivation der Mitarbeiter entgegenzuwirken ist und entsprechende Instrumente zur Kontrolle und Koordination der externen Aufgabenträger einzurichten sind.

Projektorganisation – Warum Projektmanagement?

Für die Gestaltung von Betriebsabläufen wird die Projektorganisation zunehmend wichtiger. Die qualifizierte Organisation eines Projekts einschließlich terminlicher Koordination, fachabteilungsübergreifender Vorbereitung und Begleitung sowie das Verständnis für Fachthemen des Personalwesens sind gleichfalls Bestandteile der Tätigkeit und der Aufgabe einer Management-Assistenz.

Hier liegt eine zukünftige Teilaufgabe der Qualifizierten Management-Assistenz von der Projektassistenz, über eigene Projektaufgaben bis zur Funktion einer Projektleiterin. Auch die Management-Assistentz kann durch ihre Vorkenntnisse und durch Weiterqualifizierung im Projektmanagement bei der Umsetzung von neuen Themen für die Geschäftsleitung – selbst innerhalb ihres Kompetenzbereichs – unternehmensweit Projektleitungsaufgaben kompetent wahrnehmen.

Personalplanung und Personalbedarfsermittlung

Die Personalplanung und -beschaffung dienen der Ermittlung des zukünftigen Personalbedarfs. Da die Personalplanung in Abstimmung mit allen Planungsstellen des Unternehmens erfolgt und somit jede einzelne Abteilung betreffen kann, ist vor allem die Erlangung von Grundkenntnissen der Management-Assistenz in diesem Spezialbereich von besonderem Interesse.

Langfristige Personalplanung

Erst das Verständnis für Personalpläne gibt dem Mitarbeiter die Möglichkeit, sowohl quantitative als auch qualitative Ziele der mittel- und langfristigen Personalpolitik zu erkennen und dementsprechend zu handeln. Insbesondere der jährliche Personalbedarfsplan, in dessen Folge die Genehmigung eines bestimmten Gesamt- und Abteilungsbudget bestimmt wird, erfordert ein vertieftes Verständnis für die Personalbedarfsplanung.

Um den kurz- und mittelfristigen Personalbedarf zu ermitteln, muss das Unternehmen das in den nächsten Jahren benötigte Personal-Soll mit dem Personal-Ist vergleichen. Um festzustellen, ob ein Beschäftigungsbedarf also eine Neueinstellung erfolgen muss oder aber ein Abbaubedarf besteht, wird der so genannte Nettopersonalbedarf ermittelt.

Berechnungsbeispiel: Nettopersonalbedarf

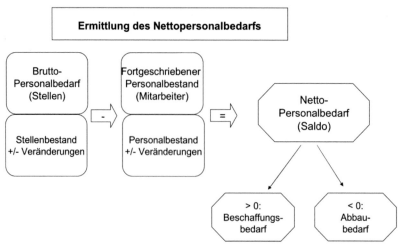

Personalmanagement

Laufende Nummer	Berechnungsgröße	Bsp. 1	Bsp. 2	Bsp. 3	Bsp. 3
1	Stellenbestand	5.000	2.500	500	200
2	+ Stellen-Zugänge (geplant)	15	10	5	4
3	– Stellen-Abgänge (geplant)	- 21	- 12	- 4	- 4
4	= *Bruttopersonalbedarf*	4.994	2.498	501	200
5	Personalbestand	4.990	2.490	495	199
6	+ Personal-Zugänge (sicher) *	30	12	10	3
7	– Personal-Abgänge (sicher) *	- 18	- 8	- 2	- 1
8	– Personal-Abgänge (geschätzt)	- 3	- 4	- 1	- 1
9	= *Fortgeschriebener Personalbestand*	4.999	2.490	502	200
10	**Nettopersonalbedarf (4. – 9. jew. lfd. Nr.)**	**- 5**	**8**	**- 1**	**0**

* Personal Zugänge (sicher) = Neueintritte, Rückkehrer aus Pflegezeit, Elternzeit, ...

Personal Abgänge (sicher) = Altersbedingtes Ausscheiden, Kündigung, Elternzeit, ...

Stellenplanmethode

	Personal Abrechnung	Personal Entwicklung	Personal Management	Summe
Stellenbestand	2	4	6	12
+ Zugänge	0	0	1	1
– Abgänge	0	0	0	0
= Brutto Personalbedarf	2	4	7	13
Mitarbeiterbestand	2	4	5	11
+ Zugänge	0	0	2	2
– Abgänge	0	- 1	- 1	- 2
= fortgeschriebener Personalbestand	2	3	6	11
Nettopersonal-bedarf	0	1	1	<u>2</u>

Stellenpläne – lesen und verstehen

Ein wesentliches Hilfsmittel zur besseren Einordnung und Verwaltung der Mitarbeiter ist der Stellenplan. Dieser umfasst die Stellen, die im Organisationsplan festgehalten sind und weist zudem die Vergütungsgruppen (z. B. Tarifvertrag) auf. Aufgrund einer unternehmensinternen Bewertung der einzelnen Arbeitsplätze in Form einer Stellenbewertung können sich 0z. B. unter Berücksichtigung von tarifrechtlichen Regelungen und internen Bestimmungen eindeutige Gehaltsrahmen, die als Eingruppierung eine Unter- und Obergrenze darstellen, ergeben. Dieser Stellenplan wird in der Regel mit Hilfe eines EDV-Systems verwaltet. Das Lesen und Erkennen der Inhalte eines Stellenplanes gehört mithin zu den weiteren Grundlagen der Tätigkeit einer Management-Assistenz.

Durch die Vorlage dieses Stellenplanes (z. B. EDV-Tool im Sinne von Management-Self-Service, MSS) bei den Abteilungsleitern eines Unternehmens zur Bereichsplanung kann er auch die Diskussions- und Entscheidungsgrundlage der Führungskraft werden, für die die Management- Assistenz tätig ist. Sie muss in der Lage sein, Personalanforderungen korrekt zu stellen, Stellenpläne zu lesen, Planungs- und Veränderungsstatistiken zu verstehen und nach Anweisung für die Abteilung die interne Fachabteilungsplanung umzusetzen. Dadurch führt sie auch Tätigkeiten des Personalcontrollings durch.

Das Erstellen von Stellen- und Arbeitsplatzbeschreibungen gehört ebenso zu dem Tätigkeitsbereich wie die Assistenz bei der Personalbeschaffung. Die Stellenbeschreibungen dienen der Abgrenzung der Stellen untereinander. Organisationsplan, Stellenplan und Stellenbeschreibung bilden im Personalwesen grundsätzlich eine Einheit.

Der erste Schritt ist hierbei eine qualifizierte Erstellung und Analyse der Anforderungen eines potentiellen Kandidaten für die Position.

Stellenprofil – Gleich Kompetenzprofil?

Welche Kompetenzen muss ein Kandidat für die Position mitbringen, um die konkreten Anforderungen und Ziele der Position zu erreichen.

Hierbei geht man grundsätzlich im **Vier-Felder-Kompetenzprofil** vor:

Feld 1: Fachkompetenz

Welche Ziele sollen auf der Position erreicht, bzw. welche Leistungen erbracht werden?

Welches spezifische Fachwissen und welche Berufserfahrung liegen beim Kandidaten vor?

Feld 2: Sozialkompetenz

Wie geht der Positionsinhaber mit anderen Mitarbeitern und Stakeholdern um? Wie vernetzt er sich im Sinne eines zielorientierten, leistungsorientierten Networking?

Hat der Kandidat das erforderliche Fingerspitzengefühl und die Umgangsformen, um auf andere Menschen einzugehen und aktiv zuzuhören?

Feld 3: Persönlichkeitskompetenz

Welches Verhalten wird auf der Position konkret erwartet, damit die erforderlichen Leistungen erbracht werden können?

Ist der Kandidat vertrauenswürdig, auch in Stress- und angespannten Situationen belastbar und konfliktfähig?

Feld 4: Methodenkompetenz

Welche Vorgehensweise wird auf der Position erwartet, um aus Prozess- und Ablaufsicht die geforderten Aufgaben zu erfüllen?

Hat der Kandidat das Wissen und Wollen, um in jeder Situation das Erforderliche ergebnisorientiert mit Entscheidungsfreude durchzuführen?

Erstellen eines Anforderungsprofils – Dreiklang

Bei der Erstellung eines Anforderungsprofils sollten neben der Berücksichtigung des derzeitigen Positionsinhabers – sofern nicht die Einrichtung einer Stelle mit „neuen" Aufgaben das Ziel ist – die internen Leitbilder und Strategieansätze berücksichtigt werden. Im Fokus steht weiterhin in einem Dreiklang das Wissen in Form der Fachkompetenz, die für die erfolgreiche Durchführung der Positionsaufgaben erforderlich ist. Daneben sollten ebenso das Können, also die Erfahrungen, die die Position erfordert und die der Kandidat innehaben sollte sowie zu guter Letzt auch das Wollen, somit die Persönlichkeit beim Kandidaten mit der Positionsanforderung im Einklang sein.

Dreiklang

Das Anforderungsprofil einer Position beinhaltet die Mindestbestandteile, die wiederum berücksichtig werden in den Ausführungen, die Bestandteile einer Stellenbeschreibung sind. Hier werden neben den vier Kompetenzen im Dreiklang zusätzlich die Verantwortlichkeit hinsichtlich Mitarbeiterzuordnung/Führungsbreite als auch die konkreten Aufgaben und Schnittstellen aufgelistet.

Bei der internen Stellenbeschreibung sollte die Ausschreibung und Beschreibung „wertneutral", somit im Sinne des AGG in weiblicher und männlicher Bezeichnung ausgeschrieben werden (siehe Musterbeispiele Stellenbeschreibungen und Anforderungsprofile)

Personalbeschaffung – Wege zum richtigen Mitarbeiter

Personalbeschaffung ist auch im Fachbereich, in dem die Management-Assistenz eingesetzt wird, unabdingbar für eine erfolgreiche Umsetzung personalpolitischer Ziele. Die Unterstützung der Führungskraft bei der Auswahl der Bewerber für einen avisierten Arbeitsplatz erfordert Kenntnisse der komplexen Kriterien zur Auswahl der potentiellen Mitarbeiter. Bereits bei der Analyse des Bedarfs einer weiteren Stelle, der Formulierung sowie der Zusammenstellung der Stellenausschreibung ist die Management-Assistenz gefordert, einen qualitativen Beitrag zu leisten.

Analyse der Personalbeschaffungssituation

Wer soll gesucht werden?

Welche monetären Mindest- und Zusatzsozialleistungen sollen bestehen?

Wann soll die Stelle besetzt werden?

Wie lange wird der Mitarbeiter eingesetzt?

Wo soll konkret nach einem Kandidaten gesucht werden?

Wie soll die Suche im Detail aussehen?

Wie soll die Auswahl für die Stelle optimaler Kandidaten erfolgen?

Wer wählt den Kandidaten aus, in welchem Zeitrahmen und wie wird das Ergebnis nachträglich kontrolliert?

Interne Personalbeschaffung – Pro und Contra

Die Personalbeschaffung kann hierbei in Form interner Stellenausschreibungen, Vorschläge des Fachvorgesetzten, Übernahme von Auszubildenden oder Bachelorabsolventen sowie Trainees im Vordergrund stehen. Ergänzt wird dies zukünftig immer häufiger durch die innerbetriebliche gezielte Übernahme von Kandidaten, die als bewährte Mitarbeiter durch Personalentwicklungs-Tools gefordert und gefördert wurden.

Neben dem Instrument der **Nachwuchsförderung** durch fokussierte Förderung von Führungskräften steht auch das sog. **Talentmanagement** als Personalentwicklungs(PE)-Instrument zur Verfügung. Bei diesem **Personalentwicklungsinstrument** sollen neben Führungskräften insbesondere Senior-Positionen, mithin Spezialisten und Fachpositionen für die Besetzung von zukünftigen vakanten Stellen gefördert werden.

Für beide Personalentwicklungsmaßnahmen sind erforderlich: die Analyse der Mitarbeiter-Ist-Situation, die Kostenauswertung, die IT-technische Einführung eines entsprechenden Auswahl- und Potentialanalysesystems und die Einführung einer Datenbank einschließlich Berechtigungs- und Zugriffssystem. Aus Datenschutzsicht muss der Datenschutzbeauftragte hinsichtlich des Berechtigungsumfangs- und des Datenbank-Konzepts eingebunden werden. Ebenso ist die Einbindung des Betriebsrates zu prüfen und gemeinsam mit dem Bereich IT eine entsprechende PE-Maßnahme umzusetzen. Begleitet wird eine solche umfangreiche Maßnahme durch ein Coaching der Personalmitarbeiter, die sowohl hinsichtlich IT-technischer Besonderheiten als auch inhaltlicher Anforderungen und Auswahlkriterien geschult werden sollten.

Für eine **interne Beschaffung** von Personal spricht die Förderung von Mitarbeitern durch Verbesserung der Karrierechancen. Dies betrifft sowohl potentielle Führungskräfte als auch die Fachlaufbahnen. Dem Mitarbeiter sind durch seine Betriebszugehörigkeit die betriebliche Situation und Unternehmens- sowie Kundenstruktur bekannt. Der Arbeitgeber kennt den Mitarbeiter persönlich und dessen gesamtes Leistungsprofil. Somit ist eine schnelle und kostengünstigere Besetzung möglich.

Demgegenüber könnte aus Sicht des sog. Innovations- und Wissensmanagements wegen aktueller Fachkenntnisse und möglicher geforderter universitärer Kompetenz eher die **externe Personalbeschaffung** im Vordergrund stehen. Es besteht möglicherweise die Gefahr der sog. Betriebsblindheit oder es könnten auch Auswirkungen negativer Motivation festzustellen sein: z. B. Mitarbeiter, die trotz interner PE-Maßnahmen bei der Stellenbesetzung nicht berücksichtigt wurden, könnten demotiviert werden.

Insbesondere kann auch eine Besetzung einer Teamleiterposition durch einen vormals gleichgestellten Referenten schwierig werden, nach dem Motto, vom „Kollegen zur Führungskraft". Hier ist wiederum wegen der erfolgreichen Umsetzung einer internen Personal-entscheidung die Personalentwicklung durch entsprechende PE-Maßnahmen gefordert, um die Nachwuchsführungskraft in der neuen Position persönlich und inhaltlich im neuen Spannungsfeld durch Einzelcoaching anhand von aktuellen Alltagssituationen zu begleiten.

Externe Personalbeschaffung – Pro und Contra

Im Fokus der Personalbeschaffung am externen Arbeitsmarkt stehen die Vermittlung durch Personalberater, eigene Auswertung von Printmedien, die Anwerbung durch Stellenanzeigen oder die Präsenz des Unternehmens bei Personalbörsen oder universitären Absolventen-Messen.

Insbesondere die **Personalrekrutierung via Internet** gewinnt als – je nach Branche und Unternehmensgröße – zielgruppenorientierte Anzeigenform immer mehr an Bedeutung. Dies sollte nicht nur anhand der branchenüblichen Internet-Such-Plattformen, sondern auch durch aktive Personalmarketingmaßnahmen in Form einer optimierten Homepage-Gestaltung der unternehmensexternen Karriere-Seite umgesetzt werden.

Zusammenfassung:
Chancen und Risiken der Personalbeschaffung

Vorteile intern:

- Motivation der eigenen Mitarbeiter durch Aufstiegschancen
- geringer Einarbeitungsaufwand
- Mitarbeiter sind dem Unternehmen bekannt
- geringe Beschaffungskosten
- schnelle Umsetzung

Vorteile extern:

- Auswahl von Spezialisten
- „frisches Blut", keine Betriebsblindheit
- breitere Auswahlmöglichkeiten unter Bewerbern
- neue Ideen, aktuelle wissenschaftliche Entwicklungen
- geringe Fortbildungskosten

Arten der externen Personalbeschaffung

Personalbeschaffung über Stellenanzeigen		
Inhaltlicher Aufbau	**Erklärung**	**Beispiele**
Wir sind ...	Werbende Information des Unternehmens, Image	Firmenname, Firmenlogo, Größe und Standort, Führungsstil, Mitarbeiteranzahl
Wir haben ...	Informationen über die freie Stelle	Aufgabenbereich, Gründe für die Vakanz, Entwicklungsmöglichkeiten, Budgetverantwortung
Wir suchen...	Aussagen über die notwendigen Voraussetzungen	Berufsbezeichnung, Ausbildung, Fachkenntnisse, Fähigkeiten, Berufserfahrung
Wir bieten ...	Informationen über Leistungen des Unternehmens	Tarifvertrag, außertarifliche Bezahlung, Sonderzahlungen, soziale Leistungen, Dienstwagen, Arbeitszeit, Gesundheits-management, Beruf und Familie, Home- Office
Wir bitten ...	Aussagen über Bewerbungsform, -art und -technik	Erforderliche Bewerbungsunterlagen, Internet, Schriftform, Art und Form, Eintrittszeitpunkt, Bewerbungsfrist, Firmenanschrift, Ansprechpartner (Fach- und Personalbereich)

Bewerbersuche via Internet – Fluch oder Segen?

Personalbeschaffung via Internet

Vorteile:

- Je nach Branche Standard-Anzeigeform
- Schnelle Auswahlmöglichkeit
- Gutes Preis-/Leistungsverhältnis
- Dauer der Anzeigenschaltung
- Geringer Aufwand
- Transparenz
- Zielgruppenansprache (Hochschulabsolventen, Berufserfahrene, Auszubildende, Trainees, Führungskräfte)
- Bestimmte Tools mit qualifizierten Fachpersonalsuch- anzeigen

Nachteile:

- Online-Bewerbungsformular und Anzeige muss erstellt werden: Personal- und Sachaufwand
- Datensicherheit – enge Abstimmung mit dem Daten- schutzbeauftragten
- Unsicherheit durch Viren, Schutzprogramme notwendig
- Zeitnahe Aktualisierung der Homepage

Bewerberauswahl per Algorithmus = KI/ Künstliche Intelligenz

Online-Bewerbungen können mit Algorithmen viel schneller analysiert und aussortiert werden.

Algorithmen analysieren die Bewerbungsunterlagen und treffen die erste Bewerberauswahl.

Mit einer kreativen Bewerbung, lustigen Sprüchen oder extravagantem Layout kann man beim Roboter-Recruiter nicht punkten. Auch ein hübsches Foto ist ihm egal. Stattdessen scannt er den Text auf Schlüsselwörter. Nicht die typischen Phrasen wie teamfähig oder motiviert, die man wahrscheinlich in jeder Bewerbung findet. Hier geht es um Keywörter, die zur ausgeschriebenen Position passen und dem Arbeitgeber wichtig sind.

Wie Sie die Begriffe finden? Ganz einfach: Lesen Sie die Stellenanzeige: Fachkenntnisse und Kompetenzen, die hier verlangt werden, sollten Sie auf jeden Fall erwähnen.

So bringt der Algorithmus Sie schnell ins Vorstellungsgespräch.

Algorithmen entscheiden mit, wer im Bewerbungsverfahren weiterkommt.

Instrumente zur erfolgreichen Auswahl von Mitarbeitern

- Analyse der Bewerbungsunterlagen – Inhalt und Form?
- Vorstellungsgespräch – Arten?
- Testverfahren – Welche Auszüge?
- Assessment-Center – Aufbau und Ziele?
- Instrumentenkarussell – Wie sollte man kombinieren?

Personalauswahl - Analyse der Bewerbungsunterlagen

Die Personalbeschaffung beinhaltet im weiteren Verlauf eine qualifizierte Vor- und Nachbereitung des Auswahlverfahrens.

Im ersten Schritt erfolgt die Analyse und Bewertung der Bewerbungsunterlagen.

Das Bewerbungsanschreiben gibt Hinweise auf die Ausdrucksfähigkeit und den Wortschatz des Kandidaten. Neben einer grundsätzlich erforderlichen formalen und inhaltlichen Prüfung sind hierbei Rückschlüsse möglich auf Beweggründe, Motivation und Selbsteinschätzung des Bewerbers. Der Lebenslauf sollte die Gesamtentwicklung des Bewerbers widerspiegeln, wobei beispielsweise die Häufigkeit des Arbeitsplatzwechsels und die Positionsfolge Rückschlüsse zulassen und eine zielgerichtete Vorbereitung auf Fragen im Vorstellungsgespräch ermöglichen.

Zum Gesamtbild und zur Einschätzung der zukünftigen Mitarbeiterkompetenzen trägt eine Analyse der beigefügten Zeugnisse und Referenzen bei.

Analyse von Arbeitszeugnissen

Schlussformulierung:

- „... wünschen wir Frau ... Erfolg bei ihrem weiteren beruflichen Werdegang und ..."
- Beendigungsgrund: „... auf eigenen Wunsch", ... „in beiderseitigem Einvernehmen ..."

Formulierungen Zeugniscode:

- sehr gut = „stets zur vollsten Zufriedenheit"
- gut = „stets zur vollen Zufriedenheit"
- befriedigend = „zur vollen Zufriedenheit"
- ausreichend = „zur Zufriedenheit"
- mangelhaft = „im Großen und Ganzen zur Zufriedenheit"
- ungenügend = „hat sich bemüht"

Fehlen relevanter Punkte:

Das Fehlen grundsätzlicher Eigenschaften, die für die Tätigkeit relevant sind, wie z. B. Führungsfähigkeit bei einem Teamleiter deuten auf eine mögliche schlechtere Gesamtbeurteilung hin.

Standardformulierungen und deren Interpretation:

- „erledigte alle Arbeiten mit großem Fleiß und Interesse": besitzt Eifer, aber der Erfolg bleibt aus.
- „war wegen seiner Pünktlichkeit stets ein gutes Vorbild": völlig unbrauchbar ...
- „trug durch seine Geselligkeit zur Verbesserung des Betriebsklimas bei": Vorsicht, z. B. zu hoher Alkoholgenuss.

Aussagen, die Einschränkungen enthalten:

Hier werden Einschränkungen genannt, die den sonst positiven Inhalt ins Negative umwandeln können: „im Wesentlichen", „im Großen und Ganzen", „im Allgemeinen".

Gesamteindruck:

Ist die Aussage insgesamt wohlwollend oder kurz und kühl, gibt es Floskeln und allgemeine Redewendungen oder klare präzise Informationen und Formulierungen?

Vorstellungs- und Auswahlgespräch

Im zweiten Schritt kann die Vorbereitung und Durchführung eines Auswahlgesprächs erfolgen. Dabei werden verschiedene Formen des Auswahlgesprächs unterschieden, wobei das teilstrukturierte Auswahlgespräch im Fokus steht.

Freies Auswahlgespräch:
keine Vorgaben bezüglich Inhalte und Ablauf, hohe Flexibilität und Anpassungsfähigkeit, aber schwere Auswertung des Gesprächs.

Extrem strukturiertes Auswahlgespräch:
genaue Planung des Gesprächsinhalts, der zeitlichen Dauer und des Ablaufs, gleiche Fragen für jeden Bewerber, gute Vergleichbarkeit durch Standardisierung, aber Nachteil durch Inflexibilität und Starrheit.

Teilstrukturiertes Auswahlgespräch:
Vorgabe eines Rahmens mit verpflichtenden Fragen und sonstiger freier Gestaltung des Gesprächs, gute Flexibilität, aber noch genaue Auswertung möglich.

Gesprächsphasen:

- Gesprächseröffnung, Begrüßung und Einstieg
- Gründe für die Bewerbung, bisheriger Werdegang
- Berufliche Kompetenz und fachliche Eignung
- Informationen für den Bewerber
- Arbeits- und Vertragskonditionen
- Fragen des Bewerbers
- Abschluss des Gesprächs und Verabschiedung

Arbeitsproben und Assessment Center (AC)

Im dritten Schritt können gemeinsam in Form eines Assessment Centers oder separat Arbeitsproben sowie Situationstests für ein Auswahlverfahren zusammengestellt werden.

Kurzvortrag:

Kurzes Referat zu einem bestimmten Thema; aktueller Fokus und Fachthemen; Analyse der Ausdrucksfähigkeit, Informationsverarbeitungskapazität und Überzeugungskraft.

Postkorbverfahren:

Sammlung von Briefen und Aktennotizen, die in bestimmter Zeit einzusehen sind; Auftrag: Informationen zu verarbeiten, zu strukturieren und sachgerechte Entscheidungen abzuleiten; Analyse der Organisationsfähigkeit, Entscheidungsfähigkeit oder Kompetenz, unter Zeitdruck zu arbeiten.

Einzelverfügung:

Konfrontation mit einer typischen, der Arbeitsrealität entnommenen Aufgabenstellung; z. B. Bahnmitarbeiter, der Arbeitskleidung nicht anlegen möchte; Organisationsassistent, der die Pros und Kontras einer mangelhaften Organisationsstruktur oder Ablaufdarstellung erarbeiten soll; Datenschutzbeauftragter, der die Vor- und Nachteile der Veröffentlichung von bestimmten personenbezogenen Daten in der Firmenzeitschrift oder Intranet analysiert.

Gruppendiskussion:

Einschätzung des gruppensozialen Verhaltens, üblich: drei bis fünf Personen diskutieren über vorgegebenes Thema; Diskussionsleiter muss gruppendynamisch bestimmt werden; Analyse der Fähigkeiten, wie Kooperationsbereitschaft und Durchsetzungsvermögen.

Assessment Center (AC)

Dauer: ein bis mehrere Tage

Ziel: Auswahl für Neueinstellung von Mitarbeitern oder interne Führungskräfteentwicklung

Qualitätsstandards:

- Beobachtbares Verhalten: basierend auf aktuellem Leistungsvermögen.
- Unabhängige Beobachter: Spezialist, Psychologe, Pädagoge, Fachbereich, Personalabteilung.
- Training der Beobachter: Qualifizierung und Schulung erforderlich.
- Anforderungsnahe Konzeption: realitätsnahe Aufgaben, Simulationen.
- Kombination verschiedener Übungen: Ziel umfassende Darstellung der Komplexität der realen Arbeitswelt.
- Information der Teilnehmer: rechtzeitige und vollständige Information.
- Offene Rückmeldung: Feedback, Rückmeldegespräch über Stärken und Schwächen; Offenheit und Einfühlungsvermögen notwendig, realistische Entwicklungsmöglichkeiten aufzeigen.

Ablauf eines Assessment Centers (AC)

Vorbereitung	Durchführung	Abschluss und Rückmeldung
1. Ziele/ Zielgruppe festlegen	6. Beobachter trainieren	11. Auswertung abstimmen
2. Beobachter auswählen	7. Teilnehmer empfangen/ Ziel und Ablauf erklären	12. Gutachten/ Empfehlungen (Fördermaßnahmen) anfertigen
3. Anforderungsprofil definieren	8. Teilnehmer bearbeiten Unterlagen/ Übungen	13. Endabstimmung, Endauswahl
4. Übungen im Hinblick auf Anforderungen zusammenstellen	9. Leistungsbeobachtung durch Beobachter	14. Teilnehmer über Ergebnisse informieren
5. Teilnehmer informieren/ Organisatorische Vorbereitung	10. Beobachtungen auswerten	15. Förder- und Entwicklngsmaßnahmen vereinbaren

Merkliste Bewerberauswahl:

- Analyse und Bewertung der Bewerbungsunterlagen:
  Anschreiben; Lichtbild (freiwillig, nicht als Unternehmen wegen AGG anfordern); Bewerbungsanschreiben; Lebenslauf; Zeugnisse; „3. Seite": „Ich bin..., Ich kann..., Ich habe..., Ich will.." oder „Wie ich wurde, was ich bin"; Arbeitsprobe

- Vorstellungs- und Auswahlgespräche:
  Freies, extrem strukturiertes oder teilstrukturiertes Auswahlgespräch

- Assessment-Center:
  besondere Methode der Eignungsfeststellung, Bündelung von Maßnahmen zur Bewerberauswahl

- Arbeitsproben und Situationstests:
  Bezug zur Arbeitswirklichkeit, z. B. Handwerk, Marketing; Kurzvortrag, Postkorbverfahren, Einzelverfügung, Gruppen-diskussion

- Psychologische Testverfahren:
  Leistungs-, Intelligenz-, Persönlichkeitstests;
  Hinweis: nur mit qualifiziertem Fachpersonal

- Biographische Fragebögen:
  detaillierte Fragen zum Lebenslauf mit punktueller Auswertung, um zukünftiges Verhalten des Bewerbers abzuschätzen

- Ärztliche Eignungsuntersuchung

Einführung neuer Mitarbeiter

Wie gewinne ich erfolgreich den Mitarbeiter über die Probezeit hinaus?

Je nach Position und Größe des Unternehmens kann es hilfreich sein, verschiedene Personalinstrumente in Form einer sogenannten Einführungsstrategie in einem Maßnahmen-Katalog zu analysieren und erfolgsorientiert anzuwenden.

Probleme bei der Einführung neuer Mitarbeiter durch: Konkurrenzsituation, Erwartungsdruck, Unsicherheit, bestehende Ängste.

Maßnahmen zur Einführung neuer Mitarbeiter:

- Broschüre: Informationen über Unternehmen, Tarifverträge, Betriebsvereinbarungen, Sozialleistungen, Organigramm, Führungsgrundsätze, Personalpolitik, Vorschlagswesen (Ideenmanagement)

- Einführungsseminare: Standardeinführung in den ersten Wochen für Mitarbeiter, z. B. speziell für Auszubildende, Führungskräfte

- Konzept „Paten": Betreuung durch gleichgestellte Kollegen für die ersten Wochen bezogen auf fachliche und kommunikative Inhalte

- Konzept „Mentoren": Betreuung und Förderung durch hierarchisch höhergestellte Mitarbeiter hinsichtlich zukünftiger Führungsaufgaben oder Förderung bestimmter Mitarbeitergruppen, z. B. Frauenförderung durch systematische Karriereplanung und Personalentwicklung

Erster Tag: Vorbereitungen

Checklisten: zur Optimierung des Ersten Tages durch Sammlung aller notwendigen Maßnahmen und Unterlagen, Vorlage von wichtigen Dokumenten wie Gesundheitszeugnis, Lohnsteuerkarte, Krankenkassenmeldung ...

Muster – Checkliste: Einführung neuer Mitarbeiter

Name:

Vorname:

Personalnummer:

Eintrittsdatum:

„To-Do"	erledigt	Information	Kurzzeichen
• 2x Arbeitsvertrag mit Beiblättern (Erklärung zum Datenschutzgeheimnis, Mobbingvereinbarung, Personaleinstellungsbogen etc. versendet). • Unterzeichneten Arbeitsvertrag erhalten • Beiblätter unterschrieben erhalten			
• Erhalt des Arbeitsvertrags schriftlich bestätigen • Personallisten aktualisieren • Eintrittsformular zur Info an Vorstandssekretariat, Personal-verwaltung, IT-Management geben • Wiedervorlagen während der Probezeit aktivieren • Willkommensemail an neue E-Mail-Adresse senden • Einrichtung des Arbeitsplatzes (Büromaterial) bei Zentrale bestellen • Einführungsmappe organisieren (Firmenchronik mit Pralinen) • Einarbeitungsplan und Stellenbeschreibung vorbereiten und von Geschäftsführung unterzeichnen lassen • Vorstellung des neuen Mitarbeiters in den Fachabteilungen			

Personalmanagement

„To-Do"	erledigt	Information	Kurzzeichen
• Foto (inkl. Einwilligungserklärung) für Firmenausweis und monatliches firmeninternes Personalmagazin			
• Firmenausweis bei Abteilung Organisation in Auftrag geben			
• Sofortanmeldung zur Sozialversicherung an KK			
• Angebot betriebliche Altersvorsorge einfordern von Versicherungsmanagement			

Aufbau einer Stellenbeschreibung

1. Organisation

1.1. Stellenbezeichnung:
Assistentin bei den Bereichsleitern Technik, Chemie und Technical Engineering

1.2. Unterstellte Arbeitsgruppen bzw. Mitarbeiter:

1.3. Vorgesetzter:
Die Assistentin untersteht beiden Bereichsleitern. In Disziplinangelegenheiten ist sie dem Bereichsleiter TC unmittelbar unterstellt.

1.4. Stellvertretung:

<u>Vertritt:</u>
Bei Abwesenheit der Bereichsleiter bearbeitet die Assistentin die eingehende Post.

<u>Wird vertreten durch:</u>
Bei Abwesenheit von mehr als einem Arbeitstag, bei Krank- heit und Urlaub wird die Stellvertretung von Fall zu Fall durch den Vorgesetzten geregelt.

2. Stelleninhaber

2.1. Name:

2.2. Vorname:

2.3. geboren am:

2.4. hat diese Stelle inne seit:

3. Ziele der Stelle

Die Stelleninhaberin hat – unter Beachtung des Wirtschaftlichkeitsprinzips und des Sicherheitsgebots – ihren Delegationsbereich so zu führen und ihre Aufgaben wahrzunehmen, dass die Bereichsleiter bei der Erfüllung ihrer fachlichen und führungsmäßigen Aufgaben wirkungsvoll unterstützt werden.

4. Aufgabenbereich des Stelleninhabers im Einzelnen (zur Erreichung der Ziele)

Die Stelleninhaberin hat diese fachlichen Aufgaben selbst zu erfüllen:

4.1. Linienfunktion

Sie entscheidet über:

- die Arbeitsorganisation im Sekretariat
- die Anschaffung von Arbeitsmitteln im Rahmen der Büromittelbeschaffung
- die schriftliche und mündliche Beantwortung von Routinefragen im Rahmen der Richtlinien
- das Durchstellen eingehender Telefonate an die Bereichsleiter oder deren Weiterleitung an andere Stellen
- die Ablage nach dem von ihr erstellten Registratur-Plan im Rahmen der Richtlinien
- Aufbau und Führung der Adresskartei
- Postverteilung
- Abwicklung der Wiedervorlagen
- Empfang und Betreuung der Besucher

4.2. Stabsfunktion

4.2.1. Als Führungsstab:

- Sie nimmt die Terminplanung für Besprechungen der Bereichsleiter mit Mitarbeitern des Unternehmens und auswärtigen Besuchern vor.
- Sie bereitet Mitarbeiter- und Dienstbesprechungen sowie Besprechungen der Bereichsleiter mit auswärtigen Besuchern vor, fertigt Protokolle an.
- Sie unterstützt die Bereichsleiter bei der Informations- und Kontrollfunktion, soweit ihr das im Rahmen ihres Arbeitsbereiches möglich ist.
- Sie trifft sachliche und organisatorische Vorbereitungen für Reisen (Flug- und Zugverbindungen, Hotelreservierungen).
- Sie unterstützt die Bereichsleiter bei der Auswertung der Reiseergebnisse und erkundigt sich ins- besondere nach informationspflichtigen Sachverhalten zur Weiterleitung an ihre Mitarbeiter oder dritte Stellen im Unternehmen.

4.2.2. Als Fachstab:
- Sie erstellt Statistiken mit den dazugehörigen Diagrammen:
  - monatliche Verteilung der Kosten von Kostenstellen auf Kostenträger
  - BAB-Auswertungen: Kostenstellen/Kostenträger/Plan/Ist-Vergleiche/ Kosten der Mischungsherstellung
  - Auswertung von Ergebnissen der Mischerei
    - täglich: Leistung
    - wöchentlich: Produktionsmeldungen für die Mischungsversorgung
    - monatlich: Produktion, Leistung, Abfall, Sondermischungen, Störungen
- Sie entwirft Formulare und Tabellen.
- Sie bereitet Informationen zum Zweck der Präsentation auf.

4.2.3. Als persönlicher Stab
- Sie unterstützt die Bereichsleiter bei ihrer Arbeit durch Sorge für ihr persönliches Wohlergehen.
- Sie führt Kartei über wichtige persönliche Daten von Mitarbeitern und Kollegen.
- Gratulationsliste
- Sie berät die Bereichsleiter bei der Auswahl von Geschenken für offizielle und persönliche Anlässe und verschickt Briefe sowie Geschenke an Betriebsangehörige.
- Sie führt ein entsprechendes Verzeichnis über Datum und Art der Geschenke.

4.3. Dienstleistungsfunktion
- Sie erledigt Schreibarbeiten nach Vorgabe und eigener Formulierung.
  - Briefe, Aktennotizen, Faxe, Protokolle, Investitionsanträge, Arbeitsplatzbeschreibungen, Arbeitsvorschriften, Fertigungsrichtlinien, Projektbearbeitungen, Erstmusterprüfberichte, Schulungsunterlagen (intern/extern) etc.

Personalmanagement

- An einem Tag der Woche nimmt sie am Postdienst teil, täglich kontrolliert sie die Eingangs- und Ausgangspost. Sie ist berechtigt auch die vertrauliche Eingangspost zu öffnen.
- Sie erledigt die allgemeinen Sekretariatsarbeiten.
  - Kopieren, Zusammenstellen von Unterlagen
  - Schriftgutablage
  - Verwaltung der vertraulichen Unterlagen
  - Verwaltung von Investitionsanträgen, Angeboten, Werkzeugkonstruktionen
- Sie vermittelt interne und externe Telefonate; empfängt und sendet Faxe.
- Sie führt ein Telefon- und Adressenverzeichnis.
- Sie betreut den Abteilungskopierer und das Abteilungsfaxgerät.
- Sie gibt Personalmeldungen an PV-PA weiter.
- Sie rechnet Reisekosten ab und holt die Gelder.
- Sie holt und verteilt Lohn- und Gehaltsabrechnungen.

4.4. Sonstige Aufgaben

4.4.1. Dokumentation

- Sie bestellt Patente, Normen, Fachliteratur auf Anforderung.
  - kopieren, verteilen, ablegen
- Sie steuert den Umlauf von Zeitschriften.
  - Aktualisieren des Verteilers durch Rundschreiben, Erstellen der Aufkleber für PV-ZD, Ablage
- Ihr obliegt die Aktualisierung und Verteilung der Ergänzungslieferungen der Loseblattsammlungen.

4.4.2. Sekretariatsarbeiten für das Vorschlagswesen

- Sie erledigt Schreibarbeiten nach Vorgabe.
  - Briefe, Hausmitteilungen, Protokolle, Urkunden, Aushänge, Einladungen, etc.

Praxisbeispiel I: Stellenbeschreibung für die Assistenz

Gültig ab:	Verteiler: Stelleninhaber
	Ablage GF
Stelle:	Assistentin der Geschäftsführung
Stelleninhaber:	
Unterstellung:	Geschäftsführer
Fachvorgesetzte von:	Sekretärin
	Kfm. Angestellte im GF-Bereich
Vertretung:	Gegenseitige Vertretung erfolgt innerhalb des GF-Bereiches
Verantwortungsbereich:	personell: für die direkt unterstellten Mitarbeiter
Verantwortungsbereich	sachlich: Zielsetzung

Die Stelle setzt ein hohes Maß an „Gleichklang" im Arbeits- und Verhaltensbereich bei der Zusammenarbeit mit der Geschäftsführung voraus; vor allem konstruktives Mitdenken und -handeln in Geschäftsführungskategorien.

Die Hauptaufgabe ist die Entlastung und Unterstützung in sämtlichen GF-Bereichen; u. a. durch Vorlage entscheidungsreifer Vorschläge.

Diese Bereiche gliedern sich wie folgt:

- Zielsetzung des Unternehmens mit Festlegung der Unternehmensstrategie, Gesamtorganisation, Imagepflege;
- Finanzpolitik, Controlling, BAB, Kosten- und Rechnungswesen, Bilanzbuchhaltung;
- Investitionsplanung;
- Rechts- und Versicherungsangelegenheiten;
- Personal- und Bildungswesen;
- Absatz, Marketing, Neuentwicklungen, Preispolitik;
- Werbung;
- GDV, Fertigung;
- Materialwirtschaft.

Den Vorgesetzten ist generell so viel Zeit wie möglich einzusparen ohne Qualitätsverlust der Arbeitsergebnisse und Entscheidungen. Die Vertraulichkeit aller Angelegenheiten innerhalb der Geschäftsführung soll sichergestellt, das Ansehen des Unternehmens nach innen und außen soll durch das Verhalten positiv beeinflusst werden.

Aufgaben im Einzelnen:

Assistenzaufgaben:

- Qualifizierte Vorarbeit leisten für alle GF-Bereiche, und zwar für die verantwortlichen Entscheidungsträger des Unternehmens.
- Eigenständige Wahrnehmung von auf die STI delegierbaren partiellen Management-Aufgaben.
- Jegliche Planungen initiieren und ggf. methodische Unterstützung geben, Planungsergebnisse vorbereiten und gestalten sowie Planungsrealisierungen wirksam kontrollieren und den Vorgesetzten entsprechende Berichte dazu geben.
- Mithilfe und Unterstützung für eine optimale Informationssteuerung der GF. Die STI soll hier so mitdenken und -handeln, sodass eine sachlich richtige Aufgabenlösung ermöglicht wird; soll dazu beitragen, dass Aufgaben besonders verständnisvoll und verantwortungsbewusst erfüllt werden können.
- Die STI soll den Vorgesetzten die Organisationsverantwortung erleichtern, indem Organisationsprobleme bewusst aufgenommen und verarbeitet sowie ggf. in Eigenverantwortung gelöst oder aber in Form von konkreten Vorschlägen den Vorgesetzten zur Entscheidung vorgelegt werden.
- Im Kommunikationsbereich soll die STI versuchen, die Meinungen/ Gedanken der Vorgesetzten umzusetzen bzw. ihnen im Rahmen gegebener Möglichkeiten vorbereitende Unterstützung leisten.
- Um effektive GF-Entlastung sowie höhere Qualität und Schnelligkeit von Entscheidungen zu erreichen, muss die STI Prozesse der Entscheidungsvorbereitung methodisch bei sich selbst und den Mitarbeitern fördern:
  - gründliche Analyse der jeweiligen Probleme,
  - vollständige Informationen als Entscheidungshilfen,
  - Suche, Formulierung und Begründung vollständiger Möglichkeiten (Alternativen) zur Lösung des Problems,

- Auswahl, Formulierung und Begründung des Entscheidungsvorschlags.
- Die STI gibt methodische Unterstützung bei der Gestaltung des Berichtswesens. Informationen sind in diesem Zusammenhang so aufzunehmen und zu verarbeiten, dass aufwendiger, unnötiger Zeitaufwand/Lesezeit für den Vorgesetzten vermieden wird.

Ausführende Aufgaben:

- selbstständige Korrespondenzarbeiten, nach Absprache in Deutsch und Englisch;
- selbstständiges Erkennen und Überwachen von Terminen und Beschlüssen;
- sachliche Vorbereitung von Besprechungen der GF sowie Protokollführung bei Notwendigkeit mit Verfolgung der sich daraus ergebenden Termine;
- Veranlassung notwendiger Statistiken für den GF-Bereich;
- Mitarbeit im Marketingbereich hinsichtlich Absatzplanung, Marktforschung mit Wettbewerbsbeobachtung.

Neben den hier aufgeführten Einzelaufgaben ist die STI verpflichtet, auf Weisungen der Vorgesetzten Einzelaufträge durchzuführen, die im Wesen nach zu ihrer Tätigkeit gehören bzw. sich aus betrieblicher Notwendigkeit ergeben.

Entscheidungskompetenzen:

Entscheidet im Verantwortungsbereich selbstständig, ansonsten entscheidungsreife Vorschläge an den Vorgesetzten.

Zeichnungsberechtigung:
im Verantwortungsbereich: Angabe von Namen und Bereich

Unterschriftsvollmachten auf div. Bankkonten (im Vertretungsfall)

Informationsfluss: Bringschuld
„Wir praktizieren Informationsfluss in jede Richtung!"

Um unsere Aufgaben zu erfüllen, benötigt jeder von uns entsprechende Informationen. Vorrang hat hier die „Bringschuld"!

Sonstiges:

...

Praxisbeispiel II: Stellenbeschreibung für die Assistenz

Stellenbeschreibung:	Assistentin der Geschäftsführung
Stelleninhaberin:	
Gültig ab:	
Unterstellung:	Geschäftsführer
Überstellung:	
Fachvorgesetzter:	entfällt
Vertretung:	Gegenseitige Vertretung erfolgt innerhalb des GF-Bereiches
Verantwortungsbereich:	personell: für die direkt unterstellten Mitarbeiter
Verantwortungsbereich	sachlich:

Die Hauptaufgabe ist die Entlastung und Unterstützung in sämtlichen GF Bereichen; u. a. durch Vorlage entscheidungsreifer Vorschläge.

Neben den hier aufgeführten Assistenz-Tätigkeiten wie:

- Gesamtorganisation und Imagepflege des Unternehmens, z. B. Schwachpunkte innerhalb von Workflow-Prozessen erkennen und Verbesserungsvorschläge einreichen, Begleitung der Umsetzung.
- Promotor für Wandel und Wettbewerbsfähigkeit des Unternehmens.
- Operative Unterstützung der Geschäftsführung bei der Fortentwicklung und Umsetzung der Unternehmensstrategie/-kultur.
- Koordination und Kontrolle der Umsetzung von Geschäftsbelangen im Unternehmen.
- Entlastung und Unterstützung der Geschäftsführung im Rahmen des Tagesgeschäftes.
- Wahrnehmung von Repräsentationsaufgaben mit der Geschäftsführung.

- Werbung
  Koordination von Anzeigenschaltungen:
  - Auswahl der zu bewertenden Zielgruppe und Themen in Medien.
  - Gemeinsames Erarbeiten des Themas auch mit dem Vertrieb und Unterbreitung des Vorschlages bei der Geschäftsführung zur Lösungsfindung.
  - Weitergabe aller Daten an Texter und Designer.
  - Kontrolle der Zwischenstände und der Abgabetermine sowie deren Einhaltung.
  - Vorlage der fertigen Anzeige zur Entscheidungsfindung bei der Geschäftsführung.
  - Erarbeitung von Methoden zur Kontrolle des Erfolges der Anzeigenschaltung.

- PR/ Öffentlichkeitsarbeit
  Medien:
  - Kontaktherstellung und Kontaktpflege.
  - Nach Absprache mit der GF Weitergabe von inhaltlichen Anforderungen für Pressetexte (z. B. Texte für redaktionelle Teile, Pressemitteilungen, Informationsmaterial zum Unternehmen und Produkten usw.) in Delegation von Verantwortung.

- Messen/ Kongresse
  - Vorauswahl der Messen/ Kongresse unter Berücksichtigung der Zielgruppe für die Präsentation.
  - Vorlage der Vorauswahl GF.
  - Koordination und Kontrolle aller anfallenden Arbeiten und Termine, auch Marketing und PR-Aktionen.
  - Verantwortung für die Einhaltung der Termine.
  - Gilt auch für alle anderen Veranstaltungen und Events.
  - Pressekonferenzen, Ausstellungen, usw.

- Absatz/ Marketing
  - Erstellung von Unternehmens-, Nachfrage- und Wettbewerbsanalysen
  - Aufstellung von Produkt-, Markt- und Wettbewerbsstrategien
  - Mitbewerbervergleiche
  - Vorauswahl von Werbemitteln und Koordination des Einkaufes und der Verteilung
- Personalmanagement
  - Personalbetreuung, -führung und -entwicklung
  - Arbeitsrecht (Abschluss, Inhalt und Änderung von Arbeitsverhältnissen – Beendigung von Arbeits-verhältnissen)
  - Erstellung von Arbeitszeugnissen
  - Abgrenzung von Funktionsbereichen innerhalb des Unternehmens
  - Erstellung von Stellenbeschreibungen
  - Bewertung der Arbeitsleistung, Entlohnung der Arbeitsleistung (z. B. durch Definition von Lohngruppen)
  - Vorbereitung/Nachbereitung und Organisation von Mitarbeitergesprächen

Weiter gehört die Sekretariatsleitung zu ihren Aufgaben:
- Bearbeitung und Erledigung der gesamten internen und externen Korrespondenz der GF – nach Stichwortangaben und Diktat, selbständig
- Außer- und innerbetriebliche Terminkoordination und Terminvergabe für die GF
- Postbearbeitung und Verteilung sowie Führen der Post- und Unterschriftenmappe für die GF
- Organisation der Ablage und Wiedervorlage für die GF und das Sekretariat
- Reiseplanung und Organisation von Besprechungen, Konferenzen und fachlichen Veranstaltungen
- Annahme, Vermittlung und Erledigung der eingehenden deutsch- und englischsprachigen Telefongespräche für die GF
- Außer- und innerbetriebliche Terminkoordination und Führen

der Korrespondenz für besondere Veranstaltungen (Geburtstage, Dienstjubiläen, Abschied von Mitarbeitern, ...)
- Empfang und Betreuung von Besuchern der GF
- Kundenpflege (Auswahl und Einkauf von Geschenken)

Entscheidungskompetenz:

Entscheidet im Verantwortungsbereich selbständig, ansonsten entscheidungsreife Vorschläge an die GF.

Zeichnungsberechtigung:

im Verantwortungsbereich:	Angabe von Name und Bereich
Außerdem:	Unterschriftsvollmachten auf diversen Bankkonten (im Vertretungsfall)
Informationsfluss: jede Richtung)	Bringschuld (Informationsfluss in

_____   _____
Unterschrift GF   Unterschrift Assistentin

Personalmanagement

Stellenbeschreibung und Anforderungsprofil			Datum:			
Name:	Pers. Nr.:	Abtl./ Kst.:	Stellenbezeichnung: Sekretärin/ Assistentin			
Sollbeschreibung	Ist-Zustands Beschreibung	Vorgeschlagene Schulungsmaßnahme	Priorität	Termin	Erledigt
Hauptaufgaben/-pflichten: Allgemeine Sekretariatsaufgaben • Allgem. Sekretariats- und Assistenzaufgaben • Führen des Schriftverkehrs mit nationalen und internationalen Geschäftspartnern • Termin- und Reiseplanung/-organisation • Vorbereitung von Konferenzen, Tagungen, Messen, etc. Gästebetreuung & Organisation	entspricht Soll				
Nebenaufgaben/-pflichten: Assistenzaufgaben • Monatliche Erstellung der Auftragseingangs- und Umsatzstatistiken der Geschäftsleitung • Verwaltung und Pflege von Verträgen sowie Überwachung von laufenden Fristen • Office Management für Mitarbeiter d. Abteilung • Informationsbeschaffung aus Firmensoftware (Auftragskalkulationen/ KoSt.-Nachweis/	entspricht Soll				
Notwendige zu verwendende Arbeitsmittel/-unterlagen: EDV: MS-Office, firmenspezifische Software	entspricht Soll				

379

Sollbeschreibung	Ist-Zustands Be-schreibung	Vorgeschlagene Schulungsmaßnahme	Priorität	Termin	Erledigt
Verantwortung/ Kompetenzen: Mahn- und Weisungsbefugnis im Rahmen der vorgegebenen Organisationsanweisungen (Statistiken/ MbO)	entspricht Soll				
Vertretung für: N. N. **Durch:** N. N.	entspricht Soll				
Kommunikationsbeziehungen: (Stellen, mit denen der Stelleninhaber zusammen-arbeiten muss) Gesamtes Unternehmen	entspricht Soll				
Berufsausbildung und formelle Zusatzqualifikation: Kfm. Berufsausbildung mit Zusatzausbildung für das Sekretariat	- Industriekauffrau - Sekretärinnen-/ Assistenzausbildung (IHK) - Fremdspr.kauffrau f. Wirtschaftsenglisch (IHK/ LCCI) - Qualifizierte Management-Assistenz (IHK)				
Berufserfahrung: Mehrjährige Berufserfahrung notwendig	entspricht Soll				

Personalmanagement

Sollbeschreibung	Ist-Zustandsbeschreibung	Vorgeschlagene Schulungsmaßnahme	Priorität	Termin	Erledigt
Führungsfähigkeiten: Anleiten von Mitarbeitern und motivierende Führungsfähigkeiten	entspricht Soll				
Notwendige Fachkenntnisse: • EDV-Kenntnisse • Grundkenntnisse des Marketings • Englisch in Wort und Schrift	entspricht Soll				
Sonstige Kenntnisse/ Fertigkeiten: Grundkenntnisse in einer weiteren Fremdsprache erwünscht	Grundkenntnisse in Spanisch und Französisch				
Spätester Termin für Schulungsbedarfsermittlung:			Verteiler: 1. Mitarbeiter 2. Personalabteilung		
Datum, Unterschrift					

Personalentwicklung

Ziele der Personalentwicklung können aus Unternehmenssicht einerseits die Entwicklung von Nachwuchsführungskräften und jüngeren Fachexperten sein sowie andererseits ein qualifiziertes Talentmanagement und kompetente Kommunikationsförderung umfassen.

Arten der Personalentwicklung (PE)

Bildung:
Ausbildung, Fortbildung, Anpassungsfortbildung, Aufstiegsfortbildung

Arbeitsstrukturierung:
Arbeitsfeldvergrößerung: Job enlargement, Job rotation,
Job enrichment

Karriereplanung:
Nachwuchsförderung, systematische Planung zur Besetzung vakanter Positionen mit qualifizierten Mitarbeitern (Talentmanagement)

Lebensphasenbezogenes Kompetenzmanagement:
Potentialbeurteilung, systematische Performance-Management-Systeme

Methoden der Personalentwicklung:

PE into the job:	Traineeprogramme
PE on the job:	Arbeitsunterweisung, Übertragen von Sonderaufgaben
PE off the job:	Selbststudium, Vortrag, E-Learning
PE out of the job: weitergabe durch	Wissensmanagement und Informationsausscheidende Mitarbeiter, Tandem erfahrener/ neuer Mitarbeiter

Aus Mitarbeitersicht stehen die Schaffung karrierebezogener Voraussetzungen, die verbesserten Laufbahnmöglichkeiten und letztlich eine Einkommensoptimierung im Mittelpunkt.

Was bedeutet das für die Tätigkeit der Management-Assistenz?

Diese betrieblichen Ziele zu kennen heißt: Aufgaben besser zu bewältigen, erfolgsorientiert und wertschöpfend zu gestalten sowie Mitarbeiterpotenzial im Sinne der Unternehmensführung einzusetzen. Die erfolgreiche Assistenz sollte eine fundierte Wissensgrundlage in den Bereichen Personalbeurteilung sowie der Begleitung von Mitarbeitern innehaben, z. B. bei der Personalentwicklung in Form von Trainee-Programmen und dem fachinternen Beurteilungsgespräch. Die qualifizierte Vor- sowie Nachbereitung eines Beurteilungs-gesprächs, das der Fachvorgesetzte durchführen will, gelingt der Management-Assistenz gleichfalls fundierter, wenn sie ein besseres Verständnis für Einzelheiten vom Beurteilungsbogen bis zu Beurteilungsmethoden besitzt.

Mitarbeitergespräche/ Mitarbeiterbeurteilungen

Durch die in regelmäßigen Abständen geführten Mitarbeitergespräche werden die Leistungen und der Einsatz des Mitarbeiters analysiert und bewertet. In diesem Rahmen werden auch Zielvereinbarungen für den kommenden Zeitraum getroffen. Mitarbeitergespräche können in vier Basisschritten durchlaufen werden.

1. Gespräch über die Arbeitsergebnisse der zurückliegenden Zeit:
- Was wurde erreicht?
- Was ist noch nicht abgeschlossen?
- Was ist besonders gut, was ist weniger gut gelungen?
- Was hat die Ergebnisse eher gefördert, was hat sie eher behindert?

2. Gespräch über die zukünftigen Aufgaben:
- Wie können gleichartige Aufgaben noch besser gelöst werden? Welche Hilfen werden benötigt?
- Welche neuen Aufgaben stehen an?
- Sind die Ziele klar? Was sind die Ziele?
- Welche Kompetenzen sind erforderlich, um effizienter zu arbeiten?

3. Gespräch als Zwischenbilanz der Zusammenarbeit:
- Wie ist die Einschätzung über den Informationsfluss und die Einbeziehung in Entscheidungsprozesse?
- Werden Zusammenhänge ausreichend erklärt?
- Wie werden die eigenen Gestaltungsmöglichkeiten eingeschätzt?
- Was wird positiv eingeschätzt? Wo werden Verbesserungen in der Zusammenarbeit erwartet?

4. Gespräch über gemeinsame Vorstellungen zur Entwicklung am Arbeitsplatz:
- Wie ist die Einschätzung der Übereinstimmung von Tätigkeit und eigenen Interessen?
- Welche konkreten Vorstellungen bestehen zur Fortführung oder Änderung der eigenen Aufgaben?
- Wie wird die eigene Entwicklung am Arbeitsplatz gesehen? Welche Maßnahmen könnten hier unterstützend wirken?

Der Abschluss eines Mitarbeitergesprächs besteht aus einer konkreten und verbindlichen Vereinbarung mit der Formulierung konkreter und genauer Verantwortlichkeiten. Dieses Vorgehen erleichtert die Zusammenarbeit, bewahrt vor unrealistischen Erwartungen sowie vor Enttäuschungen und erhöht die Arbeitsmotivation.

Wie beurteilt eine Führungskraft das Verhalten der Assistenz

Nach den jeweils aufgeführten Einzelpunkten:

Beurteilen – Anerkennung und Kritik

Einzelpunkte für Mitarbeiter und Führungskräfte	Sehr gut Auf Niveau halten	Gut Weiterhin fördern	Nicht gut Förderung gefährdet	ggf. Begründung
Kundenorientierung	☐	☐	☐	
Freundlichkeit und Auftreten	☐	☐	☐	
Verhalten zu Vorgesetzten	☐	☐	☐	
Teamfähigkeit	☐	☐	☐	
Einsatz und Initiative	☐	☐	☐	
Selbstständiges Arbeiten	☐	☐	☐	
Fortbildungs- und Innovationsinteresse	☐	☐	☐	
Fachkenntnisse	☐	☐	☐	
Aufgeschlossenheit gegenüber Neuem	☐	☐	☐	
Wirtschaftliches Denken und Handeln	☐	☐	☐	
Qualitative Leistung	☐	☐	☐	
Quantitative Leistung	☐	☐	☐	

Persönlichkeits-kompetenz:				
Vorbild für das Team	☐	☐	☐	
Motivationsfähigkeit	☐	☐	☐	
Verlässlichkeit	☐	☐	☐	
Klare Entscheidungs-findung im übertragenen Aufgabenbereich	☐	☐	☐	
Methoden-kompetenz:				
Einschätzung von Situationen	☐	☐	☐	
Mitarbeiter zielorientiert führen	☐	☐	☐	
Delegation	☐	☐	☐	
Information	☐	☐	☐	
Kontrolle und Hilfestellung	☐	☐	☐	
Ggf. sonstige Stärken:				
▪	☐	☐	☐	
▪	☐	☐	☐	

Einzelpunkte für Mitarbeiter und Führungskräfte/ Assistenz

Kundenorientierung:
Umgang mit Kunden
Fähigkeit zur Beratung
Denken und Handeln für den Kunden
Wird die Firmenphilosophie gelebt?

Freundlichkeit und Auftreten:
Kontaktfreudigkeit
Lächeln
Den Kunden erzählen lassen
Positive Körpersprache
Selbstsicheres Auftreten
Stil und Etikette
Keine Arroganz im Auftreten
Gleichbehandlung aller Mitarbeiter und Kunden

Verhalten zu Vorgesetzten:
Kooperativ und selbstvorausschauend
Konstruktiv in der Zusammenarbeit
Loyal im normalen Verhalten
Unterstützend in kritischen Situationen

Teamfähigkeit:
Kontaktfreudigkeit
Gute Zusammenarbeit mit Kollegen
Einfluss aufs Betriebsklima
Zielorientierung im Team

Einsatz und Initiative:
Setzt sich für ein Ziel nachhaltig ein
Ergreift ohne Aufforderung Initiative
Geht mit Spaß ans Arbeiten
Erledigt auch unangenehme Arbeiten zügig

Selbstständiges Arbeiten: Selbstständiges Erkennen von Problemen und Prioritäten
Selbstständige Entscheidungen im Aufgabenbereich
Setzen eigener Ziele

Fortbildungs- und Innovationsinteresse: Weiterbildungsinteresse
Wille und Fähigkeit, aus Fehlern und Rückmeldungen zu lernen

Fachkenntnisse: Wissen, Fertigkeiten und Erfahrungen im Aufgabenbereich
Allgemeine Berufskenntnisse
Professionalität im Umgang mit Wissen
Souveräner Umgang mit Fachwissen
Verhandlungsführung

Aufgeschlossenheit gegenüber Neuem: Einstellung gegenüber Neuem
Zulassen von Veränderungen

Wirtschaftliches Denken und Handeln: Umsatz und Ertrag
Sorgfältiger Umgang mit ...
(z. B. Waren, Betriebsmitteln, Einrichtungen)
Vorschläge über Arbeitsvereinfachungen und Verbesserungen
Steigerung des Deckungsbeitrags

Qualitative Leistung: Arbeitsmenge
Vermeidung von Zeitverlusten und Unterbrechungen

Einzelpunkte speziell für Führungskräfte/ Assistenz

Persönlichkeitskompetenz

Unter diesem Punkt ist die Wirkung der eigenen Persönlichkeit auf andere gemeint. Das freundliche, souveräne und selbstsichere Auftreten gegenüber Kunden, Mitarbeitern und Vorgesetzten. Die klare Haltung bei Diskussionen und eine zielorientierte, offene und tolerante Einstellung zu Menschen allgemein.

Vorbild für das Team:
- Ist Vorbild für Kundenberatung
- Beherrscht Verkaufsgesprächsstrategien
- Besitzt Einfühlungsvermögen in Kundengesprächen
- Besitzt Einfühlungsvermögen in Mitarbeitergesprächen

Motivationsfähigkeit:
- Kann bei Mitarbeitern Begeisterung wecken
- Steckt mit eigenem Optimismus an
- Holt Mitarbeiter aus Krisen heraus
- Beeinflusst die Stimmung im Team positiv

Verlässlichkeit:
- Hat das Vertrauen der Mitarbeiter
- Wird als Ratgeber akzeptiert
- Geht vertrauensvoll mit Informationen um
- Mitarbeiter können sich auf Aussagen verlassen

Klare Entscheidungsfindung im übertragenen Aufgabenbereich:
- Faktoren für die fachgerechte Einbeziehung aller notwendigen Entscheidungen
- Sichert Entscheidungen durch Einbeziehung der notwendigen Informationen ab und erteilt unmissverständliche Aufträge

Methodenkompetenz

Unter diesem Punkt ist der methodische Umgang mit Arbeitstechniken und systematischen Werkzeugen gemeint. Aufgaben- und Problemlösungen werden mit System und Planung angegangen. Der tägliche Zeitplan unterliegt einem festen Schema und nicht zufälligen Aktivitäten.

Einschätzung von Situationen:
- Kann Prioritäten richtig einschätzen
- Kann Wichtiges von Unwichtigem unterscheiden
- Erledigt Aufgaben jeweils zur sinnvollsten Zeit
- Wird bei Stress nicht hektisch

Mitarbeiter zielorientiert führen:
- Gibt Mitarbeitern klare Anweisungen
- Lässt Mitarbeiter Arbeiten selbstständig bis zur kompletten Erledigung ausführen
- Bewertet Ergebnisse sachlich

Delegation:
- Kann Aufgaben gut delegieren
- Erledigt viele Aufgaben trotz höherer Kompetenz nicht selbst

Information:
- Gibt und holt sich die für seinen Aufgabenbereich notwendigen Informationen
- Hält Mitarbeiterbesprechungen ab

Kontrolle und Hilfestellung:
- Kontrolliert die Aufgaben und gibt ggf. notwendige Hilfestellung zur Erfüllung der Aufgaben
- Überwacht die termingemäße Erreichung der Zielvereinbarung

Faires Beurteilungsgespräch

Das Beurteilungsgespräch ist dem Feedback insofern ähnlich, als es dem Mitarbeiter die Sicht auf dessen Leistungen und Verhaltensweisen gibt. Doch während das Feedback-Gespräch bewusst einen „pädagogischen" Charakter hat, kommt das Beurteilungsgespräch eher einem Zwischenzeugnis gleich. Nicht zuletzt, weil das Protokoll als wichtiges Dokument in die Personalakte kommt.

Führen Sie unbedingt ein faires Beurteilungsgespräch. Dies gelingt Ihnen, wenn

- der Mitarbeiter vorher die Kriterien kennt, nach denen Sie beurteilen,
- Sie regelmäßig beobachten, was der Mitarbeiter leistet und wie er sich verhält,
- Sie den Mitarbeiter rechtzeitig gewarnt haben, falls er in Leistung oder Verhalten vom Gewünschten abweicht,
- Sie sich um eine möglichst objektive Wahrnehmung und Bewertung bemühen,
- Sie bei allen Mitarbeitern in immer gleicher Form an das Beurteilungsgespräch herangehen.

Information an die Mitarbeiter

Es ist geplant, regelmäßig Mitarbeitergespräche durchzuführen. Bei diesen Gesprächen haben die Mitarbeiter die Gelegenheit, mit ihrem Chef – losgelöst vom Tagesgeschäft – über anstehende Themen zu sprechen.

Der Fragebogen dient der inhaltlichen Gedankenstütze. Die Auswertung erfolgt im gegenseitigen Gespräch und verfolgt ausschließlich das Ziel, die bestehenden Arbeitsbedingungen zu verbessern bzw. zu fördern. Das Ausfüllen des Fragebogens macht nur dann Sinn, wenn ehrlich und offen die Meinung wiedergegeben wird. Jeder Mitarbeiter sollte also so antworten, wie er es empfindet.

Die Ergebnisse werden streng vertraulich behandelt. Das heißt, die Themen werden nur zwischen dem Mitarbeiter und dem Vorgesetzten bzw. der Geschäftsführung besprochen und ausschließlich der elektronischen Personalakte beigefügt.

Hinweis: Management by objectives heißt: Führen durch Zielvereinbarung. Gemeinsam mit dem Mitarbeiter werden Ziele festgelegt, die regelmäßig geprüft und angepasst werden.

Muster – Mitarbeiter-Beurteilungsbogen mit Zielvereinbarungen

Name des Mitarbeiters:		Datum:	
Fehltage:			

Beurteilungsmerkmal	Beurteilung	Begründung/ Bemerkung

Erläuterung Schulnoten:
Note 1 = Entspricht den Anforderungen in besonderem Maße
Note 2 = Entspricht den Anforderungen voll
Note 3 = Entspricht den Anforderungen im Allgemeinen
Note 4 = Entspricht den Anforderungen mit kleinen Mängeln
Note 5 = Entspricht den Anforderungen nicht
Note 6 = Entspricht den Anforderungen in keinster Weise

Allgemeine Zufriedenheit	1 – 2 – 3 – 4 – 5 – 6	
Erläuterung:	Spaß an der Tätigkeit, Betriebsklima Zusammenarbeit mit Kollegen	
Fachwissen	1 – 2 – 3 – 4 – 5 – 6	
Erläuterung:	Wissensstand, aktuelles handwerkliches bzw. technisches Wissen	
Motivation	1 – 2 – 3 – 4 – 5 – 6	
Erläuterung:	Aktivität Entscheidungen treffen zu können, Flexibilität, Initiative ergreifen	
Ausdauer und Belastbarkeit	1 – 2 – 3 – 4 – 5 – 6	
Erläuterung:	Unter Zeitdruck und Stressbedingungen	
Arbeitsorganisation	1 – 2 – 3 – 4 – 5 – 6	
Erläuterung:	Zeitmanagement, Strukturiertes und zielgerichtetes Arbeiten, Sorgfalt, Arbeiten mit „Köpfchen"	
Konfliktmanagement	1 – 2 – 3 – 4 – 5 – 6	
Erläuterung:	Umgang mit Kritik z.B. von Kunde oder Kollege	
Führungsverhalten	1 – 2 – 3 – 4 – 5 – 6	
Erläuterung: nur notwendig bei MA mit Führungsverantwortung	Akzeptanz, Autorität, Fachkompetenz, Durchsetzungsfähigkeit bei MA	

Durchsetzungsfähigkeit	1 – 2 – 3 – 4 – 5 – 6	
Erläuterung:	Zielstrebigkeit, Selbstkritik, MA weiß, was er will	

1. Was war gut im letzten Jahr?

für Mitarbeiter: _____

für Vorgesetzen: _____

2. Was war nicht gut im letzten Jahr?

für Mitarbeiter: _____

für Vorgesetzen: _____

3. Potentialeinschränkung

Weiter- und Fortbildung?

nächster Karriereschritt?

zu verbessernde Fähigkeiten?

4. Geplante Entwicklungsschritte (Zielvereinbarungen)

5. Feedback von Mitarbeiter an Vorgesetzten

6. Weitere Wünsche und Vereinbarungen

7. Punkte, über die keine Einigung erzielt werden konnte

Auswertung des Gesprächs	
Das Gespräch war produktiv und partnerschaftlich	MA 1 – 2 – 3 – 4 – 5 – 6 VG 1 – 2 – 3 – 4 – 5 – 6
Vereinbarte Ziele sind realistisch und eindeutig	MA 1 – 2 – 3 – 4 – 5 – 6 VG 1 – 2 – 3 – 4 – 5 – 6
Förderungsmaßnahmen wurden vereinbart	MA 1 – 2 – 3 – 4 – 5 – 6 VG 1 – 2 – 3 – 4 – 5 – 6

Unterschriften/ Datum	
Vorgesetzter	Mitarbeiter

Vorgesetztenbeurteilung – Muster

Beurteilung für: _____
Bereich/Abt.: _____

Mitarbeiterförderung	<< < + - > >>
... bietet ihren Mitarbeitern Gelegenheit, ihre Fähigkeiten und Erfahrungen zu erweitern.	(1) (2) (3) (4) (5) (6)
... bietet ihren Mitarbeitern Gestaltungsfreiheiten innerhalb ihres Arbeitsgebietes.	(1) (2) (3) (4) (5) (6)
... kümmert sich nachhaltig um die Verbesserung der Fach-, Methoden- und Sozialkompetenz ihrer Mitarbeiter.	(1) (2) (3) (4) (5) (6)
... spricht mit ihren Mitarbeitern über ihre Schwächen in einer Weise, die hilfreich ist und die von ihnen akzeptiert wird.	(1) (2) (3) (4) (5) (6)

Verhalten unter Stress	<< < + - > >>
... behält auch in Krisensituationen einen kühlen Kopf.	(1) (2) (3) (4) (5) (6)
... stellt sich in Konfliktsituationen vor ihre Mitarbeiter.	(1) (2) (3) (4) (5) (6)
... kann in persönlich streitigen und emotional aufgeheizten Situationen den Streit wieder auf eine sachliche Ebene zurückführen.	(1) (2) (3) (4) (5) (6)
... kann auch in kritischen Situationen sachlich und überlegt Entscheidungen treffen, und über- nimmt für diese die Verantwortung.	(1) (2) (3) (4) (5) (6)

Fairness	<< < + - > >>
... überfordert ihre Mitarbeiter weder quantitativ noch qualitativ; stellt ihre Mitarbeiter nicht vor unlösbare Aufgaben.	(1) (2) (3) (4) (5) (6)
... äußert Kritik sachlich und konstruktiv und direkt gegenüber den betroffenen Mitarbeitern.	(1) (2) (3) (4) (5) (6)
... schätzt ihre Mitarbeiter aufgrund von Fakten ein und behandelt ihre Mitarbeiter gleich und bevorzugt niemanden aufgrund persönlicher Sympathie.	(1) (2) (3) (4) (5) (6)
... kann selber mit der Kritik ihrer Mitarbeiter umgehen und diese konstruktiv umsetzen.	(1) (2) (3) (4) (5) (6)

Fachkompetenz	<< < + - > >>
... besitzt in ihrem Aufgabenbereich fachliche Kompetenz.	(1) (2) (3) (4) (5) (6)
... kann die Arbeitsergebnisse ihrer Mitarbeiter fachlich richtig bewerten.	(1) (2) (3) (4) (5) (6)
... kann ihren Bereich auf sich veränderte Rahmenbedingungen ausrichten.	(1) (2) (3) (4) (5) (6)
... kann das vorhandene Expertenwissen ihrer Mitarbeiter einschätzen und fachlich einordnen	(1) (2) (3) (4) (5) (6)

Organisatorisches Verhalten	<< < + - > >>
... setzt sich und ihren Mitarbeitern realistische Leistungsvorgaben, trifft Zielvereinbarungen und überprüft jeweils die Zielerreichung.	(1) (2) (3) (4) (5) (6)
... strukturiert den Verantwortungsbereich effizient.	(1) (2) (3) (4) (5) (6)
... hat Termine, Aufgabenbearbeitung und Prioritäten im Griff.	(1) (2) (3) (4) (5) (6)

Erläuterungen:

(1)	= sehr gut		keinerlei Verbesserungsbedarf
(2)	= in jeder Hinsicht gut		kaum Verbesserungsbedarf
(3)	= in Ordnung		wenig Verbesserungsbedarf
(4)	= im Wesentlichen in Ordnung		Verbesserungspotential vorhanden
(5)	= im Wesentlichen nicht in Ordnung		deutliches Verbesserungspotential
(6)	= nicht in Ordnung		erhebliche Verbesserungsnotwendigkeiten

Quelle: Dr. Beer, Managemententwicklung, Bad Harzburg

Methoden der Bewertung der Arbeitsleistung

Aufgabe der Management-Assistenz ist im Zusammenhang mit der Arbeitsbewertung nicht das Eingeben von Ergebnissen in die EDV, also schreibtechnische Ausführungen, sondern das Verständnis des Vorgangs der Arbeitsbewertung, der grundlegenden Analyseverfahren und der praktischen Umsetzung am konkreten Sachverhalt.

Staffelung der Arbeitsentgelte

Aufgabe der Arbeitsbewertung ist es, eine Staffelung der Arbeitsentgelte nach dem Schwierigkeitsgrad der einzelnen Arbeitsverrichtungen durchzuführen. Sie geht von bestimmten Anforderungen aus: Fachkenntnisse, Geschicklichkeit, körperliche und geistige Anstrengung bei der Ausführung von Tätigkeiten, die Verantwortung für Menschen und Sachen sowie verschiedenste Umgebungseinflüsse. Mit Hilfe solcher Faktoren werden Kennzahlen für den Schwierigkeitsgrad der Arbeit gewonnen, die dann als Arbeitswerte bezeichnet werden. Diese Arbeitswerte stellen objektive Maßstäbe für den Schwierigkeitsgrad der Arbeit dar. Das bedeutet, sie gelten für jeden Mitarbeiter, der eine bestimmte Tätigkeit verrichtet.

Erst mit dem Wissen um die Erstellung einer Bewertung können diesbezügliche Vorleistungen der Vorgesetzten zielorientiert, z. B. durch die Eingabe in ein Funktionen-Diagramm oder eine ausführliche Stellenbeschreibung, durchgeführt werden. Das Verständnis für die zielorientierte Umsetzung in Gehaltsgruppen erschließt der Management-Assistenz den Hintergrund für die erfolgsorientierte Umsetzung innerhalb des Abteilungsbudgets. Denn mit der Erstellung einer Arbeitsplatzbewertung, die in einem bestimmten Gehaltsrahmen bzw. einer Tarifgruppe umgesetzt wird, ist letztendlich die Suche nach einem entsprechenden neuen Mitarbeiter bzw. eine Gehaltserhöhung als Teil der Mitarbeiterbeurteilung zur Motivation verbunden.

Die qualitativen und quantitativen Methoden der Arbeitsbewertung können miteinander kombiniert werden, so dass sich vier Methoden der Arbeitsbewertung ergeben:

	Summarische Methode	Analytische Methode
Reihung	Rangfolgeverfahren	Rangreihenverfahren
Stufung	Lohngruppenverfahren	Stufenwertzahlverfahren

Beispiel zum Rangfolgeverfahren:

Einfaches Verfahren ohne erheblichen Zeitaufwand. Die komplexere schwierigere Aufgabe steht weiter oben in der Reihe, die leichteste am unteren Ende der Reihe. Durch die fehlende Gewichtung der einzelnen Stufenabschnitte zueinander ist dieses Verfahren nur bedingt tauglich.

Bewertung von drei Stellen:

- Bürokraft: einfache Arbeiten, geringe Verantwortung
- Sachbearbeiter: bearbeitet Akten im Bereich Personal, eigenverantwortlich nach Anweisung
- Referent: gibt Anweisungen und trägt Verantwortung

Bewertung:

1. Referent
2. Sachbearbeiter
3. Bürokraft

Personalverwaltung – Personalakte

Grundsätzlich wird pro Mitarbeiter ein Personalbogen oder eine Personalkartei angelegt.

Der sog. **Personalbogen** oder die Personalkartei enthält alle Daten, die bei der Einstellung des Mitarbeiters erhoben wurden.

- Persönliche Daten:
  Name, Vorname, Personalnummer, Wohnort, Geburtsdatum und -ort, Familienstand, Staatsangehörigkeit, sonstige Angaben...

- Bildungs- und Berufstätigkeiten:
  Schulbildung und -abschluss, Studienabschluss (Staatsexamen, Bachelor, Master), Berufliche Aus- und Fortbildung, praktische Tätigkeiten und konkrete aktuelle Position ...

- Beurteilungsergebnisse und -unterlagen: Fachkompetenz, Führungskompetenz, Sozialkompetenz, besondere Eignungen, erforderliche Erweiterung und Verbesserung der Kenntnisse und Fähigkeiten; Jahresbeurteilungen und Zielvereinbarungen...

- Angaben für die Gehaltsabrechnung sowie Sozialleistungen: Konkrete Eingruppierung nach Tarifvertrag; außertarifliche Einstufung; mögliche Zulagen; Bruttovergütung; Fahrtkosten, Dienstwagen, Firmenticket; Steuerklasse, Freibeträge; Krankenkasse ...

Personalakte:

Pro Mitarbeiter wird eine sog. Personalakte angelegt, gepflegt und archiviert.

Zweck:

Überblick über Fähigkeiten und Kenntnisse des einzelnen Mitarbeiters, Vorarbeiten und Fristenkontrolle bei arbeitsrechtlichen Konsequenzen, z. B. Abmahnung.

Form:

Schriftliche Niederlegung oder/ und EDV-Technische Einrichtung und Pflege (z. B. elektronische Personalakte) in bestimmter Systematik: Vertragsunterlagen, Beurteilungen, Aus- und Weiterbildung, sonstiger Schriftverkehr, Bewerbungsunterlagen.

Inhalt/Stammdaten:

Daten zur Person, Gesundheitszeugnis und Führungszeugnis, Bescheinigungen u. a. über Erziehungsurlaub, Nebentätigkeits-bescheinigungen, Bewerbungsunterlagen, konkrete vertragliche Vereinbarungen und Ergänzungen des Ursprung-Anstellungsvertrages, konkrete Tätigkeiten wie Versetzung und Beförderung sowie Fortbildungsbescheinigungen, Bezüge, Krankenkassenmitteilungen, Rentenversicherungsträger, zuständiges Finanzamt, Abwesenheiten, Urlaubskontingent und -anspruch.

Urlaubsplanung und Kontrolle

Das Führen und Überprüfen der Abwesenheitszeiten der Mitarbeiter erfolgt grundsätzlich zentral durch die Personalabteilung. Urlaubslisten werden je nach Größe des Unternehmens und der konkreten Organisationsstruktur aus praktischen Gründen durch die Fachbereiche dezentral gepflegt. Durch personalwirtschaftliche Auswirkungen wird im Ergebnis eine zentrale Pflege und Umsetzung in der personalwirtschaftlichen Abteilung erfolgen.

- Anlegen und Pflegen einer sog. Fehlzeitenkartei.
- Eintragen der Urlaubswünsche in eine sog. Urlaubsliste, die von der Fachabteilung geführt und über die Personalabteilung weiterbearbeitet und kontrolliert wird.
- Vermerken des Urlaubsstands in einer sog. Urlaubskarte, einschließlich des Resturlaubs vom Vorjahr sowie der verbleibenden Resturlaubstage.
- Urlaubsanschriftenvermerk bei Führungskräften.

Die Qualifizierte Management-Assistenz im zukünftigen strategischen Human Resource (HR) Management

Die Aufgaben im HR Management sind geprägt von einer Vielzahl von Einzelanfragen an die Personalmitarbeiter und werden intensiver und vermehrt insbesondere auch an die Qualifizierte Management-Assistenz gestellt. Als Teamplayerin ist sie ein fester Bestandteil des Führungsteams und wird auch zukünftig personalwirtschaftliche Schnittstellenaufgaben oder reine Personalaufgaben, vor allem auch in kleineren und mittelständigen Unternehmen ausführen.

Als fester Bestandteil des Führungsteams ist sie unmittelbar eingebunden bei der Integration von Strategie, Struktur sowie leistungsorientierter Entwicklung und Ausrichtung der HR-Instrumente. Personalpolitische Instrumente werden durch die Unterstützung der qualifizierten Management- Assistenz in die Führung und Organisation einer Personalabteilung integriert zur Optimierung neuer personalwirtschaftlicher und nachhaltiger Wertschöpfungsprozesse.

Hier setzt ein Wandel ein, der Flexibilität, das vernetzte und nachhaltige unternehmerische Denken im Rahmen wirtschaftlicher und erfolgreicher, ganzheitlicher wertschöpfender Personaleinsatzplanung und -betreuung erfordert.

Arbeitsrecht

Arbeitsrecht – zentraler Fokus 402

Grundlagen des Arbeitsrechts 403

Arbeitsschutzrecht 405

Arbeitsvertragsrecht 405

Wer ist Arbeitnehmer? 410

Pflichten und Rechte des Arbeitnehmers 411

Pflichten und Rechte des Arbeitgebers 412

Grundsatz „ohne Arbeit kein Lohn" 414

Anspruch auf Urlaub 415

Entgelt oder Lohnfortzahlung an Feiertagen 418

Entgeltfortzahlung im Krankheitsfall 418

Allgemeines Gleichbehandlungsgesetz 420

Mutterschutz und Elternzeit 422

Pflegezeit 423

Haftung im Arbeitsverhältnis 424

Beendigung des Arbeitsverhältnisses 426

Kollektives Arbeitsrecht 441

Koalitionsfreiheit 441

Tarifvertragsrecht 442

Arbeitskampfrecht 444

Betriebsverfassungsrecht 446

Schnittstellen zum Arbeitsrecht – Datenschutz 452

Arbeitsrecht – zentraler Fokus

Für die tägliche Arbeit in der Management-Assistenz sind neben der Beherrschung der wichtigsten Elemente der Personalarbeit insbesondere das Verständnis und die Umsetzung arbeitsrechtlicher Instrumente zur effektiveren Mitarbeiterbetreuung notwendig. Für die Management-Assistenz sind fundierte Kenntnisse in den Bereichen Individualarbeitsrecht sowie Kollektivarbeitsrecht unabdingbar.

Die nachfolgenden Ausführungen beschränken sich auf die Grundlagen in kurzen Auszügen mit individuell gelegten Schwerpunkten sowie an praktisch bewährten Fallgestaltungen und Diskussionen. Die Management-Assistenz der Zukunft wird nicht nur je nach Unternehmensgröße in Kleinunternehmen und Mittelstand ohne eigene Rechtsabteilung oder Hausjurist immer mehr zur qualifizierten Schnittstelle. Und somit zur Vermittlerin zwischen Arbeitgeber und externen Experten.

Innerbetrieblich und insbesondere in dieser Schnittstellenfunktion ist es immer wichtiger, Gesetze selbst „lesen", „auswerten" und auch „anwenden" zu können.

> **Praxis-Tipp:**
>
> Nehmen Sie sich die im Folgenden zitierten Gesetze zur Hand und lesen Sie diese im Zusammenhang mit den Ausführungen.

Wann ist die Qualifizierte Management-Assistenz gefordert?

Die Management-Assistentin wird als kompetente Gesprächspartnerin, Informationsgeberin, Erstellerin von Standardarbeitsverträgen und Schreiben für den externen Juristen oder den internen Rechtsreferenten gefordert. Auch als zielführende und kritische Teamplayerin in dem Führungstandem auf Geschäftsleitungs- oder Abteilungs-leitungsebene spielt sie eine wesentliche Rolle.

Dies betrifft in der Praxis die Erstellung von Arbeitsverträgen für Mitarbeiter nach Vorgabe von Anträgen an die innerbetrieblichen Gremien, das Einschalten des Betriebsrates oder des Datenschutzbeauftragten, die Unterstützung bei der Entwicklung von betrieblichen Prozessen und Vereinbarungen zur betrieblichen Ordnung, zum Allgemeinen Gleichbehandlungsgesetz (AGG) und vieles mehr.

Die Zukunft beinhaltet nicht mehr allein das Führen einer Urlaubskartei oder eines Urlaubsplanes für die Geschäftsführung oder die Fachabteilung, sondern vielmehr eine konkrete inhaltliche Vorprüfung und Entscheidungsvorbereitung zur Genehmigung von Urlaub sowie Berechnung von Resturlaub. Komplizierte Einzelfallgestaltungen zu lösen, prüfungsrelevante Inhalte in eine optimierte – zumeist elektronische – Form zu bringen – sind zukünftig gefordert.

Im Folgenden gehen wir auf einige Themengebiete ein, die insbesondere den Tätigkeitsbereich der Qualifizierten Management-Assistentin beeinflussen können oder in Zukunft werden.

Grundlagen des Arbeitsrechts

Das Arbeitsrecht ist im Kern ein sogenanntes Arbeitnehmerschutzrecht, das die durch Arbeitsvertrag begründeten Rechtsbeziehungen zwischen Arbeitnehmern und Arbeitgebern regelt.

Die rechtlichen Grundlagen des Arbeitsrechts sind in keinem umfassenden Arbeitsgesetzbuch kodifiziert, sondern sind in einer Vielzahl von Gesetzen niedergelegt.

Die zwei wesentlichen Bereiche sind das individuelle Arbeitsrecht sowie das kollektive Arbeitsrecht.

Das individuelle Arbeitsrecht beschreibt grundsätzlich die Rechtsverhältnisse zwischen dem Arbeitgeber und dessen Arbeitnehmer. Im individuellen Arbeitsrecht werden das Arbeitsvertragsrecht sowie das Arbeitnehmerschutzrecht unterschieden. Ebenso ist das Recht der Arbeitsgerichtsbarkeit für das individuelle Arbeitsrecht und für die Durchsetzbarkeit von Ansprüchen wichtig.

Demgegenüber beinhaltet das kollektive Arbeitsrecht das Recht zwischen den Sozialpartnern. Dieses besteht aus drei Teilbereichen:

- Tarifvertragsrecht,
- Arbeitskampfrecht,
- Betriebsverfassungsrecht.

Rechtsquellen des Arbeitsrechts - Normenhierarchie

Bei Konkurrenzen zwischen den Ebenen gilt der Grundsatz, dass die höherrangige Rechtsnorm der niederrangingen Rechtsnorm vorgeht. Eine Ausnahme bildet § 4 Abs. 3 TVG (sog. **Günstigkeitsprinzip**), welches im Verhältnis Tarifvertrag/ Betriebsvereinbarung und Arbeitsvertrag gilt. Nach diesem wird grundsätzlich eine im Arbeitsvertrag getroffene, für den Arbeitnehmer günstige Regelung, nicht durch den Tarifvertrag oder die Betriebsvereinbarung verdrängt.

Bei einer Konkurrenz auf gleicher Ebene geht die speziellere Norm der allgemeineren Norm vor, oder die jüngere Norm verdrängt die ältere.

Arbeitsschutzrecht

Mit dem Arbeitsschutzrecht bezweckt der Staat einen Arbeitnehmerschutz vor Überforderung, gesundheitlichen Gefahren und vor wirtschaftlicher Existenzgefährdung. Normen enthalten oft zwingendes Recht, von dem die Arbeitsvertragsparteien nicht abweichen dürfen. Vereinbarungen und Weisungen, die gegen Arbeitsschutznormen verstoßen sind nichtig (§ 134 BGB). Daraus folgt auch, dass der Arbeitnehmer solche Arbeitsleistung verweigern kann, die gegen Normen des Arbeitsschutzes verstoßen.

Arbeitsvertragsrecht

Der Arbeitsvertrag begründet nicht nur ein individuell geschlossenes Arbeitsverhältnis, sondern kann diesen auch inhaltlich ausgestalten. Der Arbeitsvertrag ist seit Mitte 2017 ausdrücklich in § 611a BGB geregelt.

---

§ 611a Arbeitsvertrag

(1) 1 Durch den Arbeitsvertrag wird der Arbeitnehmer im Dienste eines anderen zur Leistung weisungsgebundener, fremdbestimmter Arbeit in persönlicher Abhängigkeit verpflichtet. 2 Das Weisungsrecht kann Inhalt, Durchführung, Zeit und Ort der Tätigkeit betreffen. 3 Weisungsgebunden ist, wer nicht im Wesentlichen frei seine Tätigkeit gestalten und seine Arbeitszeit bestimmen kann. 4 Der Grad der persönlichen Abhängigkeit hängt dabei auch von der Eigenart der jeweiligen Tätigkeit ab. 5 Für die Feststellung, ob ein Arbeitsvertrag vorliegt, ist eine Gesamtbetrachtung aller Umstände vorzunehmen. 6 Zeigt die tatsächliche Durchführung des Vertragsverhältnisses, dass es sich um ein Arbeitsverhältnis handelt, kommt es auf die Bezeichnung im Vertrag nicht an.

(2) Der Arbeitgeber ist zur Zahlung der vereinbarten Vergütung verpflichtet.

Ein Arbeitsvertrag kann mündlich als auch schriftlich abgeschlossen werden. Um etwaige Beweisschwierigkeiten in einem späteren Konfliktfall zu vermeiden, ist es empfehlenswert, einen schriftlichen Arbeitsvertrag abzuschließen. Wird kein schriftlicher Arbeitsvertrag geschlossen, ist der Arbeitgeber verpflichtet, mindestens einen Monat nach dem vereinbarten Beginn des Arbeitsverhältnisses die wesentlichen Vertragsbedingungen schriftlich niederzulegen und dem Arbeitnehmer unterzeichnet auszuhändigen. Dies ergibt sich aus § 2 des Nachweisgesetzes.

Folgende Angaben sollten im Arbeitsvertrag enthalten sein:

- Name und Anschrift der Vertragsparteien
- Beginn des Arbeitsverhältnisses und Arbeitsort
- Bezeichnung bzw. Beschreibung der zu leistenden Tätigkeit
- Zusammensetzung, Höhe und Fälligkeit des Arbeitsentgelts
- Vereinbarte Arbeitszeit
- Dauer des jährlichen Erholungsurlaubs
- Kündigungsfristen (wenn diese von den gesetzlichen Kündigungsfristen abweichen)
- Allgemeiner Hinweis auf geltende Tarifverträge, Betriebs- oder Dienstvereinbarungen

Grundsätzlich ist es den Vertragspartnern im Rahmen der Privatautonomie und der Vertragsfreiheit überlassen, welchen Inhalt sie dem Arbeitsvertrag geben. Die Vertragsfreiheit ist jedoch zum Schutz des Arbeitnehmers einerseits durch Gesetzesrecht, andererseits durch Tarifverträge und Betriebsvereinbarungen eingeschränkt. Man spricht hier auch von einseitig zwingenden Vorschriften, die die strukturelle Unterlegenheit des Arbeitnehmers ausgleichen sollen.

Sofern der Arbeitsvertrag keine Regelungen enthält und keine weiteren vorrangigen Regelungen existieren, kann der Arbeitgeber durch die Ausübung seines Weisungsrechts (vgl. § 106 GewO) die Pflichten des Arbeitnehmers aus dem Arbeitsverhältnis näher konkretisieren.

Auch können zusätzliche Verträge zwischen Arbeitnehmer und Arbeitgeber geschlossen werden, die das Vertragsverhältnis weiter inhaltlich konkretisieren.

Betriebliche Übung

Eine Besonderheit des Arbeitsrechts ist die betriebliche Übung. Dieses anerkannte Rechtsinstitut kann zu einer Erweiterung oder Änderung des Arbeitsvertrages durch wiederholte vorbehaltlose Verhaltensweisen des Arbeitgebers führen. Eine betriebliche Übung kann sich grundsätzlich auf alle möglichen Vergünstigungen beziehen. Nach der Rechtsprechung entsteht ein Anspruch auf die entsprechende Leistung nach einer dreimaligen vorbehaltlosen Gewährung.

Sonderzahlungen können, sofern diese nicht das laufende Arbeitsentgelt betreffen, unter einen sogenannten Freiwilligkeitsvorbehalt gestellt werden. Dies geschieht regelmäßig durch die Formulierung „ohne Anerkennung einer Rechtspflicht". Davon zu unterscheiden sind Widerrufsvorbehalte, wonach ein Widerruf in Zukunft vorbehalten werden soll. Solche Klauseln können der AGB-Kontrolle unterliegen.

Solche Vorbehalte sollten möglichst klar und verständlich formuliert sein, auf Sonderleistungen beschränkt werden und jeweils schriftlich mit Zahlung der Sonderleistung verknüpft werden.

Eine bestehende betriebliche Übung kann nicht durch eine neue (negative) betriebliche Übung, der dreimalig nicht widersprochen wird, abgeändert werden. Eine Änderung kann individualrechtlich nur unter den gleichen Voraussetzungen wie eine arbeitsvertragliche Vereinbarung erfolgen, wie zum Beispiel durch eine Änderungskündigung.

Arbeitszeit

Bei der praktischen Ausgestaltung der Arbeitszeit sind die Rahmenbedingungen des Arbeitszeitgesetzes (ArbZG) und die Gesetze mit Arbeitszeitvorschriften (z. B. Jugendarbeitsschutzgesetz (JArbSchG) oder Mutterschutzgesetz (MuSchG)) zu beachten.

Durch das Teilzeit- und Befristungsgesetz (TzBfG) sind geringfügig Beschäftigte nach § 2 Abs. 2 TzBfG den Teilzeitbeschäftigten gleichgestellt in allen rechtlichen Möglichkeiten hinsichtlich der Teilzeitarbeit und der befristeten Arbeitsverträge im Sinne dieses Gesetzes. Zudem werden die Bedingungen eines befristeten Arbeitsvertrages sowie die verschiedenen Teilzeitarbeitsverhältnisse geregelt und deren

Mindestbedingungen zum Schutz der besonderen Arbeitsgruppen beschrieben. Dies betrifft insbesondere die Möglichkeit einer erneut anschließenden Befristung und des Kündigungsschutzes.

Exkurs: AGB-Kontrolle

Auch Formulararbeitsverträge können der AGB-Kontrolle unterliegen. Hierbei sind die im Arbeitsrecht geltenden Besonderheiten angemessen zu berücksichtigen (§ 310 Abs. 4 S. 2 BGB). Allgemeine Geschäftsbedingungen sind alle für eine Vielzahl von Verträgen vorformulierten Vertragsbedingungen, die der Verwender (= AG) der anderen Vertragspartei (= AN) bei Abschluss eines Vertrages stellt. (vgl. § 305 BGB)

Sofern gemäß § 305b BGB keine vorrangige Individualabrede entgegen steht, sind die einzelnen Klauseln an § 307 BGB zu kontrollieren. Diese dürfen nicht unvorhersehbar sein, müssen transparent sein. Auch sind diese anhand der §§ 308 und 309 BGB zu kontrollieren.

Eine Besonderheit des Arbeitsrechts ist, dass grundsätzlich Vertragsstrafen entgegen § 309 Nr. 6 BGB wirksam sind. Dies folgt daraus, dass der Arbeitnehmer gemäß § 888 Abs. 3 ZPO nicht zu der Erbringung seiner Arbeitsleistung durch Zwangsmittel angehalten werden kann und seine Arbeitsleistung im Wege der Zwangsvollstreckung nicht vollstreckt werden kann.

Oft finden sich einfache bzw. doppelte Schriftformklauseln in Arbeitsverträgen. Während bei der einfachen Schriftformklausel nur jede Änderung des Arbeitsvertrages der Schriftform bedarf, sieht eine doppelte Schriftformklausel zusätzlich vor, dass die Abbedingung der Schriftformklausel nur schriftlich wirksam sein soll.

Eine doppelte Schriftformklausel kann nur wirksam sein, wenn diese auf die betriebliche Übung beschränkt ist. Wenn diese generell gefasst ist, umfasst diese auch den Vorrang mündlicher Individualabreden. Dies ist unangemessen benachteiligend gegenüber dem anderen Vertragspartner und hat die Unwirksamkeit der gesamten Klausel zur Folge.

Eine einfache Schriftformklausel kann, so die Rechtsprechung des BAG, jederzeit mündlich aufgehoben werden. Diese Aufhebung kann auch stillschweigend geschehen und soll selbst dann möglich sein, wenn die Parteien bei ihrer mündlichen Abrede an die Schriftformklausel nicht gedacht haben.

> **Praxis-Tipp:**
>
> Ein besonderes Augenmerk sollte neben den Schriftformklauseln auch auf sogenannte **Widerrufsvorbehalte** und **Stichtagsklauseln** gelegt werden. Diese sind grundsätzlich wirksam, wenn die Sonderzuwendung keine Gegenleistung für bereits erbrachte Tätigkeiten darstellt (z. B. bei Betriebstreue). Für den Arbeitnehmer muss im Hinblick auf § 308 Nr. 4 BGB erkennbar sein, aus welchen Gründen die Leistung wieder widerrufen werden kann.

Wer ist Arbeitnehmer?

Arbeitnehmer ist, wer aufgrund eines privatrechtlichen Vertrages zur Arbeit im Dienste eines anderen verpflichtet ist. (§ 611a BGB lesen!)

Hieraus ergeben sich drei wesentliche Voraussetzungen:

- Privatrechtlicher Vertrag
- Erbringung von Diensten gegen Entgelt
- Arbeit im Dienste eines anderen

Wesentlich sind zwei Unterscheidungen. Zum einen ist der Arbeitsvertrag ein Sonderfall des Dienstvertrages. Maßgeblich ist, dass in Abgrenzung zum Werkvertrag kein konkreter Arbeitserfolg geschuldet wird. Eine solche Abgrenzung kann zu Problemen führen und bedarf einer Gesamtwürdigung aller maßgeblichen Umstände.

Diese Dienste müssen zudem im Dienste eines anderen erbracht werden. Der Gesetzgeber hat im §611a I S. 3 BGB das Merkmal der persönlichen Abhängigkeit in Bezug auf die Weisungsgebundenheit geregelt. Dies ist regelmäßig der Fall, wenn eine Einbindung in eine fremde Arbeitsorganisation vorliegt und der Beschäftigte hierdurch einem Weisungsrecht unterliegt, das den Inhalt, die Durchführung, die Zeit und den Ort der Tätigkeit umfassen kann. (vgl. § 611a I S. 2 BGB).

Hinweis:

Maßgebend ist der *wirkliche* Geschäftsinhalt, um festzustellen, ob jemand in persönlicher Abhängigkeit beschäftigt ist.
(§ 611a Abs. 1 S. 6 BGB)

Pflichten und Rechte des Arbeitnehmers

Hauptpflicht des Arbeitnehmers aus dem Arbeitsverhältnis ist die Arbeitsleistung unter Leitung und nach Weisung des Arbeitgebers, wie diese auch im Arbeitsvertrag vereinbart ist. Gemäß § 613 BGB ist die Arbeit persönlich zu erbringen. Der Arbeitnehmer ist im Falle der Verhinderung weder berechtigt noch verpflichtet, eine Ersatzperson zu stellen. Die Leistung des Arbeitnehmers besteht darin, dass er seine Arbeitskraft zur Verfügung stellt. Die sinnvolle Einsetzung diese Arbeitsleistung in seine Organisation einzusetzen obliegt dem Arbeitgeber. Die Art der zu leistenden Arbeit ergibt sich aus dem Arbeitsvertrag, welcher durch die Anforderungen des Arbeitsplatzes und die Weisungen des Arbeitgebers konkretisiert wird.

Ort der Arbeitsleistung ist im Allgemeinen der Betrieb des Arbeitgebers. Allerdings kann sich aus der Eigenart des Betriebes oder einer Vereinbarung auch ein Wechsel des Einsatzortes ergeben (z. B. Montagearbeiten, Bauarbeiten). Ohne besondere Vereinbarung ist grundsätzlich eine Versetzung an einen anderen Arbeitsort unzulässig.

Neben der Arbeitspflicht als Hauptpflicht hat der Arbeitnehmer verschiedene **Nebenpflichten** zu erfüllen. Er hat die Interessen des Arbeitgebers und des Betriebes angemessen zu berücksichtigen und die betriebliche Ordnung einzuhalten (Treuepflicht). Das heißt, dass der Arbeitnehmer rechtmäßige Verhaltensanordnungen (z. B. ein Rauchverbot) zu befolgen hat. Hierzu zählt es auch Mobbing und sexuelle Belästigung zu unterlassen. Der Arbeitnehmer darf ferner Betriebs- oder Geschäftsgeheimnisse nicht an Außenstehende weitergeben (Verschwiegenheitspflicht).

Aus der allgemeinen Treuepflicht des Arbeitnehmers gegenüber seinem Arbeitgeber ergibt sich, dass der Arbeitnehmer mit den Einrichtungen und Arbeitsmitteln des Betriebs sorgfältig umzugehen hat. Im Grenzen seiner Möglichkeiten hat ein Arbeitnehmer jede Tätigkeit zu unterlassen, die dem Arbeitgeber unmittelbar Schaden zufügt. Jedenfalls ist der Arbeitnehmer verpflichtet drohende Schäden aus seinem Arbeitsbereich unverzüglich mitzuteilen.

Pflichten und Rechte des Arbeitgebers

Die **Hauptpflicht** des Arbeitgebers ist die Vergütung der von dem Arbeitnehmer erbrachten Arbeitsleistung. Die Vereinbarung zwischen den Vertragsparteien über die Höhe der Vergütung unterliegt nicht dem Mitbestimmungsrecht des Betriebsrates (vgl. 87 Abs. 1 Nr. 10 BetrVG). Diese Vereinbarung kann jedoch durch Tarifverträge oder das Mindestlohngesetz ganz oder teilweise verdrängt werden.

> **Hinweis:**
>
> Solche Regelungen in einem Arbeitsvertrag, die die pauschale Abgeltung von Überstunden mit dem vereinbarten Lohn betreffen, sind nur dann klar und verständlich (Stichwort: AGB-Kontrolle), wenn sich aus dem Arbeitsvertrag ergibt, welche Arbeitsleistungen von ihr erfasst werden sollen.

Neben der Vergütungspflicht als Hauptpflicht hat der Arbeitgeber - wie auch der Arbeitnehmer - bestimmte **Nebenpflichten** zu erfüllen.

Den Arbeitgeber trifft die Pflicht, die Arbeitnehmer vertragsgemäß zu beschäftigen.

Er hat auch grundsätzlich die Pflicht zur Entgeltfortzahlung im Krankheitsfall.

Eine weitere Pflicht des Arbeitgebers ist seine Fürsorgepflicht. Er hat unter anderem die betrieblichen Verhältnisse so zu gestalten, dass die Arbeitnehmer soweit wie möglich gegen Gefahren für Leben, Gesundheit und die Persönlichkeit geschützt sind (vgl. § 618 BGB). Dies betrifft neben der betrieblichen Ordnung, die durch den Arbeitnehmer als Nebenpflicht einzuhalten ist, insbesondere die Regelung der Arbeitsabläufe sowie die Gestaltung der Arbeitsmittel.

Der Arbeitgeber ist dazu verpflichtet mindestens ein einfaches Zeugnis auszustellen (§§ 630 BGB, 109 GewO). Das **einfache Zeugnis** dokumentiert die Art des Dienstverhältnisses (insbesondere die genaue Beschreibung der Tätigkeiten, die der Arbeitnehmer im Laufe des Arbeitsverhältnisses ausgeführt hat) und dessen Dauer. Es dürfen nur solche Tätigkeiten unerwähnt bleiben, die bei einer späteren Bewerbung des Arbeitnehmers keine Bedeutung haben. Ein **qualifiziertes Zeugnis** erstreckt sich zusätzlich auf Angaben über die Leistung und das Verhalten des Arbeitnehmers.

Dem Arbeitnehmer steht ein Wahlrecht zwischen den beiden Zeugnisarten zu (§ 262 BGB).

> **Hinweis:**
>
> In der Praxis muss die Bitte nach einem Arbeitszeugnis ausgelegt werden (§§ 133, 157 BGB). Eine Auslegung dahingehend, dass der Arbeitnehmer lediglich ein einfaches Zeugnis wünscht, bedarf ausreichender Anhaltspunkte.

Grundsatz „ohne Arbeit kein Lohn"

Grundsätzlich erhält ein Arbeitnehmer nur dann seinen Lohn im Sinne des § 611a BGB, sofern dieser die vereinbarte Leistung erbringt. Bestimmte Situationen im Arbeitsverhältnis bewirken jedoch, dass ein Arbeitnehmer, obschon er seine Leistung aus bestimmten Umständen nicht erbringen kann, trotzdem „seinen Lohn" erhält.

Hier werden einige Beispiele aufgeführt:

- Vom Arbeitgeber (AG) zu vertretende Unmöglichkeit der Arbeitsleistung, § 326 Abs. 2 BGB; AN ist die Erbringung seiner Arbeitsleistung nach § 275 BGB unmöglich.
- Annahmeverzug des Arbeitgebers oder Fälle des Betriebsrisikos, sofern diese nicht einzelvertraglich abbedungen sind, § 615 BGB
- Krankheit, sofern den AN kein Verschulden an der Krankheit trifft § 3 EntgeltfortzahlungsG (EFZG) (Verschulden hier: ein grober Verstoß gegen das eigene Interesse eines verständigen Menschen – „Verschulden gegen sich selbst")
- Erholungsurlaub, §§ 1, 11 BUrlG
- Bildungsurlaub, Bildungsurlaubs-/ Weiterbildungsgesetze der Länder
- Ausfallende Arbeitszeit infolge gesetzlicher Feiertage, wenn diese nicht gleichzeitig wegen Kurzarbeit ausfällt, § 2 EFZG
- Mutterschutzlohn nach dem MuSchG, §§ 18 ff. MuSchG
- Vorübergehende Arbeitsverhinderung aus persönlichen Gründen, sofern diese Gründe gerade in der Person des Betroffenen bestehen, § 616 BGB;

  So zum Beispiel: familiäre Ereignisse/ persönliche Unglücksfälle wie ein Brand oder Einbruch/ Vorladungen, sofern nicht selbst verschuldet/ unvorhergesehene Erkrankungen naher Angehöriger

Anspruch auf Urlaub

Alle Arbeitnehmer, einschließlich der geringfügig Beschäftigten, haben einen Anspruch auf bezahlten Jahresurlaub. (vgl. § 1 BurlG) Beim Urlaub gilt ebenso das Gebot der Gleichbehandlung.

Auch Besonderheiten bei geringfügig Beschäftigten, den sogenannten 450-Euro-Jobs, gehören zu den Grundlagen, die auch die Management- Assistenz in Unternehmen verschiedenster Branchen benötigt. Neben einer Hauptbeschäftigung darf der Arbeitnehmer eine geringfügige Nebentätigkeit ausüben, ohne grundsätzlich sozialversicherungspflichtig zu werden.

Nur diejenigen Tage werden als Urlaubstage angesehen, an denen der Arbeitnehmer „ohne den Urlaub" arbeiten müsste. Nach 6 Monaten Tätigkeit in einem Unternehmen besteht grundsätzlich ein Anspruch auf den vollen Jahresurlaub. Für Zeiten kürzerer Tätigkeit wird der Urlaub anteilig errechnet (pro Monat ein Zwölftel). In Tarifverträgen gibt es zusätzlich Regelungen für die Urlaubsansprüche im Ein- und Austrittsjahr, die (teilweise sehr) vom Gesetz abweichen.

Die Mindesturlaubsdauer regelt, sofern Arbeits- und Tarifverträge keine besondere Regelung treffen, das Bundesurlaubsgesetz in § 3 Abs. 1 BUrlG. Der gesetzliche Mindesturlaub beträgt danach zurzeit 24 Werktage (= vier Wochen), bezogen auf eine 6-Tage Woche.

Die Übertragung des Urlaubs richtet sich nach § 7 Abs. 3 BurlG. Grundsätzlich ist der Urlaub bis zum Ende des laufenden Jahres zu nehmen, nur unter besonderen Bedingungen kann eine Übertragung bis zum 31.3. des Folgejahres erfolgen. Diese Übertagung des Urlaubs führt nur unter bestimmten Umständen dazu, dass nicht genommener Urlaub verfällt. Nach Rechtsprechung des BAG unter Umsetzung der Rechtsprechung des Europäischen Gerichtshofes kann der Urlaub nur verfallen, wenn der Arbeitgeber den Arbeitnehmer zuvor konkret aufgefordert hat, den Urlaub zu nehmen, und ihn weiterhin rechtzeitig und klar darauf hingewiesen hat, dass der Urlaub anderenfalls erlischt.

Je nach Tarifvertrag, Betriebsvereinbarung oder gelebter Praxis kann hiervon abgewichen werden, so dass unter bestimmten Umständen eine Übertragbarkeit bis zum 30.6. oder auch darüber hinaus grundsätzlich im Unternehmen möglich ist.

Zu berücksichtigen ist eine Besonderheit bei der Urlaubsberechnung gemäß § 5 BurlG, sofern ein unterjähriger Eintritt oder Austritt des Mitarbeiters erfolgt.

Berechnung der Urlaubstage
Grundlage §§ 1, 3, 4 BurlG
Urlaubstage in Arbeitstagen = $\dfrac{\text{Gesamtdauer des Urlaubs}}{6 \text{ Werktage}}$ x Arbeitstage pro Woche
Beispiel: Üblich sind in einem Betrieb fünf Arbeitstage pro Woche von Montag bis Freitag. Die Arbeitnehmer haben vereinbarungsgemäß 24 Urlaubstage (bezogen auf eine 6-Tage-Woche) im Jahr.
Lösung: $\dfrac{24}{6}$ x 5 = 20 Urlaubstage in Arbeitstagen

Individueller Urlaubsanspruch eines Arbeitnehmers, sofern im Unternehmen grundsätzlich eine 5-Tage-Woche gilt:

Urlaubstage bei 5-Tage-Woche	1	2	3	4	5
20 Arbeitstage	4	8	12	16	20
21 Arbeitstage	4,2	8,4	12,6	16,8	21
22 Arbeitstage	4,4	8,8	13,2	17,6	22
23 Arbeitstage	4,6	9,2	13,8	18,4	23
24 Arbeitstage	4,8	9,6	14,4	19,2	24
25 Arbeitstage	5	10	15	20	25
26 Arbeitstage	5,2	10,4	15,6	20,8	26
27 Arbeitstag	5,4	10,8	16,2	21,6	27
28 Arbeitstage	5,6	11,2	16,8	22,4	28
29 Arbeitstage	5,8	11,6	17,4	23,3	29
30 Arbeitstage	6	12	18	24	30

Hierbei ist zu berücksichtigen, dass Bruchteile von Urlaubstagen, die mindestens einen halben Tag ergeben, grundsätzlich auf volle Urlaubstage aufzurunden (§ 5 Abs. 2 BUrlG) sind.

> **Urlaub bei Teilzeitbeschäftigten:**
>
> Der Arbeitnehmer Müller ist an 3 Arbeitstagen pro Woche tätig. Die als Vollzeitkraft tätige Arbeitnehmerin Braun hat im Jahr bei zu leistenden durchschnittlichen 5 Arbeitstagen pro Woche 20 Urlaubstage.
>
> Wie viele Urlaubstage stehen dem Arbeitnehmer Müller im Jahr zu?
>
> **Lösung:**
>
> Die 20 Tage müssen durch die in diesem Betrieb für eine Vollzeitkraft üblichen 5 Arbeitstage geteilt werden. Dies entspricht einer Urlaubszeit von 4 Arbeitswochen. Da Arbeitnehmer Müller nur an 3 Tagen in der Woche arbeitet, müssen diese 20 Tage durch 5 geteilt werden und sodann mit 3 multipliziert werden. Das Ergebnis sind 12 Tage Urlaub im Jahr (= ebenso „4 Arbeitswochen Urlaub").

Wenn das Beschäftigungsverhältnis beendet ist und dem Arbeitnehmer noch Urlaub oder auch ein zusätzliches Urlaubsgeld zusteht, hat er grundsätzlich einen Anspruch auf Abgeltung. Der Arbeitgeber muss ihm nach Beschäftigungsende das Urlaubsgeld für den nicht beanspruchten Urlaub auszahlen. Nach dem Bundesurlaubsgesetz gilt, dass dem Arbeitnehmer ab Beendigungsdatum 1. Juli der volle Jahresurlaub zusteht, wenn sein Arbeitsverhältnis länger als 6 Monate bestanden hat.

Entgelt oder Lohnfortzahlung an Feiertagen

Nach dem Entgeltfortzahlungsgesetz (§ 2 EFZG) haben alle Arbeitnehmer (auch die zur Berufsbildung, § 1 Abs. 2 EFZG) einen Anspruch auf Entgeltzahlung der Arbeitszeit, die infolge eines gesetzlichen Feiertages ausfällt.

Als gesetzliche Feiertage gelten im ganzen Bundesgebiet diese Tage: Neujahr, Karfreitag, Ostermontag, 1. Mai, Christi Himmelfahrt, Pfingstmontag, Tag der deutschen Einheit, 1. und 2. Weihnachtsfeiertag. Besonderheiten gelten zusätzlich in den einzelnen Bundesländern. Voraussetzung ist, dass die Arbeitnehmer an diesem Tag hätten arbeiten müssen, wenn kein Feiertag gewesen wäre (sogenanntes Lohnausfallprinzip).

Die an einem gesetzlichen Feiertag gleichzeitig wegen Kurzarbeit ausfallende Arbeitszeit gilt als ausgefallen. Der Arbeitnehmer erhält in diesem Fall nur das Entgelt in Höhe des Kurzarbeitergeldes.

Entgeltfortzahlung im Krankheitsfall

Alle Arbeitnehmer, die dem Unternehmen mehr als vier Wochen angehören, haben grundsätzlich bei (unverschuldeter) Arbeits-unfähigkeit einen Anspruch auf Entgeltfortzahlung im Krankheitsfall bis zu einer Dauer von sechs Wochen je Krankheit. Das gilt auch, wenn der Arbeitnehmer wegen der Folge einer Organspende erkrankt. Der Arbeitgeber hat dann einen Erstattungsanspruch gegen die Krankenkasse des Organempfängers.

Ein Verschulden wird in diesem Zusammenhang oft als ein „Verschulden gegen sich selbst" bezeichnet. Es wird das Verhalten als anspruchsausschließend behandelt, bei dem es sich um einen groben Verstoß gegen das eigene Interesse eines verständigen Menschen handelt. Dies betrifft ein besonders leichtfertiges oder gar vorsätzliches Verhalten des Arbeitnehmers. Will der Arbeitgeber wegen eines solchen Verschuldens die Entgeltfortzahlung verweigern, so hat der im Prozess die Tatsachen vorzutragen, aus denen sich der Ausschlussgrund ergibt. Da der Arbeitgeber meistens keine genaue Kenntnis über die Geschehensabläufe hat, ist er auf die Mitwirkung des Arbeitnehmers angewiesen. Dieser hat dann entlastende Tatsachen vorzutragen.

Wie oft im Jahr ein Arbeitnehmer erkrankt, ist unerheblich. Wenn der Arbeitnehmer wegen derselben Krankheit erneut arbeitsunfähig wird, entsteht der Anspruch auf Entgeltfortzahlung nur unter den besonderen Voraussetzungen des § 3 Abs. 1 S. 2 EFZG. Dies betrifft lediglich dieselbe Krankheit.

Der Arbeitnehmer ist verpflichtet, dem Arbeitgeber unverzüglich, also ohne schuldhaftes Zögern, die Arbeitsunfähigkeit und deren voraussichtliche Dauer mitzuteilen. (§ 5 EZFG) Von der Mitteilungspflicht zu unterscheiden ist der gesonderte Nachweis in Form einer ärztlichen Bescheinigung (AUB). Der Arbeitnehmer muss, wenn der Arbeitgeber darauf besteht, auch bei einer Krankheit von weniger als 3 Tagen, eine entsprechende Bescheinigung vorlegen. Bei einer Arbeitsunfähigkeit von mehr als 3 Kalendertagen ist der Nachweis obligatorisch. Der Arbeitgeber kann einzelnen Arbeitnehmern ohne eine Beteiligung des Betriebsrates oder des Personalrates auftragen, eine AUB vorzulegen. Lediglich bei generellen Anordnungen über die frühere Vorlage eines AUB, hat der Betriebsrat ein Mitbestimmungsrecht nach § 87 Abs. 1 Nr. 1 BetrVG.

Verletzt der Arbeitnehmer die Nachweispflicht nach § 5 EFZG, so steht dem Arbeitgeber ein Leistungsverweigerungsrecht bezüglich der Fortzahlung des Arbeitsentgelts zu. (§ 7 EFZG) Im Wiederholungsfall kann eine verhaltensbedingte Kündigung begründet sein.

Sofern der Arbeitnehmer 6 Wochen und länger erkrankt, erfolgt grundsätzlich eine Krankengeldzahlung durch die Krankenkassen. Bei sog. Langzeitkranken ist grundsätzlich eine Wiedereingliederung durch ein betriebliches Eingliederungsmanagement (BEM) erforderlich und sinnvoll. Dies kann durch ein entsprechendes durch den Personalreferenten zu begleitendes Maßnahmenpaket, als freiwillige Betriebsvereinbarung durch die Einführung eines internen spezifischen Managementtools oder die Einbindung eines externen Beraters erfolgen.

Allgemeines Gleichbehandlungsgesetz

> **§ 1 AGG:**
> Ziel des Gesetzes ist, Benachteiligungen aus Gründen der Rasse oder wegen der ethischen Herkunft, des Geschlechts, der Religion oder Weltanschauung, einer Behinderung, des Alters oder sexuellen Identität zu verhindern oder zu beseitigen.

Untersagt ist die Diskriminierung in Bezug auf das gesamte Arbeitsverhältnis von der Stellenausschreibung, Einstellung/ Beförderung über die Festlegung von Arbeitsbedingungen einschließlich des Arbeitsentgelts bis (entgegen § 2 Abs. 4 AGG) zur Kündigung.

Verboten ist nicht nur die **unmittelbare** Benachteiligung (= eine Person erfährt aufgrund eines Diskriminierungsmerkmals eine weniger günstige Behandlung als eine andere Person in vergleichbarer Situation), sondern auch die **mittelbare** Benachteiligung (= Handlung knüpft zwar nicht an ein Diskriminierungsmerkmal an, aber Personen, die ein bestimmtes Diskriminierungsmerkmal aufweisen, sind davon besonders betroffen). Besondere Formen der Benachteiligung stellen die Belästigung (§ 3 Abs. 3 AGG) und die sexuelle Belästigung (§ 3 Abs. 4 AGG) dar.

Geschützt sind gemäß § 6 Abs. 1 AGG nicht nur Arbeitnehmer, sondern auch die zu ihrer Berufsbildung Beschäftigten. Umfasst werden gemäß § 6 Abs. 2 AGG zudem die Bewerber/innen für ein Beschäftigungsverhältnis und Personen, deren Beschäftigungs-verhältnis beendet ist.

Grundsätzlich gilt gemäß § 7 AGG ein absolutes Benachteiligungs-verbot in Bezug auf die in § 1 AGG genannten Gründe.

Eine unterschiedliche Behandlung kann ausnahmsweise gerechtfertigt sein, wenn einer der Gründe der §§ 8 - 10 AGG erfüllt ist. So kann insbesondere eine unterschiedliche Behandlung wegen einer beruflichen Anforderung (§ 8 AGG) zulässig sein. Eine unterschiedliche Behandlung wegen eines in § 1 AGG genannten Grundes ist zulässig, wenn dieser Grund wegen der Art der auszuübenden Tätigkeit oder der

Bedingungen ihrer Ausübung eine wesentliche und entscheidende berufliche Anforderung darstellt, sofern der Zweck rechtmäßig ist und die Anforderung angemessen ist. (§ 8 Abs. 1 S. 1 AGG)

In Ausbildung seiner Fürsorgepflicht muss der Arbeitgeber Verstöße seiner Arbeitnehmer gegen das AGG unterbinden und die Arbeitnehmer zu diesem Zwecke schulen, § 12 AGG.

Dem diskriminierten Arbeitnehmer steht ein Beschwerderecht nach § 13 AGG sowie bei Belästigungen/ sexuellen Belästigungen zu deren Unterbindung das Recht zu, seine Arbeit ohne Verlust des Arbeitsentgelts zu verweigern (§ 14 AGG).

Benachteiligende Rechtsgeschäfte sind gemäß § 7 AGG, § 134 BGB nichtig.

Bei einem Verstoß gegen das Benachteiligungsverbot steht dem Arbeitnehmer oder dem Bewerber ein Anspruch auf Schadensersatz gemäß § 15 Abs. 1 AGG bzw. Entschädigung für immaterielle Schäden gemäß § 15 Abs. 2 AGG zu. Der Schadensersatzanspruch entsteht nur bei einem entstandenen materiellen Schaden und einer vom Arbeitgeber zu vertretenden Pflichtverletzung.

Bei Nichteinstellung in der Regel von bis zu drei Monatsgehältern, § 15 AGG. Obwohl § 15 Abs. 1 AGG keine Begrenzung benennt, wird auch hier die Grenze des § 15 Abs. 2 AGG in analoger Anwendung herangezogen.

Die Ansprüche nach § 15 Abs. 1 und Abs. 2 AGG müssen innerhalb einer Frist von zwei Monaten schriftlich geltend gemacht werden. Fristbeginn ist im Falle einer Bewerbung ab Zugang der Ablehnung und sonst zu dem Zeitpunkt der Kenntniserlangung.

Bewerbungen von Personen, die nur den formalen Status als Bewerber erlangen möchten, um eine Entschädigung geltend machen zu können, können als rechtsmissbräuchlich bewertet werden. Hier geht es nicht um den Zugang zur Beschäftigung oder zur abhängigen Erwerbstätigkeit. (Stichwort: AGG-Hopper)

Mutterschutz und Elternzeit

Bei Geburt eines Kindes greift für Mitarbeiterinnen der Mutterschutz im Sinne eines Beschäftigungsverbotes von 14 Wochen: Und zwar grundsätzlich 6 Wochen vor dem vorausberechnetem Entbindungstag in Form des offiziellen Beginns der Mutterschutzfrist. Und ergänzt um grundsätzlich 8 Wochen Schutzfrist nach der Geburt, siehe § 3 Abs. 1, 2 MuSchG.

Nach dem BEEG können Mitarbeiterinnen und Mitarbeiter grundsätzlich Elterngeld sowie eine Beurlaubung (Elternzeit) bis zu 3 Jahren im Sinne des § 15 BEEG beantragen. Es besteht die Möglichkeit, einen Teil von höchstens 24 Monaten des Anspruchs auf Elternzeit ohne die Zustimmung des Arbeitgebers in den Zeitraum zwischen dem Beginn des vierten und dem Ende des achten Lebensjahres zu übertragen (§ 15 Abs. 2 S. 2 BEEG).

Wird die Elternzeit innerhalb der ersten drei Lebensjahre genommen, so muss diese spätestens 7 Wochen vor dem Beginn der Elternzeit schriftlich beim Arbeitgeber beantragt werden. Eine kürzere Frist kann nur bei dringenden Gründen möglich sein.

Ebenso ist bis zum 3. Geburtstag des Kindes eine anteilige oder gemeinsame Nutzung der Elternzeit möglich (§ 15 Abs. 3 BEEG).

Unter den Voraussetzungen des § 15 Abs. 7 BEEG wird die Möglichkeit einer Verringerung der täglichen Arbeitszeit während der Elternzeit zwischen 15 und 30 Stunden pro Woche beschrieben.

Die „Inanspruchnahme" der EZ führt zur Befreiung des Arbeitnehmers von der Arbeitspflicht. Der Arbeitnehmer ist jedoch nicht gehalten, seine Zeit nur für die Betreuung und Erziehung des Kindes zu verwenden. Es ist auch möglich, dass er einer Erwerbstätigkeit bis zu einem bestimmten Umfang während der Elternzeit nachgeht (§ 15 Abs. 4 BEEG) Regelmäßig kommt eine Beschäftigung beim bisherigen Arbeitgeber in Betracht. Für eine Teilbefreiung von der Arbeitspflicht sind die Voraussetzungen des § 15 Abs. 7 BEEG (lesen!) zu beachten.

Sofern die Mitarbeiter die Elternzeit unterbrechen oder vorzeitig beenden möchten, muss dieses unter den Bedingungen des § 16 Abs. 3 BEEG erfolgen.

Zu beachten sind die sogenannten Kündigungsverbote nach § 17 Abs. 1 MuSchG sowie § 18 BEEG. Die Arbeitnehmerin oder der Arbeitnehmer kann das Arbeitsverhältnis zum Ende der Elternzeit unter Einhaltung einer Kündigungsfrist von 3 Monaten kündigen, § 19 BEEG.

Pflegezeit

Einerseits wird durch das PflegeZG allen Arbeitnehmern ermöglicht, bis zu zehn Arbeitstage der Arbeit fern zu bleiben, um in einer akuten Pflegesituation für einen pflegebedürftigen nahen Angehörigen eine bedarfsgerechte Pflege zu organisieren oder aber eine pflegerische Versorgung sicher zu stellen (§ PflegeZG). Dieser Anspruch besteht gegenüber dem Arbeitgeber und bedarf in diesem Fall keiner Zustimmung des Arbeitgebers. Für den Arbeitgeber bedeutet dies, dass der Arbeitnehmer durch einen Anruf, Fax oder E-Mail ab sofort ausfallen kann. Grundsätzlich entfällt für diese Zeit der Freistellung der Anspruch auf Vergütung (§ 326 Abs. 1 BGB), sofern keine besondere Regelung durch z. B. Tarifvertrag, Betriebsvereinbarung oder Arbeitsvertrag besteht. Daneben ist immer an eine Begründung gemäß § 616 BGB denkbar, bei dem der Vergütungsanspruch gegenüber dem Arbeitgeber bestehen bleibt. Dort ist der Angehörigenbegriff deutlich enger als der des § 7 Abs. 3 PflegeZG. Dieser umfasst nur Ehepartner, Eltern, Abkömmlinge der Geschwister und eingetragene Lebenspartner.

Anderseits gibt es die Option, sich bei einer bestehenden Pflegebedürftigkeit eines nahen Angehörigen bis zu 6 Monaten vollständig oder teilweise freistellen zu lassen (§ 3 f. PflegeZG). Dieser Anspruch besteht nicht gegenüber Arbeitgebern mit in der Regel 15 oder weniger Beschäftigten und muss mindestens 10 Arbeitstage vor Beginn der Pflegezeit angekündigt werden. Im Falle der teilweisen Freistellung muss der Antrag zudem die gewünschte Verteilung der Arbeitszeit enthalten.

Bei beiden Alternativen, der kurzzeitigen sowie der Pflegezeit von bis zu 6 Monaten, besteht für den Arbeitnehmer ein besonderer Kündigungsschutz, vgl. § 5 PflegeZG.

Haftung im Arbeitsverhältnis

In einem Arbeitsverhältnis kann es dazu kommen, dass ein Arbeitnehmer das Eigentum des Arbeitgebers beschädigt. Hieraus kann sich ein Schadensersatzanspruch des Arbeitgebers einerseits ein vertraglicher Anspruch aus § 280 Abs. 1 BGB ergeben. Andererseits ist auch eine deliktische Haftung nach § 823 Abs. 1 BGB denkbar.

Bei einem vertraglichen Schadensersatz kommt es aufgrund des § 619a BGB nicht zu der üblichen Beweislastumkehr beim Vertretenmüssen. Das heißt, dass der Arbeitgeber Tatsachen vorzutragen hat, aus denen sich das Vertretenmüssen der Pflichtverletzung ergibt.

Eine weitere Besonderheit ist die Regel des innerbetrieblichen Schadensausgleiches (§ 254 BGB analog), welche auf einer richterrechtlichen Rechtsfortbildung beruht. Dieser Ausgleich vollzieht sich auf der Haftungsfolgenseite.

Voraussetzung ist, dass die Tätigkeit, bei der ein Schaden eingetreten ist, um eine betrieblich veranlasste Tätigkeit gehandelt hat. Wenn der Arbeitnehmer eigenmächtig eine Aufgabe übernommen hat, so ist maßgeblich, ob die Wahrnehmung dem objektiven Interesse des Arbeitgebers entspricht. Es bedarf einer wertenden Betrachtung im Einzelfall.

Die Verteilung des Schadens zwischen Arbeitnehmer und Arbeitgeber ist durch eine Abwägung zu ermitteln. Maßgebliches Kriterium ist hier der Grad des Verschuldens. Grundsätzlich gilt, dass der Arbeitgeber den Schaden bei Vorsatz und grober Fahrlässigkeit allein zu tragen hat. Der Arbeitgeber trägt den Schaden bei leichter Fahrlässigkeit. Zu einer Quotelung zwischen Arbeitgeber und Arbeitnehmer kommt es bei mittlerer Fahrlässigkeit.

Leichte Fahrlässigkeit: Fehler, die im Rahmen eines Arbeitsverhältnisses jedem unterlaufen können

Mittlere Fahrlässigkeit: Arbeitgeber hat die im Verkehr erforderliche Sorgfalt außer Acht gelassen und der rechtlich missbilligte Erfolg wäre bei Anwendung der gebotenen Sorgfalt voraussehbar und vermeidbar gewesen

Arbeitsrecht

Grobe Fahrlässigkeit: Arbeitgeber hat die im Verkehr erforderliche Sorgfalt in einem ungewöhnlich hohen Grad verletzt und dasjenige ungeachtet gelassen, was jedem hätte einleuchten müssen.

Da es zu enorm hohen Schäden kommen kann, die außer Verhältnis zu den finanziellen Verhältnissen des Arbeitnehmers stehen, kann im Einzelfall eine Haftungshöchstgrenze einschlägig sein.

Wichtig ist, dass sich das Verschulden des Arbeitnehmers nicht nur auf die **Pflichtverletzung** beziehen muss, sondern auch auf den **Schadenseintritt**. Dies betrifft nur die Haftungsprivilegierung und gerade nicht das Verschulden im Rahmen des Vertretenmüssens als Anspruchsvoraussetzung, z. B. im Rahmen des § 280 Abs. 1 BGB.

Die Grundsätze des innerbetrieblichen Schadensausgleichs dürfen nach der Rechtsprechung des BAG weder durch Einzel- noch durch Tarifvertrag oder Betriebsvereinbarung abbedungen werden.

Entsteht durch den Arbeitnehmer ein Schaden bei einem Dritten und wird dieser von dem Geschädigten in Anspruch genommen, so kann dieser Freistellung von dem Schaden durch den Arbeitgeber verlangen. (§ 670 BGB i. V. m. § 257 BGB analog, str.) Auch hier sind die Grundsätze des innerbetrieblichen Schadensausgleichs anzu-wenden, sodass nur solche Schäden ersetzt werden, von den er bei einem Schaden des Arbeitgebers befreit wäre.

Weitere Privilegierungen befinden sich in §§ 104, 105 SGB VII (lesen!), die bei Personenschäden zu berücksichtigen sind.

Bei Arbeitsunfällen können Forderungen des Arbeitnehmers gegen den Schädiger im Wege einer cessio legis automatisch übergehen. Einerseits wegen des Verdienstausfalls gemäß § 6 Abs. 1 EFZG auf den Arbeitgeber, andererseits gemäß § 116 Abs. 1 S. 1 SGB X bezüglich der Sozialleistungen (z. B. Heilbehandlungen, Krankengeld) auf den Sozialversicherungsträger.

Beendigung des Arbeitsverhältnisses

Kenntnisse über die Beendigung des Arbeitsverhältnisses gehören auch zu den Grundlagen der arbeitsrechtlichen Themen. Die Unterscheidung der Kündigungsarten sowie das Erkennen von Kündigungsfristen ist hierbei unumgänglich und Grundvoraussetzung zur arbeitsrechtlichen Tätigkeit einer Assistenz.

Formen der Beendigung des Arbeitsverhältnisses

- Kündigung: ordentliche oder außerordentliche Kündigung
- Anfechtung des Arbeitsvertrages, §§ 119 ff BGB
- Abschluss eines Aufhebungsvertrages
- Fristablauf bei einem befristeten Arbeitsvertrag, ohne tatsächliche Fortführung
- Erreichen des Rentenalters und Vereinbarung nach § 41 SGB VI
- Tod des Arbeitnehmers; jedoch löst der Tod des Arbeitgebers nicht die Beendigung des Arbeitsverhältnisses aus
- Gerichtliche Auflösung des Arbeitsverhältnisses gegen Abfindungszahlung, §§ 9, 10 KSchG
- Betriebsübergang, § 613 a BGB

Ein Arbeitsverhältnis kann sowohl durch den Arbeitgeber als auch durch den Arbeitnehmer beendet werden. Im Folgenden werden grundsätzliche Voraussetzungen zur Kündigung des Arbeitsverhältnisses durch den Arbeitgeber dargestellt.

Jede Kündigung ist eine Gestaltungserklärung, die einseitig eine unmittelbare Veränderung der Rechtslage herbeiführt. Der Empfänger dieser Willenserklärung hat keinen Einfluss auf diese.

> Beachten Sie, dass gegebenenfalls eine Vollmachtsurkunde gemäß § 174 BGB (lesen!) vorgelegt werden muss.

Kündigungserklärung

Die Kündigungserklärung muss deutlich und zweifelsfrei sein. Unklarheiten gehen zu Lasten des Kündigenden. (§ 133 BGB) Ebenso muss der Zeitpunkt, zu dem gekündigt werden soll, eindeutig angegeben werden. Falls nicht, muss von einer ordentlichen Kündigung zum nächstmöglichen Termin ausgegangen werden.

Gemäß § 623 BGB bedarf die Beendigung von Arbeitsverhältnissen durch Kündigung oder Auflösungsvertrag zu ihrer Wirksamkeit immer der Schriftform (§ 126 BGB). Das heißt, dass diese eigenhändig durch Namensunterschrift zu unterzeichnen ist. Die elektronische oder mündliche Form ist damit ausgeschlossen. Eine nur mündlich ausgesprochene Kündigung muss, damit sie rechtswirksam wird, schriftlich formuliert werden.

Die Kündigung ist zudem erst wirksam, wenn diese dem Empfänger zugegangen ist (§ 130 BGB). Dies ist unter Anwesenden der Fall, wenn die Kündigung ausgehändigt und übergeben wird, sodass der Kündigungsempfänger in der Lage ist, von dem Inhalt Kenntnis zu nehmen. Unter Abwesenden geht die Kündigung zu, wenn sie so in den Machtbereich des Empfängers gelangt ist, dass bei Annahme gewöhnlicher Verhältnisse damit zu rechnen war, dass der Empfänger von ihr Kenntnis nehmen konnte. Es kommt bei der Möglichkeit der Kenntnisnahme nicht auf die individuellen Verhältnisse des Empfängers an. In den Fällen von Urlaub oder Krankheit muss der Empfänger selbst Vorkehrungen für eine Kenntnisnahme treffen.

Insbesondere der Nachweis, wann eine Kündigung unter Abwesenden zugegangen ist, kann sich in der Praxis als schwierig erweisen. Arbeitgeber sollten, u. a. im Hinblick auf unterschiedlichste Gewohnheiten bei der Leerung des Briefkastens, nicht erst zum letzten Tag hin kündigen.

Von dem Datum des Zugangs der Kündigung hängt der Beginn der 3-wöchigen Frist ab, innerhalb der der Arbeitnehmer Kündigungsschutzklage beim Arbeitsgericht erheben kann.

Kündigungsfristen

Eine ordentliche Kündigung ist an bestimmte Kündigungsfristen gebunden. Für Arbeiter und Angestellte gelten einheitliche gesetzliche Kündigungsfristen (§ 622 BGB).

Die Grundkündigungsfrist beträgt vier Wochen zum 15. des Monats oder zum Monatsende und verlängert sich grundsätzlich je nach Dauer der Zugehörigkeit zum Unternehmen. Sofern das Arbeitsverhältnis durch den Arbeitnehmer gekündigt wird, beträgt die Kündigungsfrist immer vier Wochen zum 15. des Monats oder zum Monatsende.

Während einer vereinbarten Probezeit, die maximal sechs Monate betragen kann, kann mit einer Frist von mindestens zwei Wochen ordentlich gekündigt werden.

Allgemeiner Kündigungsschutz

Der allgemeine Kündigungsschutz ist zentral im Kündigungsschutz-gesetz geregelt.

Dieses findet Anwendung, wenn der persönliche und betriebliche Anwendungsbereich erfüllt ist.

Persönlich ist erforderlich, dass das Arbeitsverhältnis ohne Unterbrechung länger als sechs Monate bestanden hat.

Betrieblich sind gemäß § 23 KSchG (lesen!) insbesondere Kleinbetriebe von der Geltung wesentlicher Vorschriften des KSchG befreit. Es gilt grundsätzlich ein Schwellenwert von 10 Arbeitnehmern.

Unabhängig von der Betriebsgröße finden die §§ 4 – 7, 13 Abs. 1 S. 1 und 2 KSchG auf alle Kündigungen Anwendung.

Findet § 1 KSchG auf die jeweilige Kündigung Anwendung, so ist diese nur rechtswirksam, wenn sie **sozial gerechtfertigt** ist. Dies ist in § 1 Abs. 2 Satz 1 KSchG definiert. Danach ist eine Kündigung sozial ungerechtfertigt, wenn sie nicht durch Gründe, die in der Person oder in dem Verhalten des Arbeitnehmers liegen oder durchdringende betriebliche Erfordernisse, die einer Weiterbeschäftigung des Arbeitnehmers in diesem Betrieb entgegenstehen, bedingt ist.

Tragende Grundsätze des KSchG:

- Prognoseprinzip
- Ultima-ratio-Prinzip
- Prinzip der Interessenabwägung

Das Prognoseprinzip drückt aus, dass alle Kündigungsgründe nur auf das zukünftige Geschehen im Arbeitsverhältnis bezogen werden können. Die objektiven Umstände zum Zeitpunkt des Zugangs der Kündigung müssen ein künftiges Weiterbeschäftigungshindernis erwarten lassen, sofern dieses Hindernis personenbedingter, verhaltensbedingter oder betriebsbedingter Natur ist.

Nach dem Ultima-ratio-Prinzip darf der Arbeitgeber nur dann zur Kündigung greifen, wenn es keine anderen, gleich geeigneten Mittel gibt, mit denen der durch die Kündigung vorgesehene Zweck ebenfalls erreicht werden kann. Diese Mittel müssen dem Arbeitgeber tatsächlich sowie rechtlich möglich sein. Dies könnte erfüllt sein, wenn eine Weiterbeschäftigung auf einem anderen freien Arbeitsplatz im Betrieb möglich ist.

In der Interessenabwägung sind einerseits das Bestandsinteresse des Arbeitnehmers und andererseits das Auflösungsinteresse des Arbeitgebers abzuwägen. Diese Abwägung ist insbesondere bei einer personenbedingten sowie einer verhaltensbedingten Kündigung durchzuführen.

Hinweis:

Erhebt der Arbeitnehmer nicht innerhalb von 3 Wochen ab dem Zugang der Kündigung Kündigungsschutzklage (§ 4 KSchG), gilt die Kündigung als von Anfang an rechtswirksam (§ 7 KSchG).

Sonderkündigungsschutz

Neben dem allgemeinen Kündigungsschutz besteht ein Sonderkündigungsschutz, der sich auf bestimmte Arbeitnehmergruppen bezieht. Dies sind z. B. Betriebsratsmitglieder § 15 KSchG, Auszubildende § 22 BBiG, Schwangere § 17 MuSchG, schwerbehinderte Menschen § 168 SGB IX. Eine Kündigung allein wegen eines Betriebsübergangs ist nach § 613a Abs. 4 BGB ebenso nichtig. Dies betrifft jedoch nicht die Kündigung aus anderen Gründen, wie z. B. die betriebsbedingte Kündigung wegen bevorstehender Umstrukturierungsmaßnahmen.

Anhörung des Betriebsrats

Ein in dem Betrieb bestehender Betriebsrat muss von dem Arbeitgeber vor Aussprechen der Kündigung gehört werden, da die Kündigung ansonsten unwirksam ist (§ 102 Abs. 1 BetrVG). Die Anhörung ist somit eine Wirksamkeitsvoraussetzung jeder Kündigung.

Für die Anhörung nach § 102 BetrVG sind dem Betriebsrat alle Umstände mitzuteilen, die er kennen muss, um eine Stellungnahme zu der beabsichtigten Kündigung abgeben zu können. Regelmäßig werden dies der Name des Arbeitnehmers und seine Sozialdaten (Lebensalter, Dauer der Betriebszugehörigkeit, Unterhalts-verpflichtungen, Schwerbehinderteneigenschaft), die Art der Kündigung, der Kündigungstermin und der Kündigungsgrund sein.

Kündigungsarten

Die bestehenden Kündigungsarten werden im Folgenden kurz aufgelistet und beispielhaft ergänzt:

Ordentliche Kündigung

Grundlage für die ordentliche Kündigung ist § 622 BGB i. V. m. dem Arbeitsvertrag.

Die ordentliche Kündigung, sogenannte fristgerechte Kündigung, wird schriftlich unter Einhaltung der jeweiligen Kündigungsfrist ausgesprochen. Ohne weitere Angabe von Gründen ist dies möglich im Rahmen der sogenannten Probezeit. Üblicherweise wird die Probezeit für eine Dauer von 6 Monaten abgeschlossen.

In allen anderen Fällen während des Angestelltenverhältnisses ist die Angabe von besonderen Gründen erforderlich. Die versäumte Angabe des Kündigungsgrundes führt grundsätzlich nicht zur Unwirksamkeit der Kündigung.

Ordentliche Kündigung durch den Arbeitgeber -Checkliste-

1. Schriftliche Kündigungserklärung, § 623 BGB.
2. Zugang beim Arbeitnehmer, § 130 BGB.
3. Kein Ausschluss der ordentlichen Kündigung durch Gesetz, Tarif oder Arbeitsvertrag
4. Bei Bestehen eines Betriebsrats: Ordnungsgemäße Anhörung des Betriebsrats vor Ausspruch der Kündigung, § 102 Abs. 1 BetrVG.
5. Kündigungsfrist: § 622 BGB, aber Abweichung in Tarif- oder Arbeitsvertrag möglich.
6. Bei Geltung des KSchG: Kündigung muss sozial gerechtfertigt sein (§ 1 KSchG). Erhebt der Arbeitnehmer nicht innerhalb von 3 Wochen ab Zugang Kündigungsschutzklage, gilt die Kündigung als von Anfang an rechtswirksam (§ 7 KSchG).

Außerordentliche Kündigung

Im Rahmen der außerordentlichen Kündigung, sog. fristlose Kündigung, muss die schriftliche Kündigungserklärung ohne Einhaltung einer Kündigungsfrist ausgesprochen werden.

Ein wichtiger Grund im Sinne des § 626 BGB muss für eine wirksame außerordentliche Kündigung vorliegen. Grundsätzlich muss die Weiterbeschäftigung des Arbeitnehmers unter Berücksichtigung aller Umstände des Einzelfalls und unter Abwägung der Interessen beider Vertragsteile bis zum Ablauf der Kündigungsfrist unzumutbar sein.

Die Prüfung erfolgt in einem Zweischritt. Zunächst muss der Sachverhalt ohne Berücksichtigung der besonderen Umstände des Einzelfalles „an sich" geeignet sein, einen wichtigen Grund darzustellen. Liegen diese Voraussetzungen vor, findet in einem zweiten Schritt die umfassende Interessenabwägung im Einzelfall statt.

Bedenken Sie bei jeder fristlosen Kündigung, ob nicht ein Aufhebungsvertrag oder eine ordentliche Kündigung in Frage kommt. Eine außerordentliche Kündigung soll nach dem ultima-ratio-Prinzip das letzte Mittel der Wahl sein.

Nachdem der Arbeitgeber von dem wichtigen Sachverhalt erfahren hat, der ihn zur besonderen Kündigung berechtigen kann, muss er innerhalb von zwei Wochen dem Arbeitnehmer kündigen und zwar unter konkreter Aufführung des Kündigungsgrundes. Die Gründe müssen schwerwiegend sein: Obwohl beispielsweise zuvor Abmahnungen ausgesprochen wurden, wird eine konkrete Tätigkeit oder die Arbeitsleistung als Ganzes verweigert; Verstoß gegen Verschwiegenheitspflichten; Arbeitszeitverstöße gravierenden Ausmaßes z. B. Stempelvergehen; massive Beleidigungen des Arbeitgebers.

Außerordentliche Kündigung durch den Arbeitgeber -Checkliste-

Jedes Arbeitsverhältnis kann von jedem Vertragspartner aus wichtigem Grund ohne Einhaltung einer Kündigungsfrist gekündigt werden, wenn Tatsachen vorliegen, die so gravierend sind, dass dem Kündigenden die Fortsetzung des Arbeitsverhältnisses bis zum Ablauf der

Kündigungsfrist bzw. zur vereinbarten Befristung nicht zugemutet werden kann:

1. schriftliche Kündigungserklärung, § 623 BGB:
   Angabe von Gründen ist nicht erforderlich, auf Verlangen aber nachzuholen, § 626 Abs. 2 BGB.
2. Zugang beim Arbeitnehmer, § 130 BGB.
3. Kein Ausschluss/ Einschränkung der Kündigung durch Gesetz etc. (gesetzl. Verbote z. B. in § 9 MuSchG, § 85 SGB IX, § 103 BetrVG).
4. Bei Bestehen eines Betriebsrats: ordnungsgemäße Anhörung des Betriebsrats vor Ausspruch der Kündigung, § 102 Abs. 1 BetrVG.
5. Wichtiger Grund i. S. v. § 626 Abs. 1 BGB:

   a) An sich geeigneter Grund, d. h. schwerwiegende Pflichtverletzungen: wie strafbare Handlungen, Krankfeiern, Konkurrenztätigkeit.

   b) Umfassende Interessenabwägung: ob unter Abwägung aller Umstände des Einzelfalles eine Weiterbeschäftigung des Arbeitnehmers bis zum Ablauf der Kündigungsfrist dem Arbeitgeber zumutbar ist; Hierbei ist zu beachten: Dauer der ordentlichen Kündigungsfrist; Dauer und Verlauf des Arbeitsverhältnisses; Stellung des Arbeitnehmers im Betrieb; Höhe eines Schadens; Auswirkungen auf den Betrieb; mildere Maßnahmen wie Abmahnung, Versetzung oder ordentliche Kündigung möglich?
6. Ausschlussfrist von zwei Wochen, § 626 Abs. 2 BGB: beginnt ab dem Zeitpunkt, in dem der Arbeitgeber von den für die Kündigung maßgebenden Tatsachen Kenntnis erlangt.
7. Umdeutung in ordentliche Kündigung möglich, wenn der Arbeitgeber bei Kenntnis der Unwirksamkeit ordentlich gekündigt hätte und die Kündigung zulässig ist.

Personenbedingte Kündigung

Bei der personenbedingten Kündigung steht die Person des Arbeitnehmers im Blickfeld. Maßgeblich ist, ob der Arbeitnehmer künftig die geschuldete Arbeitsleistung ganz oder teilweise nicht erbringen kann. (Prognoseprinzip) Auf ein Verschulden des Arbeitnehmers kommt es hier nicht an.

Grundsätzlich ist bei diesem Grund eine Abmahnung nicht erforderlich, da durch die Fokussierung auf die Person keine Änderung des Verhaltens im Gegensatz zur verhaltensbedingten Kündigung möglich ist.

Auch eine Krankheit des Arbeitnehmers kann eine personenbedingte Kündigung rechtfertigen.

Die Rechtsprechung prüft die Zulässigkeit einer krankheitsbedingten Kündigung in drei Stufen:

1. Zunächst bedarf es einer negativen Prognose im Hinblick auf den voraussichtlichen Gesundheitszustand des Arbeitnehmers.
2. Die bisherigen und nach der Prognose zu erwartenden Auswirkungen des Gesundheitszustandes müssen zu einer erheblichen Beeinträchtigung der betrieblichen Interessen führen. Diese Beeinträchtigung der betrieblichen Interessen kann sowohl in einer Störung des Betriebsablaufs als aber auch in wirtschaftlichen Belastungen bestehen.
3. Letztlich ist eine krankheitsbedingte Kündigung nur nach einer Interessenabwägung zulässig

Die negative Prognose im Hinblick auf den zukünftigen Gesundheitszustand des Arbeitnehmers ergibt sich in der Praxis aus vorherigen krankheitsbedingten Fehlzeiten. Die Fehlzeiten müssen pro Jahr eine gewisse Erheblichkeit haben. Die Rechtsprechung differenziert in Hinblick auf eine Kündigung wegen einer Langzeiterkrankung, häufiger Kurzzeiterkrankungen, krankheitsbedingter Leistungsminderung, sowie einer Kündigung wegen krankheitsbedingter Arbeitsunfähigkeit auf Dauer.

Arbeitsrecht

Checkliste – personenbedingte Kündigung:

- Arbeitnehmer kann die Arbeitsleistung aus einem tatsächlichen Grund ganz oder teilweise nicht erbringen
- Negativprognose: auf Tatsachen gestützte Prognose, dass der Arbeitnehmer auch künftig die geschuldete Arbeitsleistung ganz oder teilweise nicht mehr erbringen kann.
- Dadurch erhebliche Beeinträchtigung betrieblicher Interessen
- Geeigneteres und milderes Mittel steht neben der Kündigung nicht zur Verfügung. z. B. Maßnahmen, dass Arbeitsleistung in Zukunft wieder erbracht werden kann (Qualifikationen der AN)
- Interessenabwägung im Einzelfall:

  a) Art, Schwere der betrieblichen Beeinträchtigungen und wirtschaftliche Situation des Arbeitgebers.

  b) Dauer der Betriebszugehörigkeit und soziale Situation des Arbeitnehmers (Lebensalter, Unterhaltspflichten, Lage auf dem Arbeitsmarkt).

  c) Ursache des personenbedingten Grundes (z. B. Arbeitsunfall).

Hinweis:

Der Arbeitgeber hat bei allen Beschäftigten, die innerhalb eines Jahres länger als 6 Wochen ununterbrochen oder wiederholt arbeitsunfähig sind, ein betriebliches Eingliederungsmanagement (BEM) durchzuführen, § 167 Abs. 2 SGB IX (lesen!).

Verhaltensbedingte Kündigung:

Bei der verhaltensbedingten Kündigung muss ein Verhalten des Arbeitnehmers vorliegen, welches grundsätzlich von diesem beeinflussbar ist, somit als änderbar bezeichnet werden kann. Durch dieses Verhalten muss der Arbeitnehmer gegen eine vertragliche Pflicht verstoßen haben. Diese Pflichtverletzungen können sich aus Hauptleistungs- und Nebenleistungspflichten ergeben. Beispielsweise kann dies grundsätzlich sein: eine massive Schlechtleistung, extremes Fehlverhalten im Sinne des Verstoßes gegen ein Verbot/ Arbeitsvertrag (Internetnutzung, Privates Telefonieren), unentschuldigtes Fernbleiben von der Arbeit.

Eine verhaltensbedingte Kündigung kann ausnahmsweise auch wegen außerdienstlichem Verhalten gerechtfertigt sein, wenn diese einen betrieblichen Bezug aufweist.

Auch bei einer verhaltensbedingten Kündigung muss nach dem Prognoseprinzip damit zu rechnen sein, dass sich das vertragswidrige Verhalten des Arbeitnehmers wiederholt. Dabei gilt, dass je schwerer die Pflichtverletzung in der Vergangenheit war, umso eher ist mit einer Pflichtverletzung auch in Zukunft zu rechnen.

Einer verhaltensbedingten Kündigung hat grundsätzlich eine Abmahnung vorherzugehen. In dieser muss das beanstandete Verhalten des Arbeitnehmers genau beschrieben werden. (Rüge-funktion) Ferner muss der Arbeitnehmer eindringlich zu einem zukünftig vertragstreuen Verhalten aufgefordert werden und der Arbeitgeber muss im Falle einer Wiederholung Sanktionen ankündigen. (Warnfunktion)

Hat der Arbeitgeber den Arbeitnehmer wegen einer vertraglichen Pflichtverletzung abgemahnt und kommt es erneut zu einer vertraglichen Pflichtverletzung, muss diese Pflichtverletzung nicht mit der abgemahnten Pflichtverletzung identisch sein. Es genügt, dass die Pflichtverletzungen gleichartig sind und der Abmahnungsgrund mit dem Kündigungsgrund in einem inneren Zusammenhang steht.

Arbeitsrecht

Checkliste – verhaltensbedingte Kündigung:

- Schuldhafte Verletzung arbeitsvertraglicher Pflichten (Haupt-/ Nebenleistungspflicht) durch den Arbeitnehmer: z. B. Arbeitsverweigerung, Verstoß gegen Alkoholverbot, Diebstahl, unerlaubte private Internetnutzung, Schlechtleistung, unerlaubte Nebentätigkeit.
- Abmahnung:

    a) Bei Störungen im **Leistungsbereich** grds. erforderlich, Das abgemahnte Verhalten und der spätere Kündigungsgrund müssen vergleichbar sein (gleichartiges Fehlverhalten).

    b) Bei Störungen im **Vertrauensbereich**: grds. nicht erforderlich, z. B. Diebstahl, unrichtige Tätigkeitsberichte.

- Mildere und zugleich gleich geeignete Mittel als die Kündigung wie eine Abmahnung oder Versetzung in einen anderen Bereich stehen nicht zur Verfügung.

- Interessenabwägung:

    a) Art und Schwere des pflichtwidrigen Verhaltens des Arbeitnehmers

    b) Grad und Häufigkeit des Verschuldens/ der Pflichtwidrigkeit

    c) Wiederholungsgefahr

Betriebsbedingte Kündigung

Vor dem Hintergrund der betriebswirtschaftlichen Situation des Arbeitgebers kann die Notwendigkeit, eine betriebsbedingte Kündigung auszusprechen, bestehen. Die Bedingungen und Voraussetzungen hierfür sind komplex und im Einzelfall sehr genau zu prüfen.

Checkliste – betriebsbedingte Kündigung:

- Wegfall des Arbeitsplatzes durch dringende betriebliche Gründe (§ 1 Abs. 2 KSchG): Für beides gilt die freie Unternehmer-entscheidung. Von den Gerichten darf diese nicht auf ihre Sinnhaftigkeit überprüft werden. Lediglich eine Missbrauchs-kontrolle ist möglich, ob eine Entscheidung offensichtlich unsachlich oder willkürlich ist.

    a) Außerbetriebliche Gründe: z. B. Auftragsmangel, Umsatzrückgang

    b) Innerbetriebliche Gründe: z. B. Rationalisierung, Outsourcing

- Fehlende Möglichkeit der Weiterbeschäftigung des Arbeit-nehmers im Betrieb (ultima-ratio-Prinzip): z. B. auf anderem freien Arbeitsplatz, ggfs. nach Umschulung oder zu geänderten Arbeitsbedingungen; Abbau von Überstunden und von Leiharbeitnehmern; Vorverlegung der Werksferien.

- Sozialauswahl, § 1 Abs. 3 KSchG:

    a) Ermittlung aller vergleichbarer Arbeitnehmer, die auf gleicher Ebene in Frage kommen

    b) Herausnahme der Arbeitnehmer, deren Weiterbeschäftigung im berechtigten betrieblichen Interesse liegt

    c) Ermittlung der sozialen Schutzwürdigkeit, Auswahl der am wenigsten schutzbedürftigen Arbeitnehmer (Betriebs-zugehörigkeit, Alter, Unterhaltspflicht, Schwerbehinderung)

- Interessenabwägung

> **Hinweis:**
>
> Eine betriebsbedingte Kündigung kann einen Abfindungsanspruch des Arbeitnehmers nach § 1a KSchG begründen. Voraussetzung hierfür ist, dass eine betriebsbedingte Kündigung ausgesprochen wird und der Arbeitgeber in dieser die Zahlung einer Abfindung für den Fall verspricht, dass der Arbeitnehmer die Klagefrist des § 4 KSchG verstreichen lässt.
>
> Die Höhe der Abfindung beträgt für jedes Jahr des Bestehens des Arbeitsverhältnisses ein halber Monatsverdienst. (§§ 1a Abs. 2, 10 Abs. 3 KSchG)
>
> Der Anspruch entsteht mit Ablauf der Kündigungsfrist.

Aufhebungsvertrag

Bei einer außergerichtlichen einvernehmlichen Einigung von Arbeitgeber und Arbeitnehmer werden, um Rechtssicherheit zu schaffen, Aufhebungsverträge vereinbart. Das Arbeitsverhältnis kann so ohne Rücksicht auf Kündigungsschutzbestimmungen und Kündigungsfristen zu einem vereinbarten Termin beendet werden.

Der Aufhebungsvertrag bedarf der Schriftform (§§ 623, 126 BGB).

Die Arbeitsvertragsparteien bestätigen üblicherweise bei Abschluss eines Aufhebungsvertrages keine Ansprüche mehr aus dem Rechtsverhältnis zu haben (wechselseitiger Verzicht).

Hinweis: Bei Aufhebungsverträgen mit Abfindung ist die Sperrzeit der Agentur für Arbeit zu beachten! Der Arbeitgeber sollte den Arbeitnehmer darüber informieren, dass dieser verpflichtet ist, sich unverzüglich nach Kenntnis des Beendigungszeitpunktes bei der Agentur für Arbeit als arbeitssuchend zu melden hat. (§ 2 Abs. 2 S. 2 Nr. 3 SGB III)

Änderungskündigung

Eine Änderungskündigung besteht gemäß § 2 KSchG aus zwei Teilen:

1. der Kündigung des bestehenden Arbeitsverhältnisses und
2. dem Angebot der Weiterbeschäftigung des AN zu geänderten Bedingungen.

Es handelt sich um eine echte Kündigung, daher ist auch eine Anhörung des Betriebsrats erforderlich, § 102 BetrVG.

Es bestehen folgende Möglichkeiten des Arbeitnehmers, bezüglich eines Angebots des Arbeitgebers zu reagieren:

- Zustimmung:
  einverständliche Änderung des Arbeitsvertrages.

- Ablehnung:
  Beendigungskündigung = Arbeitsplatzverlust, wenn der Arbeitnehmer nicht erfolgreich Kündigungsschutzklage erhebt.

- Annahme unter Vorbehalt (möglich nach § 2 KSchG): Klageerhebung gegen Kündigung: falls Klage erfolgreich, bleibt Arbeitsverhältnis wie bisher; falls nicht, Weiterbeschäftigung zu den unter Vorbehalt angenommenen Bedingungen.

Kollektives Arbeitsrecht

Das kollektive Arbeitsrecht besteht aus zwei Teilen. Neben dem Recht der Koalitionen besteht das Recht der Betriebsverfassung und der Beteiligung der Arbeitnehmer in den Unternehmensorganisationen.

Die Gemeinsamkeit beider Teile ist, dass auf Seiten der Arbeitnehmer ein Kollektiv (Arbeitsverbände) besteht. Zum einen eine auf freiwilliger Grundlage beruhende Vereinigung zur Wahrung und Förderung der Arbeits- und Wirtschaftsbedingungen. Zum anderen ein durch die Betriebszugehörigkeit bestehender Zusammenschluss.

Festgelegt wird, ob und unter welchen Voraussetzungen die Koalition bzw. die Betriebspartner Regelungen in Bezug auf die individuellen Arbeitsverhältnisse treffen können.

Koalitionsfreiheit

Der Schutz der Koalitionsfreiheit ist in Art. 9 Abs. 3 GG normiert. Dieses Grundrecht hat kraft ausdrücklicher Anordnung unmittelbare Drittwirkung, d. h. es stellt eine unmittelbare Verbindlichkeit für den Privatverkehr dar.

Arbeitsrechtliche Koalitionen sind Vereinigungen von Arbeitnehmern und Arbeitgebern zur Wahrung und Förderung der Arbeits- und Wirtschaftsbedingungen (Gewerkschaften und Arbeitgeberverbände).

Individualrechtlich wird als Ausgestaltung des Freiheitsrechts jedem Arbeitnehmer gewährt eine Koalition zu gründen, einer Koalition beizutreten und in einer Koalition zu verbleiben (positive Koalitionsfreiheit). Zugleich wird jede koalitionsspezifische Tätigkeit innerhalb und außerhalb des Verbandes gewährleistet.

Im Gegensatz dazu darf niemand benachteiligt werden, der aus einer Koalition austritt oder erst keiner Koalition angehört (negative Koalitionsfreiheit).

Von Artikel 9 Abs. 3 GG ist nicht nur die Freiheit des Einzelnen geschützt, sondern auch die Freiheit der Koalition selbst, bezogen auf ihren Bestand, ihre organisatorische Ausgestaltung und der jeweiligen koalitionsspezifischen Betätigung. (kollektive Koalitionsfreiheit) Zum

Betätigungsfeld der Koalitionen gehört unter anderem die Tarifautonomie. Dieser Kernbereich eines Tarifvertragssystems muss der Staat den Koalitionen zur Verfügung stellen. Zum Kernbereich gehört die Garantie eines gesetzlich geregelten und geschützten Tarifvertrags-systems, dessen Partner frei gebildete Koalitionen im Sinne des Art. 9 Abs. 3 GG sein müssen.

> **Hinweis:**
>
> Eine Mitgliederwerbung bestehender Koalitionen haben nicht nur konkurrierende Koalitionen grundsätzlich hinzunehmen. Auch der einzelne Arbeitgeber hat keinen Anspruch darauf, dass seine Arbeitnehmer von gewerkschaftlicher Werbung verschont bleiben.

Tarifvertragsrecht

Der Tarifvertrag ist ein schriftlicher Vertrag zwischen einem Arbeitgeber oder einem Arbeitgeberverband und einer Gewerkschaft. Dieser besteht meist aus zwei Teilen:

- einem **schuldrechtlichen** Teil, der die Rechte und Pflichten der Vertragsparteien regelt, und
- einem **normativen** Teil, der die Regelungen für die Arbeitsverhältnisse, der sogenannten Tarifgebundenen enthält.

In einem solchen Vertrag werden die Bedingungen von Arbeitsverhältnissen für einen bestimmten Zeitrahmen und für beide Parteien **verbindlich** festgelegt werden. Die wesentlichen Regelungen enthält das Tarifvertragsgesetz.

Zu den schuldrechtlichen Pflichten gehört zum Beispiel die „**Friedenspflicht**", die es den Vertragsparteien verbietet, während der Dauer des Tarifvertrages dessen Inhalt durch Arbeitskampfmaßnahmen in Frage zu stellen. Ebenso gehört die „**Durchführungspflicht**" zum schuldrechtlichen Teil eines Tarifvertrags. Nach dieser verpflichten sich die

Vertragsparteien, dass der Tarifvertrag auch in tatsächlicher Hinsicht auf die Arbeitsverhältnisse (der Tarifgebundenen) angewendet wird.

In **normativer** Hinsicht besteht die Besonderheit, dass ein Tarifvertrag private Rechtsnormen enthält, die für und gegen Personen wirken, die an dessen Abschluss nicht beteiligt waren. Die normative Wirkung ist in § 4 Abs. 1 TVG geregelt. Diese Normen, die gesetzesgleiche Wirkung besitzen, finden Bezug auf das Rechtsverhältnis, welches zwischen den Tarifgebundenen (§ 3 Abs. 1 TVG) besteht.

Ein **Verbandstarifvertrag** ist ein solcher, der zwischen einer Gewerkschaft und einem Arbeitgeberverband abgeschlossen wurde. Dieser wirkt gemäß § 4 Abs. 1 TVG auf das Arbeitsverhältnis zwischen dem verbandsangehörigen Arbeitgeber und dem gewerkschafts-angehörigen Arbeitnehmer.

Von einem Tarifvertrag können nur dann von der normativen Wirkung abweichende Regelungen getroffen werden, wenn diese im Tarif-vertrag gestattet sind oder die Abweichung zugunsten des Arbeitnehmers wirkt. (**Günstigkeitsprinzip**, § 4 Abs. 3 TVG)

Rechtsnormen des Tarifvertrags über betriebliche und betriebsverfassungsrechtliche Fragen gelten für alle Betriebe, deren **Arbeitgeber tarifgebunden** ist. (§ 3 Abs. 2 TVG) Dies sind solche Regelungskomplexe, die einheitlich für den gesamten Betrieb gelten müssen, ohne dass es auf die Tarifgebundenheit der Arbeitnehmer ankommt. (So zum Beispiel bei Kleiderordnungen, Rauchverbote)

Daneben besteht noch die Möglichkeit, dass Tarifverträge Anwendung finden, wenn diese gemäß § 5 TVG für allgemeinverbindlich erklärt worden sind. Dies stellt eine Ausnahme dar und bedarf einer Entscheidung der Exekutive, da der Tarifvertrag unabhängig von der Tarifgebundenheit der Vertragsparteien Anwendung findet.

Arbeitskampfrecht

Als Maßnahmen des Arbeitskampfes, der eine kollektive Auseinandersetzung der Arbeitgeber- bzw. Arbeitnehmerseite bezüglich bestimmter Arbeitsbedingungen beinhaltet, unterscheidet man den Streik und als Gegenmaßnahme die Aussperrung.

Streik:

Planmäßige und gemeinsame Verweigerung der geschuldeten Arbeitsleistung zur Durchsetzung von Forderungen, regelmäßig der Verbesserung der Lohn- und Arbeitsbedingungen.

> **Hinweis:**
>
> Bei einem rechtmäßigen Streik erhalten die am Streik beteiligten Arbeitnehmer keinen Lohn. Dies können eine Streikunterstützung einer Gewerkschaft erhalten.
>
> Die Grundsätze der Arbeitskampfrisikolehre gelten für die nicht am Streik beteiligten Arbeitnehmer, wenn eine Arbeitsleistung aufgrund eines Streiks unmöglich wird. Grundsätzlich entfällt für einen unmittelbar streikbetroffenen Arbeitgeber die Lohnzahlungspflicht für nicht-streikende Arbeitnehmer. Gleichzeitig ist deren Arbeitspflicht aufgehoben und es besteht keine Verpflichtung zur Nacharbeit.

Rechtmäßiger Streik:

- Streikbeschluss
- Von Arbeitnehmerseite aus gewerkschaftlich organisiert
- Friedenspflicht wird gewahrt
- Tarifliche Regelbarkeit des Streikziels
- Verhältnismäßigkeit des Streiks: vor Verhandlungsscheitern ist ein Streik unzulässig, Verbot unlauterer Mittel wie Gewalt
- Kein besonderes Arbeitskampfverbot

Aussperrung:

Von Arbeitgeberseite planmäßig vorgenommene Nichtzulassung einer Mehrzahl von Arbeitnehmern zur Arbeit unter Verweigerung der Entgeltfortzahlung, um so ein arbeitskampfbedingtes Ziel zu erreichen.

Rechtmäßige Aussperrung:

- Vorliegen eines Streiks
- Organisation vom Arbeitgeber-Verband, Ausnahme: Firmentarif
- Aussperrung aller Arbeitnehmer, auch unorganisierte
- Verhältnismäßigkeit sog. Aussperrungsarithmetik (25 % Arbeitnehmer streiken im Tarifgebiet, 25 % Arbeitnehmer dürfen max. ausgesperrt werden)

Sinnvoll ist es, je nach Unternehmenssituation wegen der Komplexität und vielfältigen Einzelfallentscheidungen ein sog. Streikhandbuch durch den Rechts- oder Personalbereich anfertigen zu lassen. So können im Vorfeld die Voraussetzungen, Bedingungen und die Maßnahmen einschließlich Anschreiben der Führungsebene und der Mitarbeiter gestaltet werden. Dies muss mit dem Arbeitsschutzbeauftragten, dem IT-Sicherheitsbeauftragten und mit der Geschäftsführung abgestimmt werden.

Betriebsverfassungsrecht

Betriebsverfassungsrecht, Aufgaben des Betriebsrates

Für die Management-Assistenz als Mitarbeiterin der Geschäftsleitung oder der Fachvorgesetzten sind Kenntnisse über mitbestimmungspflichtige oder anhörungsrelevante arbeitsrechtliche Sachverhalte unabdingbar, um eine qualifizierte Entscheidungsvorbereiterin sein zu können. Kenntnisse des Betriebsverfassungsrechts in seinen Grundstrukturen gehören mithin zum Handwerkszeug der Assistenz im Bereich des Arbeitsrechts.

Im Betriebsverfassungsrecht (BetrVG) ist die sogenannte Mitbestimmung am Arbeitsplatz geregelt. Das BetrVG enthält unter anderem Bestimmungen über die Zusammensetzung und Wahl sowie die Geschäftsführung des Betriebsrats, die Betriebsversammlung, Jugend- und Auszubildendenvertretung sowie die Mitwirkung und Mitbestimmung in sozialen, personellen und wirtschaftlichen Angelegenheiten.

Auch für den einzelnen Arbeitnehmer bietet das Betriebsverfassungsgesetz Anhörungs-, Erörterungs- und Beschwerderechte, etwa das Recht auf Einsicht in die Personalakte.

Die Anwendbarkeit des Betriebsverfassungsgesetztes wird im Folgenden kurz aufgeführt:

Anwendbarkeit des BetrVG:

- persönlich: §§ 1, 5 BetrVG

- räumlich: Betriebe, die innerhalb der Grenzen der Bundes-republik Deutschland gelegen sind. (Territorialitätsprinzip)

- sachlich: grds. für alle Betriebe der Privatwirtschaft §§ 118, 130 BetrVG

Organe des Betriebsverfassungsgesetzes:

- Betriebsversammlung, §§ 42 ff. BetrVG
- Betriebsrat, §§ 7 ff. BetrVG
- Gesamtbetriebsrat, §§ 47 ff. BetrVG
- Konzernbetriebsrat, §§ 54 ff. BetrVG
- Jugend- und Auszubildendenvertretung, §§ 60 ff. BetrVG
- Betriebsratsausschüsse, §§ 27 ff. BetrVG
- Arbeitsgruppen, § 28a BetrVG

Zusammensetzung des Betriebsrats und Betriebsratswahl

Die Zusammensetzung und die Wahl des Betriebsrates ist in den §§ 7 ff. BetrVG, ergänzt durch die Wahlordnung (WO), niedergelegt. Die Größe des Betriebsrates steigt gemäß § 9 BetrVG mit der Anzahl der wahlberechtigten Mitarbeiter und kann auch aus einer Person bestehen.

Allgemeine Grundsätze der Betriebsratstätigkeit

Für die Tätigkeit des Betriebsrats gelten einige sogenannte Allgemeine Grundsätze.

Hier werden diese exemplarisch aufgeführt:

- Grundsatz der vertrauensvollen Zusammenarbeit, § 2 BetrVG,
- Regelmäßige Besprechungen und Verhandlungspflicht, § 74 Abs. 1 BetrVG,
- Arbeitskampfverbot und Friedenspflicht, § 74 Abs. 2 BetrVG,
- Verbot parteipolitischer Betätigung im Betrieb, § 74 Abs. 2 BetrVG,
- Unterrichtungsanspruch, § 80 Abs. 2 BetrVG,
- Störungs- und Benachteiligungsverbot, § 78 BetrVG,
- Verschwiegenheitspflicht, § 79 BetrVG.

Beteiligungsrechte des Betriebsrates -Arten-

Die Beteiligungsrechte des Betriebsrates bestehen aus verschiedenen abgestuften Rechtsformen. Sie reichen von den Informationsrechten bis zu den inhaltlich wirkungsvollsten Mitbestimmungsrechten.

Hier werden die wesentlichen Beteiligungsrechte dargestellt:

- Informationsrechte:

  z. B. bei Personalplanung, § 92 BetrVG; Persönliche Maßnahmen für leitende Mitarbeiter, § 105 BetrVG

- Anhörungsrechte:

  z. B. vor Ausspruch einer Kündigung, § 102 BetrVG

- Beratungsrechte:

  z. B. bei Betriebsänderungen, § 111 BetrVG

- Initiativrechte:

  z. B. bei Ausschreibung von Arbeitsplätzen, § 93 BetrVG

- Widerspruchsrechte/ Vetorechte:

  z. B. bei Einstellungen und Versetzungen, § 99 BetrVG

- Zustimmungserfordernisse:

  z. B. außerordentliche Kündigung oder Versetzung von Betriebsratsmitgliedern, § 103 BetrVG

- Mitbestimmungsrechte:

  z. B. Personelle Angelegenheiten (§§ 93, 94, 95 BetrVG); in sozialen Angelegenheiten, § 87 BetrVG; sowie in wirtschaftlichen Angelegenheiten (§ 112 BetrVG)

Arbeitsrecht

Im Folgenden werden die personellen, die sozialen sowie die wirtschaftlichen Mitbestimmungsrechte konkreter aufgeführt:

Mitbestimmung in personellen Angelegenheiten

- Mitbestimmung in allgemeinen personellen Angelegenheiten:
  - Personalplanung, § 92 BetrVG
  - Beschäftigungssicherung, § 92a BetrVG
  - Stellenausschreibung, § 93 BetrVG
  - Personalfragebögen, § 94 BetrVG
  - Auswahlrichtlinien, § 95 BetrVG
- Mitbestimmung bei der Berufsbildung, §§ 96 ff. BetrVG
- Mitbestimmung bei personellen Einzelmaßnahmen, § 99 BetrVG:
- Der Betriebsrat ist vor jeder Einstellung, Eingruppierung, Umgruppierung, Versetzung zu unterrichten und kann ggfs. seine Zustimmung verweigern.
- Mitbestimmung bei Kündigungen, §§ 102 ff. BetrVG

Mitbestimmung in sozialen Angelegenheiten

- Erzwingbare Mitbestimmung in sozialen Angelegenheiten, § 87 BetrVG, Voraussetzung für das Bestehen des Mitbestimmungsrechts ist:
  - Vorliegen eines der Regeltatbestände des § 87 Abs. 1 BetrVG.
  - Fehlen einer gesetzlichen oder tariflichen Regelung.
  - Grundsätzlich: kollektiver Bezug der Maßnahme erforderlich; Einigung wird im Wege der Betriebsvereinbarung getroffen. Kommt keine Einigung zustande, entscheidet die Einigungsstelle, § 87 Abs. 2 BetrVG. Dadurch ist die Durchsetzung der Mitwirkungsrechte für den Betriebsrat erzwingbar.
- Freiwillige Mitbestimmung in sozialen Angelegenheiten, § 88 BetrVG. Bei erfolgloser Einigung mit dem Arbeitgeber kein Anspruch des Betriebsrats auf Anrufung der Einigungsstelle.

Mitbestimmung in wirtschaftlichen Angelegenheiten

- Unterrichtung in wirtschaftlichen Angelegenheiten, §§ 106 ff. BetrVG. Dies erfolgt über den Wirtschaftsausschuss, der bei Unternehmen mit einem Betriebsrat und mit regelmäßig mehr als 100 Arbeitnehmern zu bilden ist.
- Betriebsänderungen:

  Bei Betriebsänderungen i. S. v. § 111 BetrVG bei Unternehmen mit regelmäßig mehr als 20 Arbeitnehmern: Der Betriebsrat ist über Betriebsänderungen, die nachteilig für die Belegschaft sein können, zu unterrichten. Mit ihm ist eine Einigung über die Betriebsänderungen (Interessenausgleich) sowie über den Ausgleich der den Arbeitnehmern hierdurch entstehenden Nachteile zu erzielen (Sozialplan), §§ 111, 112 BetrVG.

  Kommt keine Einigung zustande, entscheidet die Einigungsstelle (§ 76 BetrVG).

Gerichtliche Geltendmachung von Ansprüchen

Wenn der Arbeitgeber trotz einer mündlichen oder schriftlichen Geltendmachung der Rechte des Arbeitnehmers nicht reagiert, kann der Arbeitnehmer entscheiden, ob er gegen das Unternehmen vor dem Arbeitsgericht Klage einreichen will oder nicht. Wenn der Arbeitnehmer während des bestehenden Beschäftigungsverhältnisses klagen will, muss er auf entsprechende Fristen achten.

Eigenständige Arbeitsgerichtsbarkeit geregelt im ArbGG

- Zusammensetzung von Berufs- und ehrenamtlichen Richtern in entsprechenden Spruchkammern: §§ 20, 37, 43 ArbGG.

- Eigenständige Vertretung vor dem Arbeitsgericht, nicht aber vor Landes- oder Bundesarbeitsgericht möglich, § 11 ArbGG.

- Unterteilung in Urteils- u. Beschlussverfahren, §§ 46 ff, 80 ff ArbGG.

- Keine Kostenerstattungspflicht im Urteilsverfahren 1. Instanz, § 12a ArbGG.

- Güteverhandlung zu Beginn, mit dem Ziel einen Vergleich herbeizuführen, § 54 ArbGG.

- Grundsatz der Beschleunigung, § 9 ArbGG; gilt insbesondere für Kündigungsschutzklagen.

Schnittstellen zum Arbeitsrecht – Datenschutz

Einführung zum Datenschutz

Der Datenschutz hat in der öffentlichen Wahrnehmung in den letzten Jahren stark an Beachtung gewonnen.

Durch diesen soll vor Beeinträchtigungen durch die unrechtmäßige Verarbeitung von personenbezogenen Daten geschützt werden. Somit werden nicht die Daten geschützt, sondern das Recht auf informationelle Selbstbestimmung als Teil des allgemeinen Persönlichkeitsrechts (u. a. Art. 2 Abs. 1 iVm. Art. 1 Abs. 1 GG).

Mit Wirkung zum 25. Mai 2018 trat die Datenschutz-Grundverordnung in Kraft, welche die Datenschutzrichtlinie 95/46 EG ablöst, die durch die Bundesrepublik Deutschland mit dem BDSG umgesetzt wurde. Das neue BDSG 2018, welches gleichzeitig mit der DS-GVO in Kraft getreten ist, hat trotzdem einen eigenen Anwendungsbereich und greift mit der DS-GVO ineinander.

Ziel der DS-GVO war es eine Regelung zu schaffen, die ohne Umsetzungsakt gilt und so ein einheitliches Datenschutzniveau für ganz Europa schafft. Dieses Ziel wurde durch eine Verordnung erreicht, die jedoch zahlreiche Öffnungsklauseln aufweist. Öffnungsklauseln sind solche Normen, die es dem nationalen Gesetzgeber erlauben eigene Regelungen zu erlassen, die mit der Datenschutzgrundverordnung im Einklang stehen.

Eine solche Regelung ist zum Beispiel mit Art. 88 DS-GVO für den Beschäftigtendatenschutz vorhanden.

> **Art. 88 I DS-GVO:**
>
> Die Mitgliedsstaaten können durch Rechtsvorschriften oder durch Kollektivvereinbarungen spezifischere Vorschriften zur Gewährleistung des Schutzes der Rechte und Freiheiten hinsichtlich der Verarbeitung personenbezogener Beschäftigtendaten im Beschäftigungskontext, insbesondere für Zwecke der Einstellung, der Erfüllung des Arbeitsvertrages (...) und für Zwecke der Beendigung des Beschäftigungsverhältnisses vorsehen.

Beschäftigtendatenschutz

Die Öffnungsklausel nach Art. 88 DS-GVO erlaubt es den nationalen Gesetzgebern eigene Regelungen auf dem Gebiet des Beschäftigtendatenschutzes zu treffen. Neben den allgemeinen Regelungen sieht die Datenschutzgrundverordnung keine weiter-greifenden Normen vor. Diese wurde durch den deutschen Gesetzgeber durch den § 26 BDSG umgesetzt. Dieser ähnelt strukturell dem § 32 BDSG a. F., der zuvor auf dem Gebiet des Beschäftigtendatenschutzes galt. Auch hier ist die Norm als Verbot mit einem Erlaubnisvorbehalt ausgestaltet.

Ob der pauschale Verweis in § 26 Abs. 5 BDSG auf Art. 88 Abs. 2 DS-GVO und die geforderten geeigneten und besonderen Maßnahmen zur Wahrung der menschlichen Würde und den Grundsätzen der Datenverarbeitung nach Art. 5 DS-GVO ausreicht, bleibt abzuwarten.

Aufteilen lässt sich § 26 Abs. 1 BDSG in eine allgemeine Erlaubnisnorm in Satz 1 und eine besondere Erlaubnisnorm in Satz 2.

Nach § 26 Abs. 1 S. 1 BDSG ist die Verarbeitung personenbezogener Daten zulässig, wenn diese für die Entscheidung über die Begründung, Durchführung oder Beendigung eines Beschäftigungsverhältnisses erforderlich ist.

Wann eine Verarbeitung erforderlich ist, ist umstritten.

Nach Ansicht des Bundesarbeitsgerichtes soll eine Verarbeitung erforderlich sein, wenn diese im Rahmen einer Verhältnis-mäßigkeitsprüfung geeignet, erforderlich und angemessen ist, um den Zweck zu erreichen. Angemessen ist dies, wenn die Schwere des Eingriffs nicht außer Verhältnis zu dem Gewicht der ihn rechtfertigenden Gründe steht. (BAG – 2 AZR 730/15; BAG – 2 AZR 133/18)

Nach § 26 Abs. 1 S. 2 BDSG ist die Verarbeitung von personenbezogenen Daten zur Aufdeckung von Straftaten zulässig, wenn zu dokumentierende tatsächliche Anhaltspunkte den Verdacht begründen, dass die betroffene Person im Beschäftigungsverhältnis eine Straftat begangen hat, die Verarbeitung zur Aufdeckung erforderlich ist und das schutzwürdige Interesse der oder des Beschäftigten an dem Ausschluss der Verarbeitung nicht überwiegt, insbesondere Art und Ausmaß im Hinblick auf den Anlass nicht unverhältnismäßig sind.

Damit ist der Anwendungsbereich von § 26 Abs. 1 S. 2 BDSG an mehrere Voraussetzungen gebunden als Satz 1. Wichtig ist, dass die Verarbeitung zur Aufdeckung von Straftaten zulässig ist. Eine Verarbeitung von personenbezogenen Daten auf Grund des Verdachts des Arbeitgebers einer schwerwiegenden Pflichtverletzung kann auf § 26 Abs. 1 S. 2 BDSG nicht gestützt werden. Eine solche Verarbeitung kann dagegen nach § 26 Abs. 1 S. 1 BDSG zulässig sein.

Paragraf 26 Abs. 1 S. 2 BDSG entwickelt keine Sperrwirkung gegenüber Satz 1.

Neben den Erlaubnistatbeständen aus Absatz 1 kann eine Verarbeitung personenbezogener Beschäftigtendaten auch auf Grundlage einer Einwilligung erfolgen. (§ 26 Abs. 2 BDSG) Diese ist wie oben dargestellt freiwillig, wobei die Umstände, unter denen die Einwilligung abgegeben wird sowie die bestehende Abhängigkeit berücksichtigt werden müssen. Auch bedarf diese Einwilligung der Schriftform sowie einer Aufklärung seitens des Arbeitgebers über die Zwecke der Datenverarbeitung und das dem Arbeitnehmer zustehende Widerrufsrecht nach Art. 7 Abs. 3 DS-GVO.

Überwachungsmaßnahmen

Maßnahmen, mit denen Mitarbeiter überwacht werden können, wie zum Beispiel Videoüberwachungen oder Bildschirmüberwachungen können nach § 26 Abs. 1 BDSG zulässig sein.

Diese bedürfen auf Grund der hohen Eingriffsintensität in die Rechte des Betroffenen einer sorgfältigen Interessensabwägung im Rahmen der Verhältnismäßigkeitsprüfung.

Steuerrecht

Grundlagen des Steuerrechts 456

Öffentlich-rechtliche Abgaben 457

Steuersystem 459

Abgabenordnung 461

Einkommensteuer 464

Betriebsvermögensvergleich 465

Einnahmen-Überschussrechnung 466

Gewerbesteuer 468

Körperschaftsteuer 469

Umsatzsteuer 470

Grundlagen des Steuerrechts

Der Begriff des Steuerrechts umfasst alle Vorschriften, Urteile, Anweisungen etc., die sich mit Abgaben an Gebietskörperschaften befassen. Das Steuerrecht ist Teil des öffentlichen Rechts und hier wiederum Bestandteil des Verwaltungsrechtes.

Die Bedeutung des Steuerrechts als Rechtsnorm kann aus dem Umfang des Regelungsinhaltes leicht abgelesen werden.

Die steuerlichen Rechtsnormen regeln die Rechte und Pflichten des Staates und der einzelnen Steuerpflichtigen, die sowohl natürliche Personen als auch Kapitalgesellschaften sein können.

Das Steuerrecht wird aufgeteilt in das allgemeine und besondere Steuerrecht.

Für das allgemeine Steuerrecht sind die AO (Abgabenordnung) und die FGO (Finanzgerichtsordnung) zu nennen. In der AO werden das Steuerschuld- und Steuerverfahrensrecht geregelt. Die FGO enthält Normen zum Gerichtsverfahren.

Das besondere Steuerrecht beinhaltet die Steuerarten (Einkommensteuer, Körperschaftsteuer, Umsatzsteuer, Gewerbesteuer, Erbschaftsteuer und Schenkungsteuer).

Die Steuergesetze sind Rechtsnormen, die im Gesetzgebungsverfahren zustande kommen. Neben den Steuergesetzen gibt es Rechtsverordnungen, die ebenfalls Rechtsnormen sind, jedoch nicht durch das förmliche Gesetzgebungsverfahren zustande kommen, sondern direkt erlassen werden. Hier sind insbesondere die Durchführungsverordnungen wie z. B. EStDV, KStDV, GewStDV, UStDV zu nennen. Hervorzuheben ist, dass Verordnungen ebenfalls Gesetzescharakter haben.

Neben den Rechtsnormen gibt es eine Vielzahl von Verwaltungsvorschriften, z. B. Richtlinien (u. a. zur Einkommensteuer), Erlasse und Schreiben (u. a. BMF-Schreiben). Diese Verwaltungsvorschriften besitzen jedoch keinen Gesetzescharakter. Die Finanzverwaltung ist zur einheitlichen Rechtsanwendung an diese Verwaltungsvorschriften gebunden, während die Steuerpflichtigen ihre Rechtsansprüche unabhängig hiervon geltend machen können.

Öffentlich-rechtliche Abgaben

Bund, Länder und Gemeinden haben viele Aufgaben zu erfüllen, für diese unter anderem finanzielle Mittel benötigt werden. Diese Mittel werden vom Staat als öffentlich-rechtliche Abgaben erhoben. Hierzu gehören die Steuern, die Gebühren, die Beiträge und die steuerlichen Nebenleistungen.

Der Begriff der Steuern wird in § 3 Abs. 1 AO definiert:
„Steuern sind Geldleistungen, die nicht eine Gegenleistung für eine besondere Leistung darstellen und von einem öffentlich-rechtlichen Gemeinwesen zur Erzielung von Einnahmen allen auferlegt werden, bei denen der Tatbestand zutrifft, an den das Gesetz die Leistungspflicht knüpft; die Erzielung von Einnahmen kann Nebenzweck sein."

Alle Tatbestandsmerkmale müssen bei einer Abgabe vorhanden sein, damit man von einer Steuer sprechen kann. Diese Unterscheidung ist wichtig, da zum einen die AO als steuerrechtliche Verfahrensordnung nur auf Steuern anzuwenden ist und zum anderen wegen der finanzverfassungsrechtlichen Kompetenzordnung, die nur für Steuern gilt.

- Geldleistungen:
  Steuern sind Geldleistungen. Naturalleistungen in Form von Sach- und Dienstleistungen gehören nicht zu den Steuern.

- Keine Gegenleistung:
  Bei der Geldleistung darf es sich nicht um eine Gegenleistung für eine besondere Leistung handeln. Durch die erbrachte Leistung des Steuerpflichtigen erlangt dieser nicht das Recht auf eine bestimmte Leistung des Staates. Dieses Tatbestandsmerkmal unterscheidet somit die Steuer von Gebühren und Beiträgen. Gebühren sind Geldleistungen für konkrete tatsächlich in Anspruch genommene Leistungen. Hierzu gehören u. a. Gebühren für Beglaubigungen, Personalausweis, Benutzung von Büchereien usw. Beiträge sind Geldleistungen für angebotene öffentliche Leistungen. Auf die tatsächliche Inanspruchnahme kommt es nicht an. Zu den Beiträgen zählen z. B. Kurtaxen, Erschließungsbeiträge, usw.

- Öffentlich-rechtliches Gemeinwesen:
  Die Geldleistungen müssen von einem öffentlich-rechtlichen Gemeinwesen auferlegt werden. Öffentlich-rechtliche Gemeinwesen sind die Gebietskörperschaften (Bund, Länder und Gemeinden) als auch die öffentlich-rechtlichen Religionsgemeinschaften.

- Erzielung von Einnahmen:
  Die Geldleistungen müssen der Erzielung von Einnahmen dienen (Fiskalzweck). Die Erzielung von Einnahmen kann Hauptzweck oder Nebenzweck sein. Liegt keine Einnahmeerzielung vor z. B. bei Geldstrafen, Geldbußen o. ä., handelt es sich nicht um eine Steuer.

- Tatbestand:
  Die Geldleistungen müssen allen auferlegt werden, bei denen der Tatbestand zutrifft, an den das Gesetz die Leistungspflicht knüpft. Dieses Merkmal hat zum einen den Grundsatz der Tatbestandsmäßigkeit (Steuern dürfen nur erhoben werden, wenn der steuerliche Tatbestand erfüllt ist) und zum anderen den Grundsatz der Gleichmäßigkeit zum Inhalt. (Steuern müssen immer erhoben werden, wenn der steuerliche Tatbestand zutrifft)

Steuersystem

Die Steuern können nach verschiedenen Kriterien differenziert werden. Am Häufigsten erfolgt die Einteilung nach den folgenden Merkmalen.

Einteilung nach der Steuerertragshoheit

Die Aufteilung erfolgt nach Art. 106 GG, d. h. welcher der Steuergläubiger (Bund, Länder und Gemeinden) die Steuer erhält.

- Bundessteuern, die dem Bund ausschließlich zufließen.
- Ländersteuern, wie z. B. Kfz-Steuer und Biersteuer.
- Gemeindesteuern, die die wesentliche Finanzierungsquelle der Kommunen darstellt. Den Kommunen steht das Aufkommen der GewSt und GrSt zu.
- Gemeinschaftssteuern, die nach Verteilungsschlüsseln gemeinschaftlich dem Bund, den Ländern und den Kommunen zustehen.

Einteilung nach dem Besteuerungsgegenstand

Hier können die Steuern danach eingeteilt werden, woran die Steuer knüpft.

- Besitzsteuern beinhalten Steuern auf Besitzwerte. Die folgenden Steuerarten fallen hierunter: ESt, KSt, ErbSt, GewSt und GrSt. Diese werden weiter unterteilt in Personen- und Realsteuern. Personensteuern haben den Anknüpfungspunkt an die persönlichen Verhältnisse (z. B. Familienstand) und die Leistungsfähigkeit (z. B. Einkommen) einer Person (sowohl natürliche als auch juristische Person). Realsteuern knüpfen an ein Objekt an.
- Verkehrsteuern sind Steuern, die an Vorgänge des Rechtsverkehrs anknüpfen. Hierzu zählen u. a. die USt, GrESt.
- Zölle sind Steuern, die bei der Ein- bzw. Ausfuhr von Gegenständen anfallen.
- Verbrauchsteuern sind Steuern, die an den Verbrauch von Waren gebunden sind (z. B. Tabaksteuer, Biersteuer).

Einteilung nach der Überwälzbarkeit

Die Einteilung erfolgt in direkte und indirekte Steuern. Es wird mitgeteilt, wer nach dem Willen des Gesetzgebers die Steuer wirtschaftlich zu tragen hat.

- Bei den direkten Steuern sind Steuerschuldner und Steuerträger identisch (z. B. ESt, KSt).

- Bei den indirekten Steuern sind somit Steuerschuldner und Steuerträger nicht identisch. Dies ist am Beispiel der USt besser nachzuvollziehen. Der Händler ist verpflichtet die USt an den Fiskus abzuführen, während der Verbraucher tatsächlich die USt trägt.

Abgabenordnung

Die Abgabenordnung (AO) ist für das Steuerrecht von elementarer Bedeutung, weil in diesem Gesetz die grundlegenden materiellen und verfahrensrechtlichen Schritte und Begriffe geregelt sind, die steuerartenübergreifend gelten. Aus diesem Grunde wird die AO auch als Grundgesetz des Steuerrechts bezeichnet. In ihr finden sich die formellen Regelungen zur Ermittlung der Besteuerungsgrundlagen, zur Steuerfestsetzung, zur Steuererhebung, zur Vollstreckung sowie die Vorschriften über außergerichtliche Rechtsbehelfe. Daneben sind in der AO Bestimmungen zum Steuerstrafrecht und zum Ordnungswidrigkeitsrecht enthalten.

Folgender Grundsatz gilt für die Anwendung der Steuergesetze:
Soweit in den Einzelsteuergesetzen eine Regelung zur materiellen oder formellen Anwendung des Gesetzes festgelegt ist, geht diese den allgemeinen Regelungen der AO im Wege der Spezialität vor.

Die AO untergliedert sich in folgende neun Teile:

1. Einleitende Vorschriften
2. Steuerschuldrecht
3. Allgemeine Verfahrensvorschriften
4. Durchführung der Besteuerung
5. Erhebungsverfahren
6. Vollstreckung
7. Außergerichtliches Rechtsbehelfsverfahren
8. Straf- und Bußgeldvorschriften, Straf- und Bußgeldverfahren
9. Schlussvorschriften

Der 1. Teil der AO behandelt neben dem Anwendungsbereich der AO vor allem die Grundbegriffe des Steuerrechts sowie die sachlichen bzw. örtlichen Zuständigkeiten der Finanzbehörden und das Steuergeheimnis (§ 30 AO). Neben dem Begriff der Steuern gehören die Begriffe Wohnsitz, gewöhnlicher Aufenthalt, Geschäftsleitung, Sitz sowie Angehörige zu den Grundbegriffen des Steuerrechts.

Im 2. Teil der AO sind die Vorschriften zum Steuerschuldrecht geregelt. Das Steuerschuldrecht definiert die materiell-rechtlichen Beziehungen zwischen Steuerpflichtigem und Staat. Die Definition des Steuerpflichtigen ergibt sich aus § 33 AO:

> „Steuerpflichtiger ist, wer eine Steuer schuldet, für eine Steuer haftet, eine Steuer für Rechnung eines Dritten einzubehalten und abzuführen hat, wer eine Steuererklärung abzugeben, Sicherheit zu leisten, Bücher und Aufzeichnungen zu führen oder andere ihm durch die Steuergesetze auferlegte Verpflichtungen zu erfüllen hat."

Darüber hinaus werden die Ansprüche aus dem Steuerschuldverhältnis, wie es zwischen Steuerschuldner und dem Fiskus entsteht, in § 37 AO geregelt. Folgende Ansprüche können Inhalt eines Steuerschuldverhältnisses sein: Steueranspruch, Steuervergütungsanspruch, Haftungsanspruch, Anspruch auf steuerliche Nebenleistungen und Steuererstattungsanspruch. Nach § 38 AO entstehen die Ansprüche aus dem Steuerschuldverhältnis, sobald der Tatbestand verwirklicht ist, an den das Gesetz die Leistungspflicht knüpft. Dies wird konkretisiert durch die Bestimmungen in den Einzelsteuergesetzen.

Im 3. Teil der AO werden die allgemeinen Verfahrensregeln (§§ 78 - 133 AO) behandelt. Diese Grundsätze widmen sich dem Grundsatz der Gleichmäßigkeit und der Gesetzmäßigkeit der Besteuerung. Hier finden sich die Bestimmungen zur steuerlichen Fristenberechnung, Fristverlängerung und Wiedereinsetzung in den vorherigen Stand. In diesem wird auch der Begriff des Verwaltungsaktes definiert (§ 118 AO):

> Verwaltungsakt ist jede Verfügung, Entscheidung oder andere hoheitliche Maßnahme, die eine Behörde zur Regelung eines Einzelfalls auf dem Gebiet des öffentlichen Rechts trifft und die auf unmittelbare Rechtswirkung nach außen gerichtet ist.

Da Steuerbescheide Verwaltungsakte sind, gelten die §§ 118 ff. AO entsprechend, soweit in den §§ 155 ff. AO nichts anderes bestimmt ist. Im Weiteren werden Regelungen zur Bekanntgabe, Wirksamkeit und Nichtigkeit von Verwaltungsakten getroffen. Auch wird dort geregelt unter welchen Voraussetzungen rechtmäßige Verwaltungsakte widerrufen oder rechtswidrige Verwaltungsakte zurückgenommen werden können. Hierbei kommt der Behörde regelmäßig ein Ermessen zu, dass diese ausüben müssen (Wortlaut: „kann", „soll").

> **Hinweis:**
> Ein rechtswidriger Verwaltungsakt muss als direkte Folge nicht nichtig sein. Dieser ist bis auf weiteres wirksam, da nur ein nichtiger Verwaltungsakt nichtig ist.

Der 4. Teil enthält die Vorschriften zur Durchführung des Besteuerungsverfahrens. Hier wird die Erfassung der Steuerpflichtigen und ihre Mitwirkungspflichten (Führung von Büchern und Aufzeichnungen, Steuererklärungen) sowie die Festsetzung von Steuern durch Steuerbescheide bestimmt. Weitere wesentliche Bestandteile des 4. Teils sind die Vorschriften über die Außenprüfung und die Steuerfahndung.

Der nachfolgende 5. Teil beinhaltet die Regelungen zum Erhebungsverfahren von Steuern. Die Fälligkeit, Stundung, Aufrechnung, die Zahlungsverjährung, die Verzinsung und das Erlöschen von Ansprüchen aus dem Steuerschuldverhältnis sind hier einheitlich für alle Steuerarten geregelt.

Der 6. Teil enthält die Bestimmung zum Vollstreckungsverfahren.

Das außergerichtliche Rechtsbehelfsverfahren, welches im 7. Teil der AO geregelt ist, besteht bei Steueransprüchen aus dem Einspruch. Damit besteht bei Steuerbescheiden ein dreizügiges Verfahren, um als Steuerpflichtiger gegen diesen vorzugehen: der erste Rechtszug ist das kostenlose Rechtsbehelfsverfahren, zu welchem der Steuerpflichtige einen Einspruch einlegen muss. Der nächste Verfahrensschritt wäre die Klage vor dem Finanzgericht und nach diesem vor dem Bundesfinanzhof.

Die Straf- und Bußgeldvorschriften, zu denen auch die Selbstanzeige gehört, sind im 8. Teil enthalten.

Die Schlussvorschriften (9. Teil) stellen den Bezug der AO-Vorschriften zu den verfassungsrechtlich geschützten Grundrechten her.

Einkommensteuer

Die Einkommensteuer (ESt) ist eine Steuer, die auf das Einkommen von natürlichen Personen erhoben wird. Die Einkommensteuer beruht auf dem Prinzip der Abschnittsbesteuerung; der Veranlagungszeitraum entspricht dem Kalenderjahr. Lediglich bei Gewerbetreibenden und Land- und Forstwirten kann das Wirtschaftsjahr vom Kalenderjahr abweichen.

Die Einkommensteuer unterscheidet zwischen der unbeschränkten und beschränkten Steuerpflicht.

Als unbeschränkt steuerpflichtig gelten alle natürlichen Personen, die im Inland einen Wohnsitz (§ 8 AO) oder einen gewöhnlichen Aufenthalt (§ 9 AO) haben. Die Nationalität spielt hierbei genauso wenig eine Rolle, wie die Frage, ob die Person überhaupt Einkünfte erzielt. Unbeschränkt steuerpflichtige unterliegen grundsätzlich mit den gesamten Einkünften der inländischen Einkommensbesteuerung (Welteinkommensprinzip/ Universalitätsprinzip) nach § 1 Abs. 1 EStG.

Demgegenüber sind natürliche Personen, die weder einen Wohnsitz noch ihren gewöhnlichen Aufenthalt im Inland haben, beschränkt einkommensteuerpflichtig, wenn sie inländische Einkünfte im Sinne des § 49 EStG erzielen. (§ 1 Abs. 4 EStG). Die in § 49 EStG genannte Aufzählung ist abschließend.

Gemäß § 2 Abs. 1 EStG werden folgende sieben Einkunftsarten unterschieden:

1. Einkünfte aus Land- und Forstwirtschaft, § 13 ff. EStG,
2. Einkünfte aus Gewerbebetrieb, § 15 ff. EStG,
3. Einkünfte aus selbständiger Arbeit, § 18 EStG,
4. Einkünfte aus nichtselbstständiger Arbeit, § 19 EStG,
5. Einkünfte aus Kapitalvermögen, § 20 EStG,
6. Einkünfte aus Vermietung und Verpachtung, § 21 EStG,
7. sonstige Einkünfte im Sinne des § 22 EStG.

Die oben genannten Einkünfte werden gemäß § 2 Abs. 2 EStG in zwei Gruppen eingeteilt: die Gewinn- und Überschusseinkünfte.

Bei den Gewinneinkunftsarten (Land- und Forstwirtschaft, Gewerbebetrieb, selbständige Arbeit) müssen die gesamten erwirtschafteten Gewinne (§§ 4 – 7k, 13a EStG) als Einkünfte versteuert werden, auch wenn es sich um Veräußerungsgewinne handelt. Bei den Überschusseinkunftsarten (nichtselbständige Arbeit, Kapitalvermögen, Vermietung und Verpachtung und sonstige Einkünfte) werden nur die laufenden Einkünfte bzw. Früchte des Vermögens versteuert. (Überschuss der Einnahmen über die Werbungskosten (§§ 8 bis 9a)). Wertveränderungen im Vermögen selbst sind steuerlich grundsätzlich irrelevant.

Die Gewinnermittlung bei den Gewinneinkunftsarten kann nach verschiedenen Methoden ermittelt werden. Zum einen kann die Gewinnermittlung durch Betriebsvermögensvergleich nach § 4 Abs. 1 EStG, nach handelsrechtlichen Grundsätzen (§ 5 Abs. 1 EStG), durch Einnahmen-Überschussrechnung (§ 4 Abs. 3 EStG) oder nach Durchschnittssätzen (§§ 5a, 13a EStG) erfolgen.

Betriebsvermögensvergleich

Der Unterschied zwischen der Gewinnermittlung nach § 4 Abs. 1 und § 5 Abs. 1 EStG besteht nur vordergründig in der Bindung des Betriebsvermögensvergleich nach § 5 Abs. 1 EStG an die handelsrechtlichen Grundsätze ordnungsmäßiger Buchführung.

Ist der Gewinn durch Betriebsvermögensvergleich zu ermitteln, so ist der Unterschiedsbetrag zwischen dem Betriebsvermögen am Schluss des Wirtschaftsjahres und dem Betriebsvermögen am Schluss des vorangegangenen Wirtschaftsjahres, vermehrt um den Wert der Entnahmen, vermindert um den Wert der Einlagen zu bestimmen.

Bei der Gewinnermittlung durch Betriebsvermögensvergleich ist das Betriebsvermögen die wichtigste Größe.

Zum Betriebsvermögen gehören Wirtschaftsgüter, die ausschließlich oder zu mehr als 50 % betrieblich genutzt werden (sog. „notwendiges Betriebsvermögen"). Des Weiteren können Wirtschaftsgüter, die zu mindestens 10 % und höchstens zu 50 % betrieblich genutzt werden, zum Betriebsvermögen zählen („gewillkürtes Betriebsvermögen").

Wirtschaftsgüter des gewillkürten Betriebsvermögens werden erst durch entsprechende Zuordnung zum gewillkürten Betriebsvermögen. Die Aufnahme in die Bilanz bzw. Buchführung reicht als unmissverständlicher Akt in der Regel aus.

Die Bewertung der Wirtschaftsgüter ist entscheidend für das Ergebnis des Betriebsvermögensvergleiches. § 5 Abs. 6 EStG verweist auf die Bewertungsvorschriften des § 6 EStG und die Abschreibungs-vorschriften des § 7 EStG.

Die wichtigste Bewertungsvorschrift ist die des § 6 Abs. 1 Nr. 1 EStG: danach sind die abnutzbaren Wirtschaftsgüter des Anlagevermögens mit den Anschaffungs-/ Herstellungskosten abzüglich der Absetzung für Abnutzung (AfA) anzusetzen. Dazu zählen Maschinen, Geräte etc.

Nicht abnutzbare Wirtschaftsgüter des Anlagevermögens, wozu insbesondere der Grund und Boden gehört, sind mit den Anschaffungskosten zu bewerten (§ 6 Abs. 1 Nr. 2 EStG). Ebenso sind Wirtschaftsgüter des Umlaufvermögens (z. B. Waren etc.) mit den Anschaffungs- bzw. Herstellungskosten zu bewerten (§ 6 Abs. 1 Nr. 2 EStG).

Die Bewertung von Verbindlichkeiten erfolgt gemäß § 6 Abs. 1 Nr. 3 EStG mit dem Wert, der grundsätzlich dem Rückzahlungsbetrag am Bilanzstichtag entspricht, anzusetzen und mit einem Betrag von 5,5 % abzuzinsen. Die Entnahmen und Einlagen werden mit dem Teilwert angesetzt (§ 6 Abs. 1 Nr. 4, 5 EStG).

Einnahmen-Überschussrechnung

Für Steuerpflichtige ohne gesetzliche Buchführungspflicht und ohne freiwillige Buchführung (kleine Gewerbetreibende, kleinere Land- und Forstwirte und Freiberufler) kann als Gewinn der Überschuss der Betriebseinnahmen über die Betriebsausgaben angesetzt werden (§ 4 Abs. 3 EStG).

Bei der Einnahmen-Überschussrechnung werden die Einnahmen und Ausgaben eines Betriebs nach dem Zufluss- und Abflussprinzip gemäß § 11 EStG gegenübergestellt.

Bei den Einkünften aus Land- und Forstwirtschaft kann der Gewinn neben den allgemeinen Regeln auch nach Durchschnittssätzen gemäß § 13a EStG ermittelt werden.

Die Überschussermittlung bei den Überschusseinkünften erfolgt durch Gegenüberstellung der Einnahmen und der Werbungskosten. Das Zufluss- und Abflussprinzip ist auch hierbei zu beachten. Einnahmen sind alle Güter in Geld oder Geldeswert, die im Rahmen einer der Überschusseinkünfte zufließen. (vgl. § 8 EStG)

Werbungskosten sind Aufwendungen zur Erwerbung, Sicherung und Erhaltung der Einnahmen (gem. § 9 Abs. 1 S. 1 EStG). Diese liegen vor, wenn ein objektiver Zusammenhang mit der auf die Erzielung von Einnahmen gerichteten Tätigkeit besteht.

Sind aus allen Einkunftsarten der Gewinn bzw. der Überschuss ermittelt, so werden diese Ergebnisse zusammengerechnet. Dieses Endergebnis ergibt die Summe der Einkünfte. Hieraus wird dann das zu versteuernde Einkommen ermittelt.

Das zu versteuernde Einkommen bildet die Bemessungsgrundlage für die Anwendung des persönlichen Steuertarifs. Die tarifliche Einkommensteuer gemäß § 32a EStG ergibt sich aus dem Grundtarif. Hierbei handelt es sich um einen linear-progressiven Tarif. Des Weiteren kennt das EStG den Splitting-Tarif. Dieser ist jedoch nur für zusammenveranlagte Ehegatten und besonders geregelte Fälle anzuwenden. Der Splitting-Tarif wird aus dem Grundtarif hergeleitet.

Die festzusetzende Einkommensteuer resultiert aus der tariflichen Einkommensteuer vermindert um anzurechnende ausländische Steuer und Steuerermäßigungen (u. a. §§ 34g, 35, 35a, 35b, 35c EStG) und vermehrt um bestimmte Hinzurechnungen.

Gewerbesteuer

Die Gewerbesteuer ist eine Objektsteuer (Realsteuer), die von den Gemeinden als Gemeindesteuer erhoben wird. Sie knüpft ohne Berücksichtigung der persönlichen Verhältnisse des Steuerschuldners an das Objekt des Gewerbebetriebs an. Gemäß § 2 Abs. 1 S. 1 GewStG ist Steuergegenstand jeder bestehende Gewerbebetrieb, soweit dieser im Inland betrieben wird.

Der Beginn und das Ende eines Gewerbebetriebes und der damit verbunden Steuerpflicht hängen von der Rechtsform ab. Bei Einzelunternehmen und Personengesellschaften beginnt der Gewerbebetrieb erst in dem Zeitpunkt, in dem die maßgebliche Tätigkeit aufgenommen wird. Sogenannte Vorbereitungshandlungen, wie z. B. das Werben vor Betriebseröffnung, begründen noch keine Gewerbesteuerpflicht.

Bei Kapitalgesellschaften und anderen juristischen Personen beginnt die Steuerpflicht hingegen bereits mit dem Handelsregistereintrag.

Bemessungsgrundlage ist der Gewerbeertrag, der nach den §§ 7 bis 11 GewStG zu ermitteln ist. Bei den gewerbesteuerlichen Hinzu-rechnungen und Kürzungen ist zu erwähnen, dass Finanzierungs-kosten, also insbesondere Zinsen, z. T. dem Gewerbeertrag hinzugerechnet werden. Ausgangsgröße für die Ermittlung des Gewerbeertrages ist der nach dem Einkommensteuer- und Körperschaftsteuergesetz ermittelte Gewinn.

Der Gewerbeertrag ist gemäß § 11 Abs. 1 S. 3 GewStG auf volle 100 € abzurunden. Gemäß § 11 Abs. 1 S. 3 Nr. 1 GewStG steht Einzelunternehmen und Personengesellschaften ein Freibetrag in Höhe von 24.500 € zu. Daraufhin ist gemäß § 11 Abs. 1 S. 1 GewStG ein Steuermessbetrag zu ermitteln, der durch Anwendung eines Prozentsatzes (Steuermesszahl) auf den Gewerbeertrag ermittelt wird. Die Steuermesszahl beträgt 3,5 % (§ 11 Abs. 2 GewStG). Auf den Steuermessbetrag wendet die Gemeinde ihren Hebesatz an (§ 16 Abs. 1 GewStG).

Körperschaftsteuer

Die Körperschaftsteuer ist die Ertragsteuer auf das Einkommen juristischer Personen und gleichgestellter Rechtsgebilde. § 1 Abs. 1 KStG enthält hierzu eine abschließende Aufzählung. Wie im EStG führt auch die unbeschränkte Steuerpflicht im KStG zur Besteuerung des gesamten Welteinkommens. Die unbeschränkte Steuerpflicht ist gemäß § 1 Abs. 1 KStG gegeben, wenn die Körperschaft ihre Geschäftsleitung (§ 10 AO) ihren Sitz (§ 11 AO) im Inland hat. Der Steuerschuldner der KSt ist auch Steuerträger (direkte Steuer).

Eine Körperschaft ist gem. § 2 Nr. 1 KStG mit den inländischen Einkünften i. S. d. § 49 EStG beschränkt körperschaftsteuerpflichtig, wenn sie weder ihre Geschäftsleitung noch ihren Sitz im Inland hat.

Nach § 7 KStG ist das zu versteuernde Einkommen im Sinne des § 8 Abs. 1 KStG vermindert um die Freibeträge der §§ 24 und 25 KStG als Bemessungsgrundlage für die KSt heranzuziehen.

Die Körperschaftssteuer beträgt gemäß § 23 Abs. 1 KStG einheitlich 15 % des zu versteuernden Einkommens. Durch Minderung aufgrund von anzurechnenden ausländischen Steuern (§ 26 KStG) ergibt sich die festzusetzende Körperschaftsteuer. Auf diese werden Vorauszahlungen, Kapitalertragsteuer und Zinsabschlagsteuer angerechnet. Hieraus ergibt sich für den Steuerpflichtigen entweder eine Nachzahlung oder ein Erstattungsanspruch.

Umsatzsteuer

Wie die Körperschafts- und Einkommensteuer handelt es sich bei der Umsatzsteuer um eine Gemeinschaftssteuer, die grundsätzlich Bund und Ländern gemeinschaftlich zusteht. Das UStG und die UStDV sind die wichtigsten nationalen Rechtsgrundlagen. Die Umsatzsteuer ist in der EU harmonisiert, dies geschieht durch Richtlinien, die hinsichtlich des Ziels für jeden Mitgliedstaat verbindlich sind. Richtlinien müssen im Gegensatz zu Verordnungen, die direkte Geltung entfalten, durch jeden Mitgliedsstaat selbst umgesetzt werden. (Art. 288 Abs. 3 AEUV)

Die Umsatzsteuer (USt) wird auf jeder Produktionsstufe auf die Erhöhung des Entgelts (Mehrwert) realisiert. Hierdurch hat die Umsatzsteuer häufig die Bezeichnung „Mehrwertsteuer".

Der leistende Unternehmer erhebt auf den von ihm erbrachten Umsatz die Umsatzsteuer in voller Höhe. Soweit er Eingangsumsätze, z. B. durch den Erwerb von Waren und Dienstleistungen hat, die mit einer Umsatzsteuer belastet sind, kann er diese grundsätzlich als sogenannte „Vorsteuer" abziehen. Dies führt nicht dazu, dass dieser keine Umsatzsteuer in Bezug auf diesen konkreten Umsatz an das Finanzamt abführen muss. Letztlich ist häufig der Endverbraucher derjenige in der Lieferkette, der die Umsatzsteuer im vollen Umfang trägt.

Unternehmer 1 verkauft ein Produkt für 100,00 € an Unternehmer 2:

Netto	100,00 €	USt-Traglast	19,00 €
+ 19 % USt	19,00 €	./. Vorsteuer	0,00 €
Brutto	119,00 €	USt-Zahllast U1*	19,00 €

Unternehmer 2 verkauft ein Produkt für 400,00 € (unter Verwendung der Waren von Unternehmer 1) an Endverbraucher:

Netto	400,00 €	USt-Traglast	76,00 €
+ 19 % USt	76,00 €	./. Vorsteuer	19,00 €
Brutto	476,00 €	USt-Zahllast U2*	57,00 €

* USt-Zahllast an das Finanzamt

Gegenstand der Umsatzsteuer sind die in § 1 Abs. 1 UStG dargestellten steuerbaren Umsätze.

Hiernach sind vier Arten von Umsätzen steuerbar:

1. Lieferungen und sonstige Leistungen, die ein Unternehmer im Inland gegen Entgelt im Rahmen seines Unternehmens ausführt (§ 1 Abs. 1 Nr.1 UStG)
   a) Lieferungen: i. V. m. § 3 Abs. 1 UStG
   b) Sonstige Leistungen: i. V. m. § 3 Abs. 9 UStG
   c) Gleichgestellte Leistungen: i. V. m. § 3 Abs. 1b, 9a UStG
2. Einfuhr von Gegenständen (§ 1 Abs. 1 Nr. 4 UStG)
3. Innergemeinschaftlicher Erwerb (§ 1 Abs. 1 Nr. 5 UStG).

Gemäß § 3 Abs. 1 UStG sind **Lieferungen** Leistungen, durch die ein Unternehmer dem Abnehmer die Verfügungsmacht an einem Gegenstand verschafft. Was ein Gegenstand ist, wird nicht nach dem zivilrechtlichen Begriff des § 90 BGB bestimmt. Gegenstände i. S. d. UStG sind nur körperliche Gegenstände (Sachen oder Tiere) und solche Wirtschaftsgüter, die im Wirtschaftsverkehr wie körperliche Sachen behandelt werden (z. B. Gas, Wasser, Strom usw.).

Gemäß § 3 Abs. 9 UStG sind **sonstige Leistungen** solche, die keine Lieferungen sind. Hierzu zählen u. a. Dienstleistungen. Ob diese wie Inhaberpapiere „verbrieft" sind ist ohne Bedeutung. So ist zum Beispiel der Verkauf von Fahrkarten oder Eintrittskarten, auch wenn es sich hierbei zivilrechtlich um Inhaberpapiere (§ 807 BGB) handelt, eine sonstige Leistung. Der Schwerpunkt hierbei liegt nicht in der Übergabe, sondern in dem Anspruch auf eine Dienstleistung.
Sonstige Leistungen können in einem Tun, Dulden oder Unterlassen bestehen.

Diese Unterscheidung ist von wesentlicher Bedeutung, weil das Gesetz die Vorschriften zum Ort der Lieferung und sonstigen Leistung unterschiedlich handhabt. Zudem kommt es in weiteren Bestimmungen des Gesetzes auf die Art des Umsatzes an.

Liegt ein steuerbarer Umsatz vor, ist zu prüfen, ob eine Steuerbefreiung gemäß §§ 4 und 5 UStG anzuwenden ist. Greift keine der vorgenannten Vorschriften, ist der steuerbare Umsatz steuerpflichtig. Die Bemessungsgrundlage ist laut § 10 UStG bei Lieferungen und sonstigen Leistung sowie beim innergemeinschaftlichen Erwerb das Entgelt ohne Umsatzsteuer. Bei der Einfuhr von Gegenständen wird der Umsatz nach dem Wert des eingeführten Gegenstands nach den jeweiligen Vorschriften über den Zollwert bemessen (vgl. § 11 UStG).

Von zentraler Bedeutung für die Bestimmung des Zollwerts sind die Art. 69 bis 76 UZK. Für die Bestimmung des Zollwerts sind im Unionsrecht insgesamt sechs Methoden vorgesehen. Bei über 90 % der Einfuhren kann auf die erste Methode, den Transaktionswert zurückgegriffen werden, der in Art. 70 Abs. 1 UZK als vorrangige Grundlage für den Zollwert bezeichnet wird.

Nach § 12 Abs. 1 UStG beträgt die Umsatzsteuer 19 % der Bemessungsgrundlage. Neben dem Regelsteuersatz gibt es einen ermäßigten Steuersatz in Höhe von 7 %. Dieser ist jedoch nur auf solche Umsätze anzuwenden, die in § 12 Abs. 2 UStG aufgezählt sind.

> **Hinweis:**
>
> Im Zuge der **Corona**-Pandemie hat der deutsche Gesetzgeber regulatorisch eingegriffen und eine Senkung der Umsatzsteuer ab dem 01.07.2020 bis zum 31.12.2020 beschlossen. Demnach gelten in diesem Zeitraum Umsatzsteuersätze von 16 % bzw. 5 % (vgl. § 28 Abs. 1, 2 UStG). Eine weitere Privilegierung gibt es für Restaurant- und Verpflegungsdienstleistungen (mit der Ausnahme der Abgabe von Getränken), die nach dem 30.06.2020 und vor dem 01.07.2021 erbracht wurden. Diese wurden bisher mit 19 % versteuert und sind nun zeitweise in der Aufzählung des ermäßigten Steuersatzes aufgeführt. (§ 12 Abs. 2 Nr. 15 UStG)
>
> Bis zum 31.12.2020 erfahren diese Dienstleistungen quasi eine Doppelprivilegierung, indem diese mit 5 % versteuert werden.

Wichtig für den Zeitpunkt der Steuerentstehung ist, ob die Berechnung nach vereinbarten (§§ 13 Abs. 1 Nr. 1a, 16 Abs. 1 UStG) oder nach vereinnahmten Entgelten (§§ 13 Abs. 1 Nr. 1b, 20 UStG) erfolgt. Der Regelfall ist hier die Berechnung nach vereinbarten Entgelten (Soll- Besteuerung). Die Berechnung nach vereinnahmten Entgelten (Ist- Besteuerung) ist nur in Ausnahmefällen zulässig und muss beantragt werden.

Besteuerungszeitraum für die Umsatzsteuer ist das Kalenderjahr (§ 16 Abs. 1 S. 2 UStG). Die Zahllast der Umsatzsteuer kann positiv oder negativ sein. Die Berechnung zur Zahllast ist aus § 16 Abs. 1 und 3 UStG zu entnehmen. Diese Zahllast ist von dem Unternehmer in der Voranmeldung selber zu berechnen (sog. Steueranmeldung). Diese Voranmeldung ist bis zum 10. Tag nach Ablauf jedes Voranmeldungszeitraums (i. d. R. Kalendervierteljahr) elektronisch zu übermitteln (§ 18 Abs. 1 S. 1, Abs.2 UStG). Der Unternehmer leistet somit Vorauszahlungen auf die Jahressteuer.

Für das Kalenderjahr hat der Unternehmer eine Steuererklärung einzureichen (§ 18 Abs. 3 UStG). Weicht die Steuererklärung von den Voranmeldungen ab, so ist der Unterschiedsbetrag zugunsten des Finanzamtes einen Monat nach Eingang der Steuererklärung fällig. Ein Unterschiedsbetrag zugunsten des Unternehmers wird nach Zustimmung des Finanzamtes ohne Antrag ausgezahlt.

Zertifikat QUMAWED ®

Sie erhalten ein Abschlusszertifikat nach einer einjährigen Weiterbildung zur Qualifizierten Management Assistenz (FIM) mit 15 Schulungstagen, drei Mal 3-monatigen Lernphasen, drei Mal 4-stündigen schriftlichen Klausuren sowie einer eigenhändig erstellten 30-seitigen Präsentation nach Themenvorgabe.

Auf dem Zertifikat erscheinen nicht nur die Ergebnisse der Klausuren der einzelnen Fachbereiche, sondern auch das gesamte Qualifikationsprofil der Qualifizierten Management Assistenz (FIM). So wird den Vorgesetzten einen Einblick in die anspruchsvolle und damit qualitativ hochwertige Weiterbildung vermittelt.

Literaturhinweise

Ahlert, Dieter; Franz, Klaus-Peter; Käfer, Wolfgang: Grundlagen und Grundbegriffe der Betriebswirtschaftslehre, Düsseldorf

Aronson, E., Pines, A.M. & Kafry, D. (1983). Ausgebrannt, Psychologie heute, 10 (10), 21-27

Backhaus, Klaus: Industriegütermarketing, München, 9. Aufl., 2010

Backhaus, Klaus; Schneider Helmut: Strategisches Marketing, Stuttgart, 2007

Backhaus, Klaus; Weiber, Rolf: Entwicklung einer Marketingkonzeption mit SPSS/PC+, Berlin, Heidelberg, 1989

Becker, Fred: Lexikon des Personalmanagements, München

Berens et al: Grundlagen des betriebswirtschaftlichen Rechnungs-wesens, 3. Aufl., Münster, 2006

Brecht, Ulrich: BWL für Führungskräfte, Was Entscheider im Unternehmen wissen müssen, 1. Auflage 2005, Wiesbaden

Buschka, M. & Hackenberg, J. (1987). Das Burn-out-Syndrom bei Mitarbeitern in der Behindertenhilfe. Ursachen – Formen – Hilfen. Dortmund: Verlag Modernes Lernen

Burisch, M. (1994). Das Burn-out-Syndrom. Theorie der inneren Erschöpfung, 2. Auflage. Berlin: Springer

Däubler/ Hjort /Schubert/ Wolmerath, Arbeitsrecht, Nomos, 4. Auflage 2017

Fischermanns, Guido; Liebelt Wolfgang: Grundlagen der Prozeß-organisation, 10. Auflage 2006, Gießen

Freudenberger, H.J. & North, G. (2002). Burn-out bei Frauen. Über das Gefühl des Ausgebranntseins, 9. Auflage. Frankfurt/M.: Fischer

Freund, Hubert J.: Psychologie für Sekretärinnen und Führungskräfte, Mannheim

Gabler, Gabler Kompakt-Lexikon Wirtschaft, 10. Auflage 2010, Wiesbaden

Geyer, Helmut; Ahrendt Bernd. Crashkurs BWL, 5. Auflage 2009, Freiburg i. Br.

Grob, Heinz Lothar: Einführung in die Investitionsrechung, München, 3. Aufl., 1999

Grochla, Erwin: Unternehmensorganisation, Hamburg Grossekettler, Heinz et al.: Volkswirtschaftslehre, Konstanz, 2005

Hesse, Jürgen; Neu, Matthias; Theuner, Gabriele: Marketing – Grundlagen, Berlin, 2. Aufl., 2007

Hirth, Hans: Grundzüge der Finanzierung und Investition, München, 2005 Hofstätter, Peter R.: Gruppendynamik, Hamburg

Iacocca, Lee; Novak, William: Iacocca. Eine amerikanische Karriere, Düsseldorf/Wien

Kerber, B. (2002). Die „Arbeitsfalle" – und wie man sein Leben zurückgewinnt. Strategien gegen die Selbstausbeutung und für ein wertvolles Leben. Düsseldorf: Metropolitan

Kittner, Michael; Zwanziger, Bertram; Deinert, Olaf (Hrsg.): Arbeitsrecht, Handbuch für die Praxis, 6. Auflage 2011, Frankfurt am Main

Knobloch, Tobias/ Hustedt, Carla, Der maschinelle Weg zum passenden Personal, Bertelsmann Stiftung, 2019

Koreng/ Lachemann, Formularhandbuch Datenschutzrecht, C. H. Beck

Kotler, Philip; Bliemel, Friedhelm: Marketing-Management, Stuttgart Küttner, Wolfdieter: Personalbuch 2011, 18. Auflage 2011, München

Leymann, H. (1993) Mobbing. Psychoterror am Arbeitsplatz und wie man sich dagegen wehren kann. Reinbek: Rowohlt

Litzcke, S. M., Schuh, H. (2005). Stress, Mobbing und Burn-out am Arbeitsplatz, 3. Auflage. Heidelberg: Springer

Marx, R. (1996). Das Burn-out-Syndrom: Ausbrennen bis zum Umfallen, Kurierordination vom 29.10.1996

Meffert, Heribert: Marketing, Wiesbaden

Meffert, Heribert; Burmann, Christoph; Kirchgeorg, Manfred: Marketing. Grundlagen marktorientierter Unternehmensführung, Konzepte - Instrumente – Praxisbeispiele, Wiesbaden, 10. Aufl., 2008

Meschkutat, B., Stackelbeck, M., Langenhoff, G. (2002). Der Mobbing-Report. Repräsentativstudie für die Bundesrepublik Deutschland. Schriftenreihe der Bundesanstalt für Arbeitsschutz und Arbeitsmedizin – Forschung, Fb 951, 2. Auflage. Bremerhaven: Wirtschaftsverlag NM.

Müller-Glöge, Rudi, Preis, Ulrich, Schmidt, Ingrid, (Hrsg.) Erfurter Kommentar zum Arbeitsrecht, C. H. Beck, 20. Auflage, 2020

Münchener Handbuch zum Arbeitsrecht, C. H. Beck, 4. Auflage 2018

Nieschlag, Robert; Dichtl, Erwin; Hörschgen, Hans: Marketing, Berlin Olfert, Klaus: Personalwirtschaft, Ludwigshafen

Nickenig, Katrin, Praxislehrbuch Steuerrecht, Gabler Verlag, 4. Auflage, 2019

Olfert, Klaus: Personalwirtschaft, Kompendium der praktischen Betriebswirtschaft, 14. Auflage 2010, Herne

Palandt, Bürgerliches Gesetzbuch, C. H. Beck, 79. Auflage, 2020

Premper, V. Mobbing am Arbeitsplatz – eine Folge ungeklärter Konflikte. Report Psychologie, 27 (3), 182 – 190.

Rummler, Andrea: Marketing für mittelständische Unternehmen, Berlin, 2002

Säcker, Rixecker, Oetker, Limpert (Hrsg.), Münchener Kommentar zum Bürgerlichen Gesetzbuch, C. H. Beck, 8. Auflage, 2020

Sanders, Tim: Sympathie-Faktoren

Schaub, Günter: Arbeitsrechts-Handbuch, C. H. Beck, München, 18. Auflage 2019

Schewe, Gerhard: Unternehmensverfassung, Berlin, 2005

Schierenbeck, Henner: Grundzüge der Betriebswirtschaftslehre, München/ Wien

Schlegel, Leonhard: Die Transaktionale Analyse, Tübingen

Schmidt, Götz: Organisatorische Grundbegriffe, 13. Auflage 2008, Gießen

Scholz, Christian: Personalmanagement, München Schönpflug, Ute/Wolfgang: Grundlagen Psychologie Schulz von Thun, Friedeman: Miteinander reden, Hamburg

Sigloch, Jochen / Egner, Thomas / Wildner, Stephan, Einführung in die Betriebswirtschaftslehre, 4. Aufl., Stuttgart, 2011

Sölch, Ringleb, Umsatzsteuergesetz, C. H. Beck, München, 89. EL Juni 2020

Speth, Hermann et al.: Betriebswirtschaftslehre mit Wirtschaftlichem Rechnungswesen für das berufliche Gymnasium, Düsseldorf, 2003

Steinbuch, Pitter A.: Organisation,15. Auflage 2009, Kiel

Steinbuch, Pitter A.: Projektorganisation und Projektmanagement, 7. Auflage 2010, Herne

Stewart, Jan: Die Transaktionsanalyse, Freiburg/Basel/Wien Tausch, Reinhard: Hilfen bei Stress und Belastung, Hamburg

Sydow, G., Europäische Datenschutzgrundverordnung, Nomos Verlag

Olfert, Klaus / Rahn, Horst-Joachim, Einführung in die Betriebs-wirtschaftslehre, 10. Aufl., Herne, 2010

Voeth, Markus; Kleine, Dirk W.; Reinkemeier, Christoph: Fallstudien und Grundlagen der Betriebswirtschaftslehre, Herne/Berlin

Voeth, Markus / Kleine, Dirk W. / Reinkemeier, Christoph: Fallstudien und Grundlagen der Betriebswirtschaftslehre, 2. Aufl., Herne/Berlin 1998

Von der Heyde, Anke; Von der Linde Boris: Gesprächstechniken für Führungskräfte, Methoden und Übungen zur erfolgreichen Gesprächsführung, 3. Auflage 2009, München

Voss, Rödiger, BWL kompakt – Grundwissen Betriebswirtschaftslehre, 5. Aufl., Rinteln, 2010

Weber, Wolfgang / Kabst, Rüdiger, Einführung in die Betriebs- wirtschaftslehre, 7. Aufl., Wiesbaden, 2009

Wedmann, Bärbel: Geschäftsbriefe geschickt formulieren, Regensburg/ Berlin, 9. Auflage

Wedmann, Bärbel: Persönliche Briefe für die Chefetage. Deutsch - Englisch - Französisch mit landesspezifischen Etiketten, Wuppertal

Wedmann, Bärbel/ Wildemann, Antje: Schluss mit der Sprachlosigkeit, bleiben Sie cool - kontern Sie fair, Wuppertal

Wedmann, Bärbel/ Lehnert, Alexander: Korrespondenz und Praxiswissen im Personalmanagement, Jüchen, 2019

Wöhe, Günter / Döring, Ulrich: Einführung in die Allgemeine Betriebswirtschaftslehre, 24. Aufl., München, 2010

Wöhe, Günter; Häcker, Joachim: Grundzüge der Unternehmensfinanzierung, München, 10. Aufl., 2009

Wöhe, Günter; Kaiser Hans; Döring Ulrich: Übungsbuch zur Allgemeinen Betriebswirtschaftslehre, 13. Auflage 2010, München

Wrede-Grischkat, Rosemarie: Manieren und Karriere, Wiesbaden

Wurzer, Jörg: 30 Minuten für beruflichen Erfolg mit emotionaler Intelligenz, Wiesbaden

Zuschlag, B. (2001). Mobbing. Schikane am Arbeitsplatz, 3. Auflage. Göttingen: Verlag für Angewandte Psychologie

Index

ABC-Analyse 264
Ablauforganisation 16, 326 f., 341
AGB-Kontrolle 408
Andorra-Phänomen 145
Anerkennungsgespräch 155 ff.
Arbeitsproben 361, 364
Arbeitsvertragsrecht 403, 405 ff., 410, 411
Assessment Center 134 f., 361 ff.
Aufbauorganisation 326 f., 340
Aufhebungsvertrag 426, 437
Auswahlgespräch 360, 364

Beschäftigtendatenschutz 453
Betriebsrat 412, 430, 446 ff.
Betriebsvermögensvergleich 465 f.
Betriebswirtschaft 257, 264
Bilanzanalyse 289
Briefkultur 196
Briefstil 199, 220
Bruttoinlandsprodukt 254
Burn-Out 122 ff.

Corporate Culture 39
Corporate Identity 25 f., 197, 297

Datenschutzgrundverordnung 452
Delegation 313, 315, 318 f., 390
Dreiklang 349

Eigeninitiative 13, 311
Emotionale Intelligenz 126, 128
Empirie 85
Englisch 50 ff., 55 ff., 250
Entgeltfortzahlung 414, 418, 445
Europäische Zentralbank 256

Feedback 104 f., 193, 391
Finanzierung 282, 284 ff.
Fremdfinanzierung 284, 285
Fremdsprache 13, 19, 50 ff.

Führung 22 ff., 25, 99, 109, 292 ff., 294 ff, 298, 308, 312
Führungsaufgaben 298 ff., 318, 365
Führungsstil 121, 298, 303, 308 ff.
Führungstechnik 303, 312 ff.
Fusion 331

Gesprächsphasen 360
Grundlagen des Steuerrechts 354

Haftung Arbeitsverhältnis 424 f.
Herzberg-Theorie 131
Homogene Güter 255
Hygienefaktoren 108, 109, 132 f.

Informationsasymmetrien 255
Investition 264, 282, 283

James-Lange Theorie 129

Kapitalgesellschaften 261, 468
Kategorisierung 147
Kernkompetenz 42, 125
Kommunikationsbarrieren 145 ff.
Kommunikationsblocker 150 ff.
Kompetenzen 16, 19, 42, 137, 356, 374
Konflikte 14, 86, 102 f., 104 f., 110, 119 f.
Krankheitsfall 418
Kritik 105 ff., 156 f., 193, 299, 385
Kritikgespräch 156 f, 299
Kündigung
- Außerordentlich 426, 432 f. 448
- Betriebsbedingt 438 f.
- Ordentlich 426, 431
- Personenbedingt 434 f.
- Verhaltensbedingt 428, 436 f.

Kündigungserklärung 427
Kündigungsfristen 406, 426, 428
Kündigungsschutz 423, 427, 428f., 430
Kundenorientierung 22, 385, 387

Magisches Viereck 254
Management by Decision Rules 313
Management by Direction and Control 312
Management by Exception 312, 313
Management by Motivation 312
Management by Objectives 312, 315 f., 391
Management by Results 312, 317
Management by Systems 312
Management-Konzeptionen 312
Marketing 251, 266 ff., 270 f, 274
Marketingentscheidungsprozess 270 f.
Maslow 78 f, 96
Maximalprinzip 258
Messe 251 f., 278 f., 357, 376
Mind-Map 166
Minimalprinzip 258
Mitarbeitergespräch 296, 383 f., 391
Mobbing 117 ff., 125, 411
Motivationstheorie 78 f.
Motivatoren 84, 108, 109, 131 f., 133

Ordnungspolitik 254
Organigramm 322, 328 ff.
Outsourcing 325, 331, 341, 342 f.
Ökonomischen Prinzip 258

Paraphrasieren 143 f.
Pareto-Optimum 255
Pareto-Prinzip 255
Personalakte 336, 339, 391, 398 f.

Personalbedarfsermittlung 334, 339, 344 ff.
Personalbeschaffung 334, 339, 350, 351, 352 f., 354 f.
Personalentwicklung 297, 305, 316, 339, 351, 382 ff.
Personalplanung 334, 339, 344, 448 f.
Personalverwaltung 334, 338, 339, 340, 398 f.
Personengesellschaften 259 f., 468
Persönlichkeitsprofil 19 f.
Polypol 255
Produktlebenszyklus 263
Projektmanagement 325, 343
Projektorganisation 343
Prozesspolitik 254
Psychologie 70 ff., 80 ff., 82 ff., 86 ff.

Qualitätsmanagement 22, 26

Rechnungswesen 264, 314
Rechtsform 259 ff., 468

Schlüsselqualifikationen 13, 36
Schnittstellenmanagement 336
Selbständigkeit 12, 19
Selbsteinstufungstest 51
Shareholder-Ansatz 258
Sozialkompetenz 13, 14, 348
Sprachkenntnis 45, 301
Stabstellen 330
Stakeholder-Ansatz 258
Stellenbeschreibung 20, 107, 315, 347, 349, 368 ff., 372, 375, 379
Steuerrecht 456 ff.
Stress 34, 110 ff, 117, 122, 125
Stressauslöser 110 ff.
Stressbewältigung 110, 112, 115
Stressreaktionen 112
Sympathiefaktoren 158

Therapeutenvariablen 84
Total Quality Management 22 ff., 27
Transaktionsanalyse 87 ff., 89 ff.

Unternehmensführung 24, 266, 294, 337 f.
Unternehmensverfassung 262
Unternehmensziele 25, 262, 295, 302, 310, 315 f.
Urlaub 96, 399, 403, 415 ff.
Urlaubsplanung 298, 338, 399

Vier-Ohren-Theorie 142
Volkswirtschaftslehre 254 f.
Vorgesetztenbeurteilung 34, 394

Werbebrief 226
Wirtschaftspolitik 254
Wissenschaftsauffassung 83

Zeugnis 358, 365, 377, 391, 412